böhlau

Schriftenreihe des Forschungsinstitutes
für politisch-historische Studien der Dr.-Wilfried-Haslauer-Bibliothek, Salzburg

Herausgegeben von
Robert Kriechbaumer · Franz Schausberger · Hubert Weinberger

Band 21

Dr.-Wilfried-
Haslauer-
Bibliothek

Oskar Dohle · Nicole Slupetzky

Arbeiter für den Endsieg

Zwangsarbeit im Reichsgau Salzburg 1939–1945

Unter Mitarbeit von Gerda Dohle

Böhlau Verlag Wien · Köln · Weimar

Gedruckt mit der Unterstützung durch das
Bundesministerium für Bildung, Wissenschaft und Kultur
Amt der Salzburger Landesregierung

Bibliografische Information Der Deutschen Bibliothek:

Die Deutsche Bibliothek verzeichnet diese Publikation in der Deutschen Nationalbibliografie; detaillierte bibliografische Daten sind im Internet über http://dnb.ddb.de abrufbar.
ISBN 3-205-77255-5

http://www.boehlau.at
http://www.boehlau.de

Umschlagabbildung:
Entwurf: Oskar Dohle; Ausführung: Norbert Weiss (SLA)

Gedruckt auf umweltfreundlichem, chlor- und säurefreiem Papier

Druck: Salzburger Druckerei, 5020 Salzburg

Inhaltsverzeichnis

I.

Einleitung

Waren es in den ersten Jahren nach dem Zusammenbruch der Regime im so genannten »Ostblock« nur einige wenige ehemalige NS-Zwangsarbeiter, die sich an das Salzburger Landesarchiv um eine Bestätigung ihrer Arbeit bzw. ihres Aufenthalts im Bundesland Salzburg während der Jahre des Zweiten Weltkrieges wandten, so entwickelten sich diese Anfragen in den folgenden Jahren, spätestens jedoch seit der Einrichtung des »Fonds für Versöhnung, Frieden und Zusammenarbeit (Versöhnungsfonds)« im Herbst 2000, zur zahlenmäßig größten Gruppe an Schriftstücken, die seitens des Archivs bearbeitet wurden.

Parallel dazu entstand aus diesen Anfragen ein eigener, neuer Quellenbestand und damit die Notwendigkeit, diese Problematik der NS-Zwangsarbeiter einer historischen Analyse zu unterziehen, die über die Recherchen im Zuge der Beantwortung der einschlägigen Schriftstücke hinausgeht. Diese ist umso dringlicher, bezeugen doch die Erlebnisberichte in den Briefen ehemaliger NS-Zwangsarbeiter, trotz aller Subjektivität, die sich alleine schon durch die Begrenztheit des menschlichen Erinnerungsvermögens ergibt, wie unterschiedlich die Lebens- und Arbeitsbedingungen für diese Personengruppe während der Jahre des Zweiten Weltkrieges waren. Große Unterschiede bestanden zum Beispiel zwischen den in der Landwirtschaft eingesetzten, auf einzelnen Bauernhöfen untergebrachten Zwangsarbeitern und denjenigen, die in Lagern wohnten und in der Industrie zur Aufrechterhaltung der Rüstungsproduktion eingesetzt waren. Ebenso existierten große individuelle Unterschiede, hauptsächlich begründet durch Geschlecht, Alter, Herkunft und nicht zuletzt durch das Verhältnis zum jeweiligen Arbeitgeber bzw. durch dessen Umgang mit den ihm zugeteilten ausländischen Arbeitskräften. Dazu kommen noch klimatisch und jahreszeitlich bedingte Faktoren, die ebenfalls nicht außer Acht zu lassen sind. Außerdem unterscheidet sich die Situation in den letzten Kriegsmonaten von jener der Jahre davor. Dies gilt in erster Linie für den Nahbereich der Stadt Salzburg, wo sich die häufigen Luftangriffe, die angespannte Versorgungssituation und der langsame Zusammenbruch der Infrastruktur zusätzlich negativ bemerkbar machten.

Eine isolierte Darstellung einzelner Einsatzgebiete birgt für den heutigen Betrachter die Gefahr, die damaligen Ereignisse einseitig darzustellen. Neben einer Verharmlosung des Schicksals dieser Menschen ist es zum Beispiel ebenso unzulässig, die in Lagern untergebrachten Zwangsarbeiter mit den Häftlingen in den Konzentrations- und Vernichtungslagern des »*Dritten Reiches*« gleichzusetzen.

Als erster, wichtiger Schritt zu einer wissenschaftlich fundierten historischen Aufarbeitung der NS-Zwangsarbeit in Salzburg – bis dato ein »weißer Fleck« in der Geschichtsforschung dieses Bundeslandes – wurde seitens des Amtes der Landesregierung bereits im Jänner 2001 ein eigener Werkvertrag vergeben und unter Federführung des Landesarchivs ein diesbezügliches Forschungsprojekt ausgearbeitet. Vorrangiges Ziel war es, die umfangreichen Bestände im Landesarchiv möglichst lückenlos nach historischem Quellenmaterial über jene Menschen zu durchsuchen, die während des Zweiten Weltkrieges zur Zwangsarbeit in den damaligen »*Reichsgau Salzburg*« verschleppt wurden. Dies war für die weiteren historischen Untersuchungen von besonderer Bedeutung, als nur ein kleiner Teil der Archivalien, nämlich der Schriftverkehr der Behörde des Reichsstatthalters, mittels einer EDV-Datenbank erschlossen ist, und zudem gerade auf der Ebene der heutigen politischen Bezirke zeitgenössische Find- und Registraturbehelfe fast vollständig verloren gegangen sind. Die überblicksartige Vorstellung der themenrelevanten Bestände im Landesarchiv soll deshalb auch Anreiz und Hilfe für zukünftige Forschungen auf diesem Gebiet sein.

Ein wichtiges Anliegen dieser detaillierten Archivrecherchen, die eine der Grundlagen für das vorliegende Buch darstellen, war es dabei, abseits von »trockenen« Daten und Fakten, Informationen zur konkreten Lebenssituation der Zwangsarbeiter zu erhalten. Gerade die weitgehende »Abhängigkeit« einer derartigen Studie von schriftlichen Überlieferungen birgt jedoch die Gefahr in sich, wesentliche Aspekte der Thematik überhaupt nicht oder nur unvollständig darzustellen. Andere Quellengattungen, wie Fotografien oder zeitgenössische Pläne bzw. Landkarten, bringen zwar zusätzliche Informationen, können die individuellen Schilderungen der damals Betroffenen jedoch nicht ersetzen. Aus diesem Grund nimmt die Darstellung der damaligen Lebens- und Arbeitsbedingungen anhand der oftmals erstaunlich detaillierten Beschreibungen in den Anfragen der ehemaligen Zwangsarbeiter an das Salzburger Landesarchiv breiten Raum ein.

Um möglichst viele Aspekte des erzwungenen Arbeitseinsatzes von Ausländern durch das NS-Regime zu beleuchten, wird nicht nur der Einsatz ziviler Zwangsarbeiter und jener der Häftlinge der Konzentrationslager – also jener Personengruppen, die nach dem »Versöhnungsfonds-Gesetz« Anrecht auf eine finanzielle Entschädigung geltend machen können – dargestellt, sondern darüber hinausgehend wird auf die Situation der Kriegsgefangenen näher eingegangen, zumal auch diese von großer Bedeutung für das »Funktionieren« der Kriegswirtschaft des »*Dritten Reiches*« waren. Zudem prägten sie vornehmlich in ländlichen Gebieten durch ihren massiven Einsatz in der Landwirtschaft entscheidend den individuellen Alltag der einheimischen Bevölkerung in den Kriegsjahren. Für die Darstellung dieses Themenbereiches wird in besonderem Maße auf die Lageberichte für das Kriegstagebuch der Rüstungsinspektion XVIII, die heute im Bundesarchiv – Militärarchiv in Freiburg lagern, eingegangen, da diese eine Fülle von Informationen bieten, die weit über die lokalen Quellen hinausgehen.

Trotz aller Bemühungen kann die Darstellung einer so komplexen Thematik keinen Anspruch auf Vollständigkeit erheben. Die Absicht des vorliegenden Buches war es deshalb, einen Überblick über die verschiedenen Lebenswirklichkeiten jener Menschen zu geben, denn obwohl man für die Jahre 1939–1945 weder von »*der Zwangsarbeit*« noch von »*dem Zwangsarbeiter*« sprechen kann, war diesen Menschen jedoch eines gemeinsam, nämlich der »*Zwang zur Arbeit*« – zur Arbeit verschleppt von einem Regime, das ihre Heimat mit Krieg und Vernichtung überzogen hatte.

Besonderer Dank für jene Unterstützung, die das vorliegende Buch erst ermöglichte, gilt an erster Stelle Herrn Landeshauptmann Univ.-Doz. Dr. Franz Schausberger, der als Zeithistoriker dieses Projekt in besonderem Maße förderte, sowie Herrn Landesamtsdirektor Hofrat Dr. Heinrich Christian Marckhgott. Es ist den Verfassern überdies ein Bedürfnis, sich bei jenen zu bedanken, die durch ihr Fachwissen und ihre Hilfsbereitschaft wesentlichen Anteil am Zustandekommen dieses Buches hatten. Stellvertretend für die vielen Personen und Institutionen sei an dieser Stelle dem Salzburger Landesarchiv und hier besonders seinem Leiter Hofrat Dr. Fritz Koller sowie allen KollegInnen für ihre Unterstützung und ihr Entgegenkommen gedankt, weiters dem Archiv der Stadt Salzburg, hier besonders Mag. Thomas Weidenholzer, der für den Bereich der städtischen Lager wichtige Informationen zur Verfügung stellte, der Stadtgemeinde St. Johann im Pongau für die Einsichtnahme und Überlassung von Kopien betreffend das Kriegsgefangenenlager sowie dem Dokumentationszentrum des österreichischen Widerstandes, das für die Geschichte von Schloss Mittersill Kopien einschlägiger Archivalien zur Verfügung stellte. Schließlich gilt unser Dank auch der Dr.-Wilfried-Haslauer-Bibliothek für die Veröffentlichung dieses Buches im Rahmen der »Schriftenreihe des Forschungsinstituts für politisch-historische Studien der Dr.-Wilfried-Haslauer-Bibliothek«.

Oskar Dohle — Salzburg, im Herbst 2004

II.

Anfragen ehemaliger NS-Zwangsarbeiter an das Salzburger Landesarchiv

Neben der Betreuung einschlägiger Forschungsprojekte, die sich mit der wissenschaftlichen Aufarbeitung der Rolle Österreichs in der NS-Zeit beschäftigen, stellt der Komplex der Anfragen ehemaliger NS-Zwangsarbeiter[1] um Bestätigung ihrer Arbeit bzw. ihres Aufenthalts im Bundesland Salzburg einen Schwerpunkt der Arbeiten des Landesarchivs im Bereich Zeitgeschichte dar.

Aus diesem Grund wird im folgenden Abschnitt auf diesen Bereich der Tätigkeit des Salzburger Landesarchivs in etwas ausführlicherer Weise eingegangen.

1. Rechtliche Voraussetzungen

Um den ehemaligen NS-Zwangsarbeitern zumindest eine gewisse materielle Entschädigung zukommen zu lassen, hat die Republik Österreich als freiwillige Geste den »Fonds für Versöhnung, Frieden und Zusammenarbeit (Versöhnungsfonds)«[2] eingerichtet. Damit soll sichergestellt werden, dass diese Geschädigten der NS-Zeit eine einmalige Zahlung erhalten.

Bereits am 15. Februar 2000 war die frühere Präsidentin der Oesterreichischen Nationalbank, Dr. Maria Schaumayer, als Regierungsbeauftragte zur Führung von Verhandlungen zwecks Regelung der Frage der Sklaven- und Zwangsarbeit eingesetzt worden. Unter ihrer Leitung fanden Unterredungen mit Regierungsvertretern aus den Herkunftsländern jener ehemaligen NS-Zwangsarbeiter statt, die auf das Gebiet des heutigen Österreich deportiert worden waren. Sie traf im Zuge ihrer Gespräche auch mit Historikern, Vertretern von Opferorganisationen, Rechtsanwälten, Opfern und anderen betroffenen Parteien zusammen. In den darauf folgenden Wochen entstanden unter der

---

1 An dieser Stelle sei darauf verwiesen, dass der Begriff »Zwangsarbeiter« auch die ZwangsarbeiterINNEN mit einschließt. Dies gilt in analoger Weise auch für andere, in der vorliegenden Darstellung verwendeten Begriffe und Nationalitätenangaben, wie Fremdarbeiter, Ausländer, Polen, Ukrainer etc.

2 Die Beschreibung der Vorgeschichte des Versöhnungsfonds-Gesetzes orientiert sich an der entsprechenden Darstellung auf der Homepage des Versöhnungsfonds.

Führung der Regierungsbeauftragten Dr. Schaumayer bilaterale Abkommen mit der Republik Belarus, der Tschechischen Republik, Ungarn, Polen, der Russischen Föderation und der Ukraine. Zugleich wurde der erste Entwurf für die gesetzlichen Grundlagen zur Einrichtung eines Österreichischen Versöhnungsfonds vorbereitet.

Bei einer internationalen Konferenz, die am 17. Mai 2000 in der Wiener Hofburg abgehalten wurde, stimmten die erwähnten sechs mittel- und osteuropäischen Staaten den wesentlichen Punkten des geplanten Österreichischen Versöhnungsfonds zu. Bis zum In-Kraft-Treten des Gesetzes konnte auch mit den USA eine dahingehende Übereinkunft erzielt werden.[3]

Das »Bundesgesetz über den Fonds für freiwillige Leistungen der Republik Österreich an ehemalige Sklaven- und Zwangsarbeiter des Nationalsozialistischen Regimes (BGBl. 74/2000, Versöhnungsfonds-Gesetz)« wurde schließlich am 7. Juli 2000 vom Nationalrat einstimmig beschlossen und trat, nachdem alle nationalen und internationalen Rahmenbedingungen erfüllt waren, am 27. November 2000 in Kraft.

Am 20. Dezember 2000 fand die konstituierende Sitzung des Kuratoriums des Versöhnungsfonds unter Vorsitz von Bundeskanzler Dr. Wolfgang Schüssel statt. Bei dieser Sitzung wurde Botschafter Dr. Ludwig Steiner zum Vorsitzenden jenes fünfköpfigen Komitees gewählt, welches als Entscheidungsorgan für die Angelegenheiten des Fonds fungiert.

Das Versöhnungsfonds-Gesetz beschreibt die »natürlichen Personen«, denen eine einmalige Geldleistung aus Mitteln des »Versöhnungsfonds« ausbezahlt wird. Dies sind gemäß § 2 (1) jene, die

1. vom nationalsozialistischen Regime zwangsweise oder unter Vortäuschung falscher Tatsachen zur Arbeit in das Gebiet der heutigen Republik Österreich verbracht wurden oder nach freiwilligem Aufenthalt auf dem Gebiet der heutigen Republik Österreich an einer Heimkehr gehindert wurden, hier zur Arbeit gezwungen wurden, besonders schlechten Lebensbedingungen unterworfen waren und entweder
   a) haftmäßig untergebracht oder sonst einer wesentlichen Freiheitsbeschränkung unterworfen waren; oder
   b) in ihren persönlichen Rechten eingeschränkt oder besonders strengen Disziplinärmaßnahmen unterworfen waren (Zwangsarbeiter bzw. Zwangsarbeit); oder
2. während einer Inhaftierung in einem auf dem Gebiet der heutigen Republik Österreich gelegenen Konzentrationslager oder in einer einem solchen Lager gleichzuhaltenden Haftstätte unter unmenschlichen Bedingungen zur Arbeit gezwungen wurden (Sklavenarbeiter bzw. Sklavenarbeit); oder

3 Die bilateralen Abkommen mit den zentral- und osteuropäischen Staaten und das Regierungsübereinkommen mit den Vereinigten Staaten wurden am 24.10.2000 bei einer feierlichen Zeremonie im Bundeskanzleramt von Bundeskanzler Dr. Schüssel und den Delegationsleitern unterzeichnet. Die Russische Föderation holte die Unterzeichnung am 27.11.2000 nach.

3. unter den im Einleitungssatz der Zahl 1 genannten Voraussetzungen durch die Arbeit eine nachweislich schwere oder nachhaltige physische oder psychische Schädigung erlitten haben (besondere Härtefälle); oder
4. als Kinder oder Minderjährige vor Vollendung des 12. Lebensjahres zusammen mit einem oder beiden Elternteilen (Z 1 bis Z 3) in das Gebiet der heutigen Republik Österreich verbracht oder während des Zwangsarbeitseinsatzes der Mutter hier geboren wurden.

Der Fonds erbringt nach § (2) weiters einmalige Geldleistungen an natürliche Personen, die

> vom nationalsozialistischen Regime ohne die Bedingung des Einleitungssatzes des Abs. 1 Z 1 zu erfüllen, aus politischen Gründen, aus Gründen der Abstammung, Religion, Nationalität, sexuellen Orientierung, auf Grund einer körperlichen oder geistigen Behinderung, auf Grund des Vorwurfes der so genannten Asozialität oder im Zusammenhang mit medizinischen Experimenten auf dem Gebiet der heutigen Republik Österreich unter Bedingungen arbeiten mussten, die jenen des Abs. 1 Zahl 1 lit a oder b gleichkamen.

Insgesamt verfügt der »Versöhnungsfonds« über Mittel in der Höhe von 6 Mrd. Schilling,[4] die im Wesentlichen aus Zuwendungen des Bundes, von Gebietskörperschaften und von Zahlungen aus dem Bereich der Wirtschaft stammen.

Die Höhe der Zahlungen an die ehemaligen NS-Zwangsarbeiter ist gemäß § 3 (1) des Versöhnungsfonds-Gesetzes in folgender Weise nach dem Grad des damals erlittenen Unrechts abgestuft:

1. 105.000 öS bei Personen gemäß § 2 Abs. 1 Z 2 (Sklavenarbeiter).
2. 35.000 öS bei Personen gemäß § 2 Abs. 1 Z 1 und Abs. 2 (Zwangsarbeiter), die Zwangsarbeit in Industrie, Gewerbe, Bauwirtschaft, Elektrizitätswirtschaft und in der sonstigen gewerblichen Wirtschaft, in öffentlichen Einrichtungen, bei Reichsbahn oder Reichspost leisten mussten.
3. 20.000 öS bei Personen gemäß § 2 Abs. 1 Z 1 und Abs. 2 (Zwangsarbeiter), die Zwangsarbeit ausschließlich in der Land- und Forstwirtschaft oder in Form persönlicher Dienstleistungen (Haushalt, Hotels u. Ä.) leisten mussten.
4. Kinder und Minderjährige gemäß § 2 Abs. 1 Z 4 erhalten den Betrag, der dem Elternteil zusteht oder zustehen würde. Bei Deportation mit beiden Elternteilen, die unterschiedliche Beträge erhalten oder erhalten würden, gilt der jeweils höhere Betrag.
5. An Frauen, die während der Zeit ihres Einsatzes als Zwangsarbeiterinnen Kinder in Ostarbeiterinnen-Entbindungsheimen zur Welt brachten oder zum Schwangerschaftsabbruch genötigt wurden, kann eine zusätzliche Leistung von 5.000 öS erbracht werden.

---

4 Das Versöhnungsfonds-Gesetz trat noch vor Einführung der Euro-Währung in Kraft. Daher wird, dem Gesetzestext folgend, auf eine Umrechnung der Schilling-Beträge in Euro verzichtet.

Personen, welche die Voraussetzungen für mehrere Kategorien erfüllen sowie besondere Härtefälle, erhalten den jeweils höchsten Betrag.[5] Als Voraussetzung für die Gewährung der Entschädigung muss der Betroffene durch Urkunden oder auf eine andere Weise glaubhaft machen, dass sein Anspruch zu Recht besteht. Ist diese Person am oder nach dem 15. Februar 2000 verstorben, so treten an ihre Stelle die jeweiligen Erben.[6]

Um in Zukunft, nach dem mit 31. Dezember 2004 vorgesehenen Auslaufen des Versöhnungsfonds, die Frage der Entschädigung für ehemalige NS-Zwangsarbeiter endgültig abzuschließen, ist eine weitere Voraussetzung für Zahlungen, dass der Leistungsempfänger eine Erklärung abgibt, mit Erhalt einer Zahlung nach dem Versöhnungsfonds-Gesetz auf die Geltendmachung von Forderungen für Sklaven- und Zwangsarbeit gegen die Republik Österreich oder österreichische Unternehmen unwiderruflich zu verzichten.[7]

Zur Erleichterung der Weiterleitung der Anträge ehemaliger Zwangsarbeiter und zur Abwicklung der Zahlungen wurden in jenen Ländern Mittel- und Osteuropas, aus denen besonders viele Anspruchsberechtigte stammen, folgende Partnerorganisationen eingerichtet:[8]

- die Stiftung »Verständigung und Aussöhnung« (Republik Belarus)
- die Stiftung »Deutsch-Polnische Aussöhnung« (Republik Polen)
- die Stiftung »Verständigung und Aussöhnung« (Russische Föderation)
- der »Tschechische Rat für die NS-Opfer« (Tschechische Republik)
- die Nationale Stiftung »Verständigung und Aussöhnung« (Ukraine)
- die Stiftung »Jüdisches Erbe in Ungarn« (Republik Ungarn)

Damit soll sichergestellt werden, dass die Betroffenen möglichst rasch die ihnen zustehenden Zahlungen erhalten. Zudem erleichtern diese Organisationen die Antragstellung für Personen mit mangelhaften oder nicht ausreichenden Deutschkenntnissen.

Im Internet ist der Versöhnungsfonds mit einer eigenen Homepage[9] vertreten, auf der neben den einschlägigen Rechtstexten, einem kurzen Abriss der Geschichte des Fonds auch ein Merkblatt für Antragsteller von Entschädigungsverfahren aufgerufen werden kann. Zudem kann das für die Antragstellung nötige Formular, der so genannte Fragebogen, jederzeit »heruntergeladen« werden. Dieses Antragsformular wird in 15 Sprachen auf der Homepage des Fonds angeboten.

---

5 Versöhnungsfonds-Gesetz, § 3 (2 u. 3).
6 Ebd., § 4 (2).
7 Ebd., § 5 (1).
8 Ebd., § 7 (4).
9 www.versoehnungsfonds.at.

Австрийский Фонд Примирения
Postfach 44 A-1011 Wien
тел. +43 / 1 / 513 60 16 факс: +43 / 1 / 513 60 16 15

Нр.

Анкета

Часть 1

Личные данные лица имеющего право на получение выплаты

Фамилия
Имя (Имя отца)
Фамилия при рождении
Иное правописание фамилии
Пол мужской ( ) женский ( )
Дата рождения
Если лицо имеющее право на получение выплаты умерло: день смерти*)
Место рождения
Гражданство на данный момент
Гражданство на момент преследования / депортации
Адрес в настоящее время (улица, почтовый ящик, город/село, страна)
Телефон
Факс / Электрон. почта

*) Если лицо, имеющее право на получение выплаты скончалось 15 февраля 2000г. или после этой даты, вместо него выплату получают его населдники в соответсвии с национальным правом. Для данного случая разделом VI представлен образец заявления. Если лицо имеющее право на получение выплаты умерло до 15 февраля 2000г., но после 15 февраля 1999г. просим обращаться в фонд "Память, Ответственность, Будущее" ФРГ - BRD, Markgrafenstrasse 12-14, D-10969 Berlin (Тел. 0049/30/2592970, Факс 0049/30/2592970-11, Эл. почта: name@stiftungevz.de).

1

Abb. 1: Erste Seite des Antragsformulars in russischer Sprache (Quelle: Homepage des Versöhnungsfonds; Reproduktion: SLA)

Ursprünglich sollte die Frist zur Stellung von Anträgen nach dem Versöhnungsfonds-Gesetz am 27. November 2002 enden, doch beschloss das Kuratorium des Fonds im Oktober 2002 einstimmig, diese Frist um 10 Monate, bis zum 27. September 2003, zu verlängern, um möglichst vielen ehemaligen NS-Zwangsarbeitern die Möglichkeit zu geben, eine finanzielle Entschädigung zu erhalten. Aus diesem Grund erfolgte im April 2003 durch Beschluss des Nationalrates[10] eine abermalige Erstreckung der Antragsfrist. Nunmehr wurden alle bis zum 31. Dezember 2003 gestellten Anträge berücksichtigt, worauf dann der Versöhnungsfonds noch ein Jahr (bis Ende 2004) Zeit hatte, diese Fälle zu bearbeiten. Den Antragstellern wurde zudem die Möglichkeit eingeräumt, Dokumente noch über den erwähnten Termin hinaus nachzureichen.

Durch die Zugehörigkeit der heutigen Republik Österreich zum nationalsozialistischen Deutschland in den Jahren 1938–1945 und der häufig wechselnden Einsatzgebiete ist eine Unterscheidung zwischen »deutschen« und »österreichischen« Zwangsarbeitern weitgehend unmöglich. Um nicht wünschenswerte Mehrfachbezüge von Entschädigungszahlungen zu vermeiden, bestimmt das Gesetz,[11] dass jene Personen, die eine Leistung aus der Stiftung »Erinnerung, Verantwortung und Zukunft« der Bundesrepublik Deutschland erhalten, von finanziellen Leistungen durch den Versöhnungsfonds ausgeschlossen sind. Es sind aber seitens des Fonds alle erforderlichen Maßnahmen zu treffen, um Anträge, für deren Bearbeitung er nicht zuständig ist, an die zuständige Stelle bei der genannten deutschen Stiftung weiterzuleiten. An ehemalige Kriegsgefangene wird grundsätzlich keine finanzielle Entschädigung für die während ihres Aufenthalts in Österreich geleisteten Arbeiten ausbezahlt.[12]

Wie in Niederösterreich, Oberösterreich und Wien wurde auch in Salzburg das Landesarchiv mit der Funktion einer Clearingstelle für die, dieses Bundesland betreffenden Anfragen ehemaliger NS-Zwangsarbeiter betraut.[13] Das Archiv sollte neben Erhebungen im eigenen Haus die Verteilung der Anfragen an andere Behörden und Einrichtungen zum Zweck der Feststellung von Zwangsarbeiter-Einsätzen sowie die Bearbeitung der Rückmeldungen durchführen. Ebenso ist die Sicherstellung des Kontakts mit dem Österreichischen Versöhnungsfonds beim Bundeskanzleramt, den österreichischen Vertretungsbehörden im Ausland, den Partnerorganisationen in Osteuropa bzw. den Antragstellern eine wichtige Aufgabe im Rahmen der Abwicklung der Zwangsarbeiteranfragen.

---

10 Beschluss des Nationalrates vom 25.4.2003 betreffend das BGBl. I Nr. 18/2003 (Änderung des Versöhnungsfonds-Gesetzes).

11 Ebd., § 4 (5).

12 Ebd., § 2 (3).

13 Zum Ansprechpartner und Koordinator für das Bundesland Salzburg wurde der Leiter des Salzburger Landesarchivs, HR Dr. Fritz Koller, bestellt.

2. Zwangsarbeiteranfragen 1990–2003 im Überblick[14]

Der Umstand, dass der Großteil der ehemaligen NS-Zwangsarbeiter in jenen Staaten Mittel- und Osteuropas lebt, die bis Ende der 80er Jahre des 20. Jahrhunderts zum so genannten »Ostblock« gehörten, machte es diesen Menschen rund ein halbes Jahrhundert lang weitgehend unmöglich, mit ihren Anliegen an die Öffentlichkeit zu treten, um eine adäquate Entschädigung für ihr erlittenes Unrecht zu erhalten. Zudem waren überlebende Zwangsarbeiter in ihren Heimatländern oftmals dem Vorwurf der Kollaboration mit den Deutschen ausgesetzt und hatten nach der Repatriierung unter Repressalien zu leiden. Viele wurden deshalb nach ihrer Heimkehr wiederum in Lagern inhaftiert. Die autoritären Regime in diesen Ländern hatten daher über Jahrzehnte kein Interesse daran, dass die Lebens- und Leidensgeschichten dieser Personengruppe publik wurden.

Der bedauerlicherweise sehr spät, für viele Betroffene zu spät einsetzende Wandel im Selbstverständnis maßgeblicher Kreise in jenen Ländern, die entweder bis 1945 ein Teil des nationalsozialistischen Deutschland waren oder mit diesem enge Verbindungen unterhielten, trug zusätzlich dazu bei, dass die Problematik der in den Jahren 1939–1945 zwangsweise zum Arbeitseinsatz Verschleppten lange Zeit weitgehend unbekannt blieb. Fehlender zeitlicher Distanz sowie personellen Kontinuitäten über das Ende der NS-Zeit hinaus ist es wohl zuzuschreiben, dass auch das Schicksal der aus Westeuropa stammenden ehemaligen Zwangsarbeiter jahrzehntelang weder in Deutschland noch in Österreich aufgearbeitet wurde. Mit dem Zusammenbruch des »*Ostblocks*« und der Auflösung der UdSSR änderte sich die Situation grundlegend, da durch die Öffnung der Grenzen nunmehr das ganze Ausmaß jener Problematik offenbar wurde. Sowohl in den Herkunftsländern als auch in jenen Staaten, in denen die Zwangsarbeiter während des Zweiten Weltkrieges arbeiten mussten, setzte jener Umdenkprozess ein, der eine breite, öffentliche Diskussion dieser Thematik erst ermöglichte.

Seit 1990 wandten sich immer wieder ehemalige NS-Zwangsarbeiter um eine Bestätigung ihrer Arbeit bzw. ihres Aufenthalts im Bundesland Salzburg an das Salzburger Landesarchiv (vgl.: Tabelle 1). Hauptsächlich nach In-Kraft-Treten des »Versöhnungsfonds-Gesetzes« im Herbst 2000 stieg die Anzahl der Anfragen sprunghaft an.

Ein weiterer Grund für diesen Anstieg ist der Umstand, dass in Polen und der Ukraine bereits vorgefertigte Formulare in Form von Fotokopien verfügbar waren, die den Betroffenen das Formulieren ihrer Anträge erleichtern sollten. Anfragen dieser Art trafen vor allem in den ersten Monaten nach In-Kraft-Treten des »Versöhnungsfonds-Gesetzes« in vergleichsweise großer Zahl im Landesarchiv ein und vereinfachten, wenn vollständig ausgefüllt, die Bearbeitung der einzelnen Fälle. Während vorgefertigte Fragebö-

14 Alle statistischen Angaben für die Tabellen und Graphiken basieren auf den schriftlichen Anfragen ehemaliger NS-Zwangsarbeiter in den jeweils angegebenen Jahren, abgelegt unter den Aktenzahlen 925/1990-925/2000 sowie 926/2000-926/2003.

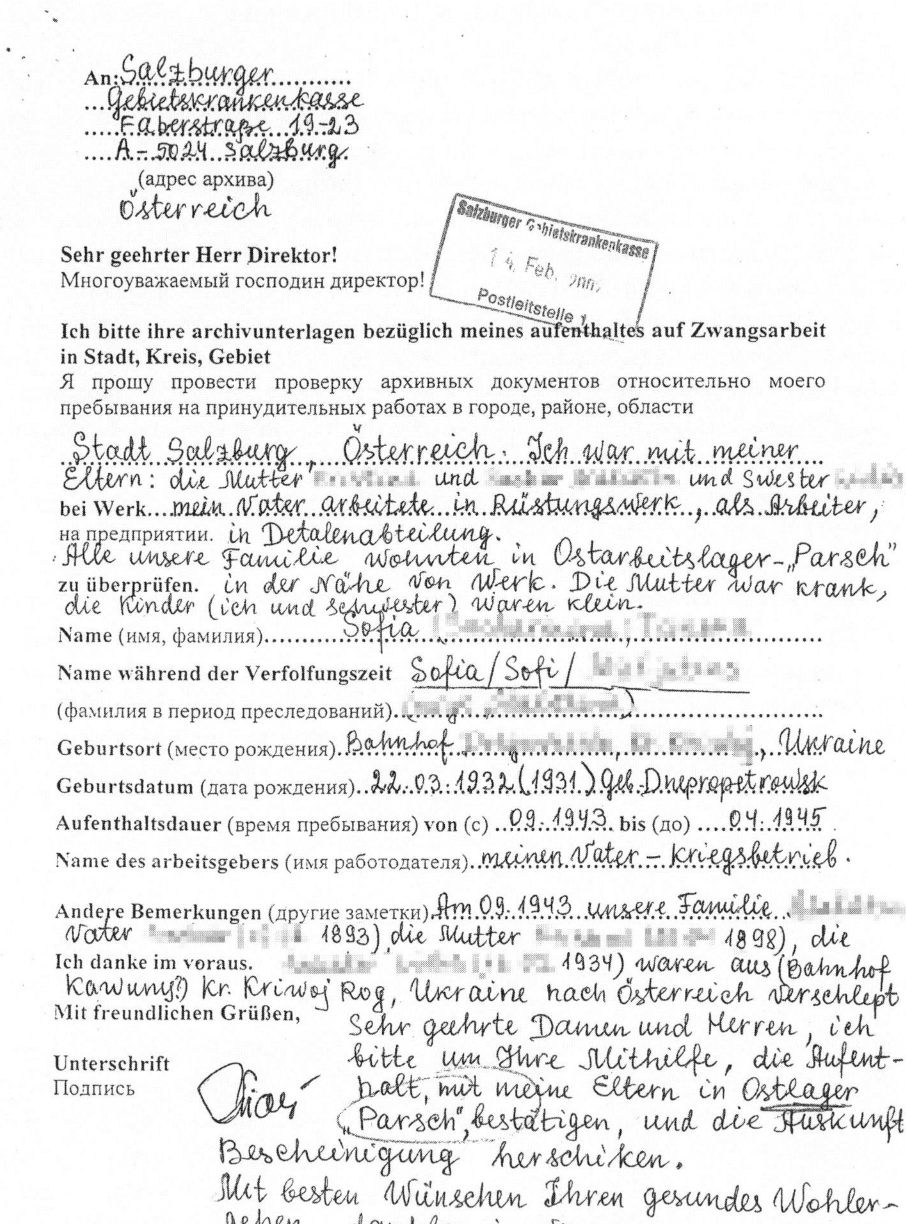

An: Salzburger
Gebietskrankenkasse
Faberstraße 19-23
A-5024 Salzburg
(адрес архива)
Österreich

Salzburger Gebietskrankenkasse
14. Feb. 2007
Postleitstelle 1

Sehr geehrter Herr Direktor!
Многоуважаемый господин директор!

Ich bitte ihre archivunterlagen bezüglich meines aufenthaltes auf Zwangsarbeit in Stadt, Kreis, Gebiet
Я прошу провести проверку архивных документов относительно моего пребывания на принудительных работах в городе, районе, области

Stadt Salzburg, Österreich. Ich war mit meiner Eltern: die Mutter [redacted] und [redacted] und Swester [redacted]
bei Werk mein Vater arbeitete in Rüstungswerk, als Arbeiter,
на предприятии. in Detalenabteilung.
Alle unsere Familie wohnten in Ostarbeitslager-„Parsch"
zu überprüfen. in der Nähe von Werk. Die Mutter war krank, die Kinder (ich und schwester) waren klein.

Name (имя, фамилия) Sofia [redacted]

Name während der Verfolfungszeit Sofia/Sofi/ [redacted]

(фамилия в период преследований) [redacted]

Geburtsort (место рождения) Bahnhof [redacted], Ukraine

Geburtsdatum (дата рождения) 22.03.1932 (1931) geb. Dnepropetrowsk

Aufenthaltsdauer (время пребывания) **von** (с) 09.1943 **bis** (до) 04.1945

Name des arbeitsgebers (имя работодателя) meinen Vater – kriegsbetrieb.

Andere Bemerkungen (другие заметки) Am 09.1943 unsere Familie [redacted] Vater [redacted] 1893) die Mutter [redacted] 1898), die
Ich danke im voraus. [redacted] 1934) waren aus (Bahnhof Kawuny?) Kr. Kriwoj Rog, Ukraine nach Österreich verschlept
Mit freundlichen Grüßen,
Sehr geehrte Damen und Herren, ich bitte um Ihre Mithilfe, die Aufenthalt, mit meine Eltern in Ostlager „Parsch", bestätigen, und die Auskunft Bescheinigung herschiken.
Mit besten Wünschen Ihren gesundes Wohlergehen, dankbar in voraus
Sofia [redacted] / София [redacted]

Unterschrift
Подпись

Abb. 2: Handschriftlich ausgefüllter Fragebogen aus der Ukraine, der von der Salzburger Gebietskrankenkasse zur weiteren Bearbeitung an das Landesarchiv weitergeleitet wurde (Foto: SLA)

gen aus Polen nach und nach verschwanden, hielt die ukrainische Partnerorganisation weiterhin an dieser Praxis fest, ging aber im Interesse der Antragsteller davon ab, Formulare nur in ukrainischer Sprache und damit ausschließlich in kyrillischer Schrift zu verwenden. Die nunmehr verwendeten zweisprachigen Vordrucke stellten (vgl.: Abb. 2) für ihre Bearbeitung eine wesentliche Erleichterung dar.

Auch per E-Mail sind bereits Schreiben ehemaliger Zwangsarbeiter oder ihrer Nachkommen eingetroffen. Diese Antragsteller bedienten sich dann in der Regel jener »Fragebögen«, die, wie bereits beschrieben, auf der Homepage des Versöhnungsfonds zur Verfügung gestellt wurden.

Manchmal gelang es trotz aller Bemühungen seitens des Landesarchivs oder der anderen damit befassten Stellen leider nicht, den damaligen Dienstgeber zu eruieren und somit einen Nachweis für den Aufenthalt in Salzburg zu erbringen. Neben fehlender oder unvollständiger Angaben war der Umstand, dass häufig Schriftstücke im Landesarchiv eintrafen, die keinen »Salzburg-Bezug« aufwiesen, ein weiterer Grund für »negative Erledigungen« von so genannten Zwangsarbeiteranfragen. Oftmals war dies bei Ortsnamen der Fall, die es in mehreren österreichischen Bundesländern gibt.[15] Ähnliches galt auch für die erwähnten Arbeitgeber, bei denen kein Bezug zum Bundesland Salzburg festgestellt werden konnte. Vor allem für die Menschen aus den Ländern des ehemaligen »*Ostblocks*« bedeuten etwaige Entschädigungszahlungen, für die eine Bestätigung der Arbeit bzw. des Aufenthalts im Bundesland Salzburg während der NS-Zeit eine mögliche Voraussetzung ist, eine entscheidende Erleichterung ihres Lebensabends, da die Altersversorgung in diesen Staaten, bedingt durch die wirtschaftlichen Probleme nach dem Zusammenbruch der kommunistischen Planwirtschaft, oftmals nicht ausreichend ist.

Tabelle 1: Zwangsarbeiteranfragen an das Salzburger Landesarchiv seit 1990

Eingangs- bzw. Erledigungsjahr	positive Erledigung[16]	negative Erledigung[17]	Summe
1990	0	9	9
1991	1	2	3
1992	6	18	24
1993	1	17	18
1994	1	16	17
1995	3	3	6
1996	0	2	2
1997	0	1	1

15 Z. B.: Neumarkt am Wallersee (Salzburg) / Neumarkt im Mühlkreis (Oberösterreich).

16 Eine Aufenthalts- bzw. Arbeitsbestätigung konnte vom Salzburger Landesarchiv übermittelt werden.

17 Es konnte KEINE Aufenthalts- bzw. Arbeitsbestätigung vom Salzburger Landesarchiv übermittelt werden.

Eingangs- bzw. Erledigungsjahr	positive Erledigung	negative Erledigung	Summe
1998	0	5	5
1999	3	19	22
2000	76	62	138
2001	271	284	555
2002	242	327	569
2003	308	336	644

Im Jahr 2003 wurde der absolute Höhepunkt der Anträge an das Salzburger Landesarchiv um eine Arbeits- bzw. Aufenthaltsbestätigung für den damaligen Reichsgau erreicht. Bei der Bewertung der auf den ersten Blick scheinbar geringen Anzahl an Anfragen darf nicht außer Acht gelassen werden, dass bis zur positiven bzw. negativen Erledigung einer derartigen Anfrage vom Landesarchiv eine recht umfangreiche, oftmals mehrere Schreiben umfassende Korrespondenz zu führen ist. Der Umstand, dass in einer Anfrage häufig mehrere Personen erwähnt werden, erhöht den Arbeits- bzw. Rechercheaufwand zusätzlich.

Differenziert man die Anfragen nach der Nationalität der darin erwähnten Personen zum Zeitpunkt des Abfassens des Schreibens, so zeigt sich, dass der Großteil der ehemaligen Zwangsarbeiter aus Osteuropa kommt (vgl.: Tabelle 2).

Tabelle 2: Herkunft[18] der 1.688 Zwangsarbeiteranfragen 1990 bis Jahresende 2003[19]

Herkunft	Zahl	Herkunft	Zahl	Herkunft	Zahl
Ukraine	542	Polen	526	Slowenien	135
Russland	88	Frankreich	80	Tschechien	38
Kroatien	28	Rumänien	24	Niederlande	16
Italien	15	Litauen	15	Kanada/Polen	13
Bosnien-Herzegowina	12	Weißrussland	11	Serbien u. Montenegro	9
Großbritannien/Polen	8	Großbritannien	7	Lettland	8
USA/Polen	7	Australien/Polen	6	Slowakei	6
Deutschland	5	USA/Ukraine	5	Belgien	4
Griechenland	4	Jugoslawien	4	Kanada/UdSSR	4
Kanada/Niederlande	3	Kanada/Ukraine	3	USA/UdSSR	3

18 Bei Doppelnennungen von Staaten in Tabelle 2 handelt es sich beim erstgenannten Land um den gegenwärtigen Aufenthalt (Einwanderungsland), beim zweiten um das Heimat- bzw. Herkunftsland.

19 Die Differenz zwischen Anzahl der Anfragen und jener der darin namentlich genannten Personen ergibt sich dadurch, dass in einem Schreiben oftmals mehrere Zwangsarbeiter um eine Bestätigung ihrer Arbeit bzw. ihres Aufenthalts ansuchen.

Herkunft	Zahl	Herkunft	Zahl	Herkunft	Zahl
Argentinien/Italien	2	Australien/UdSSR	2	Australien/Ukraine	2
Deutschland/Ukraine	2	Estland	2	Mazedonien	2
Österreich/Ukraine	2	Schweden	2	Ungarn	2
Argentinien/?	1	Argentinien/Polen	1	Argentinien/Ukraine	1
Australien/Rumänien	1	Australien/Ungarn	1	Brasilien/Ukraine	1
Deutschland/Jugoslawien	1	Deutschland/Polen	1	Deutschland/UdSSR	1
Deutschland/Ungarn	1	Georgien	1	Großbritannien/Ukraine	1
Holland	1	Kanada/Italien	1	Moldawien	1
Neuseeland/Jugoslawien	1	Österreich?/Polen	1	USA/Jugoslawien	1
USA/Niederlande	1	USA/UdSSR	1	USA/Slowenien	1
USA/Ungarn	1	Venezuela/Polen	1	Weißrussland	1
Unbekannt	19				

Bezüglich der Geschlechterverteilung ergibt sich ein recht ausgeglichenes Bild, denn 850 Anträgen um eine Arbeits- und Aufenthaltsbestätigung von Männern (389 positiv / 461 negativ) stehen 838 von Frauen (329 positiv / 509 negativ) gegenüber.

Betrachtet man das Alter, in dem die Personen (vgl.: Tabelle 3) gemäß ihren Angaben in den Anfragen an das Landesarchiv zur Arbeit gezwungen wurden, so erkennt man, dass das Gros der Zwangsarbeiter jünger als zwanzig Jahre alt war. Bei den weiblichen Arbeitskräften ist der zahlenmäßige Überhang signifikanter ausgeprägt – wohl damit zu begründen, dass kinderlose Frauen bevorzugt zur Zwangsarbeit ins nationalsozialistische Deutschland gebracht wurden, zumal Kinder in der Regel gemeinsam mit ihren Müttern verschleppt wurden und sich dies naturgemäß aus damaliger Sicht eher negativ auf deren Arbeitsleistung auswirkte.

Tabelle 3: Alter der Zwangsarbeiter (bei ihrer Ankunft in Salzburg)[20]

Alter zur Zeit der Zwangsarbeit	Männer	Frauen	Summe
< 10	76	82	158
< 20	359	403	762
20–30	291	209	500
31–40	50	58	108
41–50	24	23	47
51–60	7	5	12
61–70	2	1	3
unbekannt	41	57	98

20 Bei jenen Personen, die bereits in einem verhältnismäßig fortgeschrittenen Lebensalter als Zwangsarbeiter in Salzburg eingesetzt waren, stammen die entsprechenden Anfragen von ihren Nachkommen.

Den sich im Laufe des Krieges verschärfenden Arbeitskräftemangel spiegelt die Anzahl der pro Jahr in Salzburg neu eingetroffenen Zwangsarbeiter wider.

Graphik 1: In den Anfragen genanntes Jahr der Ankunft im Reichsgau Salzburg

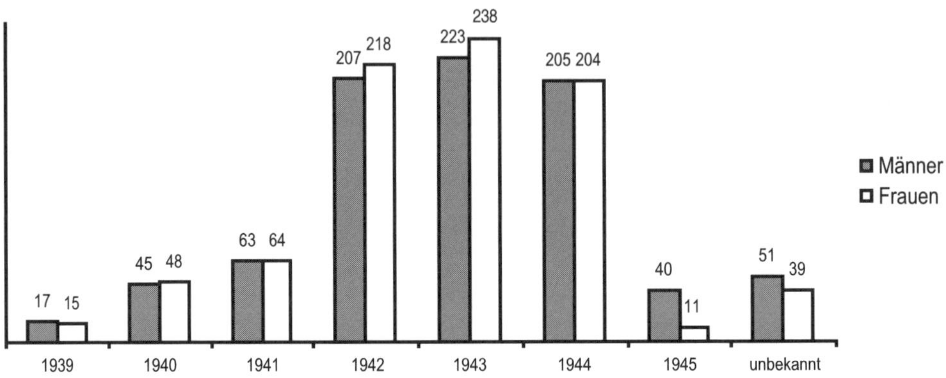

Der absolute Höhepunkt wurde im Jahr 1943 erreicht. Der Rückgang im Jahr 1944 ist mit den massiven Gebietsverlusten der deutschen Wehrmacht im Osten zu begründen, wodurch sich eine empfindliche Einschränkung des Arbeitskräftereservoirs ergab. Das letzte Kriegsjahr war neben den dramatischen militärischen Niederlagen durch ein weitgehendes Zusammenbrechen der Infrastruktur geprägt. Wiederum fällt auf, dass es keine signifikanten geschlechtsspezifischen Unterschiede gibt. Vergleicht man die verschiedenen, in den Anfragen genannten Einsatzgebiete der Zwangsarbeiter (vgl.: Graphik 2, Tabelle 4), so zeigt sich darin die damalige, von der Landwirtschaft dominierte Wirtschaftsstruktur des heutigen Bundeslandes Salzburg. Dominierende industrielle Großbetriebe fehlen, und auch der einstmals ökonomisch so bedeutsame Bergbau hatte viel von seiner Bedeutung verloren. Eine Sonderstellung nahm die Großbaustelle in Kaprun ein, wo fast den ganzen Krieg über die Bauarbeiten fortgesetzt wurden.

Bereits damals nahm der Dienstleistungssektor eine verhältnismäßig wichtige Rolle ein, wobei jedoch für die Fremdenverkehrsbetriebe nicht außer Acht gelassen werden darf, dass sie vornehmlich als Lazarette und Genesungsheime für verwundete Soldaten dienten und somit ebenfalls in die Kriegsanstrengungen mit einbezogen wurden. Dies galt in besonderer Weise für das Gasteinertal mit seinen großen Hotels und Kuranstalten. Hier kamen Zwangsarbeiterinnen in großem Stil zum Einsatz, etwa als Küchengehilfen oder in Wäschereien.

Erwähnenswert ist der Umstand, dass weibliche Arbeitskräfte auch in der Landwirtschaft dominierten – während in Kaprun fast ausschließlich Männer eingesetzt wurden.

Graphik 2: In den Zwangsarbeiteranfragen genannte Einsatzgebiete in Salzburg

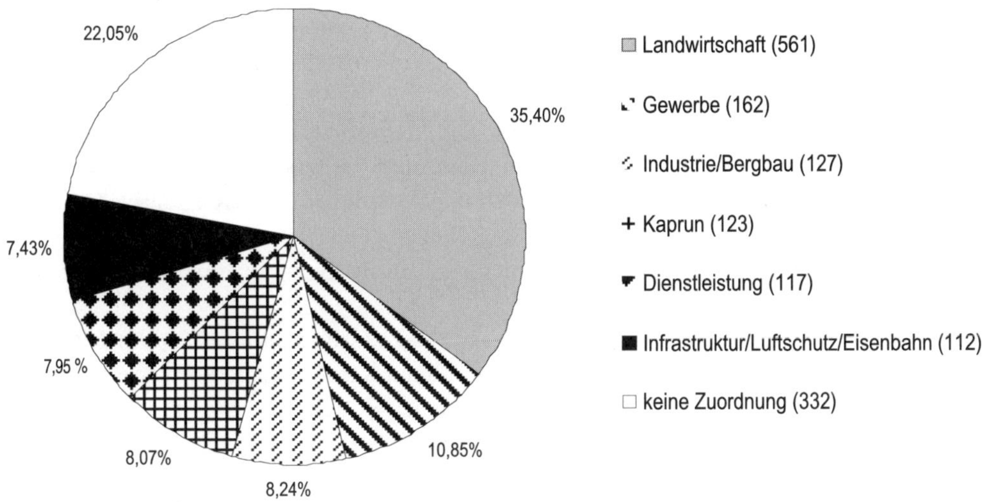

Der relativ hohe Frauenanteil in Industrie und Bergbau ist damit zu erklären, dass es hier, neben den Tätigkeiten im Dienste der Rüstungsproduktion, auch Gebiete gab, in denen Frauen bevorzugt zum Einsatz kamen, wie beispielsweise in der Küche oder für Reinigungsdienste.

Tabelle 4: In den Zwangsarbeiteranfragen genannte Einsatzgebiete in Salzburg

Landwirtschaft	Männer	232	Gesamtsumme
	Frauen	378	610
Gewerbe	Männer	116	Gesamtsumme
	Frauen	71	187
Industrie/Bergbau	Männer	84	Gesamtsumme
	Frauen	58	142
Kaprun	Männer	130	Gesamtsumme
	Frauen	9	139
Dienstleistung	Männer	34	Gesamtsumme
	Frauen	103	137
Infrastruktur/Luftschutz/ Eisenbahn	Männer	103	Gesamtsumme
	Frauen	25	128
keine Zuordnung möglich	Männer	190	Gesamtsumme
	Frauen	190	380

Die schriftlichen Anfragen bezüglich einer möglichen finanziellen Entschädigung kamen einerseits von den ehemaligen Zwangsarbeitern bzw. von deren Familienangehörigen, andererseits traten Botschaften und Konsulate der jeweiligen Heimatländer, die bereits genannten Partnerorganisationen, der Suchdienst des Internationalen Roten Kreuzes, der internationale Suchdienst »*Arolsen*«, die Salzburger Gebietskrankenkasse oder das Büro der Regierungsbeauftragten Dr. Maria Schaumayer in Wien als Einschreiter auf. Ab 2002 trafen in verstärktem Maße auch Anfragen ein, die entweder vom Versöhnungsfonds bloß weitergeleitet wurden oder von diesem wegen unklarer Angaben an das Landesarchiv zur weiteren Bearbeitung übersandt wurden. Ein Beispiel dafür sind Anträge mit unvollständigen Ortsangaben, deren Lokalisierung in anderen Bundesländern bisher gescheitert war.

Da ein großer Teil der damaligen Zwangsarbeiter für die Zeit ihres Aufenthaltes im ehemaligen Reichsgau Salzburg von den zuständigen Krankenkassen erfasst wurde, ist die bestehende, überaus gute Kooperation zwischen dem Landesarchiv und diesen Einrichtungen besonders wichtig. Der Großteil der Versicherungsnachweise konnte von der Salzburger Gebietskrankenkasse ausgestellt werden, doch auch von der Pensionsversicherungsanstalt der Arbeiter, der Versicherungsanstalt des österreichischen Bergbaues und der Versicherungsanstalt der österreichischen Eisenbahnen wurden derartige Bestätigungen übermittelt. Darüber hinaus brachten oftmals die Recherchen der einzelnen Gemeinden oder in den vor Ort vorhandenen kirchlichen Aufzeichnungen, wie beispielsweise Taufbücher, zusätzliche positive Ergebnisse.

Zur Erleichterung der Bearbeitung dieser Anfragen wurde bereits im Frühjahr 2001 damit begonnen, alle Bestände aus der NS-Zeit nach Namenmaterial bezüglich Zwangsarbeiter zu durchsuchen, um eine eigene EDV-Datenbank anlegen zu können. Diese enthielt Ende 2003 bereits mehr als 26.000 Namen, wobei die Eingabearbeiten noch nicht abgeschlossen waren. Neben den persönlichen Daten wurden, wenn bekannt, auch der Aufenthaltsort im Land Salzburg sowie der bzw. die Arbeitgeber vermerkt. Die im Vergleich zur Gesamtzahl der bisher namentlich bekannten Zwangsarbeiter (vgl.: Tabelle 2) recht hohe Zahl ist damit zu begründen, dass vor allem bei slawischen Eigennamen oftmals verschiedene Schreibweisen auftreten, die jeweils als eigener Eintrag in die Datenbank aufgenommen wurden. Somit sollte verhindert werden, dass Zwangsarbeiter, deren Namen von den Organen der zuständigen Behörden in der NS-Zeit unrichtig geschrieben wurden, auf Grund dieser Fehler bei einer Abfrage nicht gefunden werden konnten. Grundstock für diese Datenbank bildet die rund 2.500 Namen umfassende Zwangsarbeiter-Kartei aus der NS-Zeit aus dem Bestand »*Landrat Pongau*«, auf die bei der Erörterung der Quellenlage im Landesarchiv noch näher eingegangen wird.

3. Archivalien zum Thema NS-Zwangsarbeiter – ein Überblick

Im Salzburger Landesarchiv beinhalten neben der Zwangsarbeiter-Kartei aus dem Bestand »*Landrat Pongau*«, auf die in einem eigenen Abschnitt näher eingegangen wird, die Archivalien der anderen damaligen Landräte bzw. der Bezirkshauptmannschaften, die Bestände der »Tauernkraftwerke (T.K.W.)« und im Bereich der Landesregierung jene der »Preisbehörde« (u. a. Festsetzung von Löhnen für Kriegsgefangene) wertvolle Informationen über Zwangsarbeiter. Bedauerlicherweise stehen jedoch für die wissenschaftliche Benützung dieser Bestände, die teilweise auf Grund des Datenschutzes bis dato der Archivsperre[21] unterliegen, keine modernen Findmittel zur Verfügung, und auch die zeitgenössischen Registraturbehelfe (Indices und Protokollbücher) sind für die NS-Zeit nicht mehr erhalten.

Zusätzlich erschwert wird die Bearbeitung von Archivalien aus dem Bereich der Bezirkshauptmannschaften durch den Umstand, dass sich Schriftstücke zum Thema Zwangsarbeiter immer wieder in Beständen »verbergen«, die grundsätzlich nicht direkt mit diesem Thema zusammenhängen. Ein Beispiel dafür wäre jene anlässlich der Erstellung der beschriebenen Datenbank aufgefundene Namenliste von 1.468 ausländischen Patienten, die zwischen 1. September 1939 und 30. Dezember 1945 im Spital in Schwarzach im Pongau behandelt wurden.[22] Auf Grund der angeführten Nationalitäten kann daraus geschlossen werden, dass es sich hiebei größtenteils um Zwangsarbeiter bzw. ehemals zur Zwangsarbeit eingesetzte ausländische Arbeitskräfte handelt.

Besonders vielfältige Informationen aus den verschiedensten Teilbereichen der Problematik des zwangsweisen Einsatzes ausländischer Arbeitskräfte enthalten jene Archivalien, die aus der Behörde des Reichsstatthalters erhalten sind. Dieser, kurz »*Reichsstatthalter*« genannte Bestand ist mittels einer Datenbank erschlossen, die im Benützersaal des Landesarchivs allgemein zugänglich ist. Ebenso kann auch die Sammlung der Mi-

---

21 Archivgut, das im Sinne des Datenschutzgesetzes sensible Daten enthält, unterliegt einer Sperrfrist, die, wenn nicht anders vorgesehen, mit dem Tod der betroffenen Person endet. Ist das Todesdatum nicht eruierbar, endet die Schutzfrist 110 Jahre nach der Geburt der betroffenen Person. Im Interesse der wissenschaftlichen Forschung kann vom Landesarchivdirektor die Einsichtnahme in gesperrte Archivalien gestattet werden. Voraussetzung dafür ist die Vorlage einer schriftlichen Beschreibung des jeweiligen Forschungsprojekts sowie die Unterzeichnung einer von Seiten des Landesarchivs vorgelegten rechtsverbindlichen Erklärung. Da innerhalb einzelner Bestände oftmals keine einheitliche Trennung zwischen personenbezogenen und nicht personenbezogenen Schriftstücken zu ziehen ist, kann keine Aussage über die Zugänglichkeit der vorgestellten Quellen gemacht werden. Gerade in diesem Zusammenhang wäre ein eigenes Landesarchivgesetz für Salzburg umso wünschenswerter, da es nicht zuletzt im Sinne einer größtmöglichen Transparenz und Bürgerfreundlichkeit die Handhabung von Sperrfristen für besonders sensible Archivalien entscheidend erleichtern könnte.

22 SLA, BH St. Johann N3/1716 1946.

krofilme von Schriftstücken der US-Militärverwaltung *(»U.S. Allied Commission for Austria«)* für einschlägige Recherchen herangezogen werden.[23] Dies gilt auch für die Fotokopien von Schriftstücken aus dem Bestand »*Rüstungsinspektion Wehrkreis XVIII*« im Bundesarchiv Freiburg – Militärarchiv mit direktem Salzburg-Bezug, die eine Fülle lokalhistorisch relevanter Informationen enthalten, die weit über die hier behandelte Problematik der NS-Zwangsarbeiter hinausgehen. Für beide Quellengruppen erleichtert ebenfalls eine allgemein zugängliche Datenbank die Recherchen wesentlich.

Hauptquelle für die Beantwortung von Briefen ehemaliger Zwangsarbeiter bezüglich Versicherungs- und Aufenthaltsbestätigungen stellen jedoch, wie bereits erwähnt, die Unterlagen der Salzburger Gebietskrankenkasse sowie der anderen zuständigen Krankenversicherungen dar. Für historische Recherchen steht dieses Material aus Datenschutzgründen jedoch bis dato nicht zur Verfügung.

a) Die Zwangsarbeiter-Kartei des Landrates Pongau

Die einzigen in sich weitgehend geschlossenen Quellenbestände unter den Archivalien des Landesarchivs bilden eine rund 2.500 Namen umfassende zweiteilige Kartei aus der NS-Zeit, die im Bestand »*Landrat Pongau*« gefunden wurde, sowie eine ähnliche, nicht so umfangreiche Kartei aus dem Bestand »Marktarchiv Werfen«.

Der erste Teil Karteikarten enthält 1.453 namentlich erfasste Ausländer aus insgesamt 20 Staaten.[24] Es dürfte sich bei dieser Kartei allerdings nur um die namentliche Erfassung von damals im Pongau lebenden Ausländern handeln. Dafür spricht vor allem die Tatsache, dass auch Personen aus neutralen und nicht Krieg führenden Staaten genannt werden. Zudem fehlen erkennungsdienstlich erhobene Angaben und häufig auch die Nennung von Arbeitgebern. Zweifellos beinhaltet diese Kartei unter anderem auch Zwangsarbeiter, jedoch ist dies im Einzelnen nicht zu entscheiden, sodass eine statisti-

---

23 Seit 1996 bemühen sich die Landesarchive von Oberösterreich und Salzburg, das in den Vereinigten Staaten im »National Archive II« in College Park, Maryland, aufbewahrte Verwaltungsschriftgut der amerikanischen Militärregierung (»U.S. Allied Commission for Austria«, »USACA«) für Österreich als Mikrofilme zugänglich zu machen. Verfilmt wurden Teile des Bestandes der »Record Group 260« (»Information Services Branch, Operations Section, General Records«) sowie der gesamte Bestand der »Legal Division, Administration Branch, Records related to Military Government and Austrian Laws & Ordonances«. Bei der Auswahl der Einzelbestände wurde besonders auf die Verfilmung des auf die ehemaligen US-Besatzungszonen Oberösterreich und Salzburg bezogenen Aktenmaterials Wert gelegt. Die bis dato rund 84.000 Mikrofilmaufnahmen umfassende Sammlung, die durch Neuankäufe laufend ergänzt wird, ist mittels mehrerer Datenbanken sehr gut erschlossen.

24 Belgien, Bulgarien, Dänemark, Estland, Frankreich, Griechenland, Italien, Jugoslawien, Niederlande, Lettland, Liechtenstein, Litauen, Polen, Rumänien, Schweiz, Sowjetunion, Tschechoslowakei, Türkei, Ukraine, Ungarn sowie »staatenlose« Ausländer.

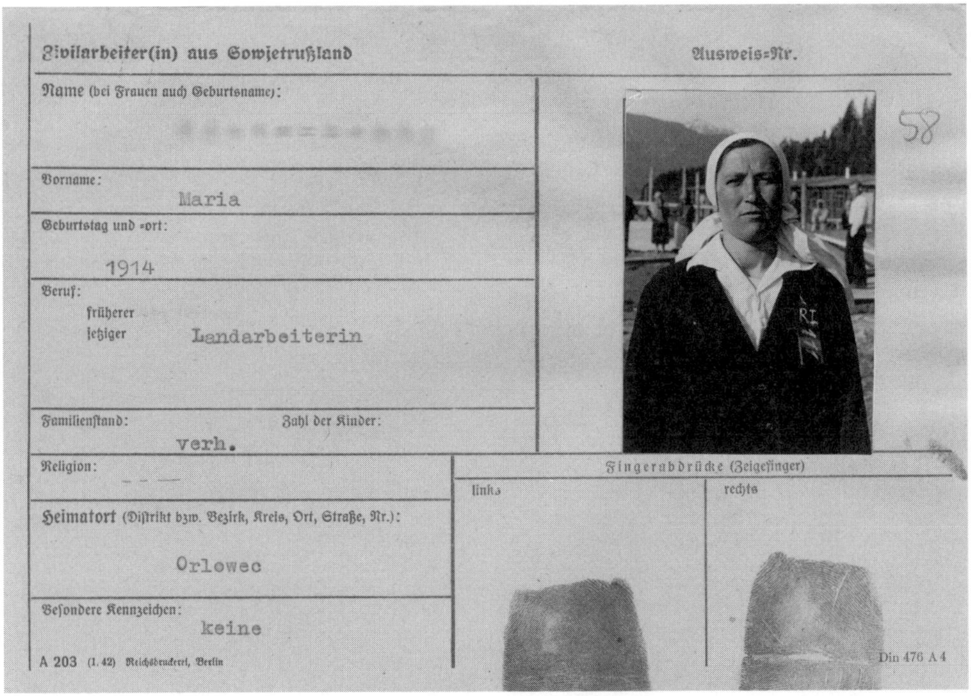

Zivilarbeiter(in) aus Sowjetrußland

Ausweis-Nr.

58

Name (bei Frauen auch Geburtsname):

Vorname: Maria

Geburtstag und -ort: 1914

Beruf:
früherer
jetziger Landarbeiterin

Familienstand: verh.

Zahl der Kinder:

Religion: – – –

Heimatort (Distrikt bzw. Bezirk, Kreis, Ort, Straße, Nr.): Orlowec

Besondere Kennzeichen: keine

A 203 (1. 42) Reichsdruckerei, Berlin

Fingerabdrücke (Zeigefinger)

links

rechts

Din 476 A 4

Abb. 3: Karteikarte aus der Zwangsarbeiter-Kartei im Bestand »Landrat-Pongau«, *bemerkenswert ist der Bildhintergrund mit Teilen des Lagers und anderen Zwangsarbeitern (?) (SLA, Landrat Pongau, Zivilarbeiter UdSSR; Foto: SLA)*

sche Auswertung dieser Karteikarten nicht zielführend wäre und zu falschen Ergebnissen führen würde.

Auf dem zweiten Teil der Pongauer Kartei sind 1.237 polnische und 270 »*Zivilarbeiter*« aus der damaligen Sowjetunion namentlich angeführt. Die Kartei der zivilen Arbeitskräfte aus der UdSSR ist jedoch nur unvollständig erhalten und beinhaltet lediglich in alphabetischer Reihung die Namen von A bis G. In der Regel enthalten die Karten neben Angaben zur Person die Aufenthaltsdauer und den oder die jeweiligen Arbeitgeber im Land Salzburg, ein Foto sowie die Fingerabdrücke der beiden Zeigefinger. Auf der Rückseite sind manchmal zusätzliche Informationen eingetragen, wie die Nennung der einzelnen Lager, etwaige Schwangerschaften und Krankheiten, Gesetzesverstöße bzw. Haftzeiten oder Einweisungen in Konzentrationslager. Auf Grund dieser Informationen und der erkennungsdienstlichen Behandlung der einzelnen Arbeitskräfte kann davon ausgegangen werden, dass es sich bei den erfassten Personen um Zwangsarbeiter handelt.

Derartige Karteien muss es auch in den anderen Landkreisen reichseinheitlich gegeben haben, denn in einer Polizeiverordnung des »*Reichsministers des Innern*« von Anfang

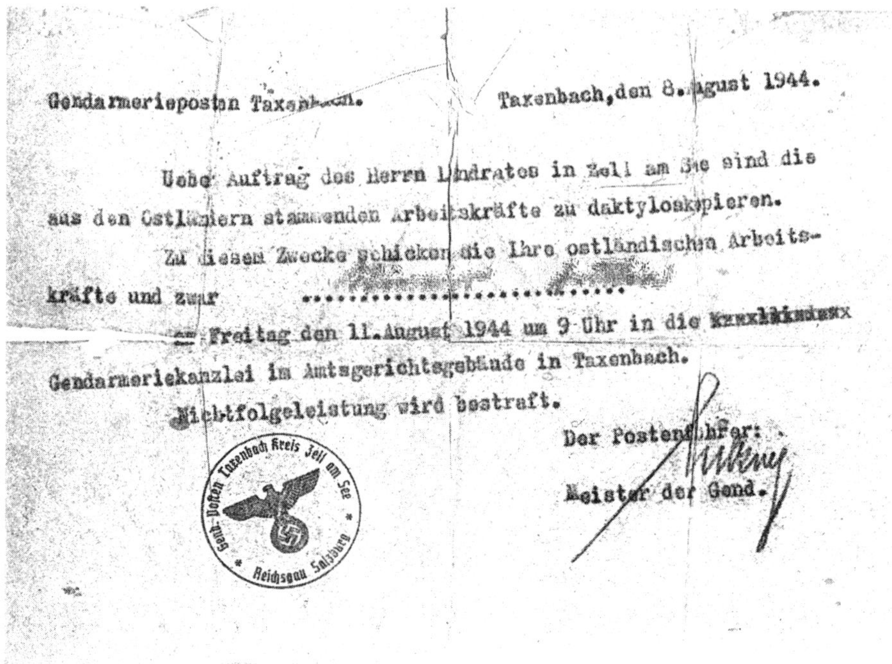

Gendarmerieposten Taxenbach. Taxenbach, den 8. August 1944.

Ueber Auftrag des Herrn Landrates in Zell am See sind die aus den Ostländern stammenden Arbeitskräfte zu daktyloskopieren.

Zu diesem Zwecke schicken sie Ihre ostländischen Arbeitskräfte und zwar ....

am Freitag den 11. August 1944 um 9 Uhr in die Gendarmeriekanzlei im Amtsgerichtsgebäude in Taxenbach.

Nichtfolgeleistung wird bestraft.

Der Postenführer:

Meister der Gend.

Abb. 4: Fotokopie der Vorladung für eine ukrainische Zwangsarbeiterin zur Daktyloskopie (Reproduktion: SLA)

März 1940 wurde Inhalt und Aussehen jener Karteikarten festgelegt. Diese Verordnung erging an alle Reichsstatthalter und an die einzelnen Krankenversicherungen im nationalsozialistischen Deutschland.[25] Ein weiteres Indiz dafür, dass es auch für die anderen »*Landräte*«, diese entsprechen territorial den heutigen politischen Bezirken, ähnliche Personenkarteien gegeben haben muss, ist der Umstand, dass ehemalige Zwangsarbeiter häufig davon berichten, dass sie erkennungsdienstlich erfasst wurden. Ein Beispiel dafür ist eine Zwangsarbeiterin aus Saporoshje in der Ukraine, die im Sommer 1944 in Taxenbach im »*Landrat Zell am See*« eingesetzt war. Sie legte ihrem Brief an das Landesarchiv die Kopie eines Schreibens (Abb. 4) an ihren Arbeitgeber bei, wonach sie sich zur Daktyloskopie (Abnahme der Fingerabdrücke) beim örtlichen Gendarmerieposten einzufinden hatte.

Mit rund 1.500 namentlich genannten Personen aus den unterschiedlichsten Arbeitsbereichen im Pongau gibt diese Kartei einen Überblick über die damals in Salzburg ein-

25 Eine grüne Musterkarteikarte für Polen liegt diesem Schreiben bei; vgl.: Polizeiverordnung über die Kenntlichmachung im Reich eingesetzter Zivilarbeiter und -arbeiterinnen polnischen Volkstums vom 8. März 1940; SLA, RSTH I/3 126.

gesetzten Zwangsarbeiter aus Polen und aus der UdSSR, obwohl hier nur ein vergleichsweise geringer Teil des seinerzeitigen Datenmaterials erhalten ist. Trotzdem, Rückschlüsse auf den gesamten damaligen Reichsgau sind nur beschränkt zulässig. Regionale Besonderheiten, die in anderen Landesteilen sicher zu beobachten gewesen wären, dürfen ebenfalls nicht außer Acht gelassen werden. In erster Linie gilt dies für den Pinzgau, wo den Bauvorhaben im Zuge der Errichtung des Tauernkraftwerkes Kaprun eine ungleich größere Bedeutung zugekommen sein dürfte, als in dieser Pongauer Kartei zum Ausdruck kommt. Selbst für den Flachgau, besonders für das Einzugsgebiet der Stadt Salzburg, sind Rückschlüsse nur bedingt möglich.

Auch der Vergleich mit jenen Angaben, die den schriftlichen Anfragen der ehemaligen Zwangsarbeiter an das Landesarchiv um eine Arbeits- und Aufenthaltsbestätigung entnommen wurden,[26] bestätigt diese Einschätzung. Die folgende statistische Auswertung lässt dennoch einige interessante Aussagen über die in Salzburg während der NS-Zeit zur Arbeit gezwungenen ausländischen Arbeitskräfte aus Osteuropa zu.

Graphik 3: Beruf in Polen und Einsatzgebiet im Pongau (Männer und Frauen)

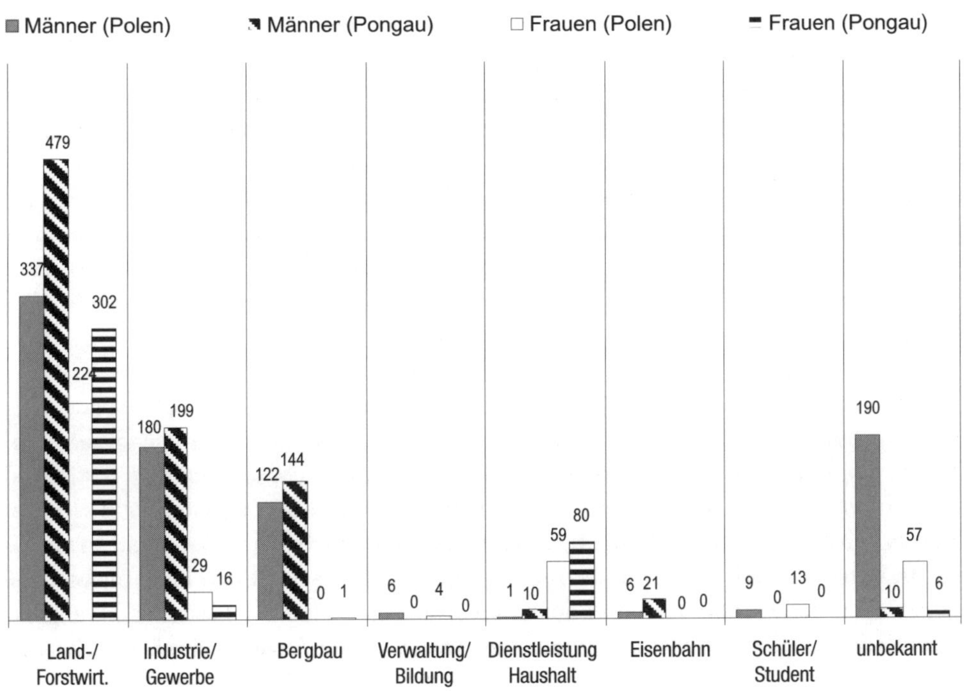

26 Vgl.: S. 22/23.

Bei den Polen (851 Männer, 386 Frauen) kann davon ausgegangen werden, dass sie ihrer Ausbildung und damit dem Arbeitskräftebedarf folgend ausgewählt wurden, da sich ihr Beruf in ihrer Heimat in vergleichsweise größerem Maße mit dem Einsatzgebiet als Zwangsarbeiter deckt (Graphik 3).[27] Neben der Masse der Arbeitskräfte in der Landwirtschaft sowie in Industrie und Gewerbe gilt das bei Männern besonders für die »Spezialisten«, die im Bergbau benötigt wurden. Bei den weiblichen Zwangsarbeitern aus Polen ist diese Übereinstimmung mit den beruflichen Tätigkeiten ihrer Heimat ebenfalls, wenn auch in geringerem Ausmaß, gegeben. Dies ist mit dem vergleichsweise großen Anteil der Beschäftigungen im Dienstleistungssektor (Haushalt, Fremdenverkehr, Kurwesen) zu begründen, der nach der Land- und Forstwirtschaft das zweitwichtigste Einsatzgebiet darstellte. In diesen Bereichen sind weniger Spezialkenntnisse erforderlich, und dies ermöglicht somit einen Einsatz von Frauen, die hiefür über keine einschlägige Berufserfahrung bzw. Ausbildung verfügten. Vergleicht man das Alter der Zwangsarbeiter bei ihrem Eintreffen in Salzburg, so stellt bei den Männern die Altersgruppe der 20- bis 30-Jährigen (39,71 %) den relativ größten Anteil, während bei Frauen jene der unter 20-Jährigen (52,07 %) absolut dominiert. Dies ist wohl damit zu begründen, dass man bei den weiblichen Arbeitskräften jene ohne familiäre Bindung bevorzugte, während bei den männlichen Zwangsarbeitern die berufliche Ausbildung im Mittelpunkt stand. Besonders deutlich wird dies bei den Bergleuten, denn hier ist der überwiegende Teil zwischen 30 und 40 Jahre alt – sie verfügten also bereits über entsprechende Berufserfahrung. Auch dies spricht für eine planmäßige, den Anforderungen der Kriegswirtschaft folgenden Auswahl der Arbeitskräfte aus Polen.

Vergleicht man die Anzahl von neu im Landrat Pongau eintreffenden polnischen Arbeitskräften während des Zweiten Weltkrieges (Graphik 4), so ist der absolute Höhepunkt bei den Männern im Jahre 1940 damit zu erklären, dass 1939/40, abgesehen von den mit dem nationalsozialistischen Deutschland verbündeten Staaten, zivile Arbeitskräfte nur aus diesem Land in großer Zahl zur Verfügung standen. 1941 und 1942 ist der Rückgang der Anzahl der Neuankömmlinge damit zu begründen, dass in diesen Jahren verstärkt auf zwangsweise nach Deutschland verschleppte Arbeitskräfte aus den eroberten Gebieten der Sowjetunion zurückgegriffen werden konnte. Die Anstrengungen des Deutschen Reiches im Zuge des *»Totalen Krieges«* nach der Niederlage von Stalingrad, im Winter 1942/43, und die nun einsetzende Heranziehung von bisher nicht zum Kriegsdienst einberufenen Jahrgängen verstärkten den Arbeitskräftemangel sowohl in der Industrie als auch in der Landwirtschaft dramatisch. Dementsprechend mussten alle personellen Reserven in den unter deutscher Kontrolle stehenden Gebieten herangezogen werden. Dies begründet das abermalige Ansteigen der Anzahl männlicher Zwangs-

27 Mehrere Arbeitgeber (Pongau) aus verschiedenen Bereichen wurden in der Graphik entsprechend berücksichtigt. Insgesamt sind auf den Karteikarten für 128 polnische Männer und 98 Frauen mehr als ein Arbeitgeber (höchste Anzahl: fünf) verzeichnet.

arbeiter. Nun wurden auch verstärkt Frauen, die bisher in geringerem Maße betroffen waren, zur Zwangsarbeit in das Deutsche Reich deportiert.

Graphik 4: Anzahl der im Pongau jährlich ankommenden polnischen Zwangsarbeiter

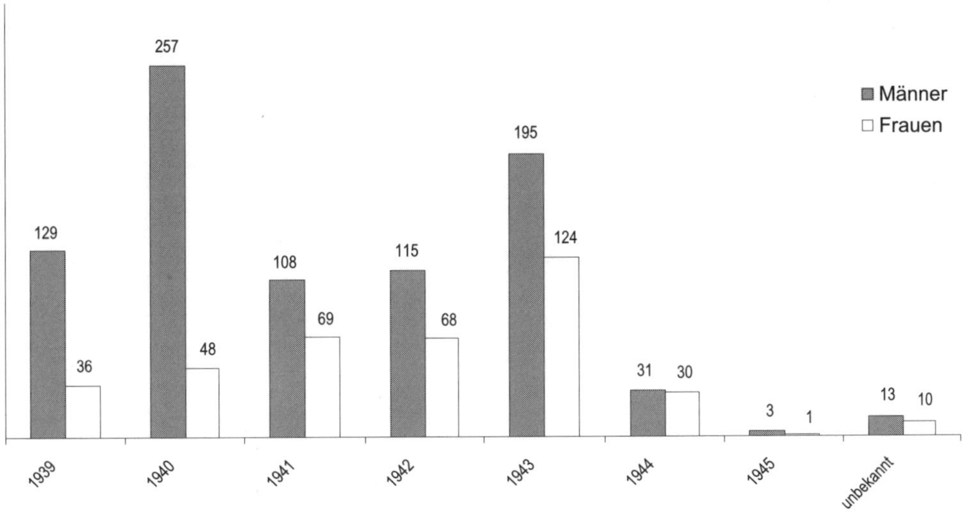

Ab 1944 standen auch in Polen Arbeitskräfte nur noch in geringer Zahl zur Verfügung, einerseits auf Grund der sich erschöpfenden personellen Ressourcen, und andererseits eroberte die Rote Armee immer größere Gebiete dieses Landes. Die militärische Niederlage sowie der weitgehende Zusammenbruch der Infrastruktur und der Wirtschaft beendeten 1945 eine planmäßige Neuzuführung von Arbeitskräften.

Im Unterschied zu den Polen kann bei den aus der damaligen UdSSR stammenden Zwangsarbeitern von keiner bedarfsorientierten, planmäßigen Rekrutierung ausgegangen werden. Einerseits fehlen die im Bergbau eingesetzten Fachkräfte völlig, andererseits können, abgesehen vom Dienstleistungssektor, der auch den Bereich der Haushaltshilfen umfasste, letztlich keine signifikanten Unterschiede zwischen männlichen und weiblichen Arbeitskräften festgestellt werden (Graphik 5). Diese Entwicklung ist zweifellos mit dem sich verschärfenden Arbeitskräftemangel nach dem Angriff auf die UdSSR und den dort zu verzeichnenden dramatischen Verlusten an Menschen und Material auf Seiten der deutschen Truppen zu begründen.

Die überraschend hohe Anzahl weiblicher Arbeitskräfte bei der »*Deutschen Reichsbahn*« ist damit zu begründen, dass bei vielen dieser Frauen als Arbeitgeber ein »*R.B.-Lager*«[28]

28 Zumeist das »*R.-B. Lager Böckstein*«, vgl.: S. 117.

aufscheint. Es ist anzunehmen, dass die Mehrheit dieser Frauen im Bereich des Lagers selbst eingesetzt war, beispielsweise in der Küche, und eher nicht im eigentlichen Bahnbau.

Graphik 5: Beruf in der UdSSR und Einsatzgebiet im Pongau (Männer und Frauen)

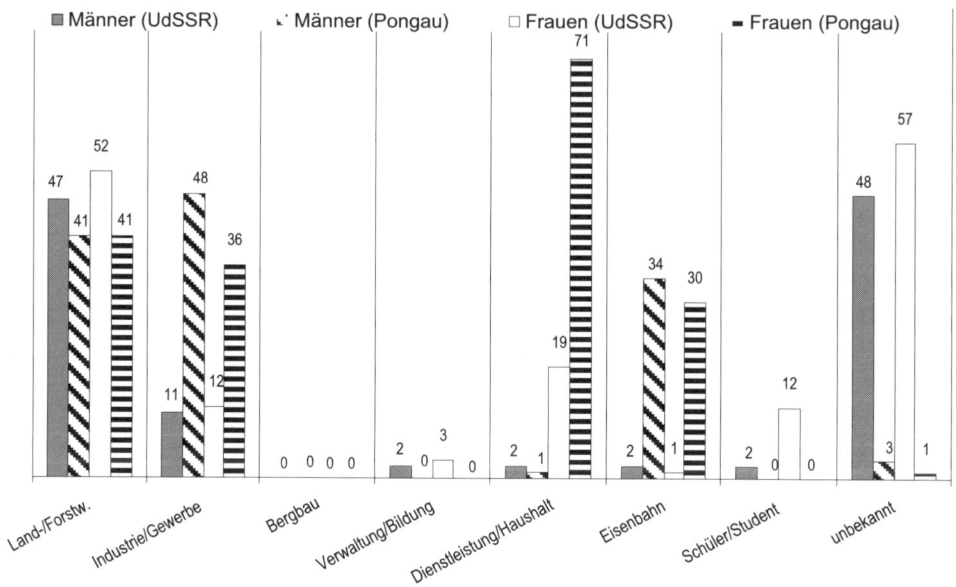

Ein weiteres Indiz dafür, dass bei Zwangsarbeitern aus der UdSSR weniger planmäßig vorgegangen wurde, ist überdies die Tatsache, dass ganze Familien mit Kindern und Großeltern verschleppt wurden. Dies sind Personengruppen, die relativ wenig Arbeitsleistung erbringen, zudem recht anfällig für Krankheiten und Unfälle sind. Insgesamt verzeichnet die Zwangsarbeiter-Kartei 10 Personen (6 Männer, 4 Frauen) über 60 Jahren und eine ganze Reihe von Kindern unter 15 Jahren aus der Sowjetunion.[29]

Die Lageberichte für das Kriegstagebuch der Rüstungsinspektion XVIII zeigen, dass der Pongau hier keine Ausnahme darstellte. Anfang Februar 1944 handelte es sich bei 15 % der Angehörigen der eintreffenden *»Ostarbeitertransporte«* um Kinder.[30] Ein Umstand, der die Betriebe, denen Zwangsarbeiter zugeteilt wurden, vor große Probleme stellte, da die vorhandenen Unterkünfte, in der Regel Baracken, nicht für die Unterbrin-

29 Der älteste Zwangsarbeiter aus der Sowjetunion war 67 Jahre alt, der jüngste erst 13 Jahre alt. Bereits bei einem 14-Jährigen wird ein Rüstungsbetrieb als Arbeitgeber genannt.

30 Lagebericht vom 7.2.1944 für das KTB der Rüstungsinspektion XVIII; BA-MA RW 20-18/21.

gung ganzer Familien geeignet waren und zudem in diesem Fall der Platzbedarf ein ungleich größerer war.

Graphik 6: Anzahl der im Pongau jährlich ankommenden Zwangsarbeiter aus der UdSSR

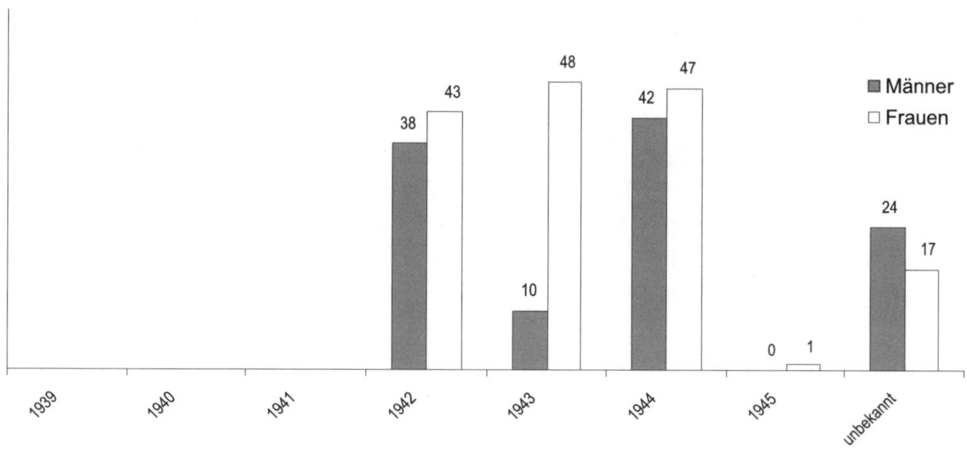

Die Anzahl der neu eintreffenden weiblichen Zwangsarbeiter blieb für die Jahre 1942–1944 im Wesentlichen konstant. Sie ist also, da es weitgehend zu keiner bedarfsorientierten Verschleppung von Spezialkräften kam, kein Spiegel der geänderten Situation der deutschen Wirtschaft im Zeichen des »*Totalen Krieges*«. Für 1944 kann davon ausgegangen werden, dass es sich zum überwiegenden Teil um Verlegungen aus anderen Teilen des Deutschen Reiches handelt, da, wie bereits am Beispiel Polen dargestellt, die Eroberungen der Roten Armee die Situation grundlegend änderten. Im Jahr 1945 sind auch in diesem Fall keine nennenswerten Zugänge mehr zu verzeichnen. Grundsätzlich sei jedoch abermals betont, dass für den Bereich der sowjetischen Zwangsarbeiter im Pongau das vorhandene Material Interpretationen nur sehr bedingt erlaubt.

4. Zwangsarbeiteranfragen als historische Quelle[31]

Die schriftlichen Anfragen ehemaliger NS-Zwangsarbeiter stellen, wenn nicht vorgefertigte Formulare verwendet wurden, einen Sonderfall im Schriftverkehr des Salzburger

31 Die Beschreibung einiger Aspekte des Themas Zwangsarbeit anhand der Anfragen an das Salzburger Landesarchiv folgt im Wesentlichen der Darstellung dieser Thematik in der schriftlichen Fassung des beim 23. Österreichischen Historikertag (Salzburg, 24.–27.9.2002) von Oskar Dohle gehaltenen Vortrages »*Die Lebens- und Arbeitsbedingungen der NS-Zwangsarbeiter im heutigen Bundesland Salzburg*«.

Landesarchivs dar, denn diese Briefe enthalten oftmals bemerkenswert detaillierte Schilderungen über das Schicksal der Betroffenen in den Jahren des Zweiten Weltkrieges. Somit erhält das Archiv einen überaus wertvollen, zeitgeschichtlichen Quellenbestand über die Lebens- und Arbeitsbedingungen einer Personengruppe, über die bislang relativ wenig bekannt war. Bei der historischen Auswertung dieser schriftlichen Anfragen sind einige grundsätzliche Überlegungen anzustellen, um Missinterpretationen möglichst zu vermeiden.

In erster Linie handelt es sich bei den Anfragen um Briefe, also um Schriftstücke, die vom Verfasser mit einer ganz bestimmten Absicht geschrieben worden sind. Sie stehen immer im Zusammenhang mit dem Bemühen der ehemaligen Zwangsarbeiter oder ihrer Nachkommen, materielle Entschädigung für ihre Arbeit bzw. für das in den Kriegsjahren erlittene Unrecht zu erhalten. Vor allem bei Zuschriften von Personen aus dem ehemaligen Ostblock wird dieser Aspekt zumeist eindeutig angesprochen – in der Regel gemeinsam mit einer Erwähnung der gegenwärtigen schlechten Lebensverhältnisse in diesen Staaten. Häufig verweisen die Verfasser auch auf ihr hohes Lebensalter und auf ihren schlechten Gesundheitszustand. So schrieb im Herbst 2000 eine damals 81-jährige ehemalige Zwangsarbeiterin aus Polen, die beim Kraftwerksbau in Kaprun eingesetzt war: »*Ich bin schon ein alter und kranker Mensch. Ich habe eine niedrige Rente. Der Erhalt der Entschädigung erlaubt mir, ein bisschen besseres Lebensniveau zu haben, und vor allem erlaubt sie mir, mich ärztlich behandeln zu lassen, denn die Praxis und die Heilmittel sind unheimlich teuer.*«[32]

In der Regel sind diese Briefe in einem sehr freundlichen, fast unterwürfigen Ton gehalten und häufig, je nach Jahreszeit, mit Weihnachts- bzw. Osterwünschen oder Neujahrsgrüßen versehen. Vorwürfe, dass die nun eingeleiteten Schritte doch sehr spät kommen, fehlen – aus der Sicht der Verfasser wohl damit zu begründen, dass sie damit nicht ihre Chancen auf Entschädigungszahlungen schmälern wollen.

Die sicher größte Einschränkung im Quellenwert der Zwangsarbeiteranfragen ist durch den Umstand gegeben, dass nach mehr als einem halben Jahrhundert seit Ende des Zweiten Weltkrieges die Erinnerung bei vielen Betroffenen, die im Normalfall über keine schriftlichen Aufzeichnungen und Dokumente aus diesem Lebensabschnitt verfügen, schon recht lückenhaft ist. Zudem überlagern häufig Erinnerungen an ebenfalls einschneidende und schmerzliche Erlebnisse nach 1945, wie die Maßnahmen der Stalin-Ära gegen ehemalige Zwangsarbeiter und Kriegsgefangene aus der UdSSR, jene an die Jahre

32 Alle wörtlichen Zitate basieren auf den schriftlichen Anfragen ehemaliger NS-Zwangsarbeiter an das Salzburger Landesarchiv, abgelegt unter den Aktenzahlen 925/1990–925/2000 sowie 926/2000–926/2002. Nicht sinnverändernde grammatikalische und orthographische Fehler wurden, wenn nicht anders angegeben, zur besseren Verständlichkeit korrigiert. Grundsätzlich wurden ausschließlich jene schriftlichen Anfragen ehemaliger NS-Zwangsarbeiter als Grundlage der folgenden Ausführungen bzw. für wörtliche Zitate herangezogen, bei denen ein eindeutiger Salzburg-Bezug gegeben ist.

davor. Bemerkenswert ist die Tatsache, dass manchmal für den heutigen Betrachter unwesentliche Details im Gedächtnis dieser Menschen haften blieben, während für uns scheinbar wesentlichere Informationen, wie Ortsangaben oder die zeitliche Einordnung der Tätigkeiten während der Zwangsarbeit, nicht oder nur sehr lückenhaft wiedergegeben werden konnten. Recht detailliert sind zumeist die Angaben über die Arbeitsbedingungen, eine Lokalisierung des Einsatzortes ist jedoch häufig nur unter Zuhilfenahme anderer archivalischer Quellen möglich. So berichtet ein heute 74-jähriger ehemaliger Zwangsarbeiter aus der Ukraine, der einige Monate lang in der Stadt Salzburg bei der Feuerwehr arbeitete, dass dort zwei Feuerwehrautos der Marke »Saurer« eingesetzt wurden, auch erinnert er sich an den Mirabellgarten und die historischen Bauten der Altstadt. Er kann aber nicht mehr angeben, in welchem Jahr er in Salzburg war.[33]

Ein weiteres Problem stellen die schlechten oder nicht vorhandenen Deutschkenntnisse der Einschreiter dar. Überdies werden die topographischen Angaben und Personennamen oftmals nur nach dem Gehör wiedergegeben, wodurch deren Identifizierung erheblich erschwert oder gänzlich unmöglich gemacht wird. Liegen die Schriftstücke in deutscher Übersetzung vor, so sind diese zumeist nur »Zusammenfassungen«, welche ausschließlich die wichtigsten Fakten enthalten. Der ursprüngliche Ton der Anfrage sowie historisch wertvolle Zusatzinformationen gehen damit natürlich verloren – ein Umstand, der den Quellenwert dieser Schriftstücke erheblich einschränkt. Zudem sind diese Übersetzungen oft nicht von professionellen Übersetzern bzw. Übersetzungsbüros erstellt worden, sondern von Laien, deren Deutschkenntnisse ebenfalls mangelhaft sind.

Schließlich sind eine ganze Reihe von schriftlichen Anfragen nicht von den ehemaligen Zwangsarbeitern selbst verfasst, sondern von deren Angehörigen. Diesen Schriftstücken fehlt die Authentizität der Erinnerungen der Zeitzeugen, obwohl auch diese Briefe eine Vielzahl von wertvollen Angaben über die Jahre 1939–1945 enthalten können.

Zweifellos handelt es sich bei den schriftlichen Anfragen ehemaliger NS-Zwangsarbeiter um eine höchst interessante und überaus wertvolle historische Quelle, die jedoch nicht isoliert betrachtet und ohne Zuhilfenahme zeitgenössischer Archivalien ausgewertet werden sollte.

---

33 Da dieser Mann zu Aufräumungsarbeiten nach Luftangriffen herangezogen wurde, war eine Datierung recht einfach, da der erste Bombenangriff auf Salzburg am 16.10.1944 von der 15. US-Army Air Force geflogen wurde; vgl.: Erich Marx (Hrsg.), Bomben auf Salzburg. Die »Gauhauptstadt« im »Totalen Krieg«. In: Schriftenreihe des Archivs der Stadt Salzburg 6, Salzburg 1995, S. 164 ff.

5. Einzelschicksale im Spiegel der Anfragen an das Landesarchiv

Der folgende Abschnitt kann kein umfassendes Bild über verschiedene Lebens- und Arbeitsbedingungen der ehemaligen NS-Zwangsarbeiter zeichnen. Es soll vielmehr anhand exemplarischer Einzelerinnerungen die persönliche Dimension dargestellt werden.

a) Verschleppung und Transport

Viele Briefe beginnen mit Berichten über die Verschleppung aus den jeweiligen Heimatländern und den Transport zu den Arbeitsstätten im Deutschen Reich. Salzburg war oft nur eine oder die letzte Station in einer ganzen Reihe verschiedener Einsatzorte. Recht eindringlich beschreibt dies eine ehemalige Zwangsarbeiterin aus der Ukraine, die als 20-jährige Studentin aus ihrer südlich von Saporoshje gelegenen Heimatstadt Melitopol verschleppt wurde: »*Am 22. April 1943 wurde ich mit anderen Jugendlichen aus Melitopol nach Deutschland vom deutschen Arbeitsamt verschleppt. Es war ein schreckliches und unvergessliches Bild: Man jagte uns (etwa 200 Jugendliche) wie Vieh, beiderseits des Weges gingen bewaffnete deutsche Soldaten und hinter ihnen unsere heulenden Mütter … Das war unser Weg zur Eisenbahn … Dort packte man uns in die Viehwagen dicht nebeneinander. In jedem Wagen saßen zwei bis drei deutsche Soldaten. Um diesen Schreck etwas zu mildern und das Heulen der Mütter nicht zu hören, spielte am Bahnhof ein Orchester.*«

Die Lebensbedingungen während der oft wochenlangen Fahrt waren zudem katastrophal, wie die heute in Australien lebende Tochter einer ebenfalls dorthin ausgewanderten, damals 18-jährigen Ukrainerin aus Roweniki im Donez-Becken in ihrer Anfrage beschreibt:[34] »*All young people were required to register for work. They were given two or three days notice of their departure. They went to the railway station early in the morning and were loaded into cattle wagons. Mother said it was terrible; all the people, parents und their teenage children, screaming and crying. There were 2.600 young people, boys and girls aged between 17–20. They were given one small ration of salami, bread and water each day of the journey. The train went through Poland where they were showered with disinfectant. The train went to Austria and they arrived in Salzburg on 21–9–42. They were immediately sent to work in a factory making ammunition boxes.*«

Anders als bei Industrie und Gewerbe, wo der Arbeitseinsatz zumeist längerfristig geplant und von den Arbeitsämtern koordiniert wurde, gibt es im Bereich der Landwirt-

34 Die Angaben der Tochter der Zwangsarbeiterin erwiesen sich als derart präzise, dass die Salzburger Gebietskrankenkasse die gewünschten Versicherungsnachweise als Bestätigung der Zwangsarbeit in Salzburg ausstellen konnte. Das in Kopie beigelegte »*Arbeitsbuch für Ausländer*« nennt überdies die im Brief erwähnten verschiedenen Einsatzorte.

schaft Aufzeichnungen über entwürdigende Szenen bei der Zuweisung der Arbeiter an die jeweiligen Bauern, die an einen Sklavenmarkt erinnern. Von einer derartigen Veranstaltung, die im Herbst 1940 in Tamsweg stattfand, berichtet eine später in die Vereinigten Staaten ausgewanderte Polin aus der Gegend nördlich von Tarnów: »*We stood in the town square while people looked us over. A farmer and his wife picked me out, and I was told to go with them.*« Wie demütigend eine derartige Prozedur für die ohnehin schon vom langen Transport und schwierigsten Bedingungen physisch und psychisch mitgenommenen Menschen war, die zudem in der Regel der deutschen Sprache nicht mächtig waren, kann man heute nur noch erahnen.

Es stellt sich in diesem Zusammenhang die Frage, ob nicht hinter den Methoden bei der Verschleppung und beim Transport eine bewusste Planung stand, die darauf abzielte, die Zwangsarbeiter einzuschüchtern, um die Gefahr späterer Widerstandsaktivitäten zu vermindern. Dies war gerade in der Landwirtschaft und bei kleineren Gewerbebetrieben umso wichtiger, da hier die Möglichkeiten der ständigen Kontrolle und Bewachung äußerst eingeschränkt waren.

b) Unterbringung

Bei der Unterkunft hingen die Lebensbedingungen einerseits sehr stark vom Arbeitgeber ab, andererseits muss zwischen einer Unterbringung in Lagern und jener direkt an den Arbeitsstellen, beispielsweise auf einem Bauernhof, unterschieden werden.

Am härtesten waren die Lebensumstände zweifellos in Lagern, denn zu den schwierigen Arbeitsverhältnissen kamen häufig noch die Schikanen der Wachmannschaften. So berichtet die bereits erwähnte Tochter der aus Roweniki im Donez-Becken stammenden Ukrainerin, dass im Lager, in dem ihre Mutter untergebracht war, eine Arbeiterin von einem Bewacher verprügelt wurde, weil sie sich über die zu kleinen Essensrationen beschwerte.

Auch ohne diese zusätzlichen, erschwerenden Umstände waren die Lebensbedingungen in einem Arbeitslager besonders durch die mangelnde Hygiene, die oftmals unzureichende Ernährung und die beengten Wohnverhältnisse sehr schwierig, wie der Bericht eines aus Riga stammenden Zwangsarbeiters zeigt, der in einem Lager in Bürmoos, nördlich von Salzburg, inhaftiert war und beim Eisenbahnbau eingesetzt wurde: »*Wir wohnten in einem Barackenlager und hatten Stockbetten mit drei Ebenen Pritschen … Die Haftbedingungen waren schrecklich: Hunger, Kälte, keine Hygiene, Krankheiten, jeweils 10–15 Stunden Sklavenarbeit.*«

Eine weitere Verschärfung erfuhren die Lebensbedingungen bei Baustellen im Hochgebirge, wo die teilweise extremen Witterungsbedingungen zusätzliche Probleme schufen. Besonders zu nennen ist in diesem Zusammenhang die hochalpine Großbaustelle der »Tauernkraftwerke Kaprun-Glockner«.

Das in 1.573 m Seehöhe gelegene Lager Limbergalm (Abb. 6) zum Beispiel, noch vor Kriegsbeginn für zivile Arbeitskräfte errichtet, war für die Unterbringung von rund 150 Mann in den Sommermonaten vorgesehen.[35] Im Oktober 1939 erfolgte jedoch die Unterbringung von mehreren hundert polnischen Kriegsgefangenen, die auch nach Einsetzen starker Schneefälle in den mit Stacheldraht eingezäunten Baracken verblieben.

Die Schreiben der nicht in Lagern lebenden ehemaligen NS-Zwangsarbeiter enthalten keine Klagen über schlechte Wohnverhältnisse. Auf den einzelnen Bauernhöfen waren die Bedingungen in etwa mit jenen zu vergleichen, in denen die landwirtschaftlichen Arbeitskräfte vor ihrer Einberufung zum Kriegsdienst gelebt hatten. Zudem war die Lebensmittelversorgung in den ländlichen Gebieten vergleichsweise besser. Die auf den einzelnen Bauernhöfen nicht mögliche permanente Überwachung der ausländischen Arbeitskräfte durch staatliche Organe trug zweifellos zur Erleichterung der Situation bei. Grundsätzlich waren Zwangsarbeiter aber denselben Einschränkungen ihrer persönlichen Freiheit unterworfen wie jene, die in Lagern lebten. Die bereits zitierte, später in die Vereinigten Staaten ausgewanderte Polin aus der Gegend nördlich von Tarnów berichtet in diesem Zusammenhang: »*We worked hard on the farm. We were not allowed to go anywhere into the village or town, but had to stay on the farm. The Gestapo was a presence and they came periodically to the farm to check on us. There were rules about what forced laborers were and were not allowed to eat, for example. I had to wear a ›P‹*[36] *on my clothes. I want to say, though, that the Steinwenders*[37] *did not mistreat me.*« Besonders erwähnenswert ist hier die abschließende Bemerkung, dass die ehemalige Zwangsarbeiterin von der Bauernfamilie nicht schlecht behandelt wurde.

Grundsätzlich kann davon ausgegangen werden, dass die gemeinsame Arbeit in der Landwirtschaft in vielen Fällen dem Verhältnis zwischen Einheimischen und Zwangsarbeitern förderlich war – ein Umstand, der sich positiv auf die Lebensbedingungen auswirkte.

c) Arbeit

Besonders unterschiedlich gestalteten sich die Arbeitsbedingungen, denn hier war neben einer möglichen Internierung in Lager auch die Art der zu verrichtenden Tätigkeit entscheidend. Nachfolgend soll diese Problematik anhand einiger Beispiele aus verschiedenen Sparten dargelegt werden.

---

35 RSTH V/3 182 u. RSTH V/3 184.

36 Kennzeichen für Zwangsarbeiter aus Polen.

37 Name der Bauernfamilie, bei der die Arbeiterin eingesetzt war.

Abb. 5: Das Lager »Limbergalm« der »Tauernkraftwerke Kaprun-Glockner«, Bauzustand kurz vor Kriegsbeginn im Sommer 1939 (SLA, RSTH V/3 208; Foto: unbekannt)

Kraftwerksbau Kaprun – Schwerstarbeit im hochalpinen Gelände

Zu den bereits im vorhergehenden Abschnitt behandelten schwierigen Lebensbedingungen in den Lagern kam noch die harte und oftmals gefährliche Arbeit bei dieser Großbaustelle im Hochgebirge.

Eine besonders ausführliche Schilderung der Verhältnisse beim Bau der Kraftwerksanlagen in Kaprun beinhaltet das Schreiben eines später in die Vereinigten Staaten ausgewanderten polnischen Zwangsarbeiters, der als Jugendlicher zu schwerster Arbeit gezwungen wurde und dessen Bruder bei einem tragischen Arbeitsunfall sein Augenlicht verlor: »*1944 wurden wir in das Arbeitslager Kaprun versetzt. In diesem Lager mussten mein Bruder und ich sehr schwere Arbeit verrichten. Soweit mir bekannt ist, diente unsere Arbeit zum Bau einer Kanalisation. Wir mussten Steine aus dem Felsen schlagen, dann die schweren Felsbrocken wegschleppen. Wir mussten also als Kinder von 12–14 Jahren die Arbeit von Erwachsenen ausführen, und das unter den miserabelsten Umständen: Der Unfall meines Bruders ereignete sich demnach auch beim Schleppen des schweren Felsgesteins. Als er unter großen Anstrengungen einen Felsbrocken hochheben wollte, schrie er mir plötzlich zu, er könne nichts mehr sehen. Wir meldeten den Unfall dem Aufsichtsleiter, der aber kein großes Aufsehen davon machte, sondern meinem Bruder nur ein paar Augentropfen gab. Uns Zwangsarbeiter wurde damals ärztliche*

Abb. 6: Baugrube für das Krafthaus der »Tauernkraftwerke Kaprun-Glockner« im Juni 1941 (SLA, RSTH V/3 211, Foto: unbekannt)

Hilfe nicht selbstverständlich zuteil. Mein Bruder konnte nur noch Schatten erkennen und der Zustand seiner Augen verschlimmerte sich zusehends, ohne dass ihn ein Arzt behandelte. 1945 wurde er auf eigenen Wunsch in ein Salzburger Krankenhaus eingeliefert, wo man eine Augenoperation an ihm durchführte.[38] *Diese Operation verlief aber ohne Erfolg. Er erlangte sein Augenlicht nicht wieder.«*

Die Arbeits- und Lebensverhältnisse beim Kraftwerksbau in Kaprun waren im Vergleich mit anderen Einsatzorten derart schlecht, dass Arbeiter sogar strafweise dorthin versetzt wurden.[39]

Industrie, Gewerbe, Dienstleistung

Abgesehen von einigen wenigen Großbetrieben im Land Salzburg, beispielsweise die Konkordia-Hütte in Sulzau bei Werfen, dominierten Klein- und Mittelbetriebe das Wirtschaftsleben, die jedoch auch in die Rüstungsgüterproduktion eingebunden waren.

Häufig wurden Frauen und Jugendliche zur Produktion von Rüstungsgütern herangezogen, so auch zwei junge Frauen aus der Gegend von Kiew, die von März 1944 bis Kriegsende in einem Metall verarbeitenden Betrieb in der Stadt Salzburg zu Fräsarbeiten,

38 Auf Grund des Schreibens kann nicht festgestellt werden, ob die Einlieferung des Patienten vor oder nach Kriegsende erfolgte.

39 Beispielsweise wurde ein Gruppe von Italienern, die auf der Flucht vor den Bombenangriffen im Ruhrgebiet in ihre Heimat zurück wollten, am Brenner aufgegriffen und strafweise nach Kaprun versetzt; vgl.: Clemens M. Hutter, Kaprun. Geschichte eines Erfolgs. Salzburg 1994, S. 110.

nämlich »Ausbohren von Geschoßen«, bei der Munitionserzeugung eingesetzt waren. Oftmals waren diese Arbeiterinnen einem starken Leistungsdruck ausgesetzt, weil von ihnen bestimmte Produktionsnormen verlangt wurden. Dies geht auch aus dem Bericht einer aus ihrer Heimatstadt, westlich von Charkow, verschleppten 18-jährigen Ukrainerin hervor, die ebenfalls in jener Firma der damaligen Gauhauptstadt an der Waffenproduktion arbeitete: »*Ende 1943/Anfang 1944 wurde ich in ein Rüstungswerk geschickt, wo ich in der Gießerei arbeiten musste. Dieses Werk befand sich in der Nähe der Stadt Salzburg, am Stadtrand, im Wald ... Die Arbeit war hart, während einer Schicht wurden 150 Granathülsen verlangt. Vom Werk aus konnten wir nirgendwohin gehen, wir hausten in verregneten, kalten Baracken.*«

Auch relativ kleine Handwerksbetriebe in entlegenen Gegenden wurden mit zunehmender Dauer des Krieges in die Rüstungsanstrengungen des »*Dritten Reiches*« mit einbezogen. Diese dezentralen Produktionsstätten hatten zudem den Vorteil der weitgehenden Sicherheit vor alliierten Bombenangriffen. Anschaulich werden die Arbeitsbedingungen in der Anfrage eines später nach Kanada ausgewanderten polnischen Zwangsarbeiters aus der Gegend nordöstlich von Wrocław (Breslau) geschildert, der schon als 13-Jähriger ab 1943 in einer Tischlerei in Ramingstein, im Lungau, arbeitete: »*I worked on a large planer and table saw. I cut and planed doors and made gun racks. I also made wooden items such as crosses for graves, boxes to hold ammunition, and other products for war.*« Bemerkenswert ist bei dieser Schilderung der Umstand, dass die Zwangsarbeiter nicht nur in der reinen Rüstungsproduktion eingesetzt wurden, sondern auch zivile Produkte, wie Grabkreuze, herstellten. Dieser Bericht liefert auch einen Einblick in die Bedingungen, unter denen die Zwangsarbeiter zur Arbeit gezwungen wurden: »*I was working under extremely harsh conditions. I was very hungry. I ate watered-down soup from beets; bread made from chestnuts, and drank black coffee. I had no warm clothes in the cold winter.*« Um die Versorgung der aus Osteuropa stammenden Zwangsarbeiter mit dringend benötigter warmer Kleidung für den Winter zu verbessern, sollten ihnen Altkleider zugeteilt werden. Auch wurden sie dazu angehalten, ihren zu Hause verbliebenen Verwandten mittels vorgedruckten Karten zu schreiben, damit ihnen die zurückgelassenen Wintersachen nachgeschickt würden. Diese Aktion stieß jedoch verschiedentlich auf Probleme, da die »*Ostarbeiter*« entweder erklärten keine Winterbekleidung zu Hause zu haben oder ganz einfach nicht wussten, wo sich ihre teilweise von den deutschen Besatzern verschleppten Angehörigen nunmehr aufhielten.[40]

Viele Frauen und Mädchen kamen als Haushaltshilfen zum Einsatz oder arbeiteten in Fremdenverkehrsbetrieben, die in den Kriegsjahren nach und nach als Lazarette oder Sanatorien für die immer größere Zahl von Verwundeten herangezogen wurden. Auch im Haushalt waren die Arbeitsbedingungen alles andere als einfach, jedoch wahrscheinlich in keinster Weise mit jenen zu vergleichen, die in der Rüstungsindustrie herrschten. Dies zeigt der Bericht der schon zitierten Ukrainerin aus dem Raum westlich von Charkow,

---

40 Lagebericht vom 26.11.1942 für das KTB der Rüstungsinspektion XVIII; BA-MA RW 20-18/16.

welche nach ihrer Verschleppung, Mitte November 1943, vorerst als Haushaltsgehilfin arbeitete: »*Ich musste dort* (beim Dienstgeber in der Stadt Salzburg, Erg. O. D.) *bis in die Nacht hinein arbeiten, aufräumen, putzen, kochen, und neben all diesen Arbeiten musste ich noch auf die Kinder aufpassen. Meine Hausherren hatten 5 Kinder.*«

In den Fremdenverkehrsbetrieben wurden Zwangsarbeiter in der Regel zu Hilfsdiensten im Service gezwungen, beispielsweise als Küchengehilfen oder Reinigungskräfte. Sie ersetzten damit einheimische Arbeitskräfte, die somit entweder für Militäreinsatz oder zu anderen kriegswichtigen Tätigkeiten zur Verfügung standen.

Luftschutz

Für den Bau von Luftschutzstollen und für Aufräumungsarbeiten nach Luftangriffen wurden zusätzlich zu Kriegsgefangenen auch Zwangsarbeiter herangezogen. Neben Eisenbahnknotenpunkten und größeren Bahnhöfen betraf dieser Arbeitseinsatz in erster Linie die Stadt Salzburg, wo beim Bau der Luftschutzstollen in die Stadtberge ab Frühjahr 1944 durchschnittlich rund 500–700 Arbeitskräfte tätig waren.[41] Diese große Zahl der hiefür benötigten Arbeitskräfte konnte aus den kriegsbedingt ohnehin schon sehr angespannten personellen Ressourcen des Magistrats Salzburg alleine nicht mehr gedeckt werden. Ausführlich schildert dies ein heute in Kanada lebender Niederländer, der im letzten Kriegsjahr zum Arbeitseinsatz in die Stadt Salzburg gebracht wurde:[42] »*Our job was to make shelters in the mountains … We had to use dynamite to blast the rock, then load the rocks on a cart with a pail and then bring the full cart uphill, where we had to load the rocks on a truck. We had to work hard, it was dusty and dirty, but we had to keep going despite the weather, we were always under guard. We were required to do a certain amount each day. I nearly lost my leg one time, when it got stuck under a cart full of rocks; another time we had to bend steel which was used for cement work. We made long days, were up by 5 a.m. and worked till 8 p.m., then we were allowed back to the camp. We had food, but never enough for this heavy work; one of the boys asked for more food for all of us; as a result he was beaten so badly, that he nearly lost his life, and as a result we were fed only cabbage soup for 3–4 weeks, that made us pretty weak and thin.*« Dieser Bericht zeigt überdies, dass hohe Arbeitsnorm und die auch hier vorkommenden Schikanen der Wachmannschaften zu einer zusätzlichen Verschlechterung der Arbeits- und Lebenssituation beitrugen.

Landwirtschaft

Wie bereits erwähnt, war das Gros der NS-Zwangsarbeiter in der Landwirtschaft eingesetzt. Umso bedauerlicher ist es daher in diesem Zusammenhang, dass die schriftlichen

41 Marx, Bomben auf Salzburg (wie Anm. 33), S. 98.

42 Abgesehen von korrigierten orthographischen Fehlern blieb der Bericht sprachlich weitgehend unverändert.

Abb. 7: Zwangsarbeiter bei der Feldarbeit in Salzburg-Liefering, Blick von der Fischergasse in Richtung Osten (SLA, Foto: unbekannt)

Anfragen ehemaliger NS-Zwangsarbeiter keine individuellen Beschreibungen der Arbeit in der Landwirtschaft im Hochgebirge beinhalten. Es kann jedoch davon ausgegangen werden, dass ein beträchtlicher Unterschied zwischen den Arbeitsverhältnissen bei Bauern im Flachland, beispielsweise im Großraum der Stadt Salzburg, und in den Gebirgsgauen bestand.

Ein Beispiel für einen Zwangsarbeiter in der Landwirtschaft, in unmittelbarer Nähe der damaligen Gauhauptstadt, ist jene russische Staatsbürgerin aus der Gegend um St. Petersburg, die 1943 gemeinsam mit ihrer Mutter und ihrem Bruder zur Zwangsarbeit nach Deutschland und später nach Salzburg-Liefering verschleppt wurde. Sie legte ihrem Ansuchen um Aufenthalts- und Arbeitsbestätigung auch ein Foto (vgl. Abb. 7) bei, sodass angenommen werden kann, dass vielleicht sie selbst und ihre Familienangehörigen darauf abgebildet sind.[43]

Die Arbeitsverhältnisse in der Landwirtschaft waren grundsätzlich sicher einfacher als in anderen Bereichen. Dies darf jedoch nicht darüber hinwegtäuschen, dass auch die hier eingesetzten Zwangsarbeiter aus ihren Heimatländern verschleppt und zu harter, nicht adäquat entlohnter Arbeit gezwungen wurden.

d) Freizeit

Auch über diesen Aspekt enthalten die vorliegenden schriftlichen Anfragen nur sehr spärliche Informationen. Trotzdem zeigt gerade dieser Teilbereich, wie unterschiedlich sich die Lebensbedingungen der NS-Zwangsarbeiter im Zweiten Weltkrieg gestalteten.

Die in Lager untergebrachten ausländischen Arbeitskräfte waren in der Regel haftähnlichen Bedingungen ausgesetzt. Dies bedingte eine weitgehende Ausschaltung jeder individueller Bewegungsfreiheit über die Lagergrenzen hinaus – für etwaige Freizeitaktivitäten blieb da naturgemäß nicht mehr viel Zeit, zumal die harte Arbeit und die langen Arbeitszeiten zusätzlich einschränkend wirkten. Die Zuschriften der in Lagern lebenden Zwangsarbeiter enthalten keinerlei Hinweise auf organisierte Freizeitveranstaltungen, wie beispielsweise Film- oder Musikvorführungen.[44]

Aus dem Bereich der Landwirtschaft, wo die Zwangsarbeiter vergleichsweise mehr individuelle Bewegungsfreiheit hatten, existieren Berichte von Betroffenen, dass es ihnen möglich war, die Sonntagsmesse in der örtlichen Kirche zu besuchen. Ein Beispiel dafür ist eine polnische Zwangsarbeiterin aus der Gegend um Przemyśl, die in unmittelbarer Nähe der

43 Da die Einschreiterin überdies nach mehr als 50 Jahren noch recht detaillierte Angaben über ihren Aufenthalt in Salzburg machte, konnte ihr der gewünschte Versicherungsnachweis übersandt werden.

44 Vgl.: Gert Kerschbaumer, Faszination Drittes Reich. Kunst und Alltag der Kulturmetropole Salzburg. Salzburg o. J., S. 200: Ab 1941 lief eine spezielle Aktion für Fremdarbeiter in ihren Lagern (z. B. im Lager Aiglhof für »Ostarbeiter und Arbeiterinnen«). Die Filme wurden in der jeweiligen Landessprache vorgeführt.

damaligen Gauhauptstadt bei einem Bauern arbeitete. Sie konnte jeden Sonntag die Messe der Pfarrkirche in Mülln besuchen, wo im Juli 1943 auch ihre Tochter getauft wurde.

Grundsätzlich kann für die Gestaltung der Freizeit angenommen werden, dass diese besonders vom individuellen Entgegenkommen und Wohlwollen der Arbeitgeber abhing, und dass auch hier, wie bereits für andere Bereiche gezeigt, die Bedingungen für die lagermäßig Untergebrachten am ungünstigsten waren.

e) Medizinische Versorgung

Die gefährlichen Arbeiten bei zumeist ungenügenden Sicherheitsvorkehrungen hatten zur Folge, dass Zwangsarbeiter oft Opfer von Arbeitsunfällen wurden. Viele dieser Menschen leiden bis heute an den gesundheitlichen Folgen.

Da die NS-Zwangsarbeiter in der Regel krankenversichert wurden, war grundsätzlich eine medizinische Hilfe im Unglücksfall vorgesehen. Die große Anzahl an möglichen Patienten und der gleichzeitig kriegsbedingte Mangel an Ärzten führten jedoch zu Problemen in der medizinischen Versorgung der ausländischen Arbeitskräfte. Eine Folge davon war ein starkes Ansteigen der Krankenstände – ein Umstand, der den herrschenden Arbeitskräftemangel in kriegswirtschaftlich wichtigen Produktionsbetrieben weiter verschärfte. So klagte etwa der Reichsstatthalter in einem Bericht im April 1941 »*über den abnormal hohen Krankenstand der slowakischen und polnischen Arbeiter, bedingt wohl auch durch den Ärztemangel der Krankenkassen*«.[45] Wie bereits am Beispiel jenes Mannes gezeigt wurde, der bei einem Unfall in Kaprun sein Augenlicht verlor, war der Zugang zu medizinischer Versorgung auch von der Willkür der Wachmannschaften abhängig.

Neben Arbeitsunfällen waren die körperlich geschwächten Zwangsarbeiter auch besonders anfällig für oftmals schwere Erkrankungen, wie der nachfolgende Bericht eines aus Istrien stammenden Kroaten zeigt: »*Danach wurde ich versetzt zur Arbeit in einem Steinbruch immer noch in St. Michael.*[46] *In diesem Steinbruch habe ich die ganze Zeit meines Aufenthalts im Lager Katschberg gearbeitet, wohin wir jeden Tag gekommen sind. Anfang März 1945 erkrankte ich an meinem rechten Fuß; ich glaube, dass das eine Erfrierung war, da der Fuß infiziert war. Damals wurde ich mit einem Fahrzeug in das Zivilkrankenhaus Tamsweg gebracht … Im Krankenhaus hatte ich einen kleineren chirurgischen Eingriff wegen der Entfernung der eiternden Infektion. In diesem Krankenhaus verblieb ich ungefähr 10 Tage und wurde dann wieder auf den Katschberg zurückgebracht. Ende April 1945 erkrankte ich an einer schweren Pleurite*[47] *und wurde erneut ins selbe Krankenhaus in Tamsweg gebracht. In diesem Krankenhaus habe ich die Kapitulation von Deutschland erlebt.*«

---

45 Lage im Bereich der Rü Jn XVIII am 10. April 1941; BA-MA RW 20-18/10.

46 St. Michael im Lungau.

47 Pleuritis (Rippenfellentzündung).

Abb. 8: Zeitgenössische Fotografie der Tbc-Baracke der Landeskrankenanstalten Salzburg (SLA, Foto: unbekannt)

Im Sommer 1943 erkrankte eine aus der westlichen Ukraine gebürtige und in der Landwirtschaft bei Lamprechtshausen eingesetzte 19-Jährige nach eigenen Angaben an Lungen- und Rückenmarkstuberkulose, die eine insgesamt 18 Monate lange Spitalsbehandlung im Landeskrankenhaus in Salzburg nach sich zog. Ihrem Antrag um Aufenthalts- und Versicherungsbestätigung legte sie auch eine zeitgenössische Fotografie (vgl.: Abb. 8) bei. Bei der leider nur schwer zu erkennenden Patientin an der Hand der ganz links auf der Veranda stehenden Klosterschwester soll es sich nach eigenen Angaben um die Zwangsarbeiterin selbst handeln. Die Qualität und das Format des beigelegten Fotos lassen hier jedoch bedauerlicherweise keine näheren Aussagen zu.

f) Kinder

Ein überaus hartes Los traf Kinder und Jugendliche, die entweder selbst Zwangsarbeit leisten mussten oder gemeinsam mit ihren Eltern verschleppt wurden. Bedauerlicherweise enthalten die Schreiben der damaligen Kinder wenig Informationen über ihre Arbeits- und Lebensbedingungen. Ein Umstand, der mit fehlender Erinnerung an diese Jahre zu begründen ist. Bei Briefen von Eltern, deren Kinder während ihres Aufenthalts in Salzburg verstorben sind, wird diese Tatsache nur am Rande oder als zusätzliche Begründung für einen erhobenen Entschädigungsanspruch erwähnt. Die möglichst detaillierte Beschreibung der eigenen Zwangsarbeit steht hier naturgemäß im Zentrum der Schilderungen.

Die Jugendlichen wurden ohne Rücksicht auf ihr Alter zu oftmals harter Arbeit eingesetzt, wie das bereits zitierte Beispiel des 13-Jährigen in der Tischlerei in Ramingstein[48] zeigt. Oftmals trugen sie dauernde gesundheitliche Schäden davon, wie jener Knabe, der bei der Arbeit in Kaprun erblindete.[49] An dieser Stelle sei auch auf die in der Regel

48 Vgl.: S. 41.
49 Vgl.: S. 39/40.

schweren und meist ungesunden Arbeitsbedingungen verwiesen, denen junge Frauen und Mädchen in der Rüstungsproduktion ausgesetzt waren.[50]

Die Unterbringung von gemeinsam mit ihren Eltern zwangsweise ins Deutsche Reich verbrachten Kindern, die zur Arbeitsleistung noch zu jung waren, stellte oftmals ein Problem dar, da tagsüber die Beaufsichtigung nicht gewährleistet werden konnte. Dies zeigt sich etwa im Bericht eines 1941 in Warschau geborenen Polen, der nach der Niederschlagung des Warschauer Aufstandes, im Herbst 1944, mit seiner Mutter zur Zwangsarbeit verschleppt wurde. Der Einschreiter konnte leider keine näheren Angaben über seinen Aufenthaltsort machen, dennoch soll sein Bericht stellvertretend für andere, ähnlich gelagerte Fälle in Salzburg, die jedoch nicht derart detaillierte Beschreibungen enthalten, zitiert werden: *»Meine Mutter hat wahrscheinlich in einer Konserven- oder Munitionsfabrik gearbeitet. Ich blieb alleine in der Baracke. Eines Tages, als die Mutter bei der Arbeit war, fiel ich von der obersten Pritsche mit dem Gesicht auf einen glühend heißen Ofen (Art Kanonenofen). Ich wurde zum Arzt des Lagers bzw. des Ortes gebracht. Seit dieser Zeit habe ich eine Narbe auf der Stirn.«*

Besonders problematisch stellt sich das Schicksal jener Kinder dar, die in den Jahren der Zwangsarbeit ihrer Mütter geboren wurden. In Salzburg kamen diese Kinder in der Regel in den Krankenhäusern des Landes zur Welt – ein Faktum, das ihre Überlebenschancen sicher verbesserte. Nach der Geburt verblieben die Säuglinge bis Kriegsende zumeist bei ihren Müttern. Die Kinder wurden auch, wenn die Eltern Katholiken waren, in den jeweils zuständigen Pfarren getauft.

Ein Beispiel für ein Kind, das bis Kriegsende mit seiner Mutter in einem Lager überleben konnte, ist ein Pole aus der Umgebung von Kraków (Krakau). Seine Mutter wurde 1941 nach Salzburg zur Arbeit verschleppt und in einem Erholungsheim für Wehrmachtsangehörige im Gasteinertal eingesetzt. 1943 kam er selbst im Spital in St. Johann i. Pg. zur Welt und verbrachte danach die Jahre bis Kriegsende gemeinsam mit seiner Mutter im *»Straflager Markt Pongau«*. Sein Vater, möglicherweise ein Soldat der deutschen Wehrmacht, blieb bis heute unbekannt.[51]

Auch aus dem Bereich der in der Landwirtschaft tätigen Zwangsarbeiter existiert eine Reihe von Erwähnungen über damals zur Welt gekommene Kinder, die bis Kriegsende mit ihren Müttern auf dem jeweiligen Bauernhof verblieben.[52] Ähnliches gilt auch für andere, nicht in Lagern lebende Zwangsarbeiter, wie zum Beispiel jene junge Frau aus der Gegend um Poltawa, in der Ostukraine, die ab 1942 zuerst als Hausgehilfin und später in einer Möbelfabrik arbeitete. Anfang März 1945 wurde ihre Tochter geboren, mit der sie dann nach Kriegsende in ihre Heimat zurückkehrte. In diesem Fall war das nahe Kriegsende zweifellos ein Umstand, der sich für Mutter und Kind positiv auswirkte.

---

50 Vgl.: Seite 40/41.

51 Hier gelang es mit Hilfe des Konsistorialarchivs und der örtlichen Pfarrmatrikeln, die Eintragung der Taufe, im Mai 1943, zu finden, und somit war es möglich, eine Aufenthaltsbestätigung zu übermitteln.

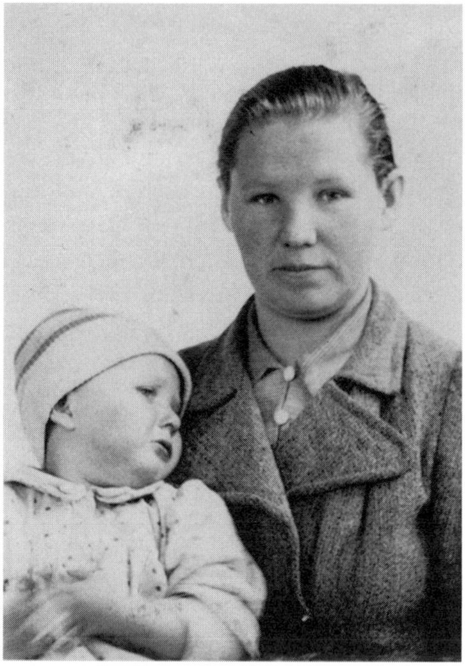

Abb. 9: Polin aus der Gegend südlich von Kraków (Krakau), die gemeinsam mit ihrer Tochter 1941 zur Zwangsarbeit auf einem Bauernhof bei Radstadt eingesetzt wurde (SLA, Zwangsarbeiter-Kartei Landrat Pongau, Zivilarbeiter Polen M-Z; Foto: SLA)

Tragisch ist hingegen das Schicksal jenes Mädchens, das Anfang Jänner 1944 als Tochter eines gemeinsam zur Zwangsarbeit verschleppten Ehepaares aus Kiew geboren wurde. Dieses Kind starb ein Jahr später in einem Lager bei Maria Plain.

Zweifellos wirkte es sich jedoch positiv auf die Überlebenschancen der hier geborenen Zwangsarbeiterkinder aus, dass es im damaligen »*Reichsgau Salzburg*« kein eigenes zentrales Säuglingsheim für diese Neugeborenen gab, wie den berüchtigten »Lindenhof« in Spital am Pyhrn in Oberösterreich. Dort starben durch beabsichtigte unzureichende Ernährung oder allgemeine Vernachlässigung seitens des Pflegepersonals fast 50 % der eingelieferten Kinder.[53]

Auf Grund der sehr unübersichtlichen Quellenlage ist es bis dato jedoch nicht möglich, abschließende Zahlen über während der Zwangsarbeit ihrer Eltern in Salzburg geborene Kinder bzw. die Sterblichkeit dieser Personengruppe anzugeben.

52 Auch hier stellen die jeweiligen Kirchenbücher eine wichtige Grundlage für die Ausstellung von Aufenthaltsbestätigungen dar.

53 Insgesamt starben dort zwischen März 1943 und Ende Jänner 1945 von den eingelieferten 97 Säuglingen 44; vgl.: Gabriella Hauch, Ostarbeiterinnen. Vergessene Frauen und ihre Kinder. In: Fritz Mayrhofer / Walter Schuster (Hrsg.), Nationalsozialismus in Linz, Bd. 2. Linz 2001, S. 1271–1310.

III.

Zwangsarbeit im Reichsgau Salzburg

1. Zeitgenössische Rechtssituation

Eine Fülle von häufig diskriminierenden und den Alltag erschwerenden gesetzlichen Vorschriften, Verordnungen und anderen bindenden Anordnungen der jeweilig zuständigen Obrigkeit reglementierte die Bedingungen, unter denen die ausländischen Arbeitskräfte im »*Dritten Reich*« leben und arbeiten mussten. Die beiden folgenden Abschnitte können keine erschöpfende Darstellung jener bisweilen recht unübersichtlichen Rechtssituation geben. Sie sollen vielmehr einen Eindruck von der rechtlichen Basis vermitteln, die den Umgang des nationalsozialistischen Deutschland mit dieser Problematik prägte. Auf die Erörterung der völkerrechtlichen Bestimmungen[54] wird hier verzichtet, da diese in keinem ursächlichen Zusammenhang mit dem Dritten Reich stehen.

a) Gesetzliche Bestimmungen auf Reichsebene

Der Umfang des Arbeitseinsatzes ausländischer »*Zivilarbeiter*« und Kriegsgefangener würde zunächst vermuten lassen, dass es eine Fülle an Gesetzen und Verordnungen auf Reichsebene geben müsste. Im Gegenteil, zwischen 1938 und 1945 befassten sich nur wenige Textpassagen in den Reichsgesetzblättern mit dem Thema »Ausländer«. Insgesamt waren es ab 1940 nur vierzehn Gesetze und Verordnungen, die sich mit »*Zivilarbeitern*« oder Kriegsgefangenen beschäftigten. Bei manchen handelte es sich nur um Ergänzungen und Korrekturen bereits bestehender, einschlägiger Vorschriften. Nur ein einziges Gesetz hatte ausschließlich »*Ostarbeiter*« zum Thema.[55] Detaillierte Bestimmungen über Polen enthalten die so genannten Polizeiverordnungen, die, unabhängig davon, ob es sich um »*Polengesetze*« oder »*Ostarbeitergesetze*« handelte, für alle ausländischen Arbeitskräfte Gültigkeit hatten. Ausgenommen waren lediglich Arbeiter aus mit dem Deutschen Reich verbündeten Staaten, wie die Slowakei, Italien oder Kroatien oder auch »*Protektoratsangehörige*«. Anfangs waren wesentlich mehr Polen eingesetzt, weshalb zunächst im-

---

54 Vgl. S. 139–145 Abschnitt III.4.a: Völkerrechtliche Voraussetzungen.
55 RGBl. Nr. 37/1943.

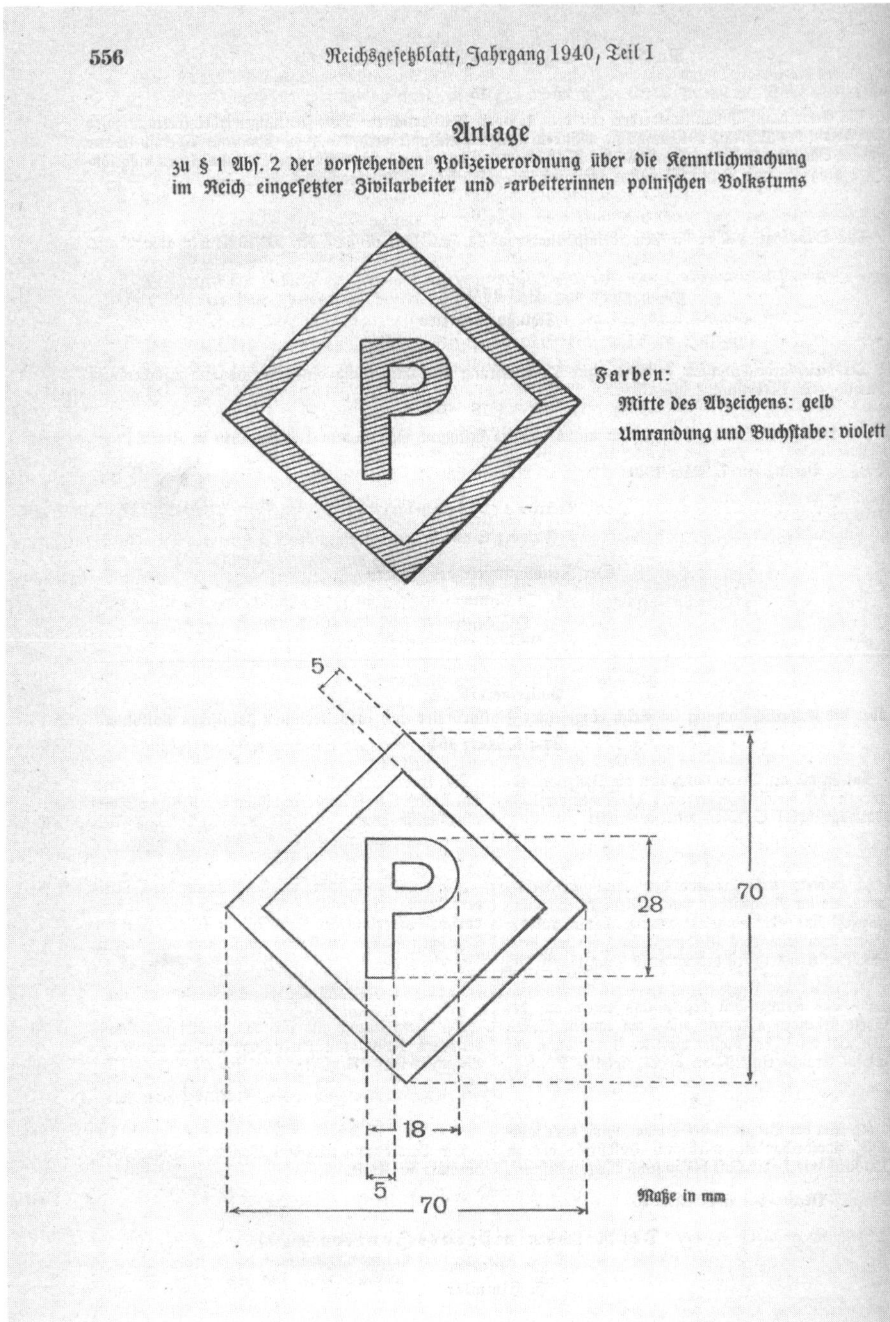

Abb. 10: Kennzeichnung der polnischen Zwangsarbeiter (RGBl. Nr. 55/1940; Reproduktion: SLA)

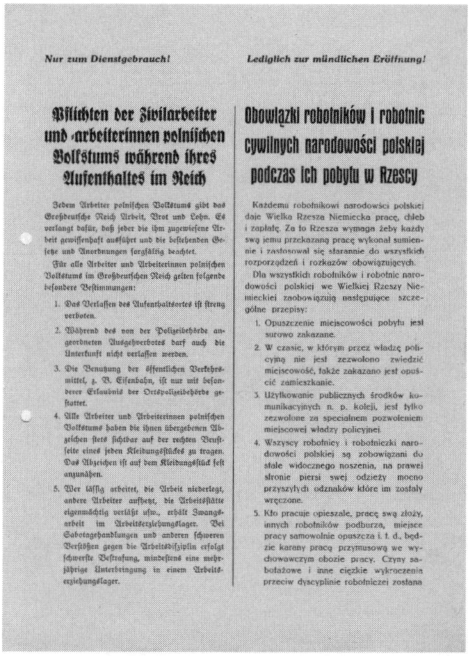

Nur zum Dienstgebrauch!

Lediglich zur mündlichen Eröffnung!

Pflichten der Zivilarbeiter und -arbeiterinnen polnischen Volkstums während ihres Aufenthaltes im Reich

Jedem Arbeiter polnischen Volkstums gibt das Großdeutsche Reich Arbeit, Brot und Lohn. Es verlangt dafür, daß jeder die ihm zugewiesene Arbeit gewissenhaft ausführt und die bestehenden Gesetze und Anordnungen sorgfältig beachtet.

Für alle Arbeiter und Arbeiterinnen polnischen Volkstums im Großdeutschen Reich gelten folgende besondere Bestimmungen:

1. Das Verlassen des Aufenthaltsortes ist streng verboten.
2. Während des von der Polizeibehörde angeordneten Ausgehverbotes darf auch die Unterkunft nicht verlassen werden.
3. Die Benutzung der öffentlichen Verkehrsmittel, z. B. Eisenbahn, ist nur mit besonderer Erlaubnis der Ortspolizeibehörde gestattet.
4. Alle Arbeiter und Arbeiterinnen polnischen Volkstums haben die ihnen übergebenen Abzeichen stets sichtbar auf der rechten Brustseite eines jeden Kleidungsstückes zu tragen. Das Abzeichen ist auf dem Kleidungsstück fest anzunähen.
5. Wer lässig arbeitet, die Arbeit niederlegt, andere Arbeiter aufhetzt, die Arbeitsstätte eigenmächtig verläßt usw., erhält Zwangsarbeit im Arbeitserziehungslager. Bei Sabotagehandlungen und anderen schweren Verstößen gegen die Arbeitsdisziplin erfolgt schwerste Bestrafung, mindestens eine mehrjährige Unterbringung in einem Arbeitserziehungslager.

Obowiązki robotników i robotnic cywilnych narodowości polskiej podczas ich pobytu w Rzescy

Każdemu robotnikowi narodowści polskiej daje Wielka Rzesza Niemiecka pracę, chleb i zapłatę. Za to Rzesza wymaga żeby każdy swą jemu przekazaną pracę wykonał sumiennie i zastosował się starannie do wszystkich rozporządzeń i rozkazów obowiązujących.

Dla wszystkich robotników i robotnic narodowości polskiej we Wielkiej Rzeszy Niemieckiej zaobowiązują następujące szczególne przepisy:

1. Opuszczenie miejscowości pobytu jest surowo zakazane.
2. W czasie, w którym przez władzę policyjną nie jest zezwolono zwiedzić miejscowość, także zakazano jest opuścić zamieszkanie.
3. Użytkowanie publicznych środków komunikacyjnych n. p. kolejі, jest tylko zezwolone za specialnem pozwoleniem miejscowej władzy policyjnej.
4. Wszyscy robotnicy i robotniczki narodowości polskiej są zobowiązani do stale widocznego noszenia, na prawej stronie piersi swej odzieży mocno przyszyłych odznaków które im zostały wręczone.
5. Kto pracuje opieszale, pracę swą złoży, innych robotników podburza, miejsce pracy samowolnie opuszcza i. t. d., będzie karany pracą przymusową we wychowawczym obozie pracy. Czyny sabotażowe i inne ciężkie wykroczenia przeciw dyscyplinie robotniczej zostana

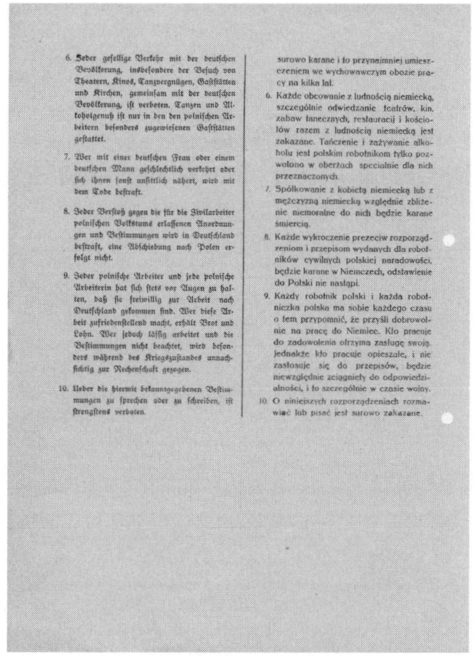

6. Jeder gesellige Verkehr mit der deutschen Bevölkerung, insbesondere der Besuch von Theatern, Kinos, Tanzvergnügen, Gaststätten und Kirchen, gemeinsam mit der deutschen Bevölkerung, ist verboten. Tanzen und Alkoholgenuß ist nur in den den polnischen Arbeitern besonders zugewiesenen Gaststätten gestattet.
7. Wer mit einer deutschen Frau oder einem deutschen Mann geschlechtlich verkehrt oder sich ihnen sonst unsittlich nähert, wird mit dem Tode bestraft.
8. Jeder Verstoß gegen die für die Zivilarbeiter polnischen Volkstums erlassenen Anordnungen und Bestimmungen wird in Deutschland bestraft, eine Abschiebung nach Polen erfolgt nicht.
9. Jeder polnische Arbeiter und jede polnische Arbeiterin hat sich stets vor Augen zu halten, daß sie freiwillig zur Arbeit nach Deutschland gekommen sind. Wer diese Arbeit zufriedenstellend macht, erhält Brot und Lohn. Wer jedoch lässig arbeitet und die Bestimmungen nicht beachtet, wird besonders während des Kriegszustandes unnachsichtig zur Rechenschaft gezogen.
10. Ueber die hiermit bekanntgegebenen Bestimmungen zu sprechen oder zu schreiben, ist strengstens verboten.

surowo karane i to przynajmniej umieszczeniem we wychowawczym obozie pracy na kilka lat.

6. Każde obcowanie z ludnością niemiecką, szczególnie odwiedzanie teatrów, kin, zabaw tanecznych, restauracij i kościołów razem z ludnością niemiecką jest zakazane. Tańczenie i zażywanie alkoholu jest polskim robotnikom tylko pozwolono w oberżach specialnie dla nich przeznaczonych.
7. Spółkowanie z kobietą niemiecką lub z mężczyzną niemiecką względnie zbliżenie niemoralne do nich będzie karane śmiercią.
8. Każde wykroczenie prezeciw rozporządzeniom i przepisom wydanych dla robotników cywilnych polskiej naradowości, będzie karane w Niemczech, odstawienie do Polski nie nastąpi.
9. Każdy robotnik polski i każda robotniczka polska ma sobie każdego czasu o tem przypomnić, że przyśli dobrowolnie na pracę do Niemiec. Kto pracuje do zadowolenia otrzyma zasługę swoją. Jednakże kto pracuje opieszale, i nie zastosuje się do przepisów, będzie niewzględnie zciągniety do odpowiedzialności, i to szczególnie w czasie wojny.
10. O niniejszych rozporządzeniach rozmawiać lub pisać jest surowo zakazane.

Abb. 11: Pflichten der Zivilarbeiter und -arbeiterinnen polnischen Volkstums während ihres Aufenthaltes im Reich (Vorder- u. Rückseite), 1940 (SLA, RSTH I/3 127/1943; Reproduktion: SLA)

mer nur von »*polnischen Zivilarbeitern*« geschrieben wurde. Im Laufe der Jahre kamen dann Ergänzungen, die besagten, dass Gleiches auch für Ukrainer, Russen usw. galt.

Vor 1940 waren Verordnungen nicht speziell auf Zwangsarbeiter bezogen, sondern auf Ausländer im Allgemeinen. Sie galten also für alle, die »*keine deutsche Staatsangehörigkeit*« besaßen. Die Ausländerpolizeiverordnung vom 22. August 1938 besagte in diesem Zusammenhang Folgendes:[56] »*Der Aufenthalt im Reichsgebiet wird Ausländern erlaubt, die nach ihrer Persönlichkeit und dem Zweck ihres Aufenthalts im Reichsgebiet die Gewähr dafür bieten, daß sie der ihnen gewährten Gastfreundschaft würdig sind.*«

Die erste Verordnung in den »Reichsgesetzblättern«, die sich auf »*Zivilarbeiter*« bezog, stammt vom 8. März 1940. Dabei handelte es sich aber letztlich um eine Erweiterung der Polizeiverordnung vom August 1938. In dieser »*Polizeiverordnung über die Kenntlichmachung im Reich eingesetzter Zivilarbeiter und -arbeiterinnen polnischen Volkstums*« wurde festgelegt,[57] dass die Arbeiter polnischer Herkunft auf der rechten Brustseite jedes Kleidungsstückes ein mit ihrer jeweiligen Kleidung fest verbundenes Kennzeichen sichtbar

56 RGBl. Nr. 132/1938.

57 RGBl. Nr. 55/1940.

Merkblatt

für Arbeiter ukrainischen und weißruthenischen Volkstums aus dem Generalgouvernement und den eingegliederten Ostgebieten

Записний листок для робітників української і білоруської народности з Генерал-Губернії і влучених Східніх Областей

Зацемка для работнікаў украінскае й беларускае нацыянальнасьці з Генэральнае Губэрні й прылучаных усходніх абшараў

Arbeiter!

Du findest im Großdeutschen Reich Lohn und Brot für Dich und Deine Familie. Die deutschen Dienststellen sind bemüht, Dir das Einleben in die fremden Verhältnisse zu erleichtern und Dich mit den deutschen Bestimmungen vertraut zu machen.

Für Dich gelten insbesondere folgende Vorschriften:

1. Du darfst Dich innerhalb des Land- oder Stadtkreises, in dem Du arbeitest, frei bewegen, darfst jedoch das Kreisgebiet nur mit Zustimmung Deiner Ortspolizeibehörde verlassen.
2. Wer die Arbeit niederlegt, andere Arbeiter aufhetzt, die Arbeitsstelle eigenmächtig verläßt usw., erhält Zwangsarbeit im Arbeitserziehungslager.
3. Jeder Geschlechtsverkehr mit deutschen Frauen und Mädchen ist bei strengster Strafe verboten. Es sind alles Frauen, Bräute, Töchter usw. der im Kriege befindlichen oder fern von ihren Familien zur Arbeit eingesetzten deutschen Männer und stehen unter dem besonderen Schutz des Reiches. Beachte daher das Verbot des Geschlechtsverkehrs in Deinem eigenen Interesse.

Робітнику!

Ти найшов у великонімецькій державі заробіток і хліб собі та своїй родині. Німецькі урядові установи намагаються злегшити Тобі приспособлення до чужих обставин та ознайомити Тебе з німецькими розпорядженнями.

Для Тебе важні з'окрема такі розпорядження:

1. Ти смієш порушатися свобідно у сільському або міському окрузі, в якому Ти працюєш, одначе не смієш покинути його, хіба що за дозволом Твого місцевого поліційного уряду.
2. Хто залишає працю, підбурює інших робітників, самовільно покидає працю і т. п., — одержує примусову працю в таборі для виховних робіт.
3. Всякі полові зносини з німецькими жінками або дівчатами—забороняються під найстрогішими карами. Всі вони дружини, наречені, дочкі і т. д. німецьких чоловіків, що знаходяться на війні або на працях далеко від своїх родин, стоять під окремою опікою держави. Ото ж пам'ятай, у Твойому власному інтересі на заборону полових зносин!

A 205 (3. 42) Reichsdruckerei, Berlin Din A 4

Abb. 12: Merkblatt für Arbeiter ukrainischen und weißruthenischen Volkstums aus dem Generalgouvernement und den eingegliederten Ostgebieten (Vorderseite) (SLA, BH Zell am See, HB 111, 43413–43; Reproduktion: SLA)

zu tragen hätten. Größe und Aussehen waren genau definiert und gesetzlich festgehalten. Als *»polnischer Zivilarbeiter«* waren all jene anzusehen, die aus dem Generalgouvernement und den eingegliederten Ostgebieten kamen. Das »P« musste deutlich sichtbar getragen werden.

Wer sich dieser Vorschrift widersetzte, wurde mit einer Geldstrafe von RM 150,– belegt oder mit sechs Wochen Haft. Drei Wochen nach der Veröffentlichung trat dieses Gesetz in Kraft. 1940 erschien ein Merkblatt über das allgemeine Verhalten gegenüber *»Zivilarbeitern polnischen Volkstums«*. Dabei wurde dem *»Zivilarbeiter«* erläutert, welche Pflichten während des Aufenthalts auf ihn im Reich warteten.

Diese Anordnungen und Vorschriften mussten strengstens eingehalten werden, sonst drohte ebenfalls eine Haft- oder Geldstrafe. Die Pflichten der polnischen Zwangsarbeiter wurden noch wesentlich ausführlicher formuliert veröffentlicht (vgl.: Abb. 11). Das *»Merkblatt für Arbeiter ukrainischen und weißruthenischen Volkstums aus dem Generalgouvernement und den eingegliederten Ostgebieten«* (vgl.: Abb. 12) von 1943 war schon wesentlich kürzer und bezog sich nur noch auf drei Punkte. Die Erlässe sollten durch prägnante, einfache Anweisungen leicht verständlich sein. Die Regelungen der Lebensverhältnisse und der Verhaltensregeln der *»fremdvölkischen Arbeiter«* wurden durch ständige Ergänzungen und Veränderungen immer unübersichtlicher, weshalb 1943 nochmals eine Polizeiverordnung erschien, die die Vorschriften zusammenfasste.[58] Hauptkriterium war auch diesmal, den Kontakt zwischen Deutschen und Polen zu verhindern. Um eine Berührung mit der deutschen Bevölkerung auszuschließen, wie in Abbildung 11 unter Punkt 6 erläutert, mussten die *»polnischen Zivilarbeiter«* auch weiterhin scharf von den Deutschen getrennt werden. Geschlossene Sammelunterkünfte waren sowohl in der Landwirtschaft als auch für Gewerbe und Industrie gewünscht, aber nur nach den Gegebenheiten auszuführen. Selbst die Teilnahme an kirchlichen Handlungen wurde gesetzlich geregelt. Einmal monatlich durfte ein Gottesdienst für Polen stattfinden, der Gebrauch der polnischen Sprache war für Gottesdienst und Beichte jedoch strengstens verboten. An Gottesdiensten für die deutsche Bevölkerung durften sie keinesfalls teilnehmen. Deutschen Geistlichen war es allerdings gestattet, polnische Kinder zu taufen oder bei Beerdigungen mitzuwirken.

Weitere Verbote betrafen das Benutzen der Fernsprechanlagen, die Verwendung von Fotoapparaten sowie das Verbot von Veranstaltungen. Der Besuch deutscher Einrichtungen wurde nochmals auf das Schärfste untersagt.[59]

Auch für Kriegsgefangene wurden Gesetze erlassen. Drei Reichsgesetzblätter des Jahres 1940 befassten sich damit. In der *»Verordnung über den Umgang mit Kriegsgefangenen«* vom 11. Mai 1940 zum *»Schutz der deutschen Wehrkraft des deutschen Volkes«* wurde festgehalten, dass jeglicher Umgang und jede Beziehung mit Kriegsgefangenen untersagt sei.

---

58 SLA, RSTH I/3 127/1943, Polizeiverordnung vom 10.9.1943, S. 1–10.
59 Ebd., S. 11–24.

Sollte dies aber in »*Ausübung einer Dienst- oder Berufspflicht oder durch ein Arbeitsverhältnis der Kriegsgefangenen zwangsläufig bedingt sein*«, wurde der Umgang gestattet.[60] Die beiden anderen Verordnungen regelten die Unfallversicherung[61] und das Verfahren der Zustellungen in Kriegsgefangenenlagern[62].

Die erste Verordnung über die Einsatzbedingungen von »*Ostarbeitern*« wurde erst am 30. Juni 1942 erlassen.[63] Der Begriff des »*Ostarbeiters*« wurde hier genau definiert: »*Ostarbeiter sind diejenigen Arbeitskräfte nichtdeutscher Volkszugehörigkeit, die im Reichskommissariat Ukraine, im Generalkommissariat Weißruthenien oder in Gebieten, die östlich an diese Gebiete und an die früheren Freistaaten Lettland und Estland angrenzen, erfaßt und nach der Besetzung durch die deutsche Wehrmacht in das Deutsche Reich einschließlich des Protektorats Böhmen und Mähren gebracht und hier eingesetzt werden.*« Die allgemeinen Lebens- und Arbeitsbedingungen entsprachen in keiner Weise jenen der deutschen Arbeiter. Die Entlohnung war deutlich niedriger als für einheimische Arbeitskräfte und wurde nach Leistung abgestuft. Offiziell erhielten die »*Ostarbeiter*« ein Drittel weniger als Deutsche, überdies wurde ihnen tatsächlich nur rund ein Viertel von dem ausbezahlt, was sie nominell verdienten. Erhielt ein deutscher Arbeiter zwischen RM 21,35 und RM 22,40 pro Woche, verdiente der »*Ostarbeiter*« für die gleiche Leistung nur RM 15,40. Davon wurden ihm RM 10,50 für die Unterkunft und Essen abgezogen. Übrig blieb dann ein Betrag von RM 4,90. Bei monatlicher Bezahlung reduzierte sich dieser Betrag sogar auf die Hälfte (z. B. RM 100,50 statt RM 217,50 bis RM 225,–). Für monatliche Unterkunft waren an den Arbeitgeber zusätzlich RM 45,– abzuführen. Damit blieben dem »*Ostarbeiter*« für ein Monat Arbeit rund RM 55,50.[64] Eine weitere Verschlechterung war durch den Umstand gegeben, dass dieser Personengruppe keine Zuschläge für Mehrarbeit, Sonn- und Feiertags- und Nachtarbeit zustanden.[65]

Diese Lohnordnung wurde 1943 im einzigen Reichsgesetzblatt, das ausschließlich »*Ostarbeiter*« zum Inhalt hatte, nochmals bestätigt,[66] nämlich in der »*Verordnung zur Durchführung und Änderung der Verordnung über die Einsatzbedingungen der Ostarbeiter*«.

Auch die Entlohnung der Kriegsgefangenen war nicht wesentlich besser. Im Herbst 1943 wurde ein »*Merkblatt über die Bezahlung von Kriegsgefangenenarbeit*« vom »*Oberkommando der Wehrmacht*« herausgegeben.[67] So erhielt ein nicht sowjetischer Kriegsgefangener pro Monat für die gleiche Tätigkeit weniger als die Hälfte an Lohn als ein deutscher Arbeiter. Verdiente ein Deutscher RM 220,– bis 225,– monatlich, so erhielt der Kriegs-

60 RGBl. Nr. 86/1940.
61 RGBl. Nr. 155/1940.
62 RGBl. Nr. 160/1940.
63 RGBl. Nr. 71/1942, § 1.
64 Ebd., § 3.
65 Ebd., § 4.
66 RGBl. Nr. 37/1943.
67 SLA, RSTH IV/d 936/1944.

gefangene RM 70,–. Der Rest wurde als Anteil für die »Unterkunft« im Stammlager einbehalten. Für die russischen Kriegsgefangenen war die Lage noch wesentlich schlechter. Für dieselbe Arbeit wurden ihnen nur noch RM 35,– ausbezahlt und der Rest als »*Stalag-Anteil*« einbehalten.

Die Unterbringung von Arbeitskräften während der Dauer des Krieges wurde erst am 14. Juli 1943 gesetzlich in den Reichsgesetzblättern verankert.[68] Diese »*Lagerverordnung*« galt nicht für Arbeitskräfte in der Land- und Forstwirtschaft und Kriegsgefangene. Als »lagermäßige« Unterbringung galten Unterkünfte für mindestens zehn Arbeitskräfte, wonach eine korrekte Unterkunft eine einwandfreie und ausreichende Versorgung mit Trink- und Brauchwasser sowie Abfallstoffbeseitigung beinhalten musste. Die Unterkünfte sollten so eingerichtet sein, dass den »*Arbeitskräften der Aufenthalt in den Unterkünften in jeder nur möglichen Weise erleichtert wird, um die Beschwernisse des Lagerlebens zu mildern und die Arbeitsfreude zu erhalten.*« Unter den »*Zivilarbeitern*« sollte der Eindruck erweckt werden, es sei alles getan, um ihren Aufenthalt im Deutschen Reich nach Möglichkeit zu erleichtern, jedoch sah die Realität entgegen den nachstehend zitierten gesetzlichen Bestimmungen häufig anders aus:[69]

1. Jeder Arbeitskraft ist eine Bettstelle zur Verfügung zu stellen. Mehr als zwei Betten dürfen nicht übereinanderstehen. Der seitliche Abstand zwischen den Betten muß mindestens Stuhlbreite betragen.
2. Der Luftraum, der in dem Schlafraum auf jede Arbeitskraft entfällt, darf sieben cbm nicht unterschreiten.
3. Bei Frauenunterkünften dürfen in einem Schlafraum nicht mehr als zwölf Frauen untergebracht werden.
4. Es müssen Einrichtungen vorhanden sein, daß die Kleidungsstücke, Wertgegenstände, Lebensmittel u. dgl. jeder Arbeitskraft ordnungsmäßig aufbewahrt werden können.
5. In jedem Schlafraum sind mindestens ein Tisch und für jede Arbeitskraft ein Sitz aus gehobeltem Holz aufzustellen.
6. Die Schlafräume müssen in der kalten Jahreszeit ausreichend beheizt werden.

Das letzte umfangreichere Gesetz, das sich auf Zwangsarbeiter bezog, stammte vom 15. März 1944 und wurde im Reichsgesetzblatt vom 5. April veröffentlicht.[70] In dieser »*Verordnung über die Einsatzbedingungen der Ostarbeiter*« fand keine wesentliche Änderung der bestehenden Bestimmungen statt, sondern vielmehr lediglich eine Ergänzung, wie beispielsweise eine Erwähnung von jugendlichen Arbeitern. Soweit diese unter 14 Jahren waren, erhielten sie 40 bis 90 % des Lohnes einer ausländischen Arbeitskraft. Das

---

68 RGBl. Nr. 68/1943, § 3.
69 Ebd., § 4.
70 RGBl. Nr. 14/1944, § 3.

Entgelt war der Leistungsfähigkeit des Jugendlichen angepasst, dem bis zur Vollendung des 21. Lebensjahres ein Verpflegungszuschuss von täglich einer Reichsmark gewährt wurde.

Am 19. April 1944 wurde überdies erstmals verordnet, dass die Sozialausgleichsabgaben der »*Ostarbeiter*« vom laufenden Lohn eingehoben werden sollten. Das 19. Reichsgesetzblatt des Jahres 1944 war das letzte, das eine Verordnung betreffend »*ausländische Zivilarbeiter*« beinhaltete.[71] Die im Jahr 1945 bis Kriegsende publizierten Reichsgesetzblätter enthielten schließlich keine Erwähnung der beschriebenen Thematik mehr.

b) Die Lebens- und Arbeitsbedingungen ausländischer Arbeitskräfte im Spiegel einschlägiger Vorschriften auf Gauebene

Zur Darstellung der zeitgenössischen Rechtsverhältnisse wurde das monatlich erscheinende »*Mitteilungsblatt der NSDAP, Gauleitung Salzburg*«, und das »*Verordnungsblatt für den Reichsgau Salzburg*«[72] herangezogen, da bei diesen gedruckten Quellen von einer maximalen Verbreitung unter den lokalen Verantwortlichen des NS-Regimes ausgegangen werden kann.

Während im »Verordnungsblatt« für die Jahre 1938 und 1939 Themen rund um den Einsatz ausländischer Arbeitskräfte keine Erwähnung fanden, wurde im »Mitteilungsblatt der NSDAP« bereits im November 1939 ein Aufruf von Otto Kischel, »*Leiter der Hauptstelle für aktive Propaganda*« im »*Reichsgau Salzburg*«, an alle Kreis- und Ortsgruppen-Propagandaleiter veröffentlicht, der den Umgang mit Kriegsgefangenen zum Inhalt hatte.[73] Darin wird eingangs Folgendes festgestellt: »*Wer ihnen* (den Kriegsgefangenen, Anm. d. Verf.) *begegnet, soll sich nicht um sie kümmern, weder Haß noch Mitleid sind am Platze. Es entspricht nicht dem deutschen Wesen, einen waffenlos gewordenen, in Gefangenschaft geratenen Soldaten zu beschimpfen, aber auch Mitleidsbezeigungen sind nicht am Platz … Man tut am besten, sich Kriegsgefangenen gegenüber schweigend zu verhalten; neugieriges Herandrängen ist unwürdig.*« Eindringlich wird von den Konsequenzen gewarnt, mit denen ein jeder zu rechnen hatte, der Kriegsgefangenen zur Flucht verhalf. Da es sich dabei um eine Form des »Landesverrates« handelte, musste ein derartiges Vergehen entweder mit hohen Freiheitsstrafen oder gar mit dem Tod geahndet werden. »*Völlige Zurückhaltung gegenüber Kriegsgefangenen ist daher das Gebot für jeden Deutschen. Feinde bleiben auch in der Gefangenschaft Feinde und sind bei jeder Gelegenheit als solche anzusehen.*« Bemerkenswert ist der Umstand, dass diese Verhaltensmaßregeln ausdrücklich auch für »*Polen, die als Land-*

---

71 RGBl. Nr. 14/1944.

72 1938 und 1939 wurde der aus der Zwischenkriegszeit stammende Titel »*Verordnungsblatt für den Amtsbereich des Landeshauptmannes für Salzburg*« beibehalten.

73 Mitteilungsblatt der NSDAP, Gauleitung Salzburg, Folge 7, XI. 1939, Bl. 4.

Leitgedanken der rassenpolitischen Arbeit im Kriege

Der Einsatz volksfremder Arbeitskräfte wird in der Kriegswirtschaft immer mehr zunehmen. Dadurch rückt die Gefahr der biologischen Vermischung mit fremden Elementen in bedrohliche Nähe.

Der Stellvertreter des Führers hat am 19. Oktober auf eine besondere Verpflichtung hingewiesen:

„Die Reinerhaltung deutschen Blutes ist nationalsozialistisches Gebot. Wer sich dagegen versündigt, verliert Ehre und Achtung!"

Aus diesem Gebot heraus ergibt sich folgendes zu beachten:

1. Die Gefahr der Rassenmischung.

Die fremdvölkischen Arbeitskräfte zeigen durchweg eine rassische Zusammensetzung, die von der des deutschen Volkes abweicht. Kinder aus Verhältnissen mit diesen Arbeitern würden die rassische Zusammensetzung unseres Volkes nach einer uns fremden Seite hin verschieben. Der Nationalsozialismus hat vom Führer gelernt:

„Die Sünde wider Blut und Rasse ist die Erbsünde dieser Welt und das Ende einer sich ihr ergebenden Menschheit".

2. Wir kennen den Erbwert der fremdvölkischen Arbeitskräfte nicht. Es können unter ihnen solche sein, die von asozialen oder erbkranken Eltern stammen. Es schlägt allen Aufartungsbestrebungen des Nationalsozialismus ins Gesicht, Kinder zu dulden, ohne sich um ihre erbliche Herkunft zu kümmern.

3. Die gesundheitlichen Gefahren:

Sehr viele der fremdvölkischen Arbeitskräfte sind Träger von Geschlechtskrankheiten, die in bisher ungekannter Stärke wieder in unser eigenes Volk eindringen können.

4. Die sittliche Gefahr:

Der Nationalsozialismus bemüht sich, eine stolze rasse- und volksbewußte Haltung arteigener Sittlichkeit durchzusetzen. Wie die Geschichte lehrt, ist nichts mehr geeignet, diese Bestrebungen zu untergraben, als der Verkehr der Frauen eines Volkes mit fremdvölkischen Elementen.

5. Die politische Gefahr:

Es ist eine politische Unmöglichkeit, daß zur Zeit, da die Männer des eigenen Volkes zur Verteidigung der Heimat an den Grenzen stehen, sich Frauen und Mädchen mit jenen fremdvölkischen Elementen einlassen, die von uns politisch überwunden werden. Ein solches Vorgehen wäre Verrat an der eigenen Front und müßte den Kampfwillen des Heeres lähmen.

Heil Hitler!

Dr. Eigner
komm. Gauamtsleiter

Abb. 13: Leitgedanken der rassepolitischen Arbeit (Mitteilungsblatt der NSDAP, Gauleitung Salzburg, Folge 2, II. 1940, Bl. 38; Reproduktion: SLA)

arbeiter und Bauarbeiter in unserem Gau eingesetzt werden« Gültigkeit hatten. Nach dieser eher sachlichen und weitgehend emotionslosen Darstellung des Sachverhaltes wird am Ende dieses Absatzes zudem ein rassenideologisches Argument für den distanzierten Umgang mit dieser Gruppe von Ausländern angegeben, denn *»es soll das Bewußtsein im deutschen Volke so sein, daß man die Polen den Zigeunern und Juden gleichstellt«*. Von besonderem Interesse ist die nachstehende Begründung für all die angeführten Vorschriften: *»Es ist deshalb wichtig, weil wir auf lange Zeit gezwungen sein werden, Polen als Arbeiter in Deutschland einzusetzen und daher eine rassische Abwehrfront im deutschen Volke aufgerichtet werden muß.«* Demnach rechnete man bei den regionalen Funktionsträgern der NSDAP bereits im Herbst 1939 nicht mit einem raschen Ende der durch den Krieg ausgelösten Ausnahmesituation.

Trotz aller Propaganda gegen Kriegsgefangene blieb der Erfolg augenscheinlich im gesamten Deutschen Reich eher gering, denn noch im Dezember 1939 druckte das »*Mitteilungsblatt der NSDAP*« eine Anordnung von Rudolf Hess, »*Stellvertreter des Führers*«, über das »*Verhalten deutscher Volksgenossen gegenüber polnischen Kriegsgefangenen*«, in der die zu positive Haltung der Bevölkerung gegenüber diesen Gefangenen, besonders das »*wür-*

delose Verhalten deutscher Frauen und Mädchen« kritisiert wurde.[74] Gleichsam zur Abschreckung wurden immer wieder konkrete Fälle von unerlaubten, geschlechtlichen Verhältnissen einheimischer Frauen mit Kriegsgefangenen veröffentlicht, wie beispielsweise jener Fall einer Frau aus St. Johann i. Pg., damals Markt Pongau, die man für ihr Verhältnis zu einem Polen damit bestrafte, *»dass ihr die Haare abgeschnitten wurden und dass sie öffentlich an den Pranger gestellt wurde«*.[75]

Die im Februar 1940 von Anton Eigner, Gauamtsleiter für Rassepolitik, veröffentlichten Grundsätze (vgl.: Abb. 13) bilden quasi eine zusammenfassende Begründung des Verbotes von sexuellen Beziehungen zwischen Einheimischen und ausländischen Arbeitskräften.

Trotz aller Bemühungen seitens der offiziellen Propaganda blieben sowohl der zu enge und freundschaftliche Kontakt der Einheimischen mit den ausländischen Arbeitskräften und Kriegsgefangenen sowie der verbotene sexuelle Kontakt zu ihnen ein »Problem«, das während des ganzen Krieges die Verantwortlichen des NS-Regimes beschäftigen sollte, und das auch durch die Verhängung rigider Strafen nicht gelöst werden konnte, zumal es mit dem Einsatz von Arbeiter*innen* aus Polen (vgl.: Graphik 4, S. 31) ab Herbst 1939 um eine weitere Fassette erweitert wurde.

Ein eigenes Merkblatt (vgl.: Abb. 14) wurde durch die *»Reichspropagandaleitung«* erstellt und ab Frühjahr 1940 durch die zuständigen lokalen Parteifunktionäre an die Arbeitgeber (Bauern, Handwerker etc.) von ausländischen Arbeitskräften verteilt, doch auch der Erfolg dieser Maßnahme dürfte sich, wie unzählige Strafverfahren im ganzen Deutschen Reich belegen, sehr in Grenzen gehalten haben.

Im »Verordnungs- und Amtsblatt für den Reichsgau Salzburg« wurde im Mai 1940 erstmals ein Schriftstück veröffentlicht, das sich mit ausländischen Arbeitskräften beschäftigte.[76] Die *»Polizeiverordnung über die im Reichsgau Salzburg eingesetzten Zivilarbeiter und -arbeiterinnen polnischen Volkstums«* vom 30. April 1940, enthielt eine Reihe von Beschränkungen für diese Personengruppe, die vornehmlich dazu dienten, den Kontakt zu den Einheimischen außerhalb des Arbeitsplatzes auf ein Minimum zu beschränken.[77] Beispielsweise war ihnen der Besuch *»deutscher Veranstaltungen kultureller, kirchlicher und geselliger Art«* (§ 3) oder jener von Gaststätten (§ 5) nicht gestattet. Grundsätzlich bestand für diese Arbeitskräfte ein Ausgehverbot (§ 3.1), das vom 1. April bis zum 30. September von 21 bis 5 Uhr, vom 1. Oktober bis 31. März für die Zeit zwischen 20 und 6 Uhr galt und ihnen das Verlassen ihrer nächtlichen Unterkunftsräume untersagte.

---

74 Anordnung Nr. 227/39 des Stellvertreters des Führers vom 1.12.1939; zit. n.: Mitteilungsblatt (wie Anm. 20), Folge 8, XII. 1939, Bl. 2.

75 Mitteilungsblatt (wie Anm. 73), Folge 1, I. 1940, Bl. 3.

76 Im Folgenden werden alle Verordnungen auf Gauebene kurz besprochen, deren Bestimmungen sich explizit auf ausländische Arbeitskräfte bezogen.

77 Verordnungs- und Amtsblatt für den Reichsgau Salzburg, Nr. 29/1940.

Merkblatt

Wie verhalten wir uns gegenüber den Polen?

Um die Ernährung des deutschen Volkes zu sichern und der Landwirtschaft die hierfür notwendigen Arbeitskräfte zur Verfügung zu stellen, werden in diesem Jahre eine große Anzahl Polen in der Landwirtschaft eingesetzt. Sie sollen es den deutschen Bauern erleichtern, den Aushungerungsversuch unserer Feinde zunichte zu machen.

Dafür erwarten wir von allen Volksgenossen auf dem Lande:

Haltet Abstand von den Polen!

Sie gehören einem Volke an, das noch vor wenigen Monaten 58.000 Deutsche ermordet hat.

Werdet nicht zu Verrätern an der deutschen Volksgemeinschaft!

Die Polen gehören nicht zur deutschen Volksgemeinschaft. Wer sie wie Deutsche behandelt oder gar noch besser, der stellt seine eigenen Volksgenossen auf eine Stufe mit Fremdrassigen. Das gleiche gilt auch für den Deutschen Gruß. Wenn es nicht zu vermeiden ist, daß sie mit Euch unter einem Dach wohnen, dann bringt sie so unter, daß jede engere Berührung mit Eurer Familie ausgeschlossen ist.

Laßt Polen nicht mit an Eurem Tisch essen!

Sie gehören nicht zur Hofgemeinschaft, noch viel weniger zur Familie. Ihr sollt ihnen zwar genügend zu essen geben, sie sollen aber getrennt von Euch essen.

Bei Euren Feiern und Festen haben die Polen nichts zu suchen!

Wir wollen in unseren Feiern und Familienfesten unter uns sein. Die Polen sind ein fremdes Volk. Sie werden unter sich ihre eigenen Feiern veranstalten.

Nehmt die Polen nicht in Eure Gasthäuser mit!

Sie werden es Euch nicht danken. Es wird dafür gesorgt werden, daß bestimmte Gasthäuser an einem Tag der Woche ausschließlich den Polen zur Verfügung stehen.

Gebt den Polen auch sonst keine Vergünstigungen!

Wenn Ihr glaubt, durch Geschenke ihre Arbeitsfreudigkeit zu steigern, so irrt Ihr Euch. Jede weichliche Behandlung schwächt erfahrungsgemäß ihren Willen zur Arbeit.

Seid gegenüber den Polen selbstbewußt!

Die deutschen Soldaten haben im Polenfeldzug die „polnische Wirtschaft" kennen gelernt. Seid stolz auf Eure Überlegenheit in jeder Beziehung. Die Polen sind nicht nach Deutschland geholt worden, damit sie hier ein besseres Leben führen als in den primitiven Verhältnissen ihrer Heimat, sondern damit sie durch ihre Arbeit den unermeßlichen Schaden wiedergutmachen, den der polnische Staat dem deutschen Volke zugefügt hat. Ihr habt die Polen nicht ehrlos zu behandeln, aber laßt keinen Zweifel daran, daß Ihr die Herren im eigenen Lande seid.

Haltet das deutsche Blut rein!

Das gilt für Männer wie für Frauen!

So wie es als größte Schande gilt, sich mit einem Juden einzulassen, so versündigt sich jeder Deutsche, der mit einem Polen oder mit einer Polin intime Beziehungen unterhält. Verachtet die tierische Triebhaftigkeit dieser Rasse! Seid rassenbewußt und schützt Eure Kinder. Ihr verliert sonst Euer höchstes Gut: Eure Ehre.

Größte Vorsicht im Umgang mit Kriegsgefangenen!

Der Kriegsgefangene ist unser Feind geblieben. Er handelt als Soldat nach den ihm vor seiner Gefangennahme gegebenen Befehlen, die ihm vorschreiben, auch in der Gefangenschaft dem Feind zu schaden, wo er kann. Für den Umgang mit Kriegsgefangenen gilt deshalb alles, was schon gesagt ist, in verschärftem Maße.

Denkt vor allem an die Spionagegefahr!

Jede Anbiederei und Vertrauensseligkeit bietet der Spionage Vorschub. Nehmt keine Briefe der Kriegsgefangenen mit. Erfüllt auch sonst keine kleinen Gefälligkeiten. Führt keine unnötigen Unterhaltungen, sondern sprecht kurz und dienstlich mit ihnen. Schwerste Strafe trifft den, der fahrlässigen Landesverrat begeht.

Deutsche, seid zu stolz, Euch mit Polen einzulassen!

Abb. 14: Merkblatt »Wie verhalten wir uns gegenüber den Polen?« (Mitteilungsblatt der NSDAP, Gauleitung Salzburg, Folge 4, IV. 1940, Bl. 3; Reproduktion: SLA)

Am 18. Oktober 1941 erließ Gauleiter Friedrich Rainer eine Verordnung, die es polnischen »*Zivilarbeitern*« verbot, Fahrräder und Krafträder zu benützen.[78] Dies wirkte sich gerade in den ländlichen Gebieten Salzburgs, wo die einzelnen Bauernhöfe oftmals relativ weit vom nächsten Ort entfernt lagen, überaus negativ aus. In diesem Zusammenhang muss wohl auch die Zusatzbestimmung (§ 1.2) gesehen werden, die den Kreisbehörden die Möglichkeit einräumte, Ausnahmebewilligungen in besonders berücksichtigungswürdigen Fällen zu erteilen.

Der Vormarsch der Deutschen Wehrmacht in den beiden ersten Jahren des Krieges gegen die UdSSR und die damit verbundene Eroberung großer Gebiete in Osteuropa hatte zur Folge, dass einige bis dato für polnische »*Zivilarbeiter*« geltende Vorschriften mittels einer Verordnung von Gauleiter Gustav Adolf Scheel nun auf Arbeitskräfte aus »*den ehemaligen Staaten Litauen, Lettland, Estland … sowie den fremdvölkischen Arbeitskräften nicht-polnischen Volkstums aus dem Generalgouvernement einschließlich des Bezirkes Lemberg und aus den eingegliederten Ostgebieten einschließlich des Bezirkes Bialystok*« ausgedehnt wurden.[79] Beispielsweise war es somit den Zwangsarbeitern aus Osteuropa verboten, den Bereich der Kreispolizeibehörde, in dem ihre Arbeitsstelle lag, zu verlassen (§ 1) oder Fahrräder bzw. »Krafträder« zu besitzen (§ 2). In einer Verordnung des Reichsstatthalters vom 24. Juni 1943 erfolgte dann die Ausdehnung der noch nicht explizit erwähnten, bislang nur für Polen geltenden Bestimmungen auf alle im »*Reichsgau Salzburg*« eingesetzten Ostarbeiter.[80]

Auf die Vermeidung eines zu engen Kontaktes zwischen einheimischen Frauen und ausländischen Arbeitskräften zielte jener Punkt 5 in der Anordnung von Gustav Adolf Scheel, vom 3. April 1943, in seiner Funktion als Reichsverteidigungskommissar, über den Einsatz von Frauen und Mädchen für die Reichsverteidigung,[81] in dem befohlen wird, »*unsere deutschen Frauen und Mädchen nicht zwischen Ausländern und Kriegsgefangenen einzusetzen*«.

Am 24. Juli 1943 erfolgte im »*Verordnungs- und Amtsblatt für den Reichsgau Salzburg*« die Veröffentlichung der Verordnung des Reichsstatthalters vom 17. Juli 1943, in der, unter Bezugnahme auf einschlägige gesetzliche Bestimmungen auf Reichsebene, bezüglich der »Kennzeichnung« der Ostarbeiter Folgendes festgelegt wurde:[82]

§ 1. Ostarbeiter und Ostarbeiterinnen haben auf der rechten Brustseite eines jeden als Oberkleidung dienenden Kleidungsstückes ein mit ihrer jeweiligen Kleidung fest verbundenes

78 Verordnungs- und Amtsblatt für den Reichsgau Salzburg (wie Anm. 77), Nr. 152/1941.

79 Ebd., Nr. 52/1942.

80 Ebd., Nr. 85/1943.

81 Ebd., Nr. 28/1943.

82 § 4 bestimmt die Strafen (150 RM oder bis zu 15 Tage Arrest) bei Verstößen gegen die §§ 1 und 2. § 5 legt das In-Kraft-Treten 14 Tage nach der Veröffentlichung fest.

Kennzeichen stets sichtbar zu tragen. Das Kennzeichen besteht aus einem hochstehenden Rechteck von 7 x 7,7 cm und zeigt bei 1 cm breiter blau-weißer Umrandung auf blauem Grund das Kennwort »Ost« in 3,7 cm hohen Buchstaben.

§ 2. Das Kennzeichen kann auf dem linken Oberärmel eines jeden als Oberkleidung dienenden Kleidungsstückes getragen werden, wenn der Ostarbeiter oder die Ostarbeiterin eine Bescheinigung des Betriebsführers mit sich führt, daß der Betriebsführer auf Grund der Führung des Ostarbeiters oder der Ostarbeiterin diese Trageweise gestattet.

§ 3. Der Betriebsführer und die Lagerführer sind verpflichtet, darauf zu achten, daß die bei ihnen beschäftigten oder in den ihnen unterstellten Lagern untergebrachten Ostarbeiter und Ostarbeiterinnen das Kennzeichen entsprechend den Vorschriften der §§ 1 und 2 tragen.

Die letzte Veröffentlichung des Jahres 1943 im »*Verordnungs- und Amtsblatt für den Reichsgau Salzburg*« betreffend ausländische Arbeitskräfte brachte einige Abänderungen der Verordnung vom 24. Juni 1943, die jedoch keine substanzielle Änderung der herrschenden Rechtslage zur Folge hatte.

In der Verordnung vom 12. Jänner 1944 wurde die grundsätzliche Unterbringung der »*männlichen fremdvölkischen, ausländischen Arbeitskräfte*« in Gemeinschaftslagern angeordnet und ihnen untersagt, sich in Beherbergungsbetrieben oder Privatwohnungen einzumieten.[83] Durch diese Anordnung, die am 11. März 1944 für den Landrat Hallein zusätzlich kundgemacht wurde,[84] dürfte es jedoch zu keiner dramatischen Änderung der gängigen Praxis gekommen sein, da in § 2 »*diejenigen fremdvölkischen, ausländischen Arbeitskräfte, die mit ihren Ehefrauen zusammen wohnen*« sowie jene »*in der Landwirtschaft und im Gastgewerbe und im Betrieb ihres Arbeitgebers untergebrachten fremdvölkischen, ausländischen Arbeitskräfte*« von dieser Bestimmung ausgenommen wurden.

Das letzte Mal während der NS-Zeit wurde Ende Oktober 1944 der Einsatz ausländischer Arbeitskräfte im »*Verordnungs- und Amtsblatt für den Reichsgau Salzburg*« anlässlich der Veröffentlichung eines Runderlasses betreffend »*Zuschläge und Pauschalbeträge für Stundenlohnarbeiten in der Bauwirtschaft*« erwähnt.[85] Für Angehörige der Wehrmacht, Wehrmachtsgefolge, Polizei etc., aber auch Zivilgefangene und »*Häftlinge jeder Art*« sollten demnach besondere Bestimmungen gelten. Zudem waren die Kosten für Transport und Bewachung dieser Arbeitskräfte gesondert in Rechnung zu stellen.

Die erwähnten bzw. zitierten rechtsverbindlichen Vorschriften, die im »Verordnungs- und Amtsblatt für den Reichsgau Salzburg« publiziert wurden, zeigen recht deutlich, mit welcher fast schon übertriebenen Genauigkeit die damaligen Machthaber selbst die kleinsten Details im Zusammenhang mit dem Einsatz ausländischer Arbeitskräfte regle-

83 Verordnungs- und Amtsblatt für den Reichsgau Salzburg (wie Anm. 77), Nr. 1/1944.

84 Ebd., Nr. 22/1944.

85 Ebd., Nr. 94/1944.

mentierten. Damit sollte von vornherein jedes individuelle Handeln, sowohl von Seiten des Zwangsarbeiters als auch durch die Arbeitgeber, unterbunden werden, denn dies hätte unter Umständen eine Erleichterung der Lebens- und Arbeitsbedingungen mit sich bringen können.

Im Unterschied zu den Veröffentlichungen im »*Mitteilungsblatt der NSDAP*« bleibt die Sprache juristisch klar und sachlich – Propagandafloskeln fehlen völlig. Dies darf jedoch nicht darüber hinwegtäuschen, dass es sich hier letztlich um Rechtsvorschriften handelt, die eine Optimierung des kriegswirtschaftlichen Nutzens für das »*Dritte Reich*« und damit eine Verlängerung des Krieges zum Ziel hatten. Dass dadurch die Lebens- und Arbeitsbedingungen für diese zwangsweise aus ihren Heimatländern verschleppten Menschen zusätzlich erschwert wurden, nahmen die Verantwortlichen dieses Regimes, auch auf regionaler und lokaler Ebene, ganz bewusst in Kauf.

2. Die zahlenmässige Entwicklung im letzten Kriegsjahr

Die nachfolgenden Tabellen bzw. die Graphik sollen dazu dienen, eine quantitative Gesamteinschätzung der Problematik des Ausländereinsatzes im heutigen Bundesland Salzburg zu erleichtern, wobei die Situation im letzten Kriegsjahr im Mittelpunkt der statistischen Untersuchungen steht. Dies ist damit zu begründen, dass die im Landesarchiv erhaltenen regelmäßigen, nach nationaler Herkunft gegliederten Auflistungen der sich im »*Reichsgau Salzburg*« befindlichen Ausländer erst im Sommer 1944 einsetzen.[86] Bei den angeführten Nationen kann davon ausgegangen werden, dass es sich, von wenigen Ausnahmen abgesehen, vornehmlich um Zwangsarbeiter gehandelt haben dürfte.[87]

In diesem letzten Jahr vor Ende des Krieges erreichte auch die Anzahl der zwangsweise zur Arbeit herangezogenen Ausländer als Folge der massiven Einberufungen ihren Höhepunkt.

Da sowohl die wirtschaftlichen als auch die naturräumlichen Voraussetzungen in den einzelnen Regionen des damaligen Reichsgaues sehr unterschiedlich waren, wurden zeitgenössische Einzelstatistiken für jeden der fünf Landräte und zusätzlich für die Gauhauptstadt Salzburg ausgewertet.

---

86 Das Zahlenmaterial, das als Grundlage für die in diesem Abschnitt eingefügten Tabellen diente, stammte ausnahmslos aus: SLA, RSTH I/3 114.

87 Ein Vergleich mit der Arbeitsbuchstatistik, beispielsweise für 30.9.1944, bestätigt diese Annahme, denn für diesen Monat wird die Anzahl der ausländischen Arbeitskräfte, inklusive Ostarbeiter, aber ohne Kriegsgefangene, für den Reichsgau Salzburg mit 18.841 angegeben. »Die Kriegswirtschaft wäre ohne ZwangsarbeiterInnen zusammengebrochen«, Interview mit Florian Freund. In: Forum Politische Bildung (Hrsg.), Wieder gut machen? Enteignung, Zwangsarbeit, Entschädigung, Restitution; Österreich 1938–1945/1945–1999. Innsbruck 1999, S. 46.

Reichsgau Salzburg

Zusammenstellung
über
vorhandene Ausländer nach dem Stande vom 15.2.1945

Heimatstaat	Fremdstämmige	Volksdeutsche	zus.
Albanien	5		5
Belgien	341	6	347
Bulgarien	148	5	153
Chile		2	2
China	1		1
Dänemark	15	1	16
England	2	15	17
Estland	92	4	96
Finnland	2	1	3
Frankreich	3033	4	3037
Griechenland	74	2	76
Irland	1		1
Italien	3338	68	3406
ehem. Jugoslawien	1338	250	1588
Kroatien	749	92	841
Lettland und Litauen	552	6	558
Liechtenstein		5	5
Niederlande	208	22	230
Norwegen u. Schweden	25	2	27
Portugal	1		1
Rumänien	141	50	191
Slowakei	438	84	522
Spanien	16		16
Südamerika	-	-	-
Schweiz	65	90	155
Staatenlos	258	183	441
Japan	6		6
Türkei, Iran	2		2
U.S.A.	8	7	15
Ungarn	281	1451	1732
Summe I	11140	2350	13490
Polen und Ukrainer	6844		6844
Ostarbeiter, sonst.	6590		6590
Summe II	13434		13434
zusammen:	24574	2350	26924

Abb. 15: Ausländer im »Reichsgau Salzburg« mit Stand vom 15. 2. 1945 (SLA, RSTH I/3 114, Reproduktion: SLA)

Bemerkenswert ist die kontinuierliche Zunahme der Anzahl von Ausländern im Untersuchungszeitraum (vgl.: Graphik 7). Dies, obwohl die Auswertung der schriftlichen Anfragen an das Salzburger Landesarchiv[88] und jene der »Zwangsarbeiter-Kartei«[89] im Bestand Landrat Pongau zeigen, dass der Höhepunkt im Bereich der Neuankünfte von ausländischen Arbeitskräften bereits 1943 erreicht wurde. Zu begründen ist dieser Anstieg mit der relativ großen Anzahl von Vertriebenen, die auf der Flucht vor den immer rascher nach Westen vorrückenden Truppen der Roten Armee schließlich in Salzburg strandete. So erhöhte sich beispielsweise die Anzahl der Ungarn von 658 (15. 7. 1944) auf 1.732 (15. 2. 1945). Das überproportional starke Ansteigen bei der Anzahl der so genannten »*Volksdeutschen*« im genannten Zeitraum von 540 auf 1.451 zeigt, dass es sich bei den aus Ungarn stammenden Ausländern in erster Linie um Flüchtlinge gehandelt hat.[90]

Graphik 7: Ausländer im »*Reichsgau Salzburg*«: Juli 1944–Februar 1945[91]

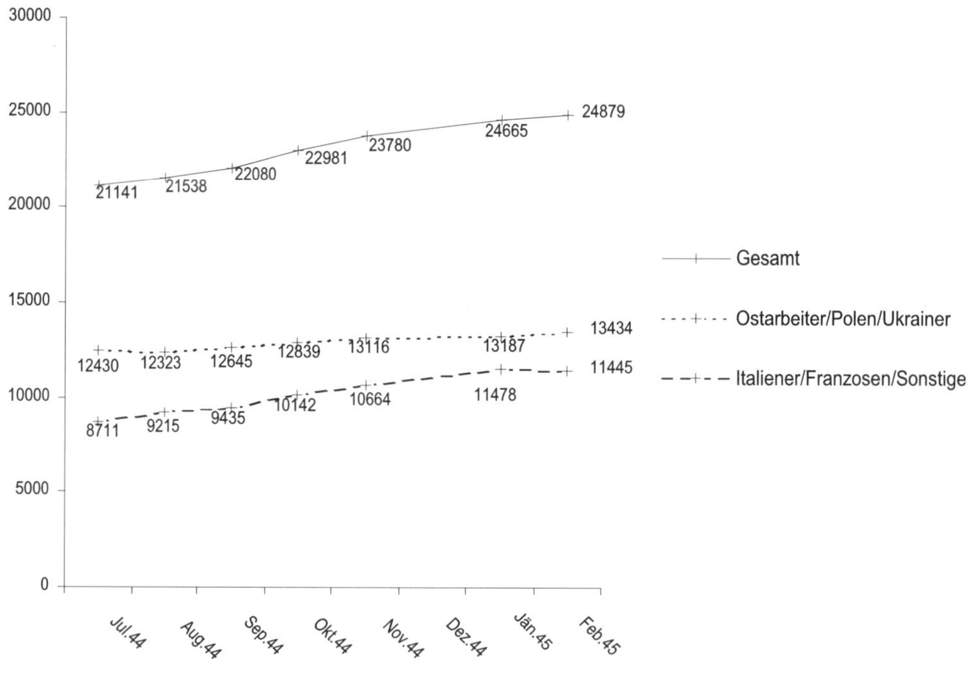

88 Vgl.: S. 17–24.
89 Vgl.: S. 26–33.
90 SLA, RSTH I/3 114.
91 Stichtag ist der 15. des jeweiligen Monats.

In den nachfolgenden Tabellen sind der Übersichtlichkeit halber nur die zahlenmäßig größten Gruppen von Ausländern in Salzburg berücksichtigt.

Tabelle 5: Ausländer (ohne Kriegsgefangene und »*Volksdeutsche*«) im »*Reichsgau Salzburg*«: Juli 1944–Februar 1945

	07/44	08/44	09/44	10/44	11/44	12/44	01/45	02/45
Gesamt	21.141	21.538	22.080	22.981	23.780	?	24.665	24.879
Ostarbeiter[92]	6.216	5.975	6.231	6.267	6.457	?	6.389	6.590
Polen/Ukrainer	6.214	6.348	6.414	6.572	6.659	?	6.798	6.844
Italien	2.431	2.492	2.689	3.153	3.192	?	3.326	3.338
Frankreich	2.761	2.792	2.837	2.836	3.037	?	3.008	3.033
Sonstige	3.519	3.931	3.909	4.153	4.435	?	5.144	5.074

Betrachtet man die einzelnen »*Landkreise*«[93], so fällt auf, dass für den Lungau vergleichsweise wenig Ausländer angeführt werden – eine Folge der agrarischen Struktur dieser Region und des Fehlens von größeren Industriebetrieben. Die große Anzahl von Ausländern im Pinzgau ist hauptsächlich auf die auch im letzten Kriegsjahr noch mit vielen Arbeitskräften betriebenen hochalpinen Großbaustellen der »Tauernkraftwerke Kaprun-Glockner« zurückzuführen. Zeitweise waren im »*Landkreis Zell am See*« sogar mehr Ausländer registriert als in der Gauhauptstadt Salzburg. Die Zahlen für den Pongau spiegeln den Arbeitskräftebedarf der dort ansässigen Metall verarbeitenden Betriebe, wie die Konkordiahütte in Sulzau und der Bergbaubetriebe, beispielsweise der Kupferbergbau in Mühlbach a. Hkg., wider.

Tabelle 6: Ausländer (ohne Kriegsgefangene und »*Volksdeutsche*«) im Landkreis Salzburg: August 1944–April 1945

	08/44	09/44	10/44	11/44	12/44	01/45	02/45	03/45	04/45
Gesamt	3.376	3.551	3.716	3.837	3.892	3.931	4.083	4.148	4.243
Russen	1.113	1.239	1.369	1.376	1.377	1.376	1.487	1.492	1.496
Polen/Ukrainer	1.522	1.525	1.534	1.558	1.562	1.565	1.570	1.570	1.585
Frankreich	146	160	171	195	214	218	232	238	244
Italien	206	202	207	242	244	261	267	283	290
Sonstige	389	425	435	466	495	511	527	565	628

92 Da in den Berichten der einzelnen Landräte diese Personengruppe häufig als Russen oder UdSSR bezeichnet wird, kann man davon ausgehen, dass die sog. »*Ostarbeiter*« zum Großteil aus diesen Ländern stammen.

93 Der Begriff »Landkreis«, der hier anstelle von »Landrat« verwendet wird, wurde vorliegender Quelle (SLA, RSTH I/3 114) entnommen.

Tabelle 7: Ausländer (ohne Kriegsgefangene und »*Volksdeutsche*«) im Landkreis Hallein: August 1944–April 1945

	08/44	09/44	10/44	11/44	12/44	01/45	02/45	03/45	04/45
Gesamt	1.787	1.736	?	1.887	1.887	1.887	2.103	?	2.101
Russen	400	400	?	400	400	400	403	?	400
Polen	450	450	?	450	450	450	450	?	450
Frankreich	151	151	?	225	225	225	273	?	281
Italien	538	538	?	539	539	539	646	?	646
Sonstige	248	197	?	273	273	273	331	?	324

Tabelle 8: Ausländer (ohne Kriegsgefangene und »*Volksdeutsche*«) im Landkreis Bischofshofen: August 1944–April 1945

	08/44	09/44	10/44	11/44	12/44	01/45	02/45	03/45	04/45
Gesamt	3.374	3.447	3.814	3.959	?	4.446	4.141	4.085	?
Ostarbeiter	762	762	739	788	?	762	739	756	?
Polen/Ukrainer	1.602	1.563	1.696	1.662	?	1.683	1.699	1.656	?
Frankreich	442	440	399	521	?	484	484	477	?
Italien	146	232	401	390	?	391	395	356	?
Sonstige	422	450	579	598	?	1.126	824	840	?

Tabelle 9: Ausländer (ohne Kriegsgefangene und »*Volksdeutsche*«) im Landkreis Zell am See: August 1944–Februar 1945

	08/44	09/44	10/44	11/44	12/44	01/45	02/45	03/45	04/45
Gesamt	6.875	6.980	6.972	7.042	7.117	7.120	6.747	?	?
Ostarbeiter	1.831	1.860	1.849	1.890	1.933	1.937	1.959	?	?
Polen/Ukrainer	1.976	2.014	2.038	2.088	2.140	2.139	2.156	?	?
Frankreich	726	724	723	729	725	733	714	?	?
Italien	1.087	1.122	1.095	1.065	1.051	1.049	888	?	?
Sonstige	1.255	1.260	1.267	1.270	1.268	1.262	1.030	?	?

Tabelle 10: Ausländer (ohne Kriegsgefangene und »*Volksdeutsche*«) im Landkreis Tamsweg: August 1944–April 1945

	08/44	09/44	10/44	11/44	12/44	01/45	02/45	03/45	04/45
Gesamt	856	872	911	919	945	969	1.003	1.022	1.084
UdSSR	442	425	425	429	434	422	425	425	423
Polen/Ukrainer	347	348	348	348	353	344	344	344	343
Frankreich	13	16	24	22	26	27	28	26	26
Italien	27	53	78	79	83	94	103	116	166
Sonstige	27	30	36	41	49	82	103	111	126

Für die Gauhauptstadt Salzburg ergibt sich grundsätzlich kein anderes Bild als für die ländlichen Gebiete des heutigen Bundeslandes. Auffällig ist nur der vergleichsweise große Anstieg der Ausländer, besonders der Italiener – möglicherweise eine Folge des erhöhten Arbeitskräftebedarfs im Zuge der Aufräumungsarbeiten nach den im Herbst 1944 einsetzenden alliierten Luftangriffen auf die Gauhauptstadt bzw. auf die verstärkten Anstrengungen zur Errichtung von Luftschutzbauten.

Tabelle 11: Ausländer (ohne Kriegsgefangene und »*Volksdeutsche*«) in der Gauhauptstadt Salzburg: August 1944–April 1945

	08/44	09/44	10/44	11/44	12/44	01/45	02/45	03/45	04/45
Gesamt	5.342	5.468	5.797	6.131	6.304	6.306	6.480	6.773	7.118
Ostarbeiter	1.462	1.526	1.485	1.574	1.574	1.492	1.577	1.597	1.667
Polen/Ukrainer	451	494	506	553	586	617	625	691	702
Frankreich	1.314	1.356	1.368	1.345	1.341	1.321	1.302	1.301	1.397
Italien	488	542	834	877	920	992	1.039	1.088	1.144
Sonstige	1.627	1.550	1.604	1.782	1.883	1.884	1.937	2.096	2.208

Bei der Betrachtung und Analyse der aufgeführten »trockenen« Statistiken sollte nie außer Acht gelassen werden, dass sich hinter jeder der angeführten Zahlen eine Fülle von oftmals tragischen Einzelschicksalen verbirgt – von Menschen, die gegen ihren Willen zur Arbeit in Salzburg gezwungen wurden.

3. Zivile ausländische Zwangsarbeiter

Der Begriff Zwangsarbeit hat sich erst in den letzten zehn Jahren im Kontext mit der politischen Entschädigungsdebatte etabliert. In diesem Begriff ist jede Art von Zwangsarbeit integriert, ob jene von Juden, Polen, Russen und anderen Nationalitäten, die so genannten »*ausländischen Zivilarbeiter*«. In diesem Begriff nicht inbegriffen sind die Kriegsgefangenen, die aber während des Nationalsozialismus einen beträchtlichen Teil der Arbeit verrichten mussten und deshalb gesondert behandelt werden.[94] Neben den zivilen Zwangsarbeitern und den Kriegsgefangenen gab es noch jene Gruppe der ehemaligen Kriegsgefangenen. Die verschwommenen Grenzen zwischen den Personengruppen bringen es mit sich, dass eine klare Trennung manchmal schwierig ist.

94 Vgl.: S. 138–201.

a) Landwirtschaft

Nach dem »Anschluss« Österreichs an das Deutsche Reich wurden auch Salzburger Bauern in den »*Reichsnährstand*« integriert. Salzburg wurde demnach mit Tirol und Vorarlberg zum »*Alpenland*«. Ab 1942 wurden die Landesbauernschaften nach den Grenzen der Reichsgaue gegliedert.[95] Auch während des Nationalsozialismus war der »*Reichsgau Salzburg*« stark landwirtschaftlich geprägt. Es gab über 15.000 landwirtschaftliche Betriebe, davon waren 64 % Mittel- und Großbetriebe. Die meisten Betriebe waren wirtschaftlich nicht gewinnbringend und waren von hohen Schulden geplagt.[96]

Zu diesen Schwierigkeiten kam noch als Folge das Problem der massiven Landflucht. Die Aussicht auf bessere Löhne veranlasste viele Arbeitskräfte, von den landwirtschaftlichen Betrieben in Industriebetriebe abzuwandern. Die Arbeitsämter versuchten mit zahlreichen Appellen eine Abwanderung der Landbevölkerung zu verhindern. Viele Bauern hofften nach 1938 auf eine Besserstellung durch die Übernahme des Schuldendienstes durch den Staat. Der anfänglich weithin unbekannte Umstand, dass eine Entschuldungsrente zu entrichten war, veranlasste viele Landwirte ihre Höfe zu verlassen und sich Arbeit in der Industrie oder im Straßenbau zu suchen. Nach Ausbruch des Zweiten Weltkrieges verschlechterte sich die Situation noch dadurch, dass auch von den landwirtschaftlichen Betrieben wehrpflichtige Männer eingezogen wurden. In vielen Fällen waren nun Frauen für die Aufrechterhaltung des bäuerlichen Betriebes verantwortlich. Die Arbeitsbedingungen wurden untragbar und die ständig weniger werdenden Arbeitskräfte führten zu einem massiven Produktionsrückgang. Um diesem Problem entgegenzusteuern, wurde auch in Salzburg auf den Einsatz von Zwangsarbeitern zurückgegriffen. Ab 1940 besserte sich die Not an Arbeitskräften und die allgemeine wirtschaftliche Lage, weil massiv begonnen wurde, Zwangsarbeiter in das Deutsche Reich zu bringen. Ohne den Einsatz von ausländischen Arbeitern in der Land- und Forstwirtschaft hätte die Versorgung der Bevölkerung auf Dauer nicht aufrechterhalten werden können. Viele Regionen in Salzburg, wie z. B. der Oberpinzgau, der schon während des NS-Regimes von landwirtschaftlichen Mittel- und Großbetrieben geprägt wurde, war von der Arbeit Kriegsgefangener und ziviler Zwangsarbeiter regelrecht abhängig.

In den ersten Monaten nach dem Angriff auf Polen kamen noch Freiwillige in das Deutsche Reich, um hier zu arbeiten. Dies änderte sich jedoch schnell. Entgegen aller ideologischer Bedenken entschied sich die NS-Führung, das System der Fremdarbeit im Deutschen Reich einzuführen. Ein umfassender Arbeitseinsatz zwangsrekrutierter »*Zi-*

95 Ernst Langthaler, Eigensinnige Kolonien. NS-Agrarsysteme und bäuerliche Lebenswelten 1938–1945. In: Emmerich Tálos / Ernst Hanisch / Wolfgang Neugebauer / Reinhard Sieder (Hrsg.), NS-Herrschaft in Österreich. Wien 2000, S. 348–375, S. 348.

96 Ernst Hanisch, Nationalsozialistische Herrschaft in der Provinz. Salzburg im Dritten Reich. Salzburg 1983, S. 153.

vilarbeiter« war die Folge, aber auch der von ersten Kriegsgefangenen. Eine spezielle »*Polengesetzgebung*« sicherte die Verfügbarkeit der polnischen Arbeitskräfte. Zudem wurde die besondere Diskriminierung der Polen hinsichtlich der »*NS-Rassen- und Herrenmenschenideologie*« festgeschrieben, somit ideologische Bedenken weitgehend aus dem Weg geräumt wurden.[97] Bereits Ende 1939 kamen die ersten polnischen Kriegsgefangenen nach Österreich, danach auch verstärkt »*Zivilarbeiter*«. Anfang April wurde die ausländerpolizeiliche Behandlung der ausländischen Landarbeiter, die auf Grund des Vierjahresplanes des Regimes in das Reich gekommen waren, festgelegt. Die Aufenthaltserlaubnis war auf den für den Ort des Arbeitseinsatzes zuständigen Landkreis beschränkt. Nicht jeder Pole wurde zur Arbeit im Deutschen Reich zugelassen. Handelte es sich um einen deutschstämmigen Polen und zugleich um einen erst- oder zweitgeborenen Bauernsohn, der in Polen einen Hof erben würde, wurde dieser nach Abschluss der Arbeiten umgehend wieder in sein Heimatland zurückgeschickt; »*deutschstämmige*« Polen sollten grundsätzlich in Polen bleiben. War ein Pole nach Meinung der damals Verantwortlichen für den Arbeitseinsatz ungeeignet, wurde gegen ihn ein Aufenthaltsverbot für das Reichsgebiet verhängt.[98] Ende 1939 befanden sich schon vereinzelt ausländische Landarbeiter im »*Reichsgau Salzburg*«. Laut Gendarmeriechronik der Gauhauptstadt Salzburg kamen die ersten polnischen »*Zivilarbeiter*« am 14. April 1940 an und wurden unverzüglich auf das Gebiet des ganzen heutigen Bundeslandes »verteilt«.[99]

Nicht nur Polen kamen bereits in der ersten Phase des Krieges nach Salzburg, sondern ab Sommer 1940 auch zahlreiche Franzosen, die ebenfalls auf landwirtschaftlichen Betrieben eingesetzt wurden. Es handelte sich dabei in der Regel um französische Kriegsgefangene, die zur Arbeit herangezogen wurden. Am 13. August 1940 kamen 110 Franzosen im Pongau zum Arbeitseinsatz.

Tabelle 12: Aufteilung von Franzosen am 13. August 1940 (SLA, Landrat Pongau, B 36 Akte 1940, 2/36–42)

Gemeinde	Dorfwerfen	Filzmoos	Goldegg	Großarl	Hofgastein	Untertauern
Anzahl	10	20	20	20	30	10

Die »*Zivilarbeiter*« polnischer Herkunft wurden in Transportzügen nach Salzburg gebracht und unmittelbar nach ihrer Ankunft von den zuständigen Arbeitsämtern erfasst. Jeder Arbeiter bekam einen so genannten »*Grün- bzw. Grauzettel*« und sie wurden ange-

97 Florian Freund / Bertrand Perz, Zwangsarbeit von zivilen Ausländerinnen, Kriegsgefangenen, KZ-Häftlingen und ungarischen Juden in Österreich. In: Emmerich Tálos / Ernst Hanisch / Wolfgang Neugebauer / Reinhard Sieder (Hrsg.), NS-Herrschaft in Österreich. Wien 2000, S. 644–695, S. 653 f.

98 SLA, BH Zell am See, HB-Akten 1942, 431-15-1942.

99 Landesgendarmeriekommando Salzburg, Chronik Salzburg Stadt 1940.

wiesen, sich bei den örtlichen Polizeibehörden zu melden.[100] Nach der Weiterfahrt zu den jeweiligen Einsatzorten wiesen die zuständigen »*Ortsbauernführer*« die Fremdarbeiter den verschiedenen landwirtschaftlichen Betrieben zu. Das »*Oberkommando der Wehrmacht*« gab die Anweisung heraus, dass westliche Kriegsgefangene beim Arbeitseinsatz möglichst nicht an denselben Orten, keinesfalls aber an denselben Arbeitsstätten oder Unterkünften zusammen mit polnischen Kriegsgefangenen oder »*Zivilarbeitern*« eingesetzt und untergebracht werden dürfen. Ein gemeinsamer Einsatz war nur gerechtfertigt, wenn es das zuständige Arbeitsamt bzw. die »*Ortsbauernführer*« es als notwendig erachteten. Da die westlichen Kriegsgefangenen nach Ansicht der »*Ortsbauernführer*« keinen vollwertigen Ersatz für die Gesindekräfte darstellten, war es nach ihrer Auffassung nicht zielführend, sie in der Landwirtschaft einzusetzen. Aus diesem Grund wurden nun die westlichen Kriegsgefangenen den größeren Industrie- und Gewerbebetrieben zugewiesen, und polnische Arbeitskräfte kamen in erster Linie in der Landwirtschaft zum Einsatz. »*Von einem Einsatz von Angehörigen der Kolonialtruppen (Farbigen) in der Landwirtschaft muß Abstand genommen werden*«, hieß es jedoch in einer diesbezüglichen Anordnung, in der die nationalsozialistische Rassenideologie ungeachtet etwaiger ökonomischer Überlegungen ihren Niederschlag fand.[101]

Das Prinzip der Diskriminierung wurde auch im Bereich der Sozial- und Arbeitsordnung konsequent eingehalten. In der »*Reichstarifordnung für polnische landwirtschaftliche Arbeiter*« vom 8. Jänner 1940 wurde der Arbeitslohn auf 50 bis 80 % der Einkünfte deutscher landwirtschaftlicher Arbeiter festgesetzt.[102] Die polnischen Arbeitskräfte in der Landwirtschaft mussten wie die deutschen Arbeitskräfte zur Kranken- und Unfallversicherung angemeldet werden. Sie waren allerdings nicht versichert, wenn sie einen diesbezüglichen Befreiungsschein besaßen. »*Die Beschäftigung polnischer landwirtschaftlicher Arbeiter, die versicherungsfrei sind, hat der Betriebsführer binnen 3 Tagen der Landesversicherungsanstalt anzuzeigen. Er hat für diese Arbeiter Beiträge in Höhe des halben Invalidenversicherungsbeitrages an die Landesversicherungsanstalt zu leisten.*«[103]

Noch kostengünstiger als polnische »*Zivilarbeiter*« waren die Kriegsgefangenen, weshalb viele in der Landwirtschaft eingesetzt wurden. Allerdings konnte sich nun das Problem stellen, dass durch diesen Umstand deutsche Arbeitskräfte verdrängt wurden. Um dies zu verhindern, hatte der Arbeitgeber eine 15-prozentige »*Sozialausgleichssteuer*« für »*Zivilarbeiter*« aus dem Ausland zu zahlen, um zu verhindern, dass polnische Arbeiter den deutschen vorgezogen würden. Grundsätzlich gewährte man diesen Ausländern keine Zulagen und setzte ihren Lohn auf das Existenzminimum.[104]

---

100 SLA, RSTH I/3, 126/1944, Merkblatt.

101 SLA, Landrat Pongau 1940, 3206–3400, Akte 1a/108, Monatsberichte, 5. Juli 1940.

102 Wolfgang Benz, Zwangsarbeit im nationalsozialistischen Staat. In: Dachauer Hefte 16/2000, S. 3–17.

103 SLA, RSTH I/3, 126/1944, Merkblatt.

104 Benz, Zwangsarbeit (wie Anm. 102), S. 5.

Ende November 1940 schien es, als sei der Mangel an Arbeitskräften in der Landwirtschaft und in den sonstigen Betrieben durch den Einsatz von Kriegsgefangenen und polnisch-ukrainischen Arbeitern vorerst einigermaßen behoben. Diese Einschätzung hielt nicht lange, denn schon im Dezember desselben Jahres wurde bekannt, dass auf dem Gebiete der Landwirtschaft nach wie vor Arbeitermangel herrsche, der auch durch die Gefangenen und polnischen »*Zivilarbeiter*« nicht ausgeglichen werden könne.[105]

Im Durchschnitt kamen, wie die folgende Tabelle mit Beispielen aus dem Pinzgau zeigt, in der Landwirtschaft mehr Männer als Frauen zum Einsatz.

Tabelle 13: Zwangsarbeiter in der Landwirtschaft, März 1941 (SLA, BH Zell am See, HB-Akten, 456-1-1943)

Gemeinde	Gesamt	Männer	Frauen
Bramberg a. Wkg.	3	3	0
Bruck a. d. Gstr.	11	4	7
Dienten a. Hkg.	10	6	4
Fusch a. d. Gstr.	3	2	1
Krimml	4	2	2
Lend	10	6	4
Leogang	26	16	10
Lofer	2	1	1
Maishofen	39	30	9
Maria Alm a. StM	26	15	11
Mittersill	37	20	17
Neukirchen a. Grv.	10	7	3
Niedernsill	11	8	3
Piesendorf	28	17	11
Rauris	13	9	4
Saalfelden a. StM.	62	34	28
Stuhlfelden	29	22	7
Taxenbach	39	23	16
Unken	15	10	5
Uttendorf	15	8	7
Zell a. S.	6	4	2
Summe	**399**	**247**	**152**

Spätestens ab Frühjahr 1942 waren in den meisten Orten des Reichsgaues »*Ostarbeiter*« – männliche und weibliche »*Zivilarbeiter*« – im Einsatz. Sie wurden durch die »*Ortsbau-*

105 SLA, Landrat Pongau 1940, 3206–3400, Akte 1a/108.

ernführer« und Bürgermeister auf landwirtschaftliche und sonstige Betriebe verteilt.[106] Beispielsweise stieg in der Gemeinde Saalfelden die Zahl der Fremdarbeiter im Juli 1942 auf 322 an, darunter waren 150 Franzosen, 82 Polen, 64 Russen, 17 Ukrainer und 9 anderer Nationalitäten. In einem Protokoll wurde über die Unterkunft und Arbeitsleitung geschrieben: »*Die Zivilarbeiter sind einzeln bei den Bauern in absperrbaren Kammern untergebracht. Die Arbeitsleistung ist allgemein zufriedenstellend.*«[107]

Am 18. August 1942 wurde in der Gendarmeriechronik der Gauhauptstadt[108] von der Ankunft vieler »*Zivilarbeiter*« aus dem Osten berichtet. Allerdings handelte es sich bei diesen nicht um Polen. Ihnen wurden die verschiedensten Arbeitsplätze zugewiesen. So wie die polnischen »*Zivilarbeiter*« durften ebenfalls die »*Ostarbeiter*« ihre Arbeitsstätten nicht verlassen und es war ihnen untersagt, engeren Kontakt mit der deutschen Bevölkerung zu pflegen. Sie wurden von der Gendarmerie mit dem Kennzeichen »*Ost*«, das an der Kleidung am Oberarm gut sichtbar zu tragen war, versehen.[109] Im Gegensatz zu den polnischen Zwangsarbeitern war es den »*Ostarbeitern*« grundsätzlich nicht erlaubt, den Hof außerhalb der Dienstzeit zu verlassen. Für sie galt absolutes Ausgehverbot![110]

Im August 1942 waren im »*Reichsgau Salzburg*« in der Landwirtschaft 8.509 ausländische Arbeitskräfte eingesetzt. Davon waren 3.315 Polen, 1.510 »*Ostarbeiter*« und 3.684 Kriegsgefangene.

Graphik 8: Zwangsarbeiter in der Landwirtschaft, Stand August 1942 (SLA, Zell am See, HB-Akten 1942, 431-4-1942)

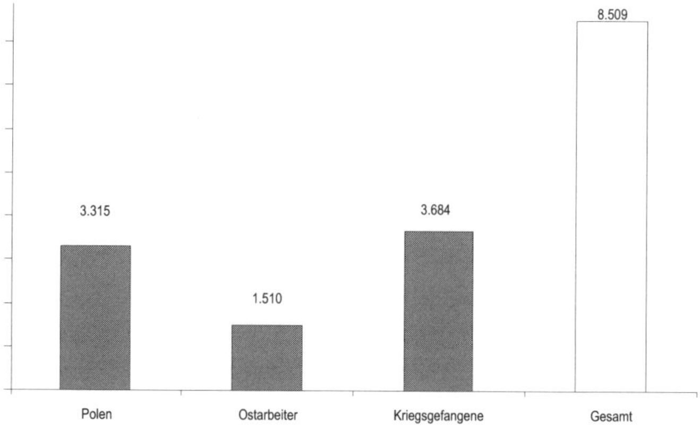

106 Landesgendarmeriekommando Salzburg, Chronik Salzburg Stadt 1942.
107 Marktgemeinde Saalfelden (Hrsg.), Chronik Saalfelden, Bd. 1. Saalfelden 1992, S. 370.
108 Landesgendarmeriekommando Salzburg, Chronik Salzburg Stadt 1942.
109 Ebd.
110 SLA, Landrat Pongau 1943, Ausländerpolizei 1940–1945.

Was die Unterbringung betrifft, war für Polen und »*Ostarbeiter*« ursprünglich eine gemeinsame Unterkunft, etwa in Baracken, geplant.[111] Im Verhältnis zu industriellen Betrieben war die Anzahl der Zwangsarbeiter bei den einzelnen landwirtschaftlichen Betrieben jedoch vergleichsweise gering, weshalb eigene Barackenlager nicht wirklich in Frage kamen. Aus diesem Grund wurde es gestattet, die ausländischen Arbeiter – männliche und weibliche –, wenn unbedingt nötig, in den landwirtschaftlichen Betrieben auch einzeln unterzubringen.

Da die zentrale Kontrolle relativ schwierig war, wurden die Betriebsführer bzw. die deutschen Beschäftigten im jeweiligen landwirtschaftlichen Betrieb damit betraut, die Zwangsarbeiter zu überwachen. Die dadurch entstehenden Kosten mussten vom Betrieb selbst getragen werden. Außerdem waren die Landwirte aufgefordert, bei etwaigen Widersetzlichkeiten sofort zu handeln.[112]

Ideologisch begründet wurde diese Ausnahme von der ansonsten grundsätzlich vorgeschriebenen lagermäßigen Unterbringung in Baracken damit, dass die Aufnahme der »*Zivilpolen*« in die Hofgemeinschaft dem Polen die »*Herreneigenschaft des Bauern deutlicher zum Bewußtsein bringt, da er seiner Einflußnahme ständig ausgesetzt ist.*«[113] Der wirkliche Grund war jedoch ein anderer, denn die Errichtung von Arbeiterlagern hätte eine zu große Entfernung zwischen Unterkunft und dem jeweiligen Einsatzort in landwirtschaftlichen Betrieben mit sich gebracht. Durch den weiten Anmarsch zu den Höfen wären zudem mehr Bewacher nötig gewesen und gleichzeitig die tägliche Arbeitsleistung beeinträchtigt worden.[114]

Nachdem man erkannt hatte, dass eine Sammelunterkunft in Lagern wirtschaftlich nicht von Vorteil war, waren die Bauern angehalten, für Unterkunft und Verpflegung der bei ihnen beschäftigten »*Zivilarbeiter*« selbst zu sorgen. Obwohl die Bevölkerung Anweisungen erhielt, wie mit den Polen und »*Ostarbeitern*« umzugehen war, hing die Behandlung der einzelnen Arbeiter stark vom jeweiligen Arbeitgeber ab.

Die bäuerlichen Dienstgeber bzw. Bauern kamen den einschlägigen Bestimmungen der »*Polenverordnungen*« nicht, wie es von den Nationalsozialisten vorgesehen war, jederzeit und überall nach. Im Gegenteil, viele Bauern begegneten diesen Erlässen mit Skepsis, Unverständnis und oftmals mit Widerstand. Die Beziehung der Landwirte zu ihren ausländischen Arbeitskräften hing nicht nur von deren weltanschaulichen oder religiösen Überzeugung ab, sondern war an weitere Faktoren geknüpft. Größe und Lage des Betriebs spielten in diesem Zusammenhang ebenso eine Rolle wie die Dauer der Anwesenheit der Arbeiter.[115] Hinzu kam, dass auf Grund des Mangels an einheimischen

---

111 SLA, RSTH I/3, 126/1944, 8. März 1940.

112 SLA, Landrat Pongau 1945, Sonderfaszikel 1940–1945.

113 SLA, RSTH I/3, 125/1940.

114 Ebd.

115 Langthaler, Eigensinnige Kolonien (wie Anm. 95), S. 367.

Arbeitskräften eine ökonomische Abhängigkeit der landwirtschaftlichen Betriebe von den Zwangsarbeitern entstand, denn ohne deren Mitarbeit konnten die Arbeiten am Hof nicht erledigt werden. Ein Umstand, der den »*Zivilarbeitern*« durchaus bewusst war. Dieses ambivalente, durch den Krieg verursachte Verhältnis zwischen Dienstgeber und den ihnen unterstellten ausländischen Arbeitskräften zeigen die nachfolgend zitierten Beispiele recht deutlich.

Es häuften sich daher auch Beschwerden an den »*Reichsstatthalter*« über das »schlechte« Verhalten der Polen, Ukrainer und Russen, wie ein Beispiel aus Zell am See, datiert mit 13. August 1942, zeigt, wobei aber in diesem Fall ebenso das Verhalten der Bauern bemängelt wurde:[116]

»*Die polnischen Frauen sind im allgemeinen ganz gut verwendbar. Die polnischen Männer zeigen sich aber oft arbeitsunwillig und faul. Sie wissen, daß sie auf vielen Höfen fast allein zur Arbeit da sind, da deutsche Knechte fehlen und beginnen sich als Herren zu fühlen. Es hat wiederholt ganz energisches Eingreifen bedingt, um die Polen zur Vernunft zu bringen … Die angeblich besser zu behandelnden Galizianer (Ukrainer) zeigen im allgemeinen das gleiche Verhalten wie die Polen. Es muß hier aber auch einmal gesagt werden, daß sehr viele Fehler durch unsere bäuerliche Bevölkerung gemacht werden. Immer wieder kommen die Fälle vor, daß ein Bauer dem anderen den Polen oder Ukrainer wegnehmen will und ihm mehr bietet, als der bisherige Dienstherr zahlt. Die Leute werden dadurch in ihren Gefühlen, daß sie unentbehrlich und notwendig sind, immer mehr bestärkt … Schließlich wird es dem ersten Dienstherrn zu dumm und der Pole hat sein Ziel erreicht, indem er doch wo anders hinkommt.*«

Es kam nicht selten vor, dass ausländische »*Zivilarbeiter*« versuchten, den Hof auf Grund der schlechten Behandlung durch den Bauern zu wechseln. Der zuständige Landrat in Zell am See bemerkte zu dieser Situation Folgendes:[117]»*Andererseits werden aber vielfach Fehler gemacht, dahingehend, daß dem Polen derartige Behandlung zuteil wird, die wirklich nicht mehr menschlich ist, denn nur mit Schlägen allein kann auch nichts erreicht werden.*«

Ein 21-jähriger Pole, der im Jahr 1943 bei einem Bauern in Stuhlfelden beschäftigt war, berichtete über seine Lebens- und Arbeitsbedingungen:[118] »*Ich kann bei meinem jetzigen Bauern nicht bleiben. Seit zwei Jahren bin ich dort und bekomme keinen Lohn; ich kann mich nur erinnern, im Sommer vielleicht zwei mal 5,– und zwei mal 2,– RM bekommen zu haben … Das Essen ist sehr wenig und schlecht. Ich bekomme immer nur Kartoffeln, Fleisch o. a. habe ich nur zu Weihnachten bekommen. Der Bauer H. schlägt mich öfter, genau weiß ich nicht wie oft, es war aber viel mehr als 5mal. Er hat mich an den Haaren gerissen und mit den Händen geschlagen.*« Diese Angaben wurden von der Gendarmerie als »nicht ganz unbegründet« bezeichnet, weswegen eine »*Umvermittlung des Polen*« angezeigt war.[119] Eine zu schlechte

116 SLA, Zell am See, HB-Akten 1942, 431–4–42.

117 Ebd., 431–4–42.

118 SLA, Zell am See, HB-Akten 1943, 438–16–43.

119 Ebd., Gendarmerieposten Mittersill, 2. Februar 1943.

Behandlung wurde demnach nicht geduldet, denn das verminderte die Arbeitsleistung drastisch, was sich wiederum auf die wirtschaftliche Situation des *»Dritten Reiches«* auswirken würde.

Dennoch stellte für die nationalsozialistischen Machthaber eine in ihren Augen zu gute Behandlung von *»Ostarbeitern«* und Polen durch Bauern ein weitaus größeres Problem dar als etwaige Schikanen gegen diese Arbeitskräfte oder gar Misshandlungen. Es finden sich z. B. aus dem Pinzgau mehrfach Belege, dass die erlassenen Vorschriften nicht ernst genommen wurden. Demnach wurde kaum Augenmerk auf das Tragen der vorgeschriebenen Abzeichen gelegt, manche ließen ihre ausländischen Arbeiter – hauptsächlich polnischer Herkunft – am selben Tisch das Essen einnehmen, oder sie selbst erschienen zu keinen Versammlungen. Diese Bauern hätten den *»Ernst der Lage noch nicht erkannt«*, hieß es in einem diesbezüglichen Bericht des zuständigen Landrates aus dem Jahr 1943.[120]

Dies war auch der Grund, warum in den einzelnen Orten die Bauern in Salzburg im September 1942 zu einer Besprechung vorgeladen wurden. Ein unentschuldigtes Fernbleiben bestrafte man mit einer Geldbuße von RM 150,– oder mit zwei Wochen Arrest. Die Bürgermeister sollten den Bauern ein von der *»Gauleitung Salzburg«* verfasstes Merkblatt mit dem Inhalt *»Vorsicht im Umgang mit Kriegsgefangenen, Polen und Ostarbeitern«* übermitteln. Am schärfsten wurde vor den Polen gewarnt: *»Der Pole ist unser Volksfeind und ist nicht anders zu behandeln, als der Jude.«* Daher wurde es nicht gestattet, polnische Arbeitskräfte in die bäuerliche Hausgemeinschaft zu integrieren.[121] Ungeachtet aller ideologischer Bedenken und Schwierigkeiten, die auf Grund der Zusammenarbeit der einheimischen Bevölkerung mit Polen, Ostarbeitern, Franzosen u. a. entstanden, nahm die Zahl der ausländischen *»Zivilarbeiter«* weiter zu. Im Mai 1943 wurden die Arbeitsämter sogar beauftragt, Polen, Ostarbeiter und Kriegsgefangene aus den staatlichen und gemeindlichen Dienststellen abzuziehen und der Landwirtschaft zuzuführen. Begründet wurde dies damit, dass der saisonale Kräftebedarf in der Landwirtschaft im Frühjahr enorm ansteige. Die Anzahl der bisherigen ausländischen Arbeitskräfte reichte auch im *»Reichsgau Salzburg«* nicht aus, weshalb Landräte und Arbeitsämter die Anweisung erhielten, mindestens ein Viertel davon in die Landwirtschaft zu überstellen.[122]

Obwohl im gesamten Deutschen Reich die Zahl der zivilen ausländischen Arbeiter ständig stieg, blieb die Anzahl der im *»Alpenland«* zwischen 1942 und 1944 beschäftigten relativ konstant. Rund ein Drittel aller Zwangsarbeiter zwischen 1942 und 1944 waren in Salzburg in der Landwirtschaft eingesetzt.[123] Der Anteil der Kriegsgefangenen war

---

120 SLA, Zell am See, HB-Akten 1943, 438-38-43.

121 SLA, Zell am See, HB-Akten 1942, 431-4-42.

122 SLA, Zell am See, HB-Akten 1943, 431-12-43.

123 Florian Freund / Bertrand Perz, Die Zahlenentwicklung der ausländischen Zwangsarbeiter und Zwangsarbeiterinnen auf dem Gebiet der Republik Österreich 1939–1945. Gutachten im Auftrag der Historikerkommission der Republik Österreich. Wien 2000, S. 99.

noch wesentlich höher. Bis 1942 erhöhte sich die Zahl der in der »*Ostmark*« beschäftigten Kriegsgefangenen auf 54 % der eingesetzten ausländischen Arbeitskräfte,[124] ein Umstand, der sich auch in der Salzburger Landwirtschaft auswirkte.

Mit der sich für Deutschland zunehmend verschlechternden militärischen Lage im Osten reduzierte sich die Möglichkeit, zusätzliche Arbeitskräfte zu vermitteln. Landwirtschaftliche Betriebe galten als kriegswirtschaftlich weniger wichtig, weshalb viele »*Zivilarbeiter*« verstärkt in die Rüstungsindustrie und die Zulieferbetriebe aus dem Bereich des Handwerks verlegt wurden. Kriegsgefangene wurden häufig in jenen Sektoren eingesetzt, wo man am wenigsten berufsspezifische Erfahrungen brauchte, aber dennoch eine möglichst große Produktivität erzielt werden konnte.

Die unterschiedliche Lebens- und Arbeitssituation in Landwirtschaft und Industrie lässt eine Generalisierung nicht zu. Dennoch war es im Allgemeinen so, dass es den Zwangsarbeitern in der Landwirtschaft auf Grund ihres persönlichen und individuellen Kontakts zum Arbeitgeber vergleichsweise besser ging als jenen in der Industrie. Die Behandlung der Zwangsarbeiter hing jedoch sehr stark vom Grad der nationalsozialistischen Überzeugung des jeweiligen Bauern bzw. der Region ab, in der er sich befand. Je stärker ihre Verwurzelung in christlich-katholischen Wertvorstellungen und Verhaltensschemata waren, desto schwieriger war eine nationalsozialistische Beeinflussung möglich. Die NS-Ideologie konnte vor allem in ländlichen Gegenden die katholische Kirche und ihren Einfluss auf die Bevölkerung nicht wirklich verdrängen. Die Tatsache, dass eine große Zahl der »*Zivilarbeiter*« katholisch war, ließ für die Landbevölkerung die rassenideologisch begründete Argumentationen seitens der nationalsozialistischen Machthaber als wenig plausibel erscheinen, denn wie konnten diese Menschen, die der gleichen katholischen Religion angehörten, minderwertige Untermenschen sein.

Trotzdem muss festgehalten werden, dass das Leben auf dem Bauernhof zu keiner Zeit »idyllisch« war, sondern harte Arbeit bedeutete. Bis zum Ende des Krieges waren auch die landwirtschaftlichen »*Zivilarbeiter*« ebenso wie die Kriegsgefangenen in ihrer persönlichen Bewegungsfreiheit eingeschränkt und mussten Zwangsarbeit verrichten. Ohne deren Beitrag wäre die landwirtschaftliche Produktion und damit in vielen Bereichen die Lebensmittelversorgung für weite Kreise der Bevölkerung auch im »*Reichsgau Salzburg*« zusammengebrochen.

Sexuelle Kontakte und Kinder

Grundsätzlich war den Ostarbeitern, auch den Polen, jeglicher Kontakt untereinander – auch sexueller Natur – gestattet, soweit dies nicht den bestehenden gesetzlichen Bestimmungen, wie beispielsweise dem Verbot homosexueller Beziehungen, widersprach oder den kriegswirtschaftlichen Zielsetzungen ihres Arbeitseinsatzes entgegenstand. Der Kon-

124 Freund / Perz, Zahlenentwicklung (wie Anm. 123), S. 126.

takt – auch der geschlechtliche – zwischen Deutschen und »*Fremdvölkischen*« war jedoch strengstens verboten. Auf dieses Delikt standen hohe Strafen, häufig wurden sogar Todesurteile gefällt. Das folgende Beispiel aus dem Raum Saalfelden zeigt dies besonders drastisch: Der am Grünwaldgut beschäftigte Pole Aleksy Jagla hatte im Laufe des Jahres 1941 ein Verhältnis mit einer deutschen Magd. Der Pole wurde aus diesem Grund vom Volksgerichtshof zum Tode verurteilt. Zuvor wurde er noch einer ärztlichen Untersuchung unterzogen, ob eine Eingliederung in das »*Deutschtum*« möglich sei. Da er aber den damaligen Rassevorstellungen entsprechend eindeutig slawische Züge hatte, wurde er am 8. Jänner 1942 gehängt. Zur Abschreckung mussten zwei polnische Landsleute die Hinrichtung durch den Strang vollziehen. Anschließend mussten alle anderen polnischen Arbeiter aus der Gegend an dem Toten vorbeigehen. Die Magd wurde in ein Konzentrationslager eingewiesen. Ebenfalls in Saalfelden zum Tode verurteilt und am 20. September 1943 hingerichtet wurde der Pole Valentin Bilch; auch er hatte eine Beziehung zu einer deutschen Frau.[125]

Trotz aller Bestrafungen und Verordnungen kamen es immer wieder vor, dass »sexuelle Beziehungen« zwischen Einheimischen und »*fremdvölkischen Arbeitern*« eingegangen wurden – uneheliche Kinder konnten die Konsequenz sein. Als Beispiel dafür sei eine 31-jährige Ostarbeiterin, die in Weißbach bei Lofer beschäftigt war, angeführt. Nach anfänglichem Schweigen stellte sich heraus, dass sie vom Bruder der Bäuerin ein Kind bekam. In diesem Fall blieben drastische Sanktionen aus, denn sie konnte nicht zuletzt wegen ihrer guten Arbeitsleistung auf dem Hof bleiben.[126]

Diese Ostarbeiterin war kein Einzelfall. In zahlreichen Gemeinden gab es uneheliche Kinder von ausländischen Arbeitern und Deutschen. Beispiele dafür sind die Gemeinden Altenmarkt, Bischofshofen, Dorfgastein, Mühlbach, St. Martin und St. Veit, wo jeweils ein uneheliches Kind einer Zwangsarbeiterin bekannt wurde. In Großarl und Schwarzach waren es je zwei Kinder. Die Dunkelziffer ist jedoch in vielen Gemeinden weitaus höher einzuschätzen. Viele Zwangsarbeiterinnen wagten es nicht, den Kindesvater anzugeben, denn dies hätte massive Schwierigkeiten zur Folge gehabt. Es war also für diese Frauen klüger, anzugeben, dass der Vater nicht bekannt war, als sich der Strafmaschinerie des NS-Regimes auszusetzen.

Die Zahl der unehelichen Kinder im »*Reichsgau Salzburg*« war jedenfalls so hoch, dass das Regime einschlägige Bestimmungen zur Betreuung der Kinder erstellen musste. Zur Frage der Unterbringung von Kindern »*fremdvölkischer Zivilarbeiter*« erließ das »*Reichssicherheitshauptamt*« eine Verordnung, dass schwangere, »*nicht eindeutschungsfähige polnische Zivilarbeiterinnen*« grundsätzlich in ihre Heimat abgeschoben werden sollten, sofern es sich nicht um Frauen handelte, deren Ehemann ebenfalls zur Arbeit in Salzburg eingesetzt war. »*Die Unterbringung von Kindern nicht eindeutschungsfähiger polnischer Zivilar-*

---

125 Chronik Saalfelden, Bd. 2 (wie Anm. 107), S. 753/754.

126 SLA, Zell am See, HB-Akten 1943, 438-51-43.

beiter bei deutschen Familien *ist keinesfalls* *zulässig.*«[127] Schwangere konnten auch bleiben, wenn der landwirtschaftliche Betriebsführer besonderen Wert darauf legte und gegen den Verbleib der Frau mit Kind nichts einzuwenden hatte. Wenn die »*Zivilarbeiterin*« unerlässlich war, konnte der Fall eintreten, dass das Kind zu Angehörigen in die Heimat abgeschoben wurde, während die Mutter zurückbleiben musste. Allerdings sollte sie am Anfang für einige Zeit beurlaubt werden. Bestand diese Möglichkeit nicht, wurden beide abgeschoben. Diese Regelungen galten nicht nur für Polinnen, sondern auch für »*Ostarbeiterinnen*«. Noch bis 1942 hielt sich die Menge derartiger Geburten in Grenzen. Ab 1943 stieg die Zahl der »*fremdvölkischen Kinder*« jedoch stark an, wie das Beispiel »*Markt Pongau*« zeigt.

Graphik 9: Anzahl der »*fremdvölkischen Kinder*« im »Markt Pongau«, März 1945 (SLA, Landrat Pongau 1945, 3405/20)

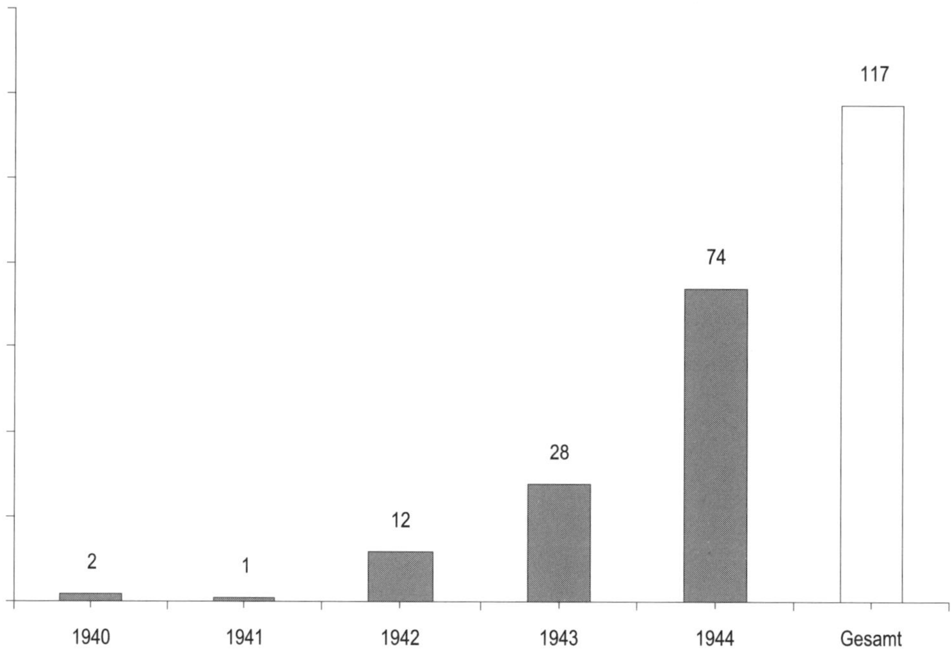

Die Geburten wurden statistisch genau erfasst, allerdings sind nicht für alle Regionen Salzburgs Daten erhalten geblieben. Es ist davon auszugehen, dass es in den anderen Gauen eine ähnliche Entwicklung gab. Es ist jedoch nicht feststellbar, wie viele dieser

127 SLA, Zell am See, HB-Akten 1943, 438-7-43.

Kinder aus »verbotenen« Beziehungen zwischen Zwangsarbeiterinnen und Einheimischen oder aus rein *»fremdvölkischen Beziehungen«* stammen.

Genau erfasst wurde auch die Nationalität der Mutter – in der damaligen Diktion das *»Volkstum der Mutter«*. Kinder von *»Westarbeitern«* stellten ein geringeres Problem für die Nationalsozialisten dar, weil sie aus ihrer Sicht ideologisch noch eher akzeptabel waren als Kinder von Zwangsarbeitern aus Osteuropa. Die folgende Graphik zeigt, dass die meisten Kinder von Polinnen und Ukrainerinnen stammten. Dies begründet sich damit, dass es sich bei diesen beiden Frauengruppen um die größten Nationalitäten handelte, die in Salzburg zur Zwangsarbeit eingesetzt wurden.

Graphik 10: »Volkstum der Mutter« im *»Markt Pongau«*, März 1945 (SLA, Landrat Pongau 1945, 3405/20)

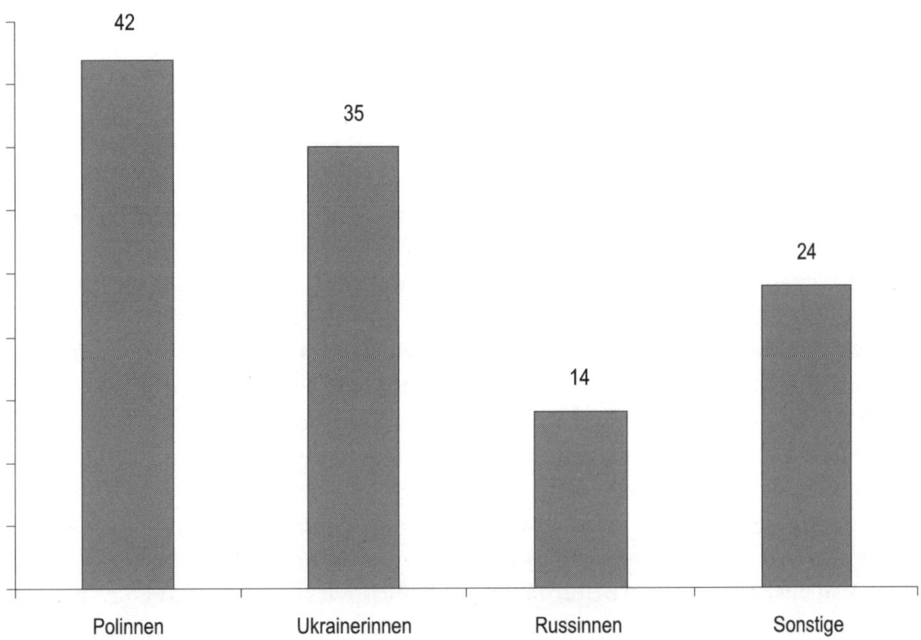

Graphik 11: »*Einsatz der Kindesmutter*« im »*Markt Pongau*«, März 1945 (SLA, Landrat Pongau 1945, 3405/20)

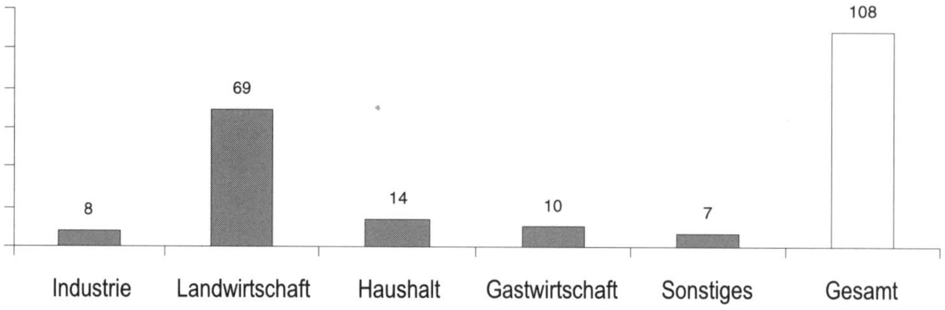

Die Mehrheit der Frauen, die in Salzburg Zwangsarbeit leisten mussten, war in der Landwirtschaft eingesetzt. Während in der Industrie die Zwangsarbeiter in Lagern untergebracht waren, lebten die landwirtschaftlichen Arbeiter auf den Höfen, unter weniger strengen Kontrollen. Zwischenmenschliche Kontakte wurden dadurch erleichtert, sowohl unter den Zwangsarbeitern als auch mit den Landwirten selber. Die hohe Zahl an »*fremdvölkischen*« Kindern in der Landwirtschaft wird dadurch verständlich.

In der Gemeinde Tamsweg wurden zwischen Juli 1941 und Mai 1945 36 Kinder ausländischer Eltern geboren, darunter 13 Ukrainer, 6 Russen, 1 Franzose und 14 Polen.[128]

Ab 1943/44 wurde vom Arbeitsamt darauf verzichtet, schwangere »*Zivilarbeiterinnen*« in ihre Heimat abzuschieben. Bei landwirtschaftlichen Arbeiterinnen wurde es als das Einfachste angesehen, wenn die Kinder bei ihren Müttern auf dem Hof blieben. Wohl wurden diese Kinder damit gemeinsam mit den Kindern des Bauern großgezogen, es war aber aus Sicht der NS-Ideologie untragbar. Deswegen wurde versucht, eine einheitliche Lösung zu finden und die Errichtung von »*Kinderpflegestätten für fremdvölkische Kleinkinder*« vorzusehen.[129] Immerhin gab es im »*Reichsgau Salzburg*« im Jahr 1944 rund 300 Kinder von ausländischen Arbeiterinnen, hauptsächlich Polinnen und Ukrainerinnen. »*Reichsstatthalter*« Dr. Gustav Adolf Scheel rechnete mit 200 weiteren Kindern pro Jahr. Die Landesbauernschaften wurden daraufhin beauftragt, die geeignete Unterbringung der »*fremdvölkischen*« Kinder zu veranlassen. Die finanziellen Mittel mussten jedoch selbst getragen werden.[130]

---

128 Für 10 von ihnen war Tamsweg auch als Aufenthaltsort registriert; vgl.: Klaus Heitzmann, Aspekte der Kriegs- und frühen Nachkriegsgeschichte im Lungau um 1945. Diplomarbeit. Graz 1996, S. 34.

129 SLA, RSTH I/3 50.

130 Ebd.

Graphik 12: Unterbringung der unehelichen Kinder im »*Markt Pongau*«, März 1945 (SLA, Landrat Pongau 1945, 3405/20)

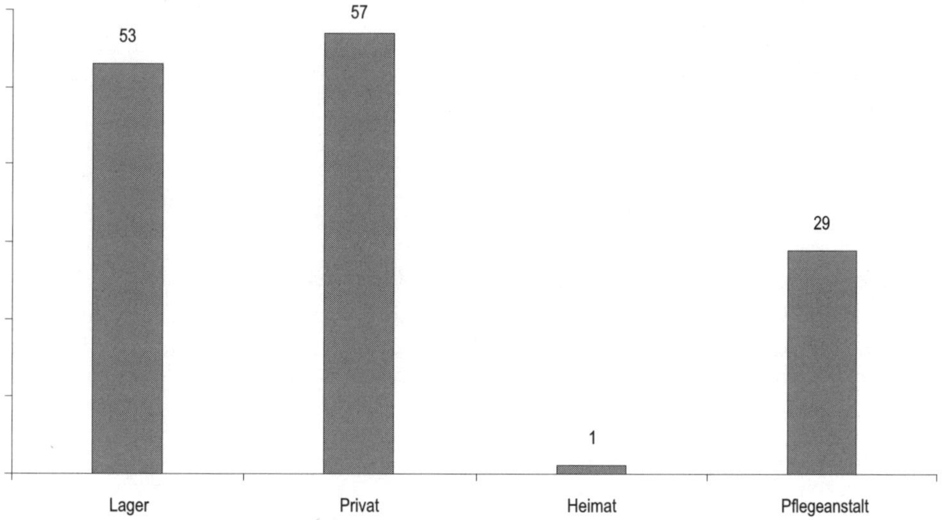

Wegen der besonderen Relevanz der Frage unehelicher Kinder von Zwangsarbeiterinnen und wegen der Unaufschiebbarkeit wurde der »*Reichsnährstand*« Salzburg angewiesen, zur »*Hintanhaltung der ärgsten Mißstände ein Heim für fremdvölkische Kinder unter Mitwirkung des Arbeitsamtes Salzburg und des Reichsgaues Salzburg als Selbstverwaltungskörper auszubauen*«. Die Bauernschaft im Pinzgau unterstützte für ihren Bereich den Bau dieser Einrichtungen und war für deren Organisation zuständig. Im Dezember 1944 entstand in der Gemeinde Uttendorf, Bezirk Zell am See, eine solche »*Kinderpflegestätte*«. Auf Ersuchen der Kreisbauernschaft Uttendorf mussten die offen stehenden Kosten von RM 741,– vorläufig von der Gemeinde übernommen werden. Für die Pflege der Kinder wurden in Uttendorf eine Polin und eine Ukrainerin angestellt.[131] Aufgrund der Kostenfrage verzögerte sich die Eröffnung einer weiteren derartigen Einrichtung zur »*Betreuung der fremdvölkischen Kinder in der Landwirtschaft*« in der Gemeinde Zell am See, sodass sie bis Kriegsende nicht mehr realisiert werden konnte.[132]

Es ist auf Grund der unvollständigen Quellenlage nicht mehr eruierbar, in wie vielen anderen Gemeinden solche »*Kinderpflegestätten*« errichtet wurden. Ebenso im Dunkeln liegt das weitere Schicksal dieser »*illegitimen Kinder*«. Manche wuchsen zweifellos auf den Höfen ihrer Väter auf. Oftmals wurde in den Jahren nach dem Krieg über ihre wahre

131 SLA, RSTH I/3 50.
132 Ebd.

Herkunft ein Mantel des Schweigens gebreitet, sodass diese Frage vielfach bis heute nicht wirklich beantwortet werden kann – ein Umstand, der für den Historiker zwar bedauerlich, für den individuellen Einzellfall im dörflichen Gefüge des Nachkriegs-Salzburg jedoch zweifellos von Vorteil gewesen sein dürfte.

Örtliche, zumeist kirchliche Quellen unterliegen zudem den einschlägigen Bestimmungen des Datenschutzes, dem hier besondere Bedeutung zur Wahrung der persönlichen Integrität dieser Personengruppe zukommt.

b) Industrie und Gewerbe

Aus ökonomischer Sicht brachte der »*Anschluß*« Österreichs an das Deutsche Reich für Industrie und Gewerbe neue Absatzmärkte. Salzburg war im Gegensatz zu anderen Teilen der »*Ostmark*« von Klein- und Mittelbetrieben geprägt, von denen 94 % durchschnittlich 10 Personen beschäftigten. Nur 25 Betriebe hatten eine Belegschaft von über 200 Mitarbeitern.[133]

Vor allem Bauwirtschaft und Baustoffindustrie profitierten vom »*Anschluss*«. Für Salzburg war zwischen 1938 und 1943 im Rahmen der »*Deutschen Arbeitsfront*« eine eigene Handelskammer eingerichtet, die sowohl hinsichtlich der »*UK-Stellungen*« der Meister und Gesellen als auch bei der Verteilung der Rohstoffe mitzureden hatte, was besonders nach Kriegsbeginn relevant wurde, als die sich abzeichnende Rohstoffknappheit eine adäquate Verteilung der vorhandenen Ressourcen unabdingbar machte. Gleichzeitig galt Salzburg als Erholungsregion, die touristisch genutzt werden sollte. Viele nationalsozialistische Institutionen versuchten daher, Hotels und andere Betriebe zu erwerben. Diese Tendenz wurde 1941 durch einen Erlass – mit einigen Ausnahmen – gestoppt.[134] Zahlreiche Gewerbetreibende im »*Reichsgau Salzburg*« erlebten durch den »*Anschluß*« einen enormen wirtschaftlichen Aufschwung – die Arbeitslosigkeit nahm ab Frühjahr 1938 rapide ab und wandelte sich in einen Arbeitskräftemangel.

Die Wirtschaftsstruktur Salzburgs war nicht auf große Rüstungsbetriebe ausgelegt, weshalb der Anteil der Zwangsarbeiter in diesem Bereich gering war. Zusammen mit Tirol und Vorarlberg waren im Mai 1942 in Salzburg in kriegswirtschaftlich wichtigen Betrieben »nur« 2,6 % der Beschäftigten zivile ausländische Arbeitskräfte – ein Anteil, der sich bis August 1944 auf 10,1 % erhöhte. Diese Steigerung hing damit zusammen, dass ab 1943 Rüstungsbetriebe zunehmend aus den industriellen Ballungsgebieten verlagert wurden, um vor Luftangriffen geschützt zu sein. Im Verhältnis zur gesamten »*Ostmark*«

133 Hanisch, Nationalsozialistische Herrschaft (wie Anm. 96), S. 116.

134 Wolfgang Weber, »Die sich vom Westen nach Osten erstreckende Wurst …« Aspekte der NS-Herrschaft in Vorarlberg, Tirol und Salzburg 1938 bis 1945. In: Emmerich Tálos / Ernst Hanisch / Wolfgang Neugebauer / Reinhard Sieder (Hrsg.), NS-Herrschaft in Österreich. Wien 2000, S. 260–291.

verzeichnete Salzburg jedoch den höchsten Anteil an Zwangsarbeitern im Bau- und Baunebengewerbe. Rund ein Viertel aller ausländischen »*Zivilarbeiter*« war in dieser Branche tätig – in den übrigen Teilen des heutigen Österreich waren es im Vergleich dazu nur ca. 10 %. Im Gast- und Schankwirtschaftsgewerbe arbeiteten in Salzburg und Tirol im August 1944 5,3 % (2.556 Personen).[135]

Im »*Reichsgau Salzburg*« profitierte vor allem der Bergbau und Rohstoff verarbeitende Unternehmen mittlerer Größe vom Einsatz ausländischer »*Zivilarbeiter*«. Zu diesen Mittelbetrieben, die mehr als 30 Personen beschäftigten, gehörten zum Beispiel:

- »Eugen Grill Werke«, Hallein[136]
- »Zellulosefabrik Hallein«[137]
- »Saline Hallein«[138]
- »Salzburger Aluminium-Gesellschaft m. b. H.«, Lend[139]
- »Eisenwerk Werfen-Sulzau«[140]
- »Zementwerk Leube«, Grödig-Gartenau[141]
- »Studiengesellschaft für Kupferbergbau G. m. b. H.«, Mühlbach am Hochkönig[142]
- »Union Baugesellschaft«, Bischofshofen-Mitterberghütten«[143]
- »Gewerkschaft Radhausberg«, Bad Gastein-Böckstein[144]

Auch die anderen Sektoren der Wirtschaft zogen ihren Vorteil aus der Beschäftigung vergleichsweise billiger ausländischer »*Zivilarbeiter*«. So standen 1942 im Baugewerbe, in der Metallwirtschaft und im Bergbau über 6.500 Zwangsarbeiter, inklusive Kriegsgefangene, im Arbeitseinsatz.

Während in größeren Gewerbebetrieben vornehmlich Arbeitskräfte aus Ost- und Südosteuropa eingesetzt wurden, erhielten die kleineren Betriebe zumeist Westeuropäer zugewiesen. Einerseits lag es daran, dass auf mehr »*Ostarbeiter*« zurückgegriffen werden

135 Freund / Perz, Zahlenentwicklung (wie Anm. 123), S. 93/94.

136 Eugene Sensenig, Ein vielfach unentbehrliches Betriebsmittel. Kriegsgefangene und die Halleiner Salinenarbeiter im Krieg. In: Ulrike Kammerhofer-Aggermann (Hrsg.), Bergbau. Alltag und Identität der Dürrnberger Bergleute und Halleiner Salinenarbeiter in Geschichte und Gegenwart (Salzburger Beiträge zur Volkskunde 10). Salzburg 1998, S. 173–231, S. 206.

137 Christian Dirninger, Die Wirtschaftsregion Hallein im 20. Jahrhundert. In: Chronik der Salzburger Wirtschaft. Salzburg 1989, S. 260–273.

138 Sensenig, Ein vielfach unentbehrliches Betriebsmittel (wie Anm. 136), S. 206.

139 SLA, Landrat Pongau, 1942, 200b/23.

140 SLA, Landrat Pongau, 1943, Sonderfaszikel 1940–1945.

141 Wilhelm Günther, 150 Jahre 1838–1988 Leube. Zementwerk Leube Gs.m.b.H. Grödig-Gartenau 1988, S. 39 u. 49.

142 SLA, Landrat Pongau, 1940, 3400a/22.

143 Ebd., 3400b/53.

144 Ebd., 3400a/23.

konnte, andererseits gab es für »*Westarbeiter*« auch innerhalb des Systems der Zwangsarbeit eine Besserstellung gegenüber den »*Ostarbeitern*«. Der unterschiedliche Ausbildungsstandard der Zwangsarbeiter ist hier auch zu berücksichtigen. In größeren Betrieben war der Einsatz vergleichsweise schlecht ausgebildeter Arbeitskräfte eher von kriegswirtschaftlichem Nutzen als in kleinen Handwerks- und Gewerbebetrieben, wo häufig Spezialkenntnisse erforderlich waren. Franzosen arbeiteten öfters im Gastgewerbe – da sie hier unweigerlich mit Einheimischen in Kontakt traten, wurden sie in diesem Bereich überdies aus Gründen der damals herrschenden Rassenideologie bevorzugt eingesetzt. Beinahe jeder Wirtschaftsbetrieb beschäftigte Ausländer in seinem Betrieb. Im Gegensatz zur Landwirtschaft, wo die meisten Fremdarbeiter direkt bei den Bauern untergebracht waren, wurden für Zwangsarbeiter in Industrie und Gewerbe Baracken errichtet. Waren diese Baracken noch nicht fertig, wurden die Zwangsarbeiter vorübergehend in Gasthäusern unter starker Bewachung einquartiert. Die Zahl der Zwangsarbeiter war ab 1942 besonders hoch. Im Baugewerbe waren es über 5.500, weshalb nur noch Barackenlager als Unterkünfte in Frage kamen.[145]

Graphik 13: Zwangsarbeiter im Baugewerbe im Pinzgau, 1942 (SLA, BH Zell am See, HB-Akte, 1942, 431-4-1942)

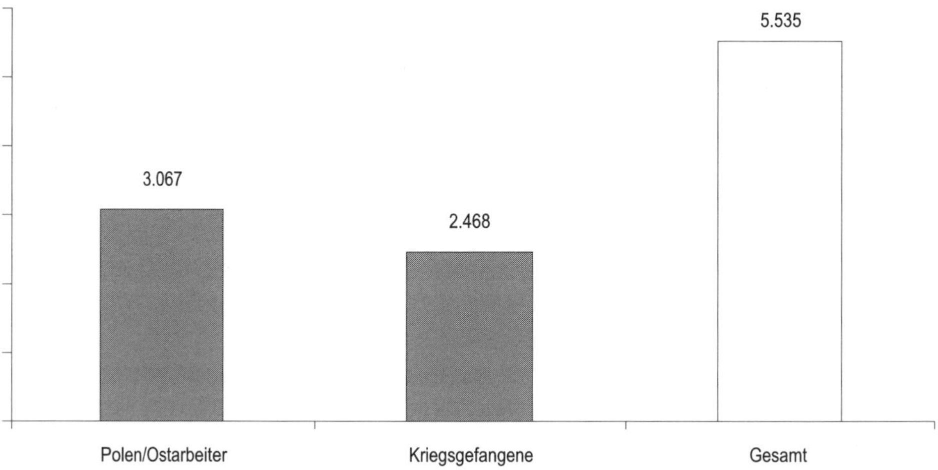

Im Baugewerbe waren mit Sicherheit die meisten Zwangsarbeiter im Arbeitseinsatz, die Metall verarbeitende Industrie und der Bergbau griffen aber ebenfalls auf die systematische Ausbeutung von Menschen zurück. In der Metallwirtschaft war das zahlenmäßige

145 SLA, BH Zell am See, HB-Akten, 1942, 431-4-1942.

Verhältnis von Kriegsgefangenen und »*Zivilarbeitern*« 1942 ziemlich ausgeglichen, während im Bergbau überwiegend Kriegsgefangene eingesetzt wurden.

Graphik 14: Zwangsarbeiter in der Metallwirtschaft, im Bergbau und im Baugewerbe im Pinzgau, 1942 (SLA, BH Zell am See, HB-Akten 1942, 431-4-1942)

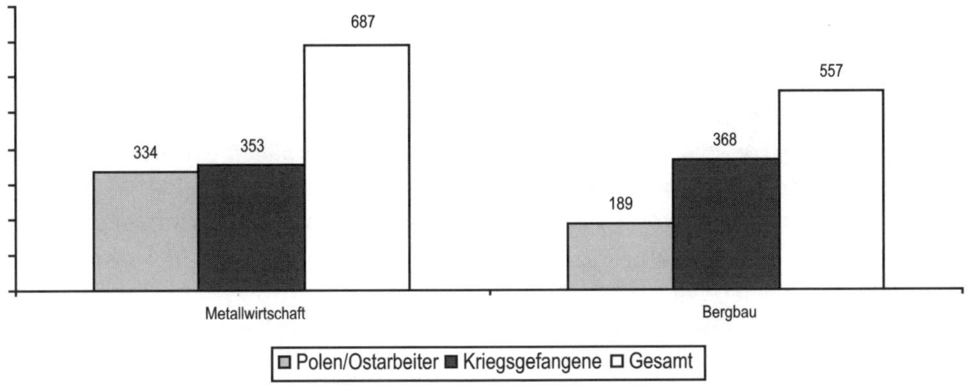

Abhängig von ihrem Arbeitsort waren die Lebens- und Arbeitsverhältnisse für Zwangsarbeiter unterschiedlich. Denn zusätzlich zur harten Arbeit – unabhängig vom Einsatzort im »*Reichsgau Salzburg*« – erschwerte oft unmenschliche Behandlung, bis hin zur Anwendung physischer Gewalt, den Arbeitseinsatz der Zwangsarbeiter. Immer wieder kam es zu Zwischenfällen und als Folge zu Beschwerden seitens der »*Zivilarbeiter*« wegen dieser Missstände. Ein Beispiel dafür ist der Fall jener vier Zwangsarbeiter, die wegen ihrer schlechten Behandlung beim »*Kreisobmann der Deutschen Arbeitsfront*« in Bischofshofen Anzeige erstatteten. Als Folge wurde nicht gegen den Arbeitgeber, sondern gegen die vier »*Zivilarbeiter*« rechtlich vorgegangen. Laut zuständigem Landrat hätten diese Arbeiter, drei Polen und ein Tscheche, der »*Gewerkschaft Radhausberg*« »böswillig« ihre Untertagarbeit beim Bergbau in Naßfeld verweigert. Als Grund dafür gaben sie an, für ihre Arbeit in den nassen und kalten Stollen keine Gummischutzkleidung erhalten zu haben. Der Gendarmerieposten Böckstein bestätigte in diesem Fall die Angaben der Arbeiter und erklärte, dass es seit jeher der Fall gewesen war, den im Bergbau tätigen Arbeitern eine solche Gummischutzkleidung zur Verfügung zu stellen. Eine »böswillige Arbeitsniederlegung« lag daher nicht vor, weshalb von einer Verhaftung der vier Arbeiter abgesehen wurde.[146]

Die »*Gewerkschaft Radhausberg*« war als besonders schwierige Arbeitsstelle verrufen und hatte besonders viele Fluchtversuche ausländischer Arbeitskräfte zu verzeichnen. Be-

146 SLA, Landrat Pongau, 1940, 3400a/23.

reits 1940 kam es immer wieder zu Meldungen, dass Polen und Tschechen »abgewandert (geflüchtet)« waren. Anfänglich wurden diese verfolgt, bestraft und dem Arbeitgeber rücküberstellt. Allerdings stellte sich dieses Prozedere im Laufe des Krieges als zu langwierig heraus und war überdies ohne Garantie, die Flüchtigen tatsächlich zu finden, weshalb man diese durch andere Arbeiter ersetzte.

In Fällen von Arbeitsniederlegung kam es sehr wohl zu Verhaftungen, wie zum Beispiel in Schwarzach, als dort zehn Tschechen die Arbeit bei »*Adolf Simanke Holzbauwerke*« verweigerten. Dort stellte die zuständige Dienststelle fest, dass die Tschechen »*kenntlichen Arbeitsunwillen an den Tag legten.*« Daraufhin wurden die »Arbeitsunwilligen« dem Amtsgericht vorgeführt.[147] Welches Urteil erging, war aus den Akten nicht zu ersehen. Bei »Straftaten« in anderen derartigen oder ähnlichen Fällen wurden Gefängnisstrafen verhängt oder es erfolgte die Einweisung in ein Konzentrationslager. In derartigen Fällen sind dann in den betreffenden Aktenstücken oftmals kurze Eintragungen, wie die im Folgenden zitierte, zu lesen: »*[Name], Fliesenleger 12. 9. 1917 in Krakau, ist am 29.1.1940 verzogen, vermutlich in ein Konzentrationslager.*«[148]

Auf Grund vermehrter Übergriffe und gemeldeter Zwischenfälle in einzelnen Unternehmen, die eine größere Zahl an ausländischen Arbeitskräften beschäftigten, wurden von den verantwortlichen Stellen im Juli 1942 schärfere Kontrollen angeordnet. Bei dieser Gelegenheit sollten Unterkunft und Verpflegung der Arbeiter geprüft werden, außerdem hatten sich die einzelnen Betriebe mit dem zuständigen Ernährungsamt in Verbindung zu setzen, um die Verpflegung für den Winter zu sichern. Gleiches galt für die Bevorratung von Heizmaterial. Gleichzeitig wurde aber darauf hingewiesen, dass »*bei der Heizung die größte Sparsamkeit gewährleistet sein muß und jede Vergeudung unterbunden werden mußte*«. Für die Instandhaltung der Lager wurden geeignete Arbeiter eingestellt, wonach sie ihren Lohn vom jeweiligen Betrieb erhielten.[149]

Trotz strengerer Kontrollen blieb die Lage der »*Zivilarbeiter*« schwierig. Der Umstand der häufig wechselnden und geographisch oft weit voneinander entfernten Einsatzorte trug wesentlich zur Verschärfung der Situation bei. Mit zunehmender Dauer des Krieges und den sich verstärkt bemerkbar machenden Schäden in Folge alliierter Luftangriffe kam es überdies zu einem fortschreitenden Zusammenbruch der Verkehrsinfrastruktur. Der sich immer stärker auswirkende Rohstoffmangel brachte es zudem mit sich, dass zuerst bei den Aufwendungen für Zwangsarbeiter eingespart wurde. Die individuellen Lebens- und Arbeitsbedingungen der Arbeiter hingen nicht zuletzt auch von der Willkür des jeweiligen Unternehmens ab.

---

147 SLA, Landrat Pongau, 1940, 3400p/213.

148 Ebd., 3400a/38.

149 SLA, RSTH V/1 159–196, 190/1943.

Flachgau

Wie in den anderen Regionen von Salzburg fehlten auch im Flachgau große Rüstungsbetriebe – hier dominierte die Landwirtschaft. Dennoch profitierten auch hier Industrie und Gewerbe vom Einsatz zahlreicher »*ausländischer Zivilarbeiter*«, wobei nicht immer eine detaillierte Auflistung möglich ist. Im Gemeindegebiet Grödig beispielsweise erlebten die Marmorsteinbrüche der Kiefer AG und jener von Mayr-Melnhof in Fürstenbrunn einen enormen wirtschaftlichen Aufschwung. Bis 1940 wurde von hier Material für den Autobahnbau geliefert, was eine Aufstockung der Belegschaft von 50 auf 160 Mann mit sich brachte. Wie viele darunter tatsächlich Zwangsarbeiter waren, ist unklar.[150] Ein weiterer Betrieb, der vom wirtschaftlichen Aufschwung nach dem »*Anschluss*« und in der ersten Phase des Krieges wirtschaftlichen Nutzen ziehen konnte, war das »Zementwerk Leube«. 1938 wurde das Werk großzügig ausgebaut und die Kapazität verdoppelt. Für die Rohstoffgewinnung wurden 1940, 1942 und 1943 weitere Steinbrüche angelegt.[151] Wie aus den Anfragen um eine Arbeits- und Aufenthaltsbestätigung an das Salzburger Landesarchiv hervorgeht, kamen auch hier Zwangsarbeiter zum Einsatz – eine genaue Angabe der Gesamtzahl dieser Arbeitskräfte ist jedoch auf Grund der Quellenlage heute nicht mehr möglich.

In Anif waren seit dem 20. November 1939 ca. 50 Polen bei der Firma »Sager & Wörner« im Einsatz. In Glasenbach, Gemeinde Elsbethen, existierte ein Baulager, das 1940 mit 37 polnischen Arbeitern belegt war, die beim Bau der örtlichen Kaserne eingesetzt wurden.[152] Obwohl es den ausländischen »*Zivilarbeitern*« im gesamten »*Reichsgau Salzburg*« nicht gestattet war, in Gasthäuser zu gehen, gab es in Glasenbach, beispielsweise im Mai 1940, immer wieder Beschwerden, dass »*diese Arbeiter wiederholt Salzburger Gasthäuser besuchten und dann angeheitert und betrunken heimkamen, wobei sie Zimmer und Aborte verunreinigten*«. Die Gendarmerie ging diesen Beschwerden nach und ließ eine Durchsuchung jenes Baulagers durchführen. Bei dieser Gelegenheit kamen verschiedene Wehrmachtsausweise zum Vorschein, die den Polen den Zugang zu den Gasthäusern ermöglicht hatten. Die Arbeiter gaben an, diese Ausweise in der Stadt gekauft zu haben. Daraufhin wurde die Kennzeichnung der Polen verschärft.[153]

In Kleßheim (vgl.: Abb. 16) erhielt der Ausbau des Schlosses zum »*Gästehaus des Führers*« die Dringlichkeitsstufe I und damit besondere Priorität. War für die erste Bauphase noch der »*Reichsarbeitsdienst*« verantwortlich, kamen in der Folge auch »*fremdvölkische Arbeiter*« zum Einsatz. Zu diesem Zweck wurden fünf Baracken aus dem Besitz der Luft-

---

150 Gemeinde Grödig (Hrsg.), Grödig. Aus der Geschichte eines alten Siedlungsraumes am Untersberg. Grödig 1990, S. 238.

151 Günther, 150 Jahre Leube (wie Anm. 141), S. 39 u. 49.

152 SLA, BH Salzburg-Umgebung, 1939/44, 1940/3493/4.

153 Ebd., 1940/3439/23.

waffe vom Flughafen Salzburg übernommen. Für die Unterkunft der rund 200–300 Arbeiter im Herbst 1940 war die »*Deutsche Arbeitsfront*« verantwortlich.[154] Im Dezember 1942 sollte dann das Arbeiterlager komplett abgetragen werden. Der Bürgermeister der Gemeinde Siezenheim beantragte jedoch eine Baracke zur Unterbringung von Ausländern, hauptsächlich Jugoslawen, an Ort und Stelle zu belassen. Die Baracken wurden schließlich 1942 aus dem Schlosspark entfernt und außerhalb des Parks, vor der Schlosswirtschaft wieder aufgestellt.[155]

Das Lager selbst wurde endgültig im Jänner 1943 aufgelassen, nachdem das Bauvorhaben weitgehend abgeschlossen worden war.[156] Rund 120 Arbeitskräfte wurden von Kleßheim nach Kaprun überstellt, wo sie beim Krafthaus und der Freiluftschaltanlage arbeiten mussten.

Eine Besonderheit des Flachgaus war, dass hier mehrere »*Arbeitserziehungslager*« für so genannte Asoziale und politische Häftlinge errichtet wurden, wie etwa in St. Georgen. Hier wurde ein »*Arbeitserziehungslager für Asoziale*« 1940 eröffnet.[157] In Bergheim – in der Bergheimer Au beim heutigen Schlachthof – befand sich zwischen 1941 und 1945 ein »*Strafarbeitslager*«, in dem zwischen 60 und 80 Mann gleichzeitig untergebracht und für den Bau des neuen städtischen Kühlhauses in Bergheim eingesetzt waren.[158] Ein weiteres »*Arbeitserziehungslager für Kommunisten und Sozialisten*« befand sich in Bürmoos.[159]

Tennengau

Im Tennengau war Hallein das Zentrum von Industrie und Gewerbe und hatte die meisten Zwangsarbeiterunterkünfte. Allein hier gab es 40 bis 50 Baracken, die für Zwangsarbeiter, Kriegsgefangene und KZ-Insassen[160] und deren Bewachungsorgane gebaut worden waren. Die Zellulosefabrik – seit dem »*Anschluß*« unter deutscher Verwaltung – war Arbeitsort zahlreicher ausländischer »*Zivilarbeiter*«. 1941 wurde im Rahmen der kriegswirtschaftlichen Maßnahmen noch eine Sulfitspritproduktion errichtet.[161] Die zahlreichen ausländischen Arbeitskräfte, die sich in Hallein befanden, kamen vornehmlich bei der »Saline Hallein« und dann auch bei den »Eugen-Grill-Werken« zum Einsatz. Der Arbeitermangel bei der Saline war dermaßen groß, dass man sogar – trotz des allgemein gültigen Arbeitsverbots von Frauen unter Tage – auf Zwangsarbeiterinnen zurückgriff.[162]

---

154 SLA, RSTH Kleßheim 113.
155 SLA, RSTH Kleßheim 117.
156 SLA, RSTH Kleßheim 116.
157 SLA, RSTH I/3 92.
158 SLA, BH Salzburg-Umgebung, 1949, IX/7911/48.
159 SLA, RSTH I/3 91.
160 Vgl. dazu Abschnitt III.5.b: »Nebenlager des KZ Dachau«, S. 209–221.
161 Dirninger, Wirtschaftsregion Hallein (wie Anm. 137), S. 260–273.
162 Sensenig, Ein vielfach unentbehrliches Betriebsmittel (wie Anm. 136), S. 206.

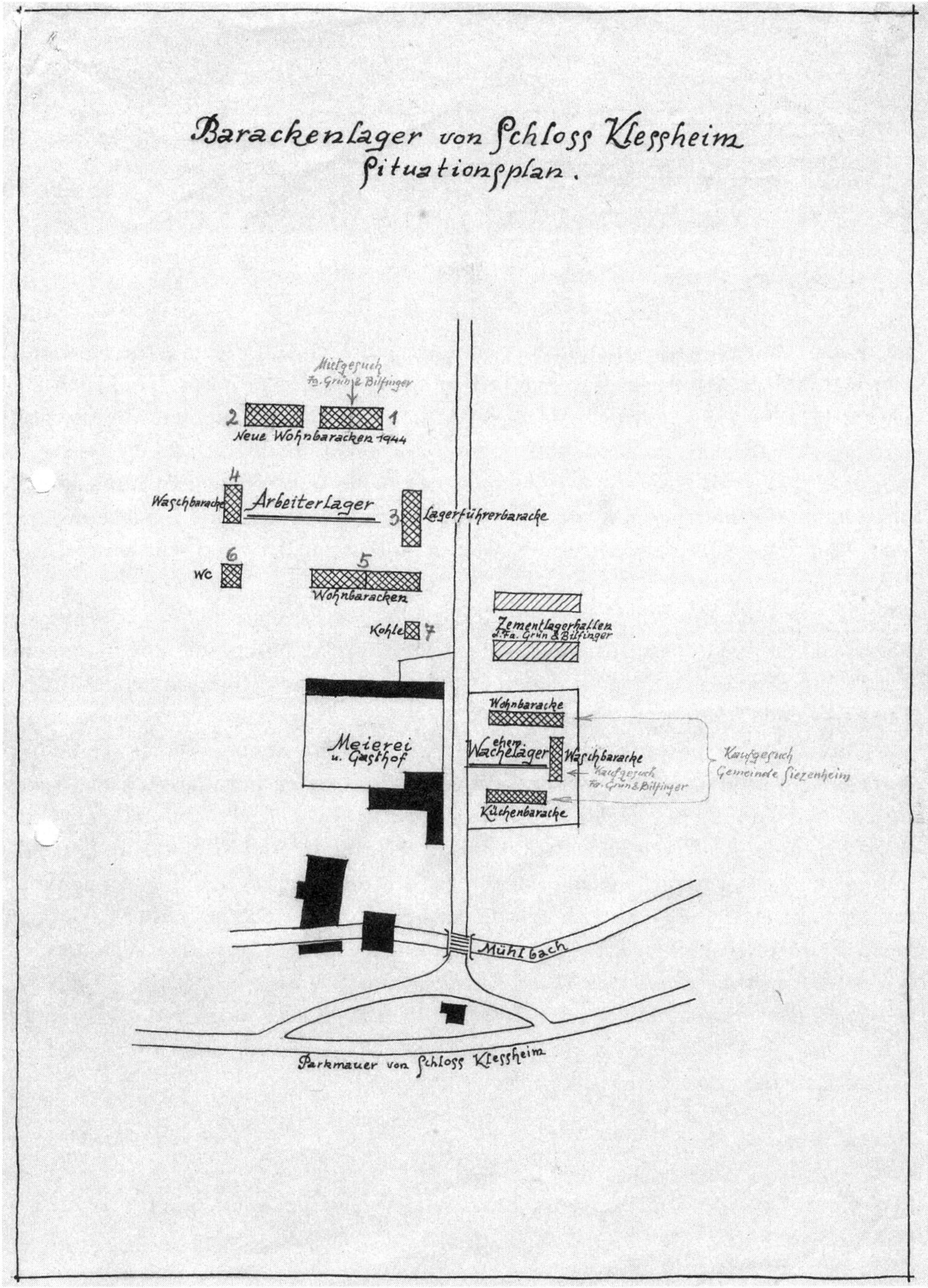

Abb. 16: Barackenlager von Schloss Kleßheim (SLA, RSTH Kleßheim 117)

Abb. 17: Lager Puch (Foto: Gemeindeamt Puch[163])

Die als nicht kriegswichtig eingestufte Halleiner Tabakfabrik wurde aus diesem Grund stillgelegt und auf deren Gelände eine Produktionsstätte der in Stuttgart beheimateten »Eugen-Grill-Werke« errichtet. Ab 1940 war dieser Betrieb als Zulieferer für die deutsche Luftwaffe die einzige direkte Rüstungsproduktionsstätte des Deutschen Reiches im »*Reichsgau Salzburg*«. Um ihre betriebseigenen Arbeiter unterbringen zu können, übernahmen die »Grillwerke« das von der »*Reichsautobahn*« bestehende Barackenlager in Puch. Von den zwölf gemauerten und sieben hölzernen Baracken wurden zwölf als Wohnbaracken verwendet.[164]

Im »Lager Puch« waren phasenweise mehr als 1.000 Zwangsarbeiter aus Polen, der UdSSR, Italien, Griechenland und der Tschechoslowakei untergebracht, zudem eine Vielzahl französischer Kriegsgefangener. Sie kamen fast ausschließlich in den erwähnten »Eugen-Grill-Werken« zum Einsatz.

Zu den Anlagen gehörte ein umfangreiches Stollensystem oberhalb von Hallein.[165] Die insgesamt rund 6.000 Quadratmeter umfassenden Stollen wurden von der »*Organisation Todt*« in Auftrag gegeben. Das »*Ministerium für Reichsluftfahrt*« wollte seine Fertigungsanlagen in den Raum Hallein unter Tage verlegen.[166] Im November 1944 fiel die Entscheidung zur Verlagerung eines derartigen Rüstungswerkes in diesen Stollenkomplex. Das »Bauvorhaben Kiesel II« wurde der Firma »Mayereder, Kraus & Co.« übertragen. Die Dimension des Projektes bedurfte einer enormen Anzahl an Arbeitern. So hieß es: »*Bei dem augenblicklichen Bauvorhaben sind 380 Arbeitskräfte eingesetzt. Es fehlen bei den jetzigen Bauvorhaben mindestens 50 Arbeitskräfte, wobei der Zuzug der Firma ›Deuring & Ritzert‹ mit 100 Mann schon einberechnet ist. Für das Bauvorhaben Kiesel II sind sofort 400 Mann und 20 Tage später weitere 400 Mann erforderlich.*«[166]

---

163 SLA, Landesamt für Umsiedlung, 3026/45.

164 An dieser Stelle sei der Gemeinde Puch für die zur Verfügung gestellten Abbildungen gedankt.

165 SN, 23. Jänner 1992, S. 19.

166 SN, 6. Mai 1993, S. 23.

167 Saline, 1945, T–7–20, Grill. Aus: Sensenig, Ein vielfach unentbehrliches Betriebsmittel (wie Anm. 136), S. 214.

Die Mehrheit der Arbeiter waren ausländischer Herkunft, vermutlich eine große Zahl russischer Kriegsgefangener und *»Zivilarbeiter«* bzw. ehemalige Kriegsgefangene, die in ein ziviles Arbeitsverhältnis überstellt worden waren.

Die Arbeitsbedingungen bei den »Eugen Grill Werken« galten von Beginn an als besonders hart und sind mit den Verhältnissen in den unterirdischen Produktionsstätten im Zusammenhang mit dem Außenlager des KZ Mauthausen in Ebensee (Lager *»Zement«*) durchaus zu vergleichen.[168] Die während der NS-Zeit für den Betrieb in Hallein Verantwortlichen galten als äußerst brutal. Mit Drohungen bei den Appellen wurde nicht gespart. Oft blieb es nicht nur bei Drohungen. Wer trotz dieser brutalen Mittel nicht in der Lage war, die geforderte Arbeitsleistung zu erbringen, wurde, wie das folgende Beispiel zeigt, in ein Konzentrationslager eingeliefert. *»Dem Arbeiter Koblia schlug er die Zähne ein und trat ihn mit Füssen. Den Polen Palaschinski hat er geohrfeigt und noch andere. Ein Ausländer kam in ein Straflager.«*[169]

Durch die große Zahl an Ausländern, in der damaligen Diktion als *»fremdvölkische Menschen«* bezeichnet, häuften sich die Beschwerden der Halleiner Bevölkerung. Der Wunsch nach besserer Bewachung wurde laut, denn man befürchtete eine »erhebliche Gefahr« für die Einheimischen:[170]

»[Es] befinden sich im Bezirk Hallein und in der weiteren Umgebung Polen, Serben und Russengefangenenlager, die in Verbindung mit den hier eingesetzten ausländischen Industrie- und Landarbeitern eine ständige Überlastung der kleinen Schutzpolizei in Hallein mit sich bringen, sodaß für die Zukunft für einen ordnungsmässigen Polizeivollzugsdienst wegen dauernder Überanstrengung der Kräfte eine erhebliche Gefahr für die Bevölkerung besteht.

Hallein welches sich aufstrebend entwickelt, besitzt zur Zeit eine einheimische Bevölkerung von mehr als 12000 Einwohnern; nicht gezählt sind hierbei die Angehörigen der hier liegenden Truppenverbände des Umsiedlungslagers, der Gefangenenlager, sowie die frei herumlaufenden ausländischen Arbeiter, die zusammengezählt nochmals einige Tausende Personen ergeben.« Dieses Ansuchen um verstärkte Überwachung wurde allerdings abgelehnt. Die dahin gehende Begründung des zuständigen Landrates vom 18. Mai 1943 lautete ablehnend:[171] *»Das in dem Entwurf erwähnte Umsiedlungslager ist geräumt und wird nicht wieder belegt. Die an seine Stelle getretene Waffen-SS bedarf keiner polizeilichen Überwachung. Auch die Gefangenenzahlen und die der ausländischen Arbeiter betragen insgesamt nicht mehrere 1000 Personen, sondern im Stadtbereich höchstens 500.«*

So wie im zitierten Beispiel aus Hallein gab es immer häufig widersprüchliche Zahlenangaben. Die hier vom Landrat erwähnte Waffen-*SS* hatte schon seit einiger Zeit eine

168 Sensenig, Ein vielfach unentbehrliches Betriebsmittel (wie Anm. 136), S. 214/215; zur Geschichte des KZ-Außenlagers Ebensee, vgl.: Florian Freund, KZ Ebensee. Ein Außenlager des KZ Mauthausen. Wien 1990.

169 SLA, BH Hallein, H2 Sep, Grill Werk, 19. Juli 1945.

170 SLA, BH Hallein 1938–1945, Gemeindeangelegenheiten der Gemeinden Hallein und Krispl.

171 Ebd.

Garnison in Hallein, die sich um die Sicherheitsverhältnisse im Stadtgebiet kümmerte. Die Gefahr, so der Landrat, »*daß ausländische Arbeiter und Kriegsgefangene zu stark in den Vordergrund treten oder gar gefährlich werden könnten, ist damit ohne weiteres beseitigt*«.[172] Die Debatte war damit beendet.

Pongau

Im Pongau war der Bergbau und die Metall verarbeitende Industrie jener Wirtschaftszweig, der auf Grund seiner kriegswirtschaftlichen Relevanz bevorzugt ausländische Arbeitskräfte zugeteilt erhielt. So datiert auch der bislang letzte Versuch, den Goldbergbau in Bad Gastein-Böckstein zu reaktivieren, in die Jahre des Zweiten Weltkrieges. Der Kupferbergbau in Mühlbach am Hochkönig wurde ebenfalls ausgeweitet. Die Arthurwerke in Mitterberghütten und die Eisenwerke in Sulzau-Werfen erfuhren durch Aufträge für die Rüstungsindustrie ebenfalls einen wirtschaftlichen Aufschwung.

Insgesamt arbeiteten am 2. März 1940 im Landrat Pongau bereits 156 »*Zivilarbeiter und Zivilarbeiterinnen*«, die in Barackenlagern in Böckstein-Naßfeld, Mühlbach am Hochkönig und in St. Johann unterbracht waren. Allerdings wurden zu diesem Zeitpunkt bereits weitere 250 »*Ostarbeiter*« erwartet, die sowohl in Industrie und Gewerbe als auch in der Landwirtschaft eingesetzt werden sollten.[173]

Ein Jahr später, 1941, war die Zahl der ausländischen Arbeitskräfte tatsächlich im erwarteten Umfang angestiegen. Nach einer Mitteilung des Arbeitsamtes Salzburg befanden sich im Landkreis Pongau am 4. März 1941 bereits 390 »*fremdvölkische Arbeitskräfte*« in Industrie und Gewerbe, etwa gleich viele wie in der Landwirtschaft.[174] Die Anzahl der ausländischen Arbeiter hatte sich drastisch erhöht. Während bei den meisten Betrieben Polen und Ukrainer eingesetzt wurden, gab es bei der »*Union Baugesellschaft Arthurwerke Mitterberghütten*« noch im Frühling 1940 einen Einsatz so genannter »*Arbeitsjuden*«. So wurden jene Juden genannt, die zwar im zwangsweisen Arbeitseinsatz standen, aber noch nicht in ein Konzentrationslager deportiert worden waren. Diese 19 »*Arbeitsjuden*« wurden eigens aus Wien zum Arbeitseinsatz nach Mitterberghütten gebracht und am 15. April 1940 zur Arbeit eingeteilt. Sie gehörten den verschiedensten Berufen an, hatten jedoch meist »*Intelligenzberufe*«, wie es das Arbeitsamt bezeichnete. Bei den Arthurwerken wurden sie als Hilfsarbeiter eingesetzt. Die Baugesellschaft musste die »*Arbeitsjuden*« gesondert von den übrigen Arbeitern, aber in derselben Baracke unterbringen. Vom Posten Mitterberghütten wurde im Auftrag des Landrates angeordnet, die Juden so lange wie die Polen zu behandeln, bis neue Anweisungen kämen.[175]

---

172 SLA, BH Hallein 1938–1945, Gemeindeangelegenheiten der Gemeinden Hallein und Krispl.

173 SLA, Landrat Pongau, 1940, 3400a/30.

174 Ebd., 1941, 3400a/48.

175 Ebd., 1940, 3400b/53.

Die 19 Männer waren alle nur für längstens vier Wochen angestellt und wurden am 22. Mai 1940 bei der Krankenkasse abgemeldet.[176] Nach Angaben des »Dokumentationsarchiv des österreichischen Widerstandes« wurden 10 dieser Männer im Herbst 1941 oder 1942 von Wien aus in Konzentrations- und Vernichtungslager im Osten, unter anderen nach Terez´n (Theresienstadt), Sobibór, Riga und Łódź (Litzmannstadt), deportiert, wo sie kurze Zeit später den Tod fanden.[177] Über das Schicksal der anderen neun Männer konnte nichts mehr in Erfahrung gebracht werden, allerdings scheinen ihre Namen nach 1942 nicht mehr auf. Unmittelbar nach dem Abtransport dieser »*Arbeitsjuden*« von der Baustelle Arthurwerke mussten tschechische »*Zivilarbeiter*« die Arbeiten übernehmen, deren Einsatz ebenfalls vier Wochen dauerte.[178]

Neben Juden und »*Zivilarbeitern*« waren zahlreiche Kriegsgefangene in Industrie- und Gewerbebetrieben im Einsatz.[179] Bei russischen »*Zivilarbeitern*« handelte es sich in der Mehrheit um ehemalige russische Kriegsgefangene, die von den Nationalsozialisten in den Status »ziviler« Arbeitskräfte überführt worden waren. Für die Bevölkerung gab es aber keinen Unterschied, um welche Art von Zwangsarbeitern es sich handelte, denn jeder Kontakt wurde vom Bewachungskommando energisch unterbunden.[180]

Ein weiterer Nutznießer des Zwangsarbeitersystems war die »*Studiengesellschaft Deutscher Kupferbergbau G. m. b. H.*« in Mühlbach am Hochkönig. Bereits am 15. März 1940 trafen 53 polnische Arbeitskräfte ein.[181] Sämtliche Polen waren über Veranlassung des Arbeitsamtes Wien untersucht und im Obdachlosenheim in Ottakring entlaust und desinfiziert worden. Erst danach wurden sie nach Mühlbach geschickt.[182] Hier wurden sie als Bergbauarbeiter eingesetzt, unabhängig von ihrer beruflichen Qualifikation. Da die Baracken zum Zeitpunkt der Ankunft noch nicht fertig waren, wurden 30 Personen im Gasthaus »Bergsteigerheim« und 23 im »Barbarahaus« untergebracht. Am 21. April wurden sie in die Barackenlager verlegt.[183] Ein Jahr später waren 49 »*fremdvölkische Arbeitskräfte*« in Mühlbach untergebracht.[184]

Die »*Gewerkschaft Radhausberg*« in Böckstein erhielt die ersten Polen am 23. November 1939. In den Anfangsmonaten handelte es sich tatsächlich noch um Bergleute, später wurde auf deren berufliche Qualifikation nicht mehr geachtet. Insgesamt waren 56 Polen Ende 1939 eingestellt. In den folgenden Monaten kamen immer wieder zwischen 15 und 30 »*neue Zivilgefangene*« hinzu. Im August waren es zehn Tschechen, die als Gru-

176 SGKK, Mitgliederverzeichnis Union Baugesellschaft, Baustelle Arthurwerk, 1940.
177 DÖW, Datenbank der österreichischen Holocaustopfer, http://www.doew.at.
178 SGKK, Mitgliederverzeichnis Union Baugesellschaft, Baustelle Arthurwerk, 1940.
179 Vgl. dazu Abschnitt III.4.d: Ehemalige Kriegsgefangene als »zivile« Zwangsarbeiter.
180 SLA, Landrat Pongau, 1942, 2/26.
181 Ebd., 1940, 3400a/22.
182 Ebd., 1940, 3400/27.
183 Ebd., 1940, 3400b/55.
184 Ebd., 1941, 3400a/48.

benarbeiter eingestellt wurden,[185] im September 1940 waren es z. B. 30 polnische Arbeiter aus der Gegend von Rudno, Kreis Kraków (Krakau). Keiner der Polen war der deutschen Sprache mächtig und die Mehrheit war verheiratet und hinterließ Kinder im »*Generalgouvernement Polen*«.[186] Für diese Polen wurde ein eigenes Lager eingerichtet. Zusätzlich arbeiteten 20 Slowaken, vier Ungarn und ein Jugoslawe für die »*Gewerkschaft Radhausberg*«.[187] Waren nicht mehr genügend Polen oder Ukrainer vorhanden, sandte die Nebenstelle des Arbeitsamtes Salzburg in Badgastein »*SU-Zivilarbeiter*« für die »Betriebsstelle Naßfeld« nach Böckstein. Dabei handelte es sich um russische »*Zivilarbeiter*« oder Kriegsgefangene. Im März 1941 waren in Böckstein insgesamt 90 »Fremdvölkische« untergebracht.[188]

Die »Eisenwerke Sulzau-Werfen«, auch unter »Konkordiahütte« bekannt, gehörten zu jenen Betrieben, die stark auf ausländische Arbeiter zurückgriffen. Mit Fortschreiten des Krieges kamen immer mehr Arbeiter von Kaprun nach Werfen, denn die Eisen verarbeitende Industrie im Dienste der Rüstungsanstrengungen hatte Vorrang und wurde als kriegswichtig angesehen. 184 Ausländer verschiedener Nationalitäten befanden sich 1944 im Lager Werfen-Sulzau.[189]

Nicht nur die Mittelbetriebe, sondern auch kleinere Betriebe profitierten vom System der Zwangsarbeit. Manche Bauunternehmen, wie eines in Radstadt, hatte fünf Arbeiter, andere wiederum 20, die z. B. für Baustellen wie die »*Siedlung Neue Heimat*« in Bischofshofen zum Einsatz kamen. Hier wurden Wohnungen für Südtiroler errichtet, die vom faschistischen Italien aus ihrer Heimat vertrieben und nördlich der Alpen, im Deutschen Reich, angesiedelt worden waren. Die Firma »Adolf Simanke« hatte zum gleichen Zeitpunkt 34 »*fremdvölkische Arbeitskräfte*« eingesetzt.[190] Zwischen 1941 und 1945 waren es insgesamt 253 Ausländer.

Wie oben exemplarisch dargestellt, gab es in Salzburg viele Firmen, die auf Zwangsarbeiter zurückgriffen. Ohne deren Arbeitskraft hätten zahlreiche Firmen ihren Arbeitsaufträgen nicht nachkommen können. Ein weiteres Beispiel aus einem anderen Produktionsbereich ist die Firma »Raubal-Vianova«. Hier handelte es sich um den Betreiber einer Kiesgrube, der das ebenfalls im Gemeindegebiet Werfen gelegene Arbeitslager »Stegenwald« für polnische Arbeiter errichten ließ.[191]

185 SLA, Landrat Pongau, 1940, 17. August 1940.
186 Ebd., 1940, 3400/63.
187 Ebd., 1940, 3400/63.
188 Ebd., 1941, 3400a/48.
189 Ebd., 1943, Sonderfaszikel 1940–1945.
190 Ebd., 1941, 3400a/48.
191 Ebd., 1941.

Graphik 15: Zwangsarbeiter bei der Firma »Simanke-Holzbauwerke« 1941–1945 (SGKK, Mitgliederverzeichnis 1941–1945)

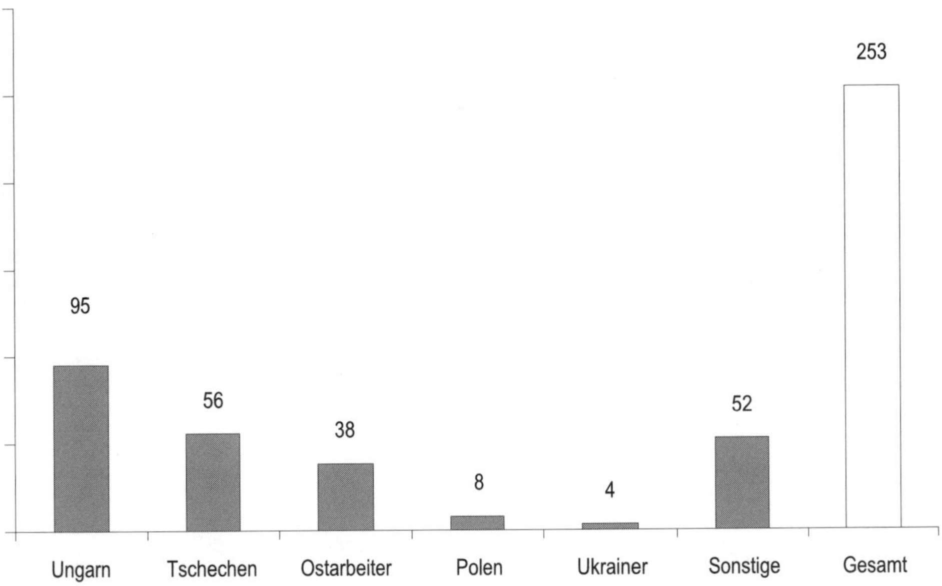

Wenn kein direkter Nutzen durch den Einsatz von Zwangsarbeitern gezogen werden konnte, wie es bei der Firma »Simanke« oder »Raubal-Vianova« der Fall war, profitierten einige indirekt. Ein Beispiel dafür sind einige Sägewerke, die gute Geschäfte mit der Herstellung von Baracken bzw. einzelnen Komponenten dafür machen konnten. Dies ging so weit, dass sich einige Sägewerksbesitzer um Aufträge im Zusammenhang mit der Errichtung von Lagern bewarben, noch bevor eine endgültige Entscheidung über deren Realisierung oder den genauen Standort gefällt worden war.[192] Einzelne größere Firmen wickelten nicht nur im »*Reichsgau Salzburg*« derartige Aufträge ab, sondern waren in diesem zweifellos lukrativen Geschäftsfeld in der gesamten damaligen »*Ostmark*« aktiv.

Pinzgau

Obwohl auch der Pinzgau von seiner ökonomischen Struktur her neben der Landwirtschaft vor allem von Klein- und Mittelbetrieben dominiert wurde, unterschied sich diese Region bezüglich des Einsatzgebietes der zwangsweise nach Salzburg gebrachten aus-

192 SLA, Landrat Pongau, 1942, 200b/23.

ländischen Arbeitskräfte wesentlich, da hier neben dem gewerblichen Sektor zwei Großbaustellen, nämlich jene der Kraftwerke Kaprun und im Stubachtal, bestanden. Die Mehrheit der »*Zivilarbeiter*« war jedoch auch im Pinzgau im Handwerk und im Gewerbe beschäftigt. Am 3. März 1941 waren von den 1.522 »*fremdvölkischen Arbeitskräften*« 1.093 in Industrie und Gewerbe eingesetzt und 429 in der Landwirtschaft. Nur wenige Wochen später – am 21. März 1941 – hatte sich die Zahl schon wieder nach oben verschoben. 2.009 »*fremdvölkische Arbeitskräfte*« arbeiteten im »*Landkreis Zell am See*«, davon 1.600 in gewerblichen Betrieben.[193]

Tabelle 14: Erfassung der »*fremdvölkischen Arbeitskräfte*« im »Landkreis Zell am See« 1942/43 (SLA, BH Zell am See, HB-Akten 1943, 456-1-1943)

Firma	Ort	Anzahl
»Universale Hoch- und Tiefbau«	St. Martin bei Lofer	39
Firma F. Menis-W. Auer	Lofer	110
Reichsbahn	Uttendorf	156
Alpen-Elektro-Werke	Kaprun	480
Bauleitung		14
Arge Tauernsperre		91
Union Baugesellschaft		165
Firma Bacher		113
Firma Hinteregger und Fischer		97
Salzburger Aluminium GmbH	Lend	61
Firma Riepl	Saalfelden a. StM.	16
Firma Wayss & Freytag	Lend	17
Firma Franz Heinrich	Lend	11
Wildbachverbauung	Dienten a. Hkg.	19
Firma Moll	Piesendorf	107
Firma Vianova	Mittersill	36

Für die beiden größten Baustellen im »*Reichsgau Salzburg*«, die Kraftwerksbauten in Kaprun und im Stubachtal[194], wurde massiv auf die Arbeitskraft von »*zivilen Ausländern*« zurückgegriffen. Wie im Stubachtal sah es in vielen anderen Gemeinden aus; 29 % der hier Beschäftigten waren keine Inländer.[195] Die für die Unterkunft nötigen Baracken waren häufig auf das ganze Tal verteilt. In manchen Orten gab es zehn und mehr Barackenlager.

193 SLA, BH Zell am See, HB-Akten 1943, 456-1-1943.
194 Vgl. Abschnitt III.3.e, S. 121–131 und Abschnitt III.5.b, S. 212–221.
195 SGKK, Mitgliederverzeichnis Arbeitsgemeinschaft Stubachwerke 1939–1945.

Abb. 18: Heeresversuchsstelle in Mittersill (Foto: Privatbesitz Herbert Fritz)

Abb. 19: Baracken der Heeresversuchsstelle, Naßfeld (Foto: Privatbesitz Herbert Fritz)

Eine außergewöhnliche Einrichtung, für die ebenfalls ausländische Arbeitskräfte benötigt wurden, existierte in der Gemeinde Mittersill. Im Laufe des Jahres 1939 wurde dort eine »*Versuchsstelle für militärische Zwecke*«, die allein dem Kommando des Heeres unterstand, eingerichtet.[196] Letztlich handelte es sich um eine Arbeitsgemeinschaft der Seilbahnfirmen des Reiches. Hier sollten neue Seilbahnsysteme für den Kriegseinsatz, vornehmlich für die Ostfront, entwickelt und erprobt werden. Obwohl es sich um militärische Versuche handelte, kamen Ausländer zum Arbeitseinsatz.[197] Am 10. April 1942 kam ein Transport mit 40 Kriegsgefangenen und »*Zivilarbeitern*« aus der UdSSR nach Mittersill. In der Nähe des Schulhausbaus wurden sie in eingezäunten Baracken untergebracht. Die 40 Ukrainer wurden bei der Heeresversuchsstelle am Übungsplatz für die Eisenbahnpioniere beschäftigt.[198]

196 Marktgemeinde Mittersill (Hrsg.), Mittersill in Geschichte und Gegenwart – redigiert von Michael Forcher. Mittersill 1985, S. 344/345.

197 SLA, BH Zell am See, HB-Akten 1942, 213-15-1942 und 456-1-1943.

198 Ebd., 213-1-42.

Zusätzlich befanden sich am Naßfeld unterhalb des Felber Tauern Baracken der Heeresversuchsstelle. Das Gelände entsprach hier am ehesten den Abschnitten der Ostfront mit hochalpinem Charakter, weshalb man hier eine Versuchsreihe für den Seilbahnbau startete.

Lungau

Das Fehlen von größeren Betrieben, die für die Rüstungsindustrie produzieren konnten, brachte es mit sich, dass ausländische Arbeitskräfte fast ausschließlich in der Landwirtschaft und in kleinen Handwerks- und Gewerbebetrieben zum Einsatz kamen. Dieser Umstand sowie das fast völlige Fehlen einschlägiger Archivalien machen es heute weitgehend unmöglich, detaillierte Angaben über den Einsatz von Zwangsarbeitern in dieser Region zu machen. Lediglich die Anfragen ehemaliger NS-Zwangsarbeiter an das Salzburger Landesarchiv um eine Bestätigung ihrer Arbeit bzw. ihres Aufenthalts enthalten nähere Angaben über ihre Lebens- und Arbeitsbedingungen, die sich jedoch nicht wesentlich von jenen in den anderen Gebirgsgauen des heutigen Bundeslandes Salzburg unterscheiden.

Resümee

In den Jahren des Zweiten Weltkrieges veränderte sich auch in Salzburg die Personalstruktur der hier eingesetzten ausländischen Arbeitskräfte. Bis 1942/43 waren hauptsächlich »*Zivilarbeiter*« beschäftigt, die Anzahl der Kriegsgefangenen war vorerst noch vergleichsweise gering. Ab 1942/43 nahm die Zahl der zivilen Arbeitskräfte im gesamten Reichsgau ab, denn die Zahl der Kriegsgefangenen erhöhte sich stetig. Vor allem nach Beginn des Angriffs auf die Sowjetunion im Sommer 1941 kamen verstärkt russische Kriegsgefangene in den »*Reichsgau Salzburg*«. Viele Unternehmen in Industrie und Gewerbe erhielten nun ausländische Arbeitskräfte im gewünschten Umfang und konnten so den kriegsbedingten Mangel an einheimischen Beschäftigten ausgleichen. Auch in den beiden letzten Kriegsjahren, als auf Grund der sich geänderten militärischen Lage der Zuschub von neuen Kriegsgefangenen immer mehr zurückging, blieb diese Personengruppe für die Aufrechterhaltung der Produktion unentbehrlich. Zwischen 1943 und 1945 gab es für Salzburgs Industrie- und Gewerbebetriebe kaum noch Zuweisungen von zivilen Zwangsarbeitern, sondern beinahe ausschließlich von Kriegsgefangenen in großer Zahl. In vielen Firmen waren in den letzten beiden Kriegsjahren über 50 % der ausländischen Arbeitskräfte Kriegsgefangene. Sie wurden räumlich von den »*Zivilarbeitern*« getrennt und durften untereinander keinen Kontakt pflegen, schon gar nicht, wenn es sich um die gleiche Nationalität handelte. Während die »*ausländischen Zivilarbeiter*« in beschränktem Umfang Ausgang erhielten und ihre Unterkunftsbaracken nicht umzäunt waren, waren die Unterkünfte von Kriegsgefangenen mit Stacheldraht abgesichert, um keine Fluchtmöglichkeiten zu bieten. Anders als die Bewachung der Kriegsgefangenen lag die Schaffung der für die Unterbringung nötigen baulichen Voraussetzungen in der Verantwortung der jeweiligen Firmenleitung, die auch die hiefür nötigen Kosten aufzubringen hatte.

c) Stadt Salzburg

Salzburg zählte nicht zuletzt auf Grund seiner geographischen Lage in unmittelbarer Nachbarschaft zu Deutschland und wegen seiner langen deutschnationalen Tradition zu jenen Städten in der nachmaligen »*Ostmark*«, die eine besondere Affinität zum Nationalsozialismus aufwiesen. Am 5. April 1938 traf Adolf Hitler persönlich in der späteren »*Gauhauptstadt*« ein und wurde von der Bevölkerung umjubelt und »*stürmisch begrüßt*«.[199] Die wenige Tage später, am 10. April 1938, abgehaltene »Volksabstimmung« brachte im Land Salzburg mit 99,71 % Ja-Stimmen ein klares Votum für den »*Anschluß*« Österreichs an das Deutsche Reich.[200] Auch in der Stadt Salzburg war das Ergebnis eindeutig, auch wenn hier die Zustimmung mit 99,57 % minimal geringer ausfiel als im Landesdurchschnitt.[201]

Auch in der Stadt Salzburg brachten die wirtschaftspolitischen Maßnahmen der neuen Machthaber zusätzliche Aufträge für die hiesigen Betriebe. Viele neue Projekte wurden in Angriff genommen oder zumindest dahin gehende Planungen und Vorstudien erstellt – aus der subjektiven Sicht der damaligen Bevölkerung setzte ein ökonomischer Aufschwung ein. Auch im städtischen Bereich erfolgte der Realisierung einzelner Bauvorhaben nach der jeweiligen Priorität, welche ihnen von den Nationalsozialisten zugeschrieben wurde. Der Ausbau der Energieversorgung durch die Errichtung von Wasserkraftwerken zählte dabei zu den vorrangigsten Aufgaben. Für jene der »*Gauhauptstadt*« wurde mit dem Bau mehrerer Kraftwerke begonnen, wie das Saalach-Kraftwerk in Liefering oder die Staustufe an der Salzach bei Laufen.[202] Eine Folge dieser Baumaßnahmen war ein drastischer Rückgang der Arbeitslosigkeit. Bereits nach Kriegsausbruch im September 1939 zeichnete sich vor allem in der Bauwirtschaft ein massiver Arbeitskräftemangel ab, der nur durch den Einsatz ausländischer Zwangsarbeiter und Kriegsgefangener ausgeglichen werden konnte.

Die größte Baustelle in der Stadt Salzburg war jene zur Errichtung einer neuen Staatsbrücke, für die noch 1939 vom Architekten Berndt erste Pläne entworfen wurden. Ein Streit um die Finanzierung verzögerte allerdings den Baubeginn bis zum 22. April 1940.

199 Landesgendarmeriekommando Salzburg, Chronik Salzburg Stadt 5. April 1938.
200 Hanisch, Nationalsozialistische Herrschaft (wie Anm. 96), S. 68.
201 Heinz Dopsch / Robert Hoffmann, Geschichte der Stadt Salzburg. Salzburg 1996, S. 552.
202 SLA, RSTH V/3 115/1944.

Abb. 20: Vorderansicht einer Postkarte aus dem Jahr 1938 aus Salzburg (Foto: Privatbesitz Slupetzky)

Zuvor musste eine hölzerne Notbrücke errichtet werden, welche die bestehende Brücke, mit deren Abriss am 6. Februar 1941 begonnen wurde, während der Bauphase ersetzen sollte.[203] Bereits für den Bau dieses Provisoriums wurden ausländische Arbeiter beschäftigt, vornehmlich Ungarn, Tschechen und Slowaken, die vorerst noch freiwillig nach Salzburg kamen. Die ungarischen und slowakischen Arbeiter wurden über zwischenstaatliche Abkommen vermittelt. Die Arbeitskräfte aus dem »*Protektorat Böhmen und Mähren*« waren bezüglich Verpflegung und Unterbringung weitgehend den deutschen Arbeitern gleichgestellt.[204] Rechtlich galten sie jedoch, da sie keine deutschen Reichsbürger waren, als Ausländer.[205] Zur Unterbringung der Arbeiter beim Staatsbrückenbau wurde 1940 im Volksgarten ein großes Lager errichtet, das im Verlauf des Krieges jedoch zunehmend mit Kriegsgefangenen und nicht mehr mit »*ausländischen Zivilarbeitern*« belegt wurde. Das Lagerareal umfasste eine Fläche von über 4.500 m^2,[206] auf dem im Jahre

203 SLA, RSTH V/b 136–140.

204 Sabine Fuchs, Gerne vergessen? Der Neubau der Staatsbrücke durch Zwangsarbeiter und Kriegsgefangene 1940–1945. In: Helga Embacher / Ernst Fürlinger / Josef P. Mautner (Hrsg.), Salzburg: Blicke. Salzburg 1999, S. 110–113.

205 Hermann Rafetseder, »Ausländereinsatz« zur Zeit des NS-Regimes. In: Fritz Mayrhofer / Walter Schuster (Hrsg.), Nationalsozialismus in Linz, Bd. 2. Linz 2001, S. 1107–1269, S. 1117.

206 SLA, Landesamt für Umsiedlung, Volksgarten.

1942 in sechs Baracken 280 Menschen untergebracht waren.[207] Nicht nur bei der Errichtung der Staatsbrücke, sondern auch bei anderen Bauvorhaben und in städtischen Wirtschaftsbetrieben kamen ausländische Arbeitskräfte, hier vor allem Italiener, zum Einsatz. Dennoch führten die verstärkten Einberufungen mit zunehmender Dauer des Krieges zu einem Arbeitskräftemangel, sodass in immer stärkerem Maße auf Zwangsarbeiter zurückgegriffen werden musste. Nach dem Sturz Mussolinis und dem Ausscheiden Italiens aus dem Krieg im Sommer 1943 änderte sich auch für den Bereich »*Gauhauptstadt*« der rechtliche Status der italienischen Arbeiter, die nun alle ihre Vorrechte verloren und in vielen Belangen sogar schlechter gestellt wurden als Zwangsarbeiter aus anderen westeuropäischen Ländern.

Die Stadt Salzburg setzte nicht nur Zwangsarbeiter ein, überdies war sie auch Drehscheibe für die Weitervermittlung von Arbeitskräften in die Landgemeinden. Zu diesem Zweck wurden so genannte Durchgangs- und Auffanglager errichtet. 1943 wurde das größte derartige Durchgangslager im Stadtgebiet an der Ecke Erzherzog-Eugen-Straße/Mayburger-Kai direkt neben einem bereits bestehenden großen Lager der »*Deutschen Arbeitsfront*« (»*DAF*«) errichtet.[208] Einen überaus interessanten Einblick in das über das Land Salzburg hinausgehende System von Lagern und deren Funktion bietet die nachfolgende Begründung für die Dringlichkeit dieses Bauvorhabens:[209]

»Die im Reichsgau Salzburg zum Einsatz kommenden Ostarbeiter werden zunächst in das Durchschleusungslager Wörgl überführt, dort untersucht und entlaust und alsdann nach Salzburg überstellt. In Salzburg müssen diese Arbeitskräfte untersucht, nachentlaust, polizeilich erfaßt sowie die photographischen als auch daktyloskopischen Aufnahmen gemacht werden. Alsdann werden die Arbeitskräfte durch das Arbeitsamt zum Einsatz gebracht. Fernerhin soll das Lager zur vorübergehenden Unterbringung von kranken Ostarbeitern dienen, die hier gesammelt und alsdann in ihre Heimat zurücktransportiert werden. Zum Schluß soll das Lager auch kleineren Transporten anderer ausländischer Arbeitskräfte, hauptsächlich Westarbeiter zur vorübergehenden Unterbringung dienen.«

Schließlich erfolgte der Auftrag zur Aufstellung von vier Unterkunftsbaracken, mit dessen Ausführung die Firma »Heuberger« in Salzburg betraut wurde.

Die Baracken waren für die Unterbringung von insgesamt 378 Personen ausgelegt. Für diese große Anzahl an Menschen standen jedoch nur ein Minimum an sanitären Einrichtungen zur Verfügung – ein einziges WC und zwei Waschkessel (vgl.: Abb. 21).

Innerhalb des Durchgangslagers mussten von den Zwangsarbeitern keine Arbeiten verrichtet werden, zumal diese meistens nur wenige Tage hier waren und bald an ihre eigentlichen Arbeitsstellen weitergeleitet wurden. Bis zu drei Mal im Monat kam ein

---

207 SLA, RSTH V/1 191. Siehe auch Abschnitt III.4.b, S. 147–169.
208 SLA, RSTH V/2 123/1944.
209 SLA, RSTH V/2 140/1944.

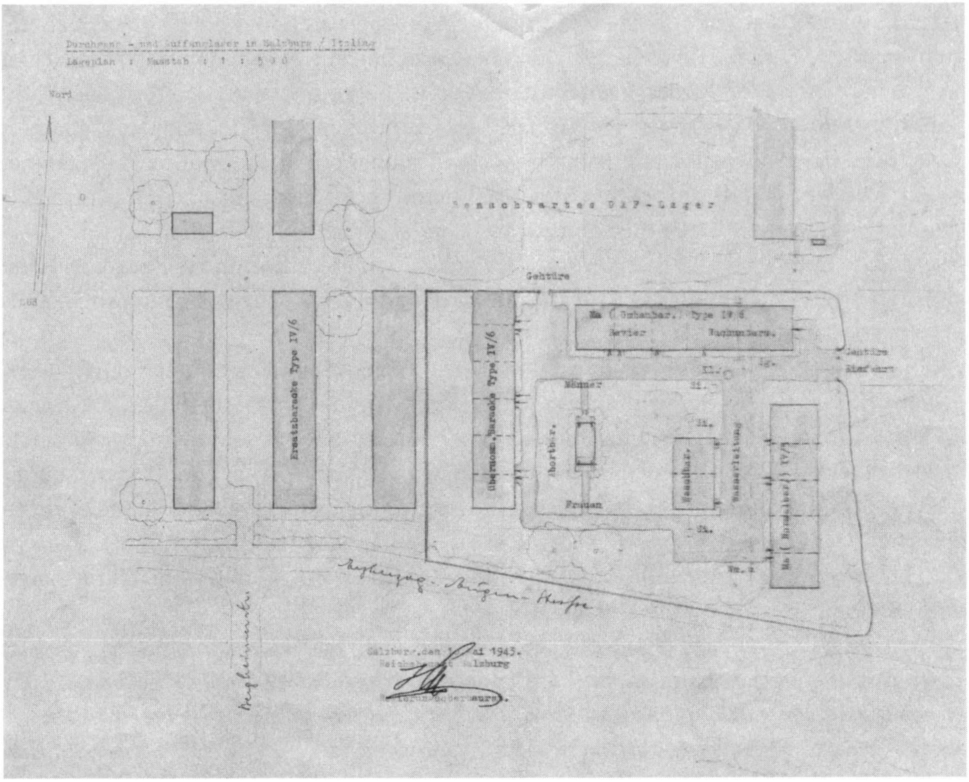

Abb. 21: Plan des Durchgangs- und Auffanglagers in der Erzherzog-Eugen-Straße (SLA, RSTH V/2 140/1944)

Transport mit neuen Arbeitern, die dann auf dem schnellsten Weg durchgeschleust und für kriegswichtige Arbeit eingesetzt wurden.[210]

Die Stadt Salzburg gehörte zu den Hauptarbeitgebern für »*ausländische Zivilarbeiter*« und Kriegsgefangene. In den ersten Kriegsjahren wurden auch jüdische Mitbürger zu Arbeiten eingesetzt, wie etwa am 21. Dezember 1939, als man sie zwangsweise zur Stadtreinigung heranzog. Besonders Juden aus »*Mischehen*« mussten diese Art von Zwangsarbeit verrichten. Auf Grund der fortgesetzten Deportationen waren es zu Jahresanfang 1943 allerdings »nur noch« sieben Juden, die laut *SS*-Statistik zur Arbeitsleistung gezwungen wurden.[211] Die Stadt Salzburg beschäftigte darüber hinaus auch Griechen, Ita-

210 SLA, RSTH V/2 140/1944.

211 Wolf Gruner, Zwangsarbeit und Verfolgung. Österreichische Juden im NS-Staat 1938–1945. Innsbruck 2000, S. 272.

liener, Ungarn, Polen, Jugoslawen, Slowenen u. a. Sie mussten Straßen reinigen, waren für die Gartenanlagen der Stadt zuständig oder als Kraftfahrer und Hilfsarbeiter eingesetzt. Wie auch in anderen Bereichen üblich, wurden Arbeiter aus westeuropäischen Ländern bevorzugt, während *»Ostarbeiter«* vornehmlich zu Hilfstätigkeiten herangezogen wurden. 1942/43 waren sogar mehrere Bulgaren als Totengräber bei der Stadt Salzburg beschäftigt.[212]

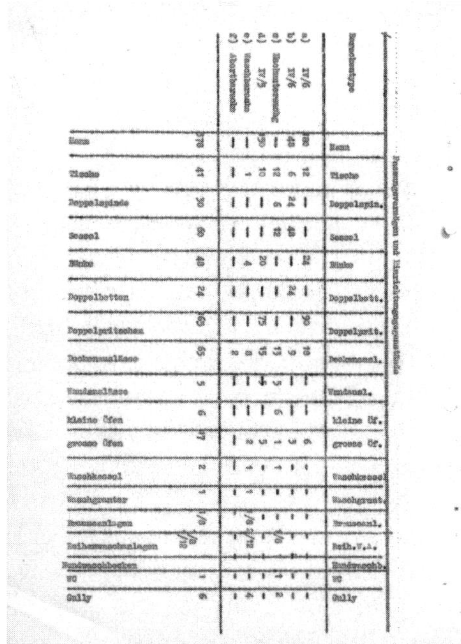

Abb. 22: Fassungsvermögen und Einrichtungsgegenstände des Durchgangs- und Auffanglagers in der Erzherzog-Eugen-Straße (SLA, RSTH V/2 140/1944)

Zwangsarbeiter mussten grundsätzlich bei den zuständigen Krankenkassen versichert werden. Dies galt jedoch nicht für Kriegsgefangene und KZ-Insassen – ein Umstand, der heute den individuellen Nachweis über in Salzburg geleistete Zwangsarbeit in vielen Fällen erschwert oder gänzlich unmöglich macht. Bei *»ausländischen Zivilarbeitern«*, die versichert waren, wurde ebenfalls eine der damals herrschenden Rassenideologie gemäße Unterscheidung vorgenommen. *»Ostarbeiter«*, mehrheitlich so genannte *»Zivilrussen«*, wurden zumeist gesondert aufgelistet. Eintragungen von Polen wurden mit dem Stempel *»PO«* gekennzeichnet. Bei Auflistungen, die Versicherte aus verschiedenen Ländern enthielten, gab es für jede Nationalität einen entsprechenden Stempel, um eine rasche Zuordnung der Arbeiter zu ermöglichen.

Neben der Stadtgemeinde zählten die städtischen Betriebe, wie Elektrizitäts-, Wasser- und Gaswerke, zu den Arbeitgebern. Sowohl Westeuropäer als auch *»Ostarbeiter«* waren hier eingesetzt. Holländer, Belgier und Franzosen wurden bevorzugt behandelt und bekamen verhältnismäßig angenehme Tätigkeiten zugewiesen. Da bei diesen keine rassenideologischen Bedenken seitens der damals Verantwortlichen bestanden, konnten sie auch als Schaffner und Obusfahrer arbeiten. Arbeitskräfte aus dem mit dem *»Dritten Reich«* verbündeten Ungarn wurden manchmal auch für diesen Arbeitsbereich verwendet. Die *»Ostarbeiter«* hingegen mussten Hilfstätigkeiten ausführen, beispielsweise beschäftigten die Stadtwerke Polen und *»Zivilrussen«* als Wagenreiniger oder Wäscher. Bemerkenswert ist der Umstand, dass einige zu diesem Zeitpunkt bereits ehemalige

212 SGKK, Mitgliederverzeichnis Stadtmagistrat Salzburg, 1939 bis 1945.

Zwangsarbeiter noch bis zu einer Woche nach Kriegsende bei ihrem städtischen Arbeitgeber gemeldet waren.[213]

Grundsätzlich war die Beschäftigungsdauer sehr unterschiedlich. Manche arbeiteten nur wenige Wochen, andere ein halbes Jahr. Die überwiegende Mehrheit der Zwangsarbeiter war jedoch zwischen einem halben und einem Jahr bei der Stadtgemeinde oder städtischen Wirtschaftsbetrieben im Einsatz. Die Verweildauer in Salzburg war in der Regel von überregionalen, kriegswirtschaftlichen Prioritäten auf Reichsebene abhängig und konnte von den lokalen Stellen häufig nicht beeinflusst werden.

Zwischen 1942 und 1945 beschäftigten die Stadtgemeinde, die städtischen Betriebe sowie Privatfirmen, die Projekte der Stadt übernommen hatten, zusammen ca. 400 »*ausländische Zivilarbeiter*« aus 18 verschiedenen Nationen.[214] Die meisten waren nur wenige Monate im Einsatz, bevor sie an eine andere Arbeitsstelle vermittelt wurden. Die durchschnittliche Beschäftigungsdauer betrug rund ein halbes Jahr. Anders jedoch beim Gaswerk, wo die Zwangsarbeiter in der Regel nur etwa knapp zwei Monate beschäftigt waren.[215]

Die folgende Graphik zeigt die in der Stadtgemeinde Salzburg beschäftigten Zwangsarbeiter zwischen 1939 und 1945, wobei die »*Ostarbeiter*«, die in der Regel aus der UdSSR stammten, rund ein Drittel der Gesamtzahl ausmachten.

Die Salzburger Elektrizitätswerke beschäftigten 24 »*Zivilarbeiter*«, die Gaswerke insgesamt 30 und die Wasserwerke 46 Zwangsarbeiter. Wie viele Kriegsgefangene noch zusätzlich zum Arbeitseinsatz kamen, geht auf Grund der nicht erfolgten Krankenversicherung aus den Akten der Gebietskrankenkasse nicht hervor.

In den letzten beiden Kriegsjahren wurde es für die Elektrizitätswerke immer schwieriger, die Energieversorgung der »*Gauhauptstadt*« und deren Umgebung aufrechtzuerhalten, weshalb Anfang September 1944 in dieser Angelegenheit ein Schreiben an »*Reichsleiter*« Martin Bormann erging. Darin wurde erklärt, dass die Energieversorgung des Raumes Salzburg, zu dem auch Berchtesgaden und der Obersalzberg mit dem »*Berghof*« zählte, für den Winter 1944/45 unbedingt gesichert werden müsste. Die Stromerzeugung für den Privatverbrauch hatte zunehmend kriegswirtschaftlichen Interessen zu weichen. Die Verantwortlichen befürchteten, dass bereits der Ausfall eines Kraftwerks zu einem Zusammenbrechen der Versorgung führen könnte. Als Lösung wurde daher der Bau von zusätzlichen Hochspannungsleitungen von Kraftwerken in ländlichen und vor

213 SGKK, Mitgliederverzeichnis für Lohnsummenbetriebe, 1941 bis 1945.

214 SGKK, Mitgliederverzeichnis Stadtmagistrat Salzburg, 1939 bis 1945; an dieser Stelle möchte sich die Verfasserin beim Archiv der Stadt Salzburg für die Überlassung folgender unveröffentlichter, auf schriftlichen Quellen basierenden Erhebung bedanken: Thomas Weidenholzer, Zwangsarbeiter in Salzburg, basierend auf den Erhebungen der »Allgemeinen Ortskrankenkasse Salzburg« (später Salzburger Gebietskrankenkasse), unveröffentl. Manuskript, Salzburg 1994.

215 Eine Person war überhaupt nur vier Tage eingesetzt; vgl.: SGKK, Mitgliederverzeichnis Städtisches Gaswerk.

Graphik 16: Ausländische Arbeiter bei der Stadtgemeinde (SGKK, Mitgliederverzeichnis Stadtmagistrat Salzburg, 1939–1945)

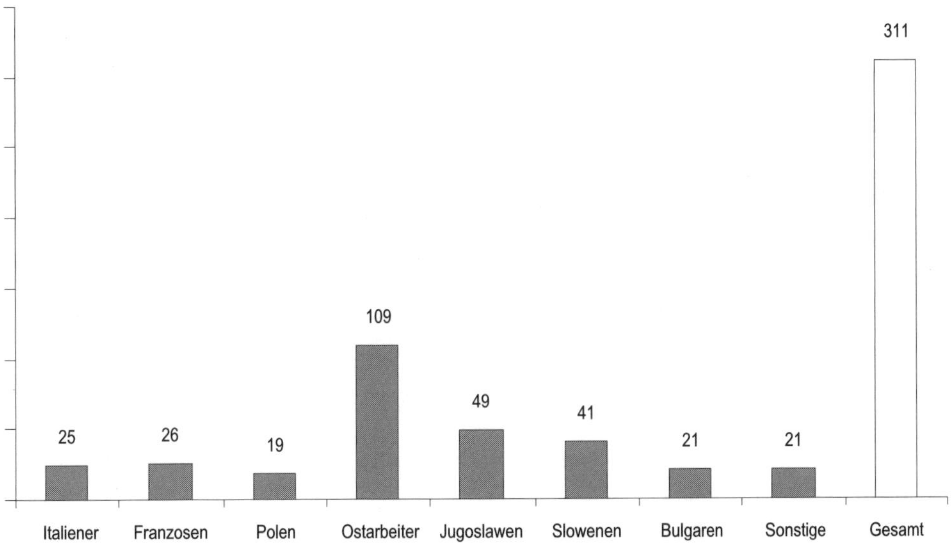

Luftangriffen besser geschützten Gebieten in die Stadt Salzburg in Erwägung gezogen. Die Aufbringung der für diese Baumaßnahem benötigten Arbeiter stieß jedoch im letzten Kriegswinter auf große Schwierigkeiten, dennoch gaben die zuständigen Stellen die Zusicherung, dass *»die Arbeitskräfte der Reichsgau Salzburg irgendwie aufbringen werde«*.[216] Die Bereitstellung von insgesamt 300 Arbeitern sollte der *»Reichsverteidigungskommissar«* sicherstellen.[217] Das Projekt gelangte dennoch vor Kriegsende nicht mehr zur Realisierung.

Bei vielen Bauvorhaben im Stadtgebiet, beispielsweise beim Schlachthofbau in Bergheim, bei der Errichtung des Saalach-Kraftwerkes oder bei Luftschutzbauten kamen Zwangsarbeiter zum Einsatz. Die Stadt Salzburg galt zwar nominell als Bauherr, die Durchführung oblag jedoch privaten Baufirmen. Die Firma »Universale« zum Beispiel, die in der gesamten *»Ostmark«* Bauvorhaben ausführte, trat auch in Salzburg als Arbeitgeber für *»ausländische Zivilarbeiter«* auf. So auch in der Fürbergstraße in Gnigl, wo hauptsächlich *»Zivilrussen«* und *»Ostarbeiter«* zum Einsatz kamen. Allein im Juli und Au-

216 SLA, RSTH V/3 244.
217 Ebd.

gust 1943 waren auf dieser Baustelle 125 »*Zivilrussen*« bei der »*Allgemeinen Ortskrankenkasse Salzburg*« zum Arbeitseinsatz gemeldet.[218]

Ein weiteres Beispiel ist die Firma »Rosenberger & CO«, eine Hoch- und Tiefbaugesellschaft in Salzburg. Diese hatte zwischen 1940 und 1945 über 500 ausländische Arbeiter, davon mehr als zwei Drittel Polen, Ukrainer und »*Zivilrussen*«, im Einsatz.[219]

Graphik 17: Ausländische Arbeiter bei der Firma Rosenberger in der Stadt Salzburg (SGKK, Mitgliederverzeichnis Rosenberger, Weiserstr. 20a, 1940 bis 1945)

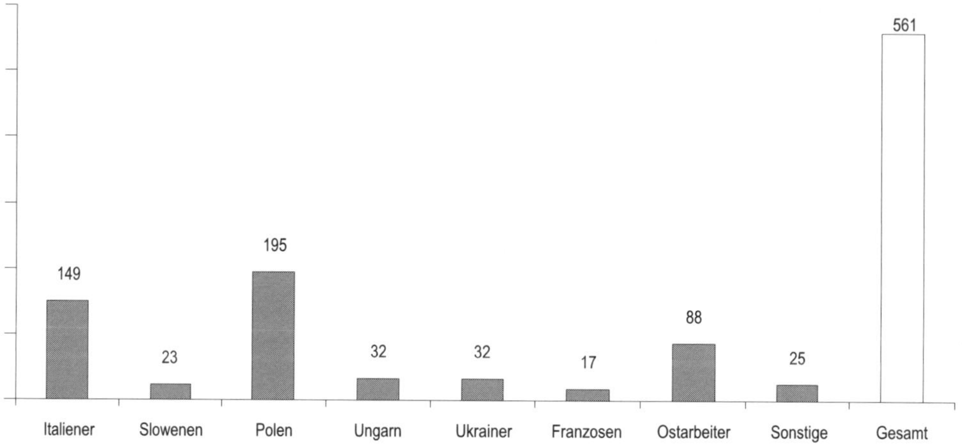

Nicht nur Firmen aus dem Umfeld der Stadt Salzburg setzten Zwangsarbeiter ein, sondern auch aus dem Bereich der öffentlichen Verwaltung, wie z. B. die »*Reichswasserwirtschaftsverwaltung*«. Diese war in Salzburg für die lokale Bauführung der Wildbachverbauung zuständig. Zwischen November 1941 und März 1942 wurden hauptsächlich Kroaten und aus der »*Ostmark*« stammende inländische Arbeitskräfte bei diesen häufig im alpinen Gelände befindlichen Baustellen beschäftigt. Obwohl die Kroaten aus einem mit dem nationalsozialistischen Deutschland verbündeten Staat kamen, wurden sie, unabhängig von ihrer beruflichen Qualifikation, fast ausschließlich als Hilfsarbeiter eingesetzt.[220]

Die Firmen »Mayr-Melnhof«, »Lemasel« und die »Marmorbrüche Kiefer AG« waren im Großraum Salzburg besonders beim Bau der Reichsautobahn engagiert. In diesem Zusammenhang entstand bereits im Jahr 1938 in Glanegg, in der Nähe des »Rosit-

218 SGKK, Mitgliederverzeichnis Universale, Fürbergstraße 23a, 1943.

219 SGKK, Mitgliederverzeichnis Rosenberger, Weiserstraße 20a, 1940 bis 1945.

220 SGKK, Mitgliederverzeichnis Lokalbauführung für Wildbachverbauung, 1941 bis 1945.

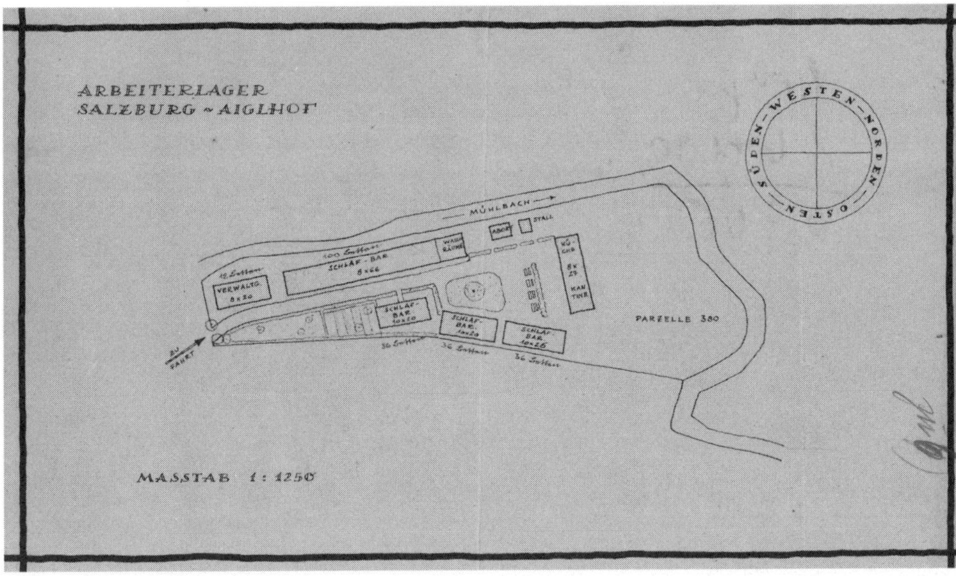

Abb. 23: Arbeiterlager Salzburg-Aiglhof (SLA, Landesamt für Umsiedlung, Maxglan)

tengasthauses«, ein »*RAB-Lager*« für ca. 750 Arbeiter.[221] Erwähnenswert ist, dass die »Kiefer AG« in den Jahren 1939 bis 1945 viele italienische Arbeitskräfte einsetzte.[222]

Der Salzburger Hauptbahnhof und die angrenzenden Stadtteile waren auf Grund ihrer verkehrsmäßig günstigen Lage in besonderer Weise als Standort für ein Barackenlager geeignet. Im Stadtteil Itzling befanden sich mehrere, die zum Großteil von der »*Deutschen Reichsbahn*« verwaltet wurden. Selbst ein Garagengebäude des ehemaligen Hotels »Bahnhof« in der Elisabethstraße 18 wurde im Herbst 1941 als Arbeiterlager der Reichsbahn adaptiert.[223]

Ein weiterer, vor allem für die Lebensmittelversorgung wichtiger Betrieb in der »*Gauhauptstadt*« war die »Rauchmühle«, der ebenfalls Zwangsarbeiter aus allen Teilen Europas beschäftigte, wobei auch hier die bereits mehrfach erwähnte Bevorzugung der Westeuropäer zu beobachten ist. Mehrere Franzosen, Holländer und Belgier waren ab Juli 1943 als Schlosser, Mechaniker und Fahrer beschäftigt.[171] Die Salzburger »Rauchmühle« erwarb für ihre Zwecke das 1939/40 in Maxglan von der »*Deutschen Arbeitsfront*« errichtete Arbeiterlager Aiglhof, das 1942 in den Besitz der Mühle überging. In den Baracken

221 Geschichte Grödig (wie Anm. 150), S. 238.
222 SGKK, Mitgliederverzeichnis Kiefer AG, 1939 bis 1945.
223 SLA, RSTH V/2 99/1941.
224 SGKK, Mitgliederverzeichnis für Selbstvorschreiber, 1941 bis 1945.

Abb. 24: Zwangsarbeiter (?) bei der Sprengung eines Langzeitzünders am 10. Jänner 1945 in Gnigl (Foto: Privatsammlung Herbert Fritz)

auf diesem Grundstück in der Innsbrucker Bundesstraße 36 fanden rund 200 Menschen Platz. Allein die Wohnfläche dieses Lagers betrug rund 1.500 m^2.[225]

In der Stadt Salzburg wurden nicht nur Kriegsgefangene und *»Zivilarbeiter«* zur Arbeit in der Industrie gezwungen, sondern zwischen 11. und 19. Dezember 1942 und im Jahr 1944 auch einige KZ-Häftlinge aus Dachau.[226]

In den letzten Kriegsmonaten kamen Zwangsarbeiter nicht mehr nur zu spezifischen Arbeiten in den einzelnen Bereichen der städtischen Verwaltung und der Wirtschaftsbetriebe zum Einsatz. Sie wurden vielmehr nun dort kurzfristig eingesetzt, wo sie auf Grund der immer dramatischeren Folgen der alliierten Luftangriffe und der sich zuspitzenden Personalsituation gerade nötig waren. Es ging jetzt darum, die Schäden der Bombardierungen zu beseitigen, Brände zu löschen oder Fliegerbomben zu entschärfen. Bei der Feuerwehr wurden sogar Polen zur Brandbekämpfung herangezogen.[227] Ab November 1944 wurden dafür auch KZ-Häftlinge aus Dachau, ausnahmslos Männer, zur Entschärfung von Blindgängern und Bomben mit Zeitzündern eingesetzt. In den letzten vier Kriegswochen mussten sie auch Aufräumarbeiten nach Bombenangriffen durchführen.[228]

Zum Bau von Luftschutzstollen und Aufräumungsarbeiten nach Bombenangriffen wurden ebenfalls Zwangsarbeiter herangezogen. Im letzten Kriegsjahr – im Zeitraum zwischen August 1944 und April 1945 – stieg die Zahl der *»Ostarbeiter«* und anderer *»ausländischer Zivilarbeiter«* in der *»Gauhauptstadt«* noch einmal stark an. Innerhalb von acht Monaten erhöhte sich die Zahl der polnischen Zwangsarbeiter von 305 Personen auf 702 Personen, bei den *»Ostarbeitern«* waren es ebenfalls 200 mehr. Die Gesamtzahl der Ausländer in der Stadt Salzburg betrug im August 1944 5.342 Menschen aus über 25 Nationen. Bis April 1945 erhöhte sich diese Zahl um knapp 800 auf 7.162, wobei davon ausgegangen werden kann, dass die Mehrzahl der in der *»Gauhauptstadt«* registrierten Ausländer zur Zwangsarbeit eingesetzt wurde. Die vornehmlich aus Osteuropa stammenden Tausenden Flüchtlinge, die sich zu Kriegsende in Salzburg aufhielten, sind in dieser Zahl nicht enthalten, da sie auf Grund der teils chaotischen Zustände von den jeweiligen Behörden nicht erfasst werden konnten.

Drei Wochen später, am 4. Mai 1945[229], marschierten US-amerikanische Truppen kampflos in der *»Gauhauptstadt«* ein, und damit endete auch hier der Einsatz jener Ausländer, die vom NS-Regime zur Zwangsarbeit nach Salzburg verschleppt worden waren.

225 SLA, Landesamt für Umsiedlung, Maxglan.

226 Gudrun Schwarz, Die nationalsozialistischen Lager. Frankfurt 1990, S. 158.

227 SGKK, Mitgliederverzeichnis Stadtmagistrat Salzburg, 1939 bis 1945.

228 Schwarz, Die nationalsozialistischen Lager (wie Anm. 226), S. 158.

229 Dopsch / Hoffmann, Geschichte der Stadt Salzburg (wie Anm. 201), S. 571.

Graphik 18: Ausländische Arbeitskräfte in der Stadt Salzburg am 15. August 1944 und am 15. April 1945. Salzburg Stadt (SLA, RSTH I/3 114)

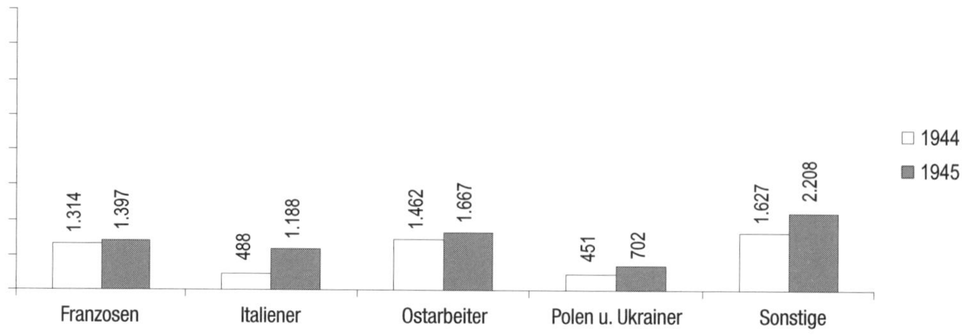

d) Ausbau der Verkehrswege und Wasserbau

Infrastrukturelle Maßnahmen zählten als Voraussetzung für Modernisierungsmaßnahmen im Bereich der Wirtschaft zu den Prioritäten des Deutschen Reiches für die »*Ostmark*«. Autobahnbau, Ausbau des Eisenbahnnetzes und dessen Elektrifizierung wurden daher auch im »*Reichsgau Salzburg*« forciert.

Schon im Februar 1938 hieß es in einem Bericht der städtischen »Abteilung für Bauwesen«: »*Der Anschluß an das Reich im Jahre 1938 wirkte sich auf die Bauverwaltung aus wie wenn eine Expresszuglokomotive auf ein Lokalbahngeleise gerät.*«[230] Dies entsprach vornehmlich in Bezug auf die Planungs- und Projektierungsarbeiten zweifellos der Realität. Viele Projekte konnten jedoch nach Kriegsbeginn nicht mehr realisiert werden. Grundsätzlich nahm bald nach dem »*Anschluß*« die Bautätigkeit enorm zu.

Straßenbau

Schon am 7. April 1938 vollzog Adolf Hitler selbst den Spatenstich zum Bau der Reichsautobahn am Abschnitt Walserberg.[231] Dies ist umso bemerkenswerter, als dieser propagandistisch aufwändig inszenierte Baubeginn der Autobahnverbindung nach München noch vor der Volksabstimmung am 10. April 1938 stattfand. Neben einer Verbesserung

230 SLA, RSTH V/1192/1943.

231 Landesgendarmeriekommando Salzburg, Chronik Salzburg Stadt 7. April 1938.

der bestehenden Straßen wurde die Vergrößerung des Straßennetzes angestrebt. Bereits 1942 betrug die Länge des öffentlichen Straßennetzes in Salzburg um rund 160 Kilometer oder 20 % mehr als vor 1938.[232]

Im Vergleich zur Bauwirtschaft des »*Altreiches*« galt die »*ostmärkische*« Bauwirtschaft als äußerst schwach und die Reserven an geschulten Facharbeitern waren gering. Nach den Angaben des »*Reichsarbeitsministeriums*« fehlten im Juli 1939 in der österreichischen Bauwirtschaft rund 50.000 Arbeitskräfte. Deshalb wurde von der »*Wirtschaftsgruppe Bauindustrie. Bezirksgruppe Ostmark*« dringend um die Bereitstellung der notwendigen Arbeitskräfte gebeten.[233] Ohne zusätzliche Fachkräfte wären die infrastrukturellen Maßnahmen ins Stocken geraten.

Zahlreiche Bauvorhaben wurden in Salzburg sofort nach dem »*Anschluß*« in Angriff genommen. Durch den Kriegsausbruch 1939 musste allerdings vieles umstrukturiert werden. Sämtliche Baustellen an Reichs- und Landstraßen wurden in vier Dringlichkeitsstufen eingeteilt.

Zur Dringlichkeitsstufe I waren jene Bauvorhaben zu zählen, die als »*kriegswichtig in Angriff zu nehmen sind*« und unbedingt beschleunigt weiterzuführen waren. In der Stufe II waren jene, die auch unter Berücksichtigung der Kriegsverhältnisse als »*dringend*« galten; Stufe III waren Bauvorhaben, deren Weiterführung und Abschluss »*besonders erwünscht waren*«, und in Stufe IV wurden alle übrigen Projekte eingeordnet.[234] Im heutigen Bundesland Salzburg wurde folgenden Projekten Priorität eingeräumt und damit auch der dafür nötige Arbeitskräftebedarf eingeplant:[235]

Dringlichkeitsstufe I *(kriegswichtig in Angriff zu nehmen):*
- Mittelpinzgauer Reichsstraße Lofer–Zell am See (250 Mann), dazu
- Wieser-, Schieder-, Dürnberg-, Wildenbach-, Kleber- und Stoffenbrücke (rund 370 Mann)
- Berchtesgadener Reichsstraße (45 Mann)
- Ausbau der Reichsstraße 304 im Bereich »Nesselgraben« (70 Mann)
- Bauhof in Mauterndorf (20 Mann)
- Schneepflugstelle auf dem Radstädter Tauern (30 Mann)
- Bauhof und Schneepflugstelle in Radstadt (30 Mann)

Dringlichkeitsstufe II *(dringend):*
- Umfahrung Lofer (150 Mann)
- Steingewinnung für die Linhutschlösselbrücke im Gasteinertal (rund 20 Mann)

232 SLA, RSTH V/1 192/1943.
233 SLA, RSTH V/a 2/1939.
234 SLA, RSTH V/b 17/1939.
235 Ebd.

- Landstraße Golling–Pass Gschütt (25 Mann)
- Reichsstraße 304 Nockstein und Lueg (150 Mann)
- Reichsstraße 331 Kuchl – Georgenberg (40 Mann)
- Pinzgauer Reichsstraße (150 Mann)
- Pass-Thurn-Straße (60 Mann)

Obwohl die Arbeiten an allen Projekten zunächst begonnen wurden, konnten nicht alle wie geplant durchgeführt bzw. zum Abschluss gebracht werden. Höchste Priorität genoss jedoch zunächst der Bau der Reichsautobahn. Für den *»Führer«* waren Verbindungen zwischen den Städten München, Salzburg und Wien von zentraler Bedeutung. In Salzburg wurde im September 1938 mit den Arbeiten am Abschnitt von Gois über Glanegg bis zur Einmündung in die Straße nach Berchtesgaden begonnen. Diese Verbindung und ihre Fortsetzung über Marktschellenberg, entlang der Trasse der ehemaligen Lokalbahn, bildete den wichtigsten wintersicheren Zugang zum Führerhauptquartier am Obersalzberg. Geradezu bezeichnend für die mangelnde Leistungsfähigkeit der lokalen Baufirmen ist der Umstand, dass der Auftrag für die Durchführung dieses geradezu staatspolitisch wichtigen Straßenbaues an die Firma »Hoch und Tief Gebrüder Lemasel« aus Königsberg in Ostpreußen (heute Kaliningrad) ging.

Die zahlreichen Baustellen führten im heutigen Bundesland Salzburg, hier in erster Linie im Großraum der Gauhauptstadt, zu einem Arbeitskräftemangel. Dennoch planten die Verantwortlichen in Dimensionen, die weit über das zur Verfügung stehende lokale Arbeitskräftereservoir hinausgingen – die Größe der geplanten Arbeiterlager lassen Rückschlüsse auf den Umfang der zukünftigen Baustellen zu. In unmittelbarer Nähe des »Rosittengasthauses« in Grödig wurde beispielsweise ein Arbeiterlager für eine Belegschaft von rund 750 Mann errichtet. Der spätere Höchststand lag bei rund 1.100 Mann.[183] Nicht alle dieser Arbeiter waren Ausländer, sondern auch Inländer, in der damaligen Diktion *»Reichsdeutsche«*, wurden im Zuge ihres verpflichtenden Einsatzes beim *»Reichsarbeitsdienst« (RAD)* auf diesen Großbaustellen beschäftigt. Von den ausländischen Arbeitern waren zu diesem Zeitpunkt noch einige Freiwillige im Arbeitseinsatz, vor allem Italiener. Bald nach Kriegsbeginn wurden sie jedoch von derartigen Bauabschnitten abgezogen und kriegswichtigeren Projekten zugeteilt.

Für einen anderen Bauabschnitt der *»Reichsautobahn« (RAB)*, nämlich jenem bei Kasern, fehlten 1939 trotz »monatelangem Bemühen« der Bauaufsicht, mehr Arbeiter für die Fertigstellung des Talüberganges zugeteilt zu bekommen, immer noch 215 Personen. Der Bedarf erhöhte sich bis zum Winter 1939/40 sogar noch auf 535 Mann. Darum wurde schließlich seitens der für diese Baustelle Verantwortlichen direkt beim zuständigen Arbeitsamt um die Zuweisung ausländischer Arbeiter gebeten, weil *»brauchbare in-*

236 Geschichte Grödig (wie Anm. 150), S. 238.

ländische Arbeitskräfte nicht zu erhalten sind«.[237] Wie viele Ausländer das Arbeitsamt zur Verfügung stellte, wurde nicht bekannt gegeben.

Ein dritter Abschnitt wurde bis 1940 bei Grödig gebaut. 180 Franzosen waren neben Tschechen, Slowaken und anderen hier eingesetzt. Als 1940 auch die Arbeiten an diesem Abschnitt eingestellt wurden, mussten diese dort arbeitenden »*ausländischen Zivilarbeiter*« versetzt werden. 42 Mann (18 Tschechen, 16 Slowaken, 1 Italiener und 7 Deutsche) wurden am 18. Jänner 1940 nach Kaprun überstellt.[238] Diese Überstellung führte bei den Arbeitern zu Unmutsäußerungen wegen des starken Lohnunterschiedes. Der Lohnunterschied zwischen Straßen- und Kraftwerksbau war anscheinend so groß, dass es sogar einen Teil der Zwangsarbeiter veranlasste zu fliehen.[239] Obwohl die Arbeiten an diesem Baulos der Reichsautobahn bald eingestellt werden sollten, pachteten die Behörden noch Ende 1940 eine Wiesenparzelle, um dort ein Arbeiterlager zu errichten. Eine Bäuerin aus Puch erhielt dafür RM 990.–. Auf diesem Grundstück wurde das »Lager Puch« mit 7 Holzbaracken errichtet, das unter der Verwaltung der Firmen »Beton-Monierbau« und »Funke« stand.[240] In einem Teil des Lagers waren Russen, in einem anderen Italiener einquartiert. Nachdem diese beiden Firmen die ihnen unterstehenden Arbeitskräfte 1941 zu Bauvorhaben in den Osten gesandt hatten, wurden diese Lagerteile in Puch wieder geräumt und standen danach kurze Zeit leer.[241] Ab 1942/43 erfolgte eine Nachnutzung, hauptsächlich von den »Eugen-Grill-Werken«.[242]

Häufig nutzten Zwangsarbeiter den oftmaligen Wechsel zwischen den einzelnen Baustellen zur Flucht. Die meisten wurden allerdings von der »*Gestapo*« aufgegriffen und verhaftet. Die Bestrafung war unterschiedlich. In den Anfängen des Systems wurden manche noch in die Heimat zurückgeschickt – ein Umstand, der für die meisten Betroffenen zweifellos keine Bestrafung darstellte. Flucht oder Arbeitsverweigerung konnten jedoch auch Haftstrafen nach sich ziehen, in den letzten Kriegsjahren hatte dies meistens eine Einweisung in ein Konzentrationslager zur Folge.[243] Im Gegensatz zum »*Reichsautobahnbau*« wurde der Bau der »*Reichsstraßen*« in Salzburg nach Kriegsbeginn länger fortgesetzt. Schon kurz nach Kriegsbeginn kamen die ersten Kriegsgefangenen und »*Zivilarbeiter*« in das »Lager Mühlbachsau« bei St. Gilgen und waren für den Ausbau der »*Reichsstraße 304*«, der heutigen Salzkammergut-Bundesstraße (B 158), im Einsatz. Das Landesbauamt errichtete die Baracken zur Unterbringung der Arbeiter. An das Arbeitsamt Salzburg wurde die Bitte gerichtet, 216 Hilfsarbeiter, wenn möglich Tiefbauarbeiter und 10 Steinmaurer zu vermitteln. Die Dauer des Arbeitseinsatzes wurde vorläufig

237 SLA, RSTH V/a 2/1939.

238 SLA, BH Salzburg-Umgebung, 1942/3452/41.

239 Ebd., 1940/3439/45.

240 SLA, Landesamt für Umsiedlung, 1942/3026/45.

241 SLA, BH-Hallein, Bauakte (1939–1945), Bauakte Gemeinde Puch.

242 Vgl. Abschnitt III.3.b., S. 82–99.

243 SLA, BH Salzburg-Umgebung, 1942/3452/41.

bis Dezember 1940 festgesetzt, konnte aber nicht eingehalten werden. Zur Verhinderung von Fluchtversuchen waren die Baracken mit Stacheldraht umzäunt, da sie zum Großteil mit Kriegsgefangenen belegt wurden. Die Versorgung erfolgte mittels einer Gemeinschaftsküche. Die anfallenden täglichen Verpflegungskosten von 1,20 RM wurden vom »Lohn« der Arbeiter abgezogen. Nicht weit von St. Gilgen, in Hof bei Salzburg, wurde Ende 1942 durch die »*Reichsstraßenverwaltung*« ein weiteres Arbeiterbarackenlager errichtet.[244]

Neben einigen wenigen Großprojekten unterstand der »*Reichsstraßenverwaltung*« eine ganze Reihe von Kleinprojekten, bei denen Zwangsarbeiter eingesetzt wurden. Im Pongau, etwa in Flachau-Vorderrohr, kamen 1941 die ersten »*Westarbeiter*«, nämlich 100 Briten, für den regulären Straßenbau zum Einsatz. 25 Franzosen arbeiteten in dieser Gemeinde bei der »*Reichsforstverwaltung*«, beim Ennslehenhäusl, um Güterwege zu verbessern.[245] Zu dem Zweck kamen auch am 27. Oktober 1942 30 »*Ostarbeiter*« – alle im Alter von rund 20 Jahren – nach Radstadt und weiter nach Forstau. Ein anderes Kleinprojekt diente durch die Vermeidung des Einsatzes von motorisierten Schneeräumgeräten zur Einsparung von Treibstoffen. So wurde das Bauamt des Reichsgaus Salzburg angehalten, die Pass-Thurn-Straße so lange als möglich mittels »*Pferdeschneepflug und durch Handarbeit von Kriegsgefangenen*« schneefrei zu halten.[246]

Zu den großen Projekten im »*Reichsgau Salzburg*« zählte die »*Pinzgauer Reichsstraße*«, die heutige Pinzgauer Bundesstraße (B 311). An dieser wichtigen Straßenverbindung wurde etappenweise an vielen Stellen parallel gebaut. Damit die große Anzahl an Arbeitern untergebracht werden konnte, mussten in vielen Orten Barackenlager errichtet werden. Um Zeit und Geld zu sparen, kamen hier Baracken zum Einsatz, deren Abbau und anschließende Neuaufstellung an einem anderen Ort lediglich sechs Tage in Anspruch nehmen sollte. Aus diesem Grund bestanden manche Lager für »ausländische Arbeiter« nur für wenige Wochen oder Monate.

Selbst in kleinen, in unmittelbarer Nachbarschaft gelegenen Orten existierten oft zwei Lager, so auch in Lengdorf und Walchen. 1939 wurde das erste kleinere Lager errichtet – direkt in Lengdorf. Ab November 1939 setzte hier die Firma »Hochbau Leonhard Moll« die ersten polnischen Kriegsgefangenen ein, danach polnische »*Zivilarbeiter*«.[247] Das nur rund 10 Kilometer entfernte Lager Walchen umfasste in den ersten Kriegsjahren bald 280 Personen, von denen 100 in Lengdorf zum Arbeitseinsatz kamen. Die Übrigen wurden auf andere Abschnitte und Aufgaben aufgeteilt.[248] Sobald die Arbeiten erledigt waren, wurden die frei gewordenen Arbeitskräfte unverzüglich verlegt, ebenso die dazu-

---

244 SLA, RSTH V/b 3-57; Landesbauamt Salzburg, 13. Oktober 1939.
245 SLA, Landrat Pongau, 1941.
246 SLA, RSTH V/b 3-7.
247 SLA, RSTH V/b 61.
248 SLA, RSTH V/b 15 und 17.

gehörigen Baracken. Jene von Lengdorf und Walchen fanden beispielsweise ab 1941 in Mittersill und Bruck Verwendung.[249]

Im Bereich der »Großglockner Hochalpenstraße« gab es insgesamt drei Lager. Das »Lager Piffkar« auf 1.620 m Seehöhe und das »Lager Naßfeld« auf 1.963 m waren für je 10 Mann ausgelegt. Zusätzlich waren sechs Mannschaftsbaracken am Obernaßfeld für insgesamt 70 bis 80 Personen im Besitz der Firma »A. Porr« aus Wien. Hier wurden jene Arbeiter untergebracht, die für den Straßenerhalt zuständig waren[250] und den Plan der Großglockner-Hochalpenstraßen AG umsetzen sollten, nämlich die Straße auch im Winter schneefrei zu halten.[251]

Trotz zahlreicher Pläne kam der Straßenbau mit zunehmender Dauer des Krieges ins Stocken. Zahlreiche Baracken im Besitz des »*Reichsstraßenbauamtes*«, die für »*Ostarbeiter*« gedacht waren, standen ab 1942/43 leer und wurden immer stärker für die Unterbringung von Kriegsgefangenen genutzt.

Der Bau der Felber-Tauern-Straße wurde ab 1943 nochmals vorangetrieben. Die Durchführbarkeit wurde als besonders günstig angesehen, weil man auf fremde Arbeitskräfte zurückgreifen konnte. »*Für die Durchführung des Baues der Felber-Tauern-Straße bestehen trotz des Krieges und des totalen Arbeitseinsatzes heute sogar die günstigsten Voraussetzungen, da es wohl möglich ist, die Straßenarbeiten durch Kriegsgefangene ausführen zu lassen. Es wäre zweckmässig, diese nie wiederkehrende Gelegenheit entsprechend auszunutzen. Es dürfte wohl eine untergeordnete Rolle spielen, wo Gefangenenlager errichtet werden. Wenn beispielsweise ein Gefangenenlager in Matrei/Osttirol und ein solches in Mittersill/Salzburg errichtet würde. So wäre an beiden Stellen der nötige Arbeitseinsatz geregelt. Die Abstellung von einigen technischen Arbeitskräften wäre ebenfalls leicht möglich.*«[252] Generell wurde bei derartigen Projekten mit besonderer Priorität der Einsatz von Zwangsarbeitern von vornherein eingeplant und als Grund für deren Realisierbarkeit angegeben. Der weitere Kriegsverlauf und die damit verbundenen wirtschaftlichen Schwierigkeiten verhinderten dann jedoch, wie bei den meisten anderen Straßenbauprojekten, auch bei der Felbertauern-Straße deren Fertigstellung.

Reichsbahn

Um die Infrastruktur in der »*Ostmark*« zu verbessern, war nicht nur eine Modernisierung des Straßennetzes nötig, sondern auch der Ausbau der Bahnstrecken musste forciert werden. Die »*Deutsche Reichsbahn*« *(RB)* war Auftraggeber zahlreicher Projekte, wobei die Elektrifizierung von Bahnstrecken, die noch vor 1938 von den Österreichischen Bun-

---

249 SLA, BH Zell am See, HB-Akten, 456-1-1943.

250 Ebd., Bauakten 1943/44, 1001–8.

251 Ebd., Bauakten 1942, 16-3-1 bis 16-6-3.

252 SLA, RSTH V/b 113/1 und 113/2.

desbahnen *(BBÖ)* in vergleichsweise bescheidenem Umfang betrieben wurde, als vordringliches Ziel galt. Eine unabdingbare Voraussetzung für die beabsichtigten Modernisierungsschritte war die Eingliederung der BBÖ in die »*RB*« – ein Schritt, der ab dem 18. März 1938, also ebenfalls noch vor der Volksabstimmung, vollzogen wurde. Für den Ausbau des Bahnsystems wurde eine eigene Abteilung gegründet und ungefähr 55.000 Mitarbeiter von den ehemaligen Österreichischen Bundesbahnen übernommen. Führende Positionen wurden jedoch nur mit Deutschen besetzt.[253]

Nachdem es bei der »*Deutschen Reichsbahn – RB*« vor dem »*Anschluß*« keinerlei konkrete Pläne für den Bau neuer bzw. den Ausbau bestehender Verbindungen zwischen Österreich und Deutschland gab, wurde stark improvisiert. Zur größten Baustelle der Reichsbahn im »*Reichsgau Salzburg*«, für den die »*Reichsbahndirektion Linz*« zuständig war, wurden nicht Gleisanlagen oder neue Bahnhöfe, sondern der Kraftwerksbau im Stubachtal.[254] Dies lässt die Bedeutung erkennen, die man seitens der für die Eisenbahn zuständigen Verantwortlichen der Elektrifizierung beimaß. Eine Maßnahme, die in kriegswirtschaftlicher Hinsicht zu interpretieren ist, da man damit die Abhängigkeit von der Kohle verringen wollte. Bemerkenswert ist der Umstand, dass die »*RB*« bei diesem Bauvorhaben neben »*ausländischen Zivilarbeitern*« auch auf jüdische Arbeiter und sogar auf Strafgefangene zurückgriff. Allerdings wollte man jüdische Arbeiter nicht überall einsetzen – »Juden« durften nicht in die Nähe von »*Ariern*«.[255] Die Baustellen im Stubachtal hingegen waren abgelegen, weshalb 1939 auch hier rund 60 jüdische Arbeiter beschäftigt werden konnten.[256] Im Verlaufe des Krieges wurde der Arbeitskräftemangel auch im Stubachtal stärker. Die Arbeit galten als sehr schwer, weshalb kaum Freiwillige zu finden waren; nicht einmal Nachtwächter für die Gefangenenlager. Auf Grund dessen stellte die Strafanstalt Bernau für die Lager Schneiderau, Wirtenbach, Tauernmoos und Weißsee zu diesem Zweck Strafgefangene zur Verfügung. Gleichzeitig wurden fünf Wachmannschaften aus Bernau gesandt.[257]

Die »*Deutsche Reichsbahn*« wurde zu einem der größten Bauunternehmer im gesamten Reichsgau – folgender Überblick über die wichtigsten Bauprojekte illustriert dies:

- Ausbau von Lokalbahnen (Pinzgau und Salzkammergut);
- Unterkabelungen (Murtalbahn);
- Errichtung von Schrankenwärterhäusern;
- Bahnhofserweiterungen;

253 Alfred Mierzejewski, The Most Valuable Asset of the Reich. A History of the German National Railway. Chapel Hill, 2000, S. 48–49.

254 Vgl. Abschnitt III.4.d., S. 196–201.

255 Der Steinbruch Golling-Salzburg beispielsweise lag zu nahe an einem Sommerkurort und war zudem eine verkehrsreiche Hauptstraße, weshalb hier ein Einsatz der jüdischen Arbeiter nicht in Frage kam.

256 Gruner, Zwangsarbeit und Verfolgung (wie Anm. 211), S. 80 und S. 308.

257 SLA, RSTH IV/d 748/1943.

- Lagerhallen;
- Streckenänderungen und -verbesserungen usw.

Auf Grund des allgemeinen Arbeitskräftemangels kamen auch bei der »*RB*« seit 1939 »ausländische Arbeiter« zum Einsatz, weshalb der »*RB*« mehrere Lager in Salzburg unterstanden. Wie in anderen Wirtschaftsbereichen waren es zu Kriegsbeginn hauptsächlich Polen und »*Ostarbeiter*«. Ab 1942/43 griff man auch hier verstärkt auf Kriegsgefangene zurück.

Gesonderte, im Folgenden kurz beschriebene Bestimmungen ermöglichten den oftmaligen Wechsel von Arbeitsplätzen im Zuständigkeitsbereich der »*RB*«. Am 8. September 1942 wurde das Verfahren zum »*Einsatz ausländischer Arbeitskräfte*« vereinfacht. Die »*Deutsche Reichsbahn*« war ab sofort für die Meldung an die jeweilige Polizeibehörde zuständig. Die erteilte Arbeitserlaubnis für einen Zwangsarbeiter galt immer für einen bestimmten Verwaltungsbezirk, welchen die Direktion anzugeben hatte. In der Folge konnten z. B. kurzfristig nötige Gleisarbeiten unkomplizierter durchgeführt werden. Die polnischen »*Zivilarbeiter*« wurden mit Dienstausweisen der »*RB*« ausgestattet, in denen der »Wohnort« (Lager!) angegeben werden musste. Diese Ausweise mussten zusammen mit der Arbeitskarte jederzeit mitgeführt werden – ermöglichten damit aber eine vergleichsweise große Reisefreiheit zwischen den einzelnen Bahnbaustellen.[258] Trotz Erleichterungen im formellen Prozedere wurde deutlich darauf hingewiesen, dass die »*betreffende Behandlung der im Reichsgebiet eingesetzten polnischen Zivilarbeiter und -arbeiterinnen auch weiterhin in Kraft bleiben*«.[259]

Die »*Deutsche Reichsbahn*« musste ebenso wie industrielle Betriebe für passende Unterkünfte sorgen. Für diesen Zweck wurden an vielen Orten, strategisch günstig, in der Nähe von den Bahnhöfen, so genannte »*Reichsbahnlager*« errichtet. Es gab darunter auch »*Ostarbeiterlager*«, wie jenes in Bad Gastein-Böckstein, das im Jänner 1944 von 48 »*Ostarbeitern*« bezogen wurde, die das »*Reichsbahnbetriebsamt*« in Spittal an der Drau ausgewählt hatte.[260] Es unterstand der »*Reichsbahnmeisterei*« in Bad Gastein. Im Gegensatz zu anderen Lagern, wo meistens entweder Männer oder Frauen untergebracht waren, war dieses Lager »gemischt«. Männliche und weibliche Zwangsarbeiter wurden jedoch in unterschiedlichen Baracken einquartiert.[261] Zusätzlich zu den »*Ostarbeitern*« waren auch zahlreiche russische Kriegsgefangene im Lager beim Bahnhof Böckstein untergebracht und für die »*RB*« im Einsatz. Diese Zwangsarbeiter durften ihr Lager zu keiner Zeit verlassen, um die Gemeindebevölkerung nicht zu »belästigen«. Gegen Ende des Krieges verschlechterte sich die Verpflegung der Lagerinsassen dramatisch. Der Allgemeinzu-

---

258 SLA, RSTH I/3 127/1943.

259 SLA, Landrat Pongau 1945, Sonderfaszikel 1940–1945.

260 Auch in Neukirchen a. Grv. bestand ein so genanntes »*Russenlager*«.

261 SLA, Landrat Pongau, Sonderfaszikel 1940–1945.

stand der »*Ostarbeiter*« und der Kriegsgefangenen wurde äußerst schlecht. So zogen »*Ostarbeiter*« trotz des bestehenden Verbotes durch den Ort und bettelten bei verschiedenen Bewohnern um Lebensmittel, was von den Einheimischen als störend empfunden wurde:[262] »*Dieses Herumbetteln und Aufsuchen der Häuser erregte nicht nur begründetes Ärgernis, sondern löste das Erscheinen dieser verwahrlosten und meist zerlumpt gekleideten Bettlern bei den meisten Leuten der Bevölkerung Furcht und Beunruhigung aus … Besonders mangelhaft ist die Fussbekleidung der Leute, welche zu Großteilen zerrissene Stiefel oder Schuhe mit Lappen umwickelt tragen.*«

In den größeren Orts- bzw. Stadtgemeinden befanden sich gleich mehrere Reichsbahnlager, wie in Salzburg, Zell am See oder Bischofshofen, wo zumindest zwei größere Lager bestanden, eines in Pöham und eines direkt beim Bahnhof. Im »*Reichsbahnlager Pöham*« waren am 17. April 1944 insgesamt 154 Arbeiter untergebracht, davon 21 Volksdeutsche.[263]

Graphik 19: »*Völkische Zusammensetzung des Reichsbahnlagers Bischofshofen*« 1944 (SLA, Landrat Pongau 1945, Sonderfaszikel 1940–1945, 17. April 1944)

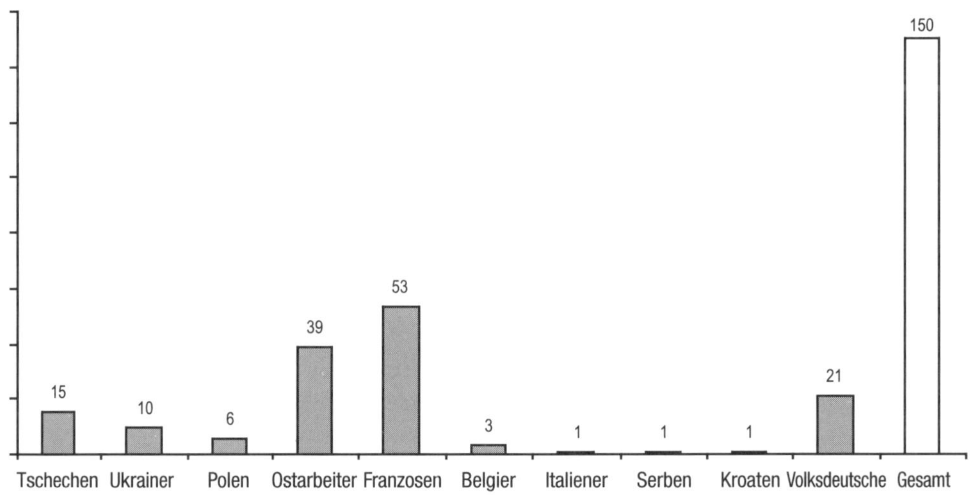

Während bei Industriebetrieben einmal errichtete Barackenlager für einen vergleichsweise längeren Zeitraum bestehen blieben, verlegte die »*RB*« ihre Lager häufiger. So wurde 1942 eine Unterkunftsbaracke vom Bahnhof Öblarn, Bezirk Liezen in der Steiermark, nach Golling-Abtenau überstellt, um dort die Arbeiten fortzuführen.[264] Bei vielen

262 SLA, Landrat Pongau 1944, 3405.
263 SLA, Landrat Pongau 1945, Sonderfaszikel 1940–1945, 17. April 1944.
264 SLA, BH Hallein, Bauakten 1939–1945, RB Golling.

Projekten fungierte die »*Deutsche Reichsbahn*« nur als Auftraggeber, und die Arbeiten wurden an verschiedene Firmen vergeben, die dafür auch ausländische Arbeiter einsetzten. So arbeiteten für die Firma »Daniek & Schrittwieser« 1940 in Eben 60 Franzosen und für die Baufirma »Stabel & Co« 40 Franzosen in Hüttau. Beide verrichteten Arbeiten für die »*RB*« – so führten 1942 in Bischofshofen 110 Russen Oberbauarbeiten für »Daniek & Schrittwieser« aus.[265]

Im Pinzgau bestanden für die schmalspurige Lokalbahn Sonderpläne, die auf eine normalspurige Bahn ausgebaut werden sollte. In weiterer Folge sprach man von einer Eisenbahnverbindung bis ins Zillertal, wobei der Gerlos durch einen Basistunnel unterfahren werden sollte. Schwerpunkt blieb vorläufig der Güterverkehr.[266] Zu dem Zweck wurde das »*Russenlager*« in Neukirchen am Großvenediger errichtet, um Verbesserungen an der »Pinzgauer Lokalbahn« zu erreichen. Am 1. Juni 1942 waren hier rund 50 russische »*Zivilarbeiter*« und Kriegsgefangene untergebracht.[267] Der Ausbau zur vollspurigen Bahn wurde schlussendlich nie durchgeführt.

Reichswasserwirtschaftsverwaltung

Die Reichsbahn kooperierte zum Zwecke der Stromgewinnung eng mit der »*Reichswasserwirtschaft*«. In der Wasserwirtschaft erhöhte sich die Bautätigkeit durch den Umstand fast sprunghaft, weil die Kosten zum größten Teil vom Reich übernommen wurden. Die »*Wasserwirtschaftsverwaltung des Reichsgaues Salzburg*« konnte deshalb Baumaßnahmen vorantreiben. Folgende Bauten waren für das Gebiet des heutigen Bundeslandes Salzburg im Jahr 1940 in Planung: im Flachgau die Regulierung der Salzach, Saalach und Fischach; im Tennengau die Lammer; im Pongau die Gasteiner Ache, Großarler und Kleinarler Ache; im Pinzgau der Felberbach, die Krimmlerache sowie die Saalach und im Lungau die Taurach, Weißpriach und der Thomatalerbach. Ein Teil der Regulierungsarbeiten war zu diesem Zeitpunkt bereits im Gange.[268]

In der Wildbach- und Lawinenverbauung kamen zum Großteil »*ausländische Zivilarbeiter*« zum Einsatz, aber auch Kriegsgefangene. Um die Regulierungsarbeiten besser vorantreiben zu können, wohnten die Arbeiter in Lagern, die in der unmittelbaren Nähe der jeweiligen Baustellen errichtet wurden, wie das Arbeiterlager in Zell am See-Bruckberg, wo bereits 1939 sieben polnische und 56 ukrainische »*Zivilarbeiter*« untergebracht waren.[269] Die »*Entwässerungsgenossenschaft Bruck-Zellermoos*« entsandte von

265 SLA, Landrat Pongau, 1940, 2/47–65.
266 Herbert Fritz, Die Pinzgauer Lokalbahn. Salzburg 1976, S. 11.
267 SLA, BH Zell am See, HB-Akten, 1942, 213–15–1942.
268 SLA, RSTH V/1 144/1940.
269 SLA, RSTH I/3 153/1940.

hier Arbeitskräfte in die Landwirtschaft, um Entwässerungs- und Kultivierungsarbeiten durchführen zu lassen.[270] Ein Lager in Bruck an der Glocknerstraße unterstand ebenfalls der »*Reichswasserwirtschaftsverwaltung*«. Hier waren bis zu 180 Personen untergebracht, die jedoch nicht ausschließlich für die Wildbach- und Lawinenverbauung, sondern überdies im Straßenbau oder für den Kraftwerksbau in Kaprun herangezogen wurden.[271] Oftmals fungierte das »*Amt für Wildbach- und Lawinenverbauung*«, das auch über eigene Baracken verfügte, als Gebietsbauleiter. In Aufhausen bei Zell am See zum Beispiel befanden sich zwei Wohnbaracken mit einem Fassungsvermögen von je 30 Personen.[272] Ein weiteres Beispiel sind Baumaßnahmen bei der »Wildbachverbauung Piesendorf-Aufhausergraben«, wo am 20. Juni 1941 28 serbische Zwangsarbeiter zum Arbeitseinsatz eintrafen. Diesen standen zwei Baracken zur Verfügung, die mit Stacheldraht umzäunt wurden, um Fluchtversuche zu unterbinden. Der Arbeitsalltag glich jenem in den meisten anderen Lagern, wo 12 Stunden tägliche Arbeitsleistung als Minimum galt.[273]

In der »Gauhauptstadt« wurde ein Lager für die Glanregulierung eingerichtet, in dem bis zu 55 Zwangsarbeiter lebten. Nachdem die Arbeiten an der Glan 1942 abgeschlossen waren, wurden die Arbeiter für die Entwässerungsarbeiten in der Umgebung der Stadt Salzburg eingesetzt. Dennoch reichten im Aufgabenbereich der »*Reichswasserwirtschaftsverwaltung*« die bestehenden Baracken für die zahlreichen Regulierungsprojekte nicht aus, weshalb weitere angefordert werden mussten.

Tabelle 15: 1942 geplante Erweiterung von Lagern (SLA, RSTH V/1 191)

Ort	Zweck	Größe 1942	spätere Erweiterungen
Böckstein	Gasteiner Achenregulierung	50	Plus 50
Lintsching	Taurachregulierung	50	Keine
Weng	Eisbachregulierung	25	Plus 50
Bürmoos	Entwässerungsarbeiten	60	Keine
Hallein und Salzburg	Salzach und Saalach	Keine	100
Unbekannt	Königsseeache	Keine	100
Abtenau	Lammerregulierung	Keine	50
Lofer	Saalachuferinstandhaltung	Keine	100
Weißbach b. Lofer	Saalachuferinstandhaltung	Keine	50
Bruck a. d. Gstr.	Salzach	50	130

270 SLA, RSTH V/1 191/1943.
271 SLA, RSTH I/3 153/1940.
272 SLA, BH Zell am See, Bauakten 1943/44, 1001-8, 1943.
273 Ebd., HB-Akten 1942, 213-15-1942.

Insgesamt waren für die Instandhaltungsarbeiten und Regulierungen im heutigen Bundesland Salzburg 930 Arbeiter ab 1942 eingeplant. Im Juli 1942 waren 575 Arbeitskräfte im Einsatz, wovon lediglich 25 Männer Einheimische waren. Die Zahl der Arbeiter wurde nicht wesentlich erhöht, da das Arbeitsamt Salzburg keine Möglichkeit sah, eine größere Anzahl an »*Zivilarbeitern*« für die Wasserwirtschaft zu entsenden. Nur drei Erweiterungen bzw. Errichtungen wurden genehmigt.[274]

Ab 1943 kamen vermehrt Kriegsgefangene zum Einsatz. Für die Wildbach- und Lawinenverbauung wurden sie aus verschiedenen Lagern und Arbeitskommandos ausgesucht.[275] Trotz der hohen Zahl an russischen Kriegsgefangenen, die sich ab 1943 im »*Reichsgau Salzburg*« aufhielten, wurde es immer schwieriger für die Wirtschaft, ausreichend Arbeitskräfte zu bekommen, denn zahlreiche Gemeinden sollten durch entsprechende Schutzbauten vor Hochwasserkatastrophen geschützt werden. In der letzten Phase des Krieges konnten jedoch nur noch die dringendsten Projekte der Wildbach- und Lawinenverbauung realisiert werden. Gegen Ende des Krieges kam auch hier die Bautätigkeit völlig zum Erliegen.

e) Kraftwerksbau in Kaprun[276]

Eines der heute bekanntesten Großprojekte im »*Reichsgau Salzburg*« aus der Zeit des Nationalsozialismus war der Bau der Kraftwerke Kaprun. Die Nutzung des Wassers zur Energiegewinnung zählte zu den großen Zielen der NS-Wirtschaftspolitik, sodass bereits am 16. Mai 1938, etwas mehr als zwei Monate nach dem »*Anschluß*« Österreichs, der Spatenstich zum Bau des Tauernkraftwerks erfolgte. Bei dieser propagandistisch inszenierten Feier verkündete der persönlich anwesende »*Beauftragte für den Vierjahresplan*« Reichsminister Hermann Göring, dass nur wer »*hart anpacke*« eine bessere Zukunft erwarten könnte, und in diesem Sinne gab er den Befehl zum Beginn der Arbeiten in Kaprun. Die gleichgeschaltete Presse berichtete vom Jubel der einheimischen Bevölkerung über das neue Bauvorhaben:[277] »*Zell am See ist festlich beflaggt, von jedem Haus hängen große breite Hakenkreuzfahnen, mit Blumen sind die Straßen geschmückt, und freudig bewegt sind die Menschen*«.

---

274 SLA, RSTH V/1 191.

275 SLA, BH Zell am See, HB-Akten 1943, 434–10–1943.

276 Kaprun zwischen 1938 und 1945 war Schwerpunkt der Untersuchungen einer vom »Verbund« beauftragten Historikerkommission in den Jahren 1999–2001, deren Ergebnisse in einer Publikation der Öffentlichkeit präsentiert wurden; vgl.: Oliver Rathkolb / Florian Freund (Hrsg.), NS-Zwangsarbeit in der Elektrizitätswirtschaft der »Ostmark«, 1938–1945. Ennskraftwerke – Kaprun – Draukraftwerke – Ybbs-Persenbeug – Ernsthofen. Wien/Köln/Weimar 2002.

277 Völkischer Beobachter, 17. Mai 1938, S. 1.

Es dauerte schließlich nach dem Spatenstich noch weitere zwei Monate, bis im Juli 1938 eine Bauleitung eingesetzt wurde. Die »*Alpenelektrowerke AG (AEW)*«, unter der Leitung von Dipl.-Ing. Hermann Grengg, waren für das Projekt Tauernkraftwerk verantwortlich und im Herbst konnten nach umfangreichen Planungen die ersten konkreten Pläne eingereicht werden.[278] Rechtliche Voraussetzungen für die eigentlichen Bauarbeiten im großen Stil war die wasserrechtliche Bewilligung des Projekts, die jedoch erst im August 1939 vom zuständigen Ministerium für Landwirtschaft erteilt wurde. Die Zeitspanne bis zur endgültigen Genehmigung nutzten die »*AEW*« zur Errichtung erster Arbeiterbaracken im Bereich der Sigmund-Thun-Klamm, um von hier aus den Talstraßenbau zu beginnen.[279]

In einem technischen Bericht vom 12. November 1938 wurde die Höchstzahl der benötigten Arbeiter mit 1.400 bis 1.800 angegeben, die alle in unterschiedlichen Lagern untergebracht werden sollten. Schon in den Vorverhandlungen wurde klargestellt, dass Arbeitskräfte keinesfalls der Salzburger Landwirtschaft entzogen werden dürfen. Die Direktion der »*AEW*« machte sich deshalb bereits 1938 Gedanken um die Aufbringung der für den Bau nötigen Arbeitskräfte: »*Die Arbeiterfrage ist schwerwiegend. Es gibt für uns aber keine Wahl, sondern wir müssen das nehmen, was kommt, bzw. was uns von den zuständigen Arbeitsämtern zugeschoben wird. Wichtig wäre die Betreuung der Arbeiter und die Ausgestaltung von Gefolgschaftslagern, wie sie im Altreich bestehen. Es ist klar, daß es ohne ausländische Arbeiter, insbesondere italienische, nicht gehen wird.*«[280]

Mit Planung und Errichtung der »*Gefolgschaftslager*«, entsprechend den beim »*Reichsautobahnbau*« herrschenden Grundsätzen, wurde noch 1938 begonnen. Schlafräume, Küchen- sowie Speiseräume, und Aufenthaltsräume wurden in Baracken eingerichtet, und jedes Lager musste zusätzlich über ein eigenes Badehaus verfügen. Die drei Hauptlager sollten am Fuß des Bürgkogels, auf der Ebmatten und am Maiskogel errichtet werden. Ein kleines Lager für den Bau des Schleppgleises von der Bahnstation Bruck-Fusch zum Krafthaus Kaprun entstand für das Winterhalbjahr 1938/39 an der Salzachbrücke bei Mayereinöden.[281]

Weitere kleinere Lager waren für das gesamte Kaprunertal geplant. In der Wüstelau und beim »Kesselfall Alpenhaus« sollten jene Arbeiter untergebracht werden, die für den Straßen- und Seilbahnbau für die Baujahre 1938 und 1939 zuständig waren. Auf der »Limbergalm« war ein größeres für die Einleitung des Sperrenbaues vorgesehen. Am Mooserboden, auf der Zeferet Alm, in Ebenwald und in Grubbach unterhalb der »Salz-

278 Margit Reiter, Das Tauernkraftwerk Kaprun. In: Oliver Rathkolb / Florian Freund (Hrsg.), NS-Zwangsarbeit in der Elektrizitätswirtschaft der »Ostmark«, 1938–1945. Ennskraftwerke – Kaprun – Draukraftwerke – Ybbs-Persenbeug – Ernsthofen. Wien-Köln-Weimar 2002, S. 128–198, S. 131 ff.

279 SLA, RSTH V/3 198.

280 SLA, RSTH V/3 181.

281 SLA, RSTH V/3 225.

Abb. 25: Lager Bürg (Foto: SLA, RSTH V/3 228)[282]

Abb. 26: Lager Ebenwald (SLA, Fotosammlung C 030232)

282 Das Lager wurde als Bürk, Birg und Bürg bezeichnet. Es handelt sich aber immer um dasselbe Lager. Grundsätzlich entspricht die Schreibung topographischer Begriffe jener der Österreichischen Karte 1 : 50.000.

Abb. 27: Lager Krafthaus (Foto: SLA, RSTH V/3 228)

Abb. 28: Lager Zeferet (Foto: SLA, RSTH V/3 228)

Abb. 29: Brückenbau Zeferet (Foto: SLA, RSTH V/3 228)

Abb. 30: Bau der Talstation des Schrägaufzuges (Foto: SLA, RSTH V/3 228)

burgerhütte« wurden noch weitere Lager errichtet.[283] Überdies adaptierte man vorhandene Almhütten in der Umgebung zu Lagern. Der Großteil der Baumaßnahmen war im Februar 1939 abgeschlossen und die Unterkünfte wurden nun sukzessive mit Arbeitern belegt.

Insgesamt gab es in Kaprun mehr als 15 verschiedene Lager, deren Größe und deren Belegungsdauer unterschiedlich waren.[284]

Tabelle 16: Übersicht der wichtigsten Lager im Gemeindegebiet Kaprun 1938–1945[285]

Lager	Höhe	Einsatzort	Zahl
Bürg	1.596 m	Krafthaus und Steilrohrbahn	200
Ebenwald	?	?	?
Ebmatten	1.700 m	Bau der Sperre	700
Grubbach	1.596 m	Betrieb des Stollenfensters	?
Häusl Alm	1.500 m	?	?
Kaprunertörl	921 m	Bau der Sperre	130
Kesselfall	1.050 m	Wege- u. Seilbahnbau	250
Limbergalm	1.573 m	Bau der Sperre	150
Mayereinöden	Talsohle	Bau der Schleppgeleise Bruck-Fusch	?
Maiskogel	1.545 m	Betrieb des Stollenfensters	200
Mooserboden	2.000 m	Bau der Sperre	50
Sigmund-Thun-Klamm	Talsohle	Straßenbau	300
Wüstelau	Talsohle	Straßen- und Seilbahnbau	?
Zeferet Alm	1.600 m	Stollenbau	200

Das Fortschreiten der Arbeiten wurde durch den massiven Arbeitermangel gebremst. So waren nach einem Bericht von Bauleiter Hermann Grengg im Februar 1939 lediglich 400 Arbeiter in Kaprun beschäftigt, wobei die meisten aus der Gegend um Kaprun stammten.[286] Der Leiter des Projekts erwartete sich, dass die Zahl der eingesetzten Arbeiter bis zum Sommer auf 1.400 bis 1.500 steigen sollte.[287] Über die geringe Zahl der Arbeitskräfte in Kaprun beklagte sich auch Dr. Robert Lippert, der damalige »*Gaukämmerer*«, da anstatt der möglichen 1.800 im Juni 1939 nur 500 bis 600 Arbeiter im Einsatz

283 SLA, RSTH V/3 225.

284 Die Aufzählung der Lager ist in den archivalischen Quellen häufig unvollständig und die Gesamtzahl der Lager daher unterschiedlich.

285 SLA, RSTH V/3 228.

286 SLA, RSTH V/3 225.

287 SLA, RSTH V/3 188.

wären, und zudem vertrat er die Ansicht, dass »*das Menschenmaterial (vielfach Slowaken und Italiener) von minderer Güte*« sei.[288]

In der ersten Konstruktionsphase stützte man sich in Kaprun auch noch auf jüdische Arbeitskräfte. Beim Tauernkraftwerk existierten zwischen Anfang September und Ende Dezember 1939 mindestens zwei »*Judenlager*«. Interessanterweise war die jüdische Arbeitsgruppe nicht bewacht und hatte einen slowakischen Vorarbeiter. Nach dem Eintreffen des ersten größeren Transports polnischer Kriegsgefangener in Kaprun wurden die jüdischen Arbeiter wieder nach Wien zurückgebracht.[289]

Ab Oktober 1939, als nunmehr auf Grund der polnischen Kriegsgefangenen genügend Arbeitskräfte zur Verfügung standen, intensivierten sich die Baumaßnahmen. Die vorhandenen Unterkünfte wurden rücksichtslos über die vorgesehene Kapazität belegt, wie das bereits erwähnte Beispiel der im Lager Limbergalm inhaftierten polnischen Kriegsgefangenen zeigt. Zudem wurden die Baracken vorschriftsgemäß mit Stacheldraht eingezäunt, um etwaige Fluchtversuche zu verhindern, die auf Grund der abgelegenen, hochalpinen Lage von vornherein wenig Chancen auf Erfolg hatten.[290] Dennoch entschieden die Behörden am 20. Oktober 1939 eine Gendarmerieexpositur einzurichten und für die Zeit des Aufenthalts der Kriegsgefangenen zwei Gendarmeriebeamte in die Lager »Kaprunertörl« und »Limbergalm« zu beordern. Zum Leiter dieser Dienststelle wurde Josef Empl aus Bruck an der Glocknerstraße ernannt.[291]

Ursprünglich plante die Leitung der »*AEW*« auf Grund der widrigen Verhältnisse im Winter die Arbeiten an einigen besonders exponierten Bauabschnitten einzustellen. Im Jänner 1940 erklärte die Bauleitung jedoch davon abweichend, dass die Notwendigkeit bestünde, den größten Teil der Arbeitskräfte den Winter über auf der Baustelle zu behalten.[292] Im Frühjahr 1940 stieg der Ausländeranteil rasch an, denn nach den militärischen Erfolgen der deutschen Truppen an der Westfront wurden am 28. Juni 1940 tausend belgische Kriegsgefangene zum Arbeitseinsatz nach Kaprun geschickt. Ihnen folgten im Herbst dieses Jahres 357 Franzosen.[293] 1941 kamen überdies französische Juden zum Einsatz. Am 17. Juli 1941 waren es beispielsweise 20 jüdische Männer, die zum Einsatz für die »*Alpenelektrowerke*« nach Kaprun gebracht wurden.[294] Wie in allen Bereichen der Wirtschaft brachte es der kriegsbedingte, zunehmende Mangel an einheimischen Arbeitskräften mit sich, dass auch auf den Baustellen in Kaprun im verstärkten

---

288 Zit. n.: Reiter, Das Tauernkraftwerk (wie Anm. 278), S. 128–198, S. 141.

289 Gruner, Zwangsarbeit und Verfolgung (wie Anm. 211), S. 148–150.

290 Vgl. S. 38.

291 SLA, RSTH V/3 213.

292 SLA, RSTH V/3 196.

293 Hutter, Kaprun (wie Anm. 39), S. 107.

294 SLA, BH Zell am See, HB-Akten 1942, 213–15–1942; über das weitere Schicksal dieser jüdischen Arbeitskräfte ist nichts bekannt. Für die Gerüchte, dass sie noch in Kaprun ermordet wurden, konnten keine Beweise gefunden werden.

Maße auf Arbeitskräfte aus Polen bzw. aus den von den Deutschen besetzten Gebieten in Osteuropa zurückgegriffen wurde. Ein Beispiel dafür ist der aus Polen stammende Jan Trocinski. Der damals 17-Jährige zog 1943 in eine jener Baracken ein, die zuvor noch von Juden bewohnt gewesen waren. Die Baracke, in die Trocinski nach seiner Ankunft kam, bezeichnete er als derart verdreckt, dass sie desinfiziert werden musste. Die Arbeitsbedingungen waren äußerst hart, 14 Stunden täglich, ob Sommer oder Winter. Als Bekleidung erhielten sie einen dünnen Arbeitsmantel, der bei massiven Minusgraden nicht gegen die Kälte schützte. »*Damals sind besonders viele gestorben, vor allem die Älteren. Wir [bewegten] uns auf steilen Hängen, in Holzschuhen mit Holzsohle. Wenn man da einmal ausrutschte, war man weg. Die Jungen hielten sich noch irgendwie, obwohl auch das nicht immer gut ging … Es gab Stellen, wo man Leitern steigen musste, und diese Leitern waren vereist …*«[295] Als »*buntes Völkergemisch*« bezeichnete Dr. Klaus Pieper, seit 1941 Leiter der Baustelle am Mooserboden und ab 1943 zudem stellvertretender Betriebsführer der »Arge Tauernsperre«, die Arbeitskräfte aus ganz Europa in Kaprun. »*Größtenteils waren es Kriegsgefangene. Es gab aber auch mehr oder weniger freiwillige Zivilisten*«, so Pieper. »*Unter den 24 Nationen, die wir einmal auf der Gesamtbaustelle gezählt haben, waren noch 3 % Deutsche.*«[296]Ab 1941 kamen 200 russische Kriegsgefangene hinzu, mehrheitlich Offiziere, die bewusst im Gebirge eingesetzt wurden, denn in 2.000 m Höhe konnte die Verbindung zu den Landsleuten verhindert werden. »*Uns wurde gesagt, die Offiziere müßten entgegen dem Brauch arbeiten, weil deutsche gefangene Offiziere in Rußland auch arbeiten müßten.*«[297] Die Gefangenen, die aus fast allen unter deutscher Herrschaft stehenden Teilen Europas stammten, wurden mit der Materialseilbahn auf den Mooserboden befördert, danach folgte ein kilometerlanger Fußmarsch zu den Baracken. Viele der Russen, die ab 1941 nach Kaprun kamen, befanden sich körperlich in einem äußerst schlechten Zustand und mussten erst einer achttägigen so genannten »Liegekur« unterzogen werden, ehe sie zum Arbeitseinsatz fähig waren. Sogar Heinrich Himmler befahl 1942, dass zukünftig die Russen mehr Brot bekommen sollten – nicht aus Mitmenschlichkeit, sondern weil »*auch eine Maschine nur das zu leisten vermag, was ich ihr an Treibstoff zur Verfügung stelle*«.[298] Die meisten russischen Kriegsgefangenen wurden in regelmäßigen Abständen vom »*Stammlager Markt Pongau*« an die »*Alpenelektrowerke*« überstellt. Am 15. März 1942 ging beispielsweise ein derartiger Transport an das »*Arbeitskommando Nr. 27.002/Gw 155*« ab. Bedarfsträger waren in diesem Fall die »*AEW*« in Kaprun. Aus anderen Lagern wurden ebenfalls Russen nach Kaprun gebracht, so auch am 15. Juni 1942, als das Lager Hall-

295 Reinhard Engel / Joana Radzyner, Sklavenarbeit unterm Hakenkreuz. Die verdrängte Geschichte der österreichischen Industrie. Wien 1999, S. 226.

296 Dr. Pieper am 13. November 1991 in einem Brief an die Salzburger Nachrichten; dieses unveröffentlichte Schreiben wurde den Verfassern dankenswerterweise von Dr. Clemens M. Hutter zur Verfügung gestellt.

297 Brief von Dr. Pieper (wie Anm. 296).

298 Hutter, Kaprun (wie Anm. 39), S. 108.

wang 24 und das Lager Puch 25 Sowjets bereitstellte.[299] Zeitgenössischen Berichten zufolge gab es immer wieder »Schwierigkeiten« mit den Russen. Im August 1942 *»gingen in Kaprun über 100 Russen durch«* – sie versuchten also zu fliehen. Die Gendarmerie war tagelang beschäftigt, die Leute »einzufangen«. Die Behörden begründeten diesen Fluchtversuch damit, dass den Zwangsarbeitern ständig falsche Tatsachen vorgegaukelt worden waren. *»Die Ursache dieser Arbeitsunwilligkeit lag darin, dass nachgewiesenermaßen diesen Sowjetukrainern bei der Anwerbung Arbeitsbedingungen versprochen worden waren, die in keiner Art und Weise eingehalten wurden.«* Ehepaaren wurden sogar Wohnungen versprochen, die gemeinsam genutzt werden könnten. Die Wirklichkeit war aber eine andere, die Männer verrichteten ihre Arbeit am Mooserboden oder anderen höher gelegenen Lagern, während die Frauen im Gastgewerbe zum Einsatz kamen. Zum Teil wussten sie nicht einmal, wo sich ihre Partner aufhielten. *»Die Leute waren verzweifelt und das Ziel des Arbeitseinsatzes war nicht erreicht.«*[300]

Für die Nationalsozialisten stellte sich neben der schlechten Arbeitsmoral noch ein anderes Problem: Je mehr ausländische Arbeiter im Tal waren, umso wahrscheinlicher wurde der zwischenmenschliche Kontakt zur einheimischen Bevölkerung. Einer damals gängigen Praxis folgend,[301] ließen die Verantwortlichen auch für die Baustellen in Kaprun eine eigene Bordellbaracke errichten. Sie glaubten damit, sexuelle Beziehungen zwischen ausländischen Zwangsarbeitern und einheimischen Frauen unterbinden zu können. *»Durch den starken Einsatz fremdvölkischer Arbeiter ist die Errichtung so genannter Bordell-Baracken zum Schutz des Deutschen Blutes eine zwingende Notwendigkeit und von der Parteikanzlei angeordnet worden. Baubeginn im Dezember 1942, Dauer 6 Wochen.«*[302] Ob diese Baracken tatsächlich errichtet wurden, geht aus den vorhandenen Akten nicht mehr hervor.

Der kriegsbedingte Mangel an Baumaterial und Treibstoff führte zu ständigen Bauverzögerungen. Der Plan, den ersten Teilausbau des Kraftwerks im Spätherbst 1941 zu eröffnen, konnte nicht eingehalten werden. Die Geschäftsleitung wies in diesem Zusammenhang darauf hin, dass nur nach sofortiger Zuweisung von weiteren Arbeitskräften ein Vorankommen im Baugeschehen ermöglicht werden könne.[303] Geplanter Sollstand für 1942 waren im Sommer 4.000 und im Winter 2.000 Arbeitskräfte. Der tatsächliche Arbeiterstand im Jänner 1942 betrug lediglich 1.500.[304] Die Beschäftigtenzahl war nach An-

---

299 SLA, BH Zell am See, HB-Akten 1942, 213-15-1942.

300 Ebd., 431-4-1941.

301 *»Um immer wiederkehrendem unerwünschten Verkehr dieser ausländischen Arbeitskräfte mit deutschen Frauen entgegenzuwirken«* (Rundschreiben der Gauleitung, Linz, 27.12.1940) wurde auch für die in den »Reichswerken Hermann Göring« in Linz arbeitenden Tschechen, Slowaken, Bulgaren und Italiener in unmittelbarer Nähe des Werksgeländes, im März 1941, ein eigenes Bordell eröffnet; vgl.: Rafetseder, Ausländereinsatz (wie Anm. 205), S. 1164–1167.

302 SLA, BH Zell am See, Bauakten 1942, 1005-6-17.

303 SLA, RSTH I/2 21.

304 Reiter, Das Tauernkraftwerk (wie Anm. 288), S. 141–143.

sicht der Bauleitung auch im April 1942 zu niedrig, als insgesamt 1.529 Menschen für die »*AEW*« arbeiteten.

Graphik 20: »*AEW*«, Arbeiterstandsmeldung vom 15. April 1942 (SLA, BH Zell am See, HB-Akten 1943, 456-1-1943)

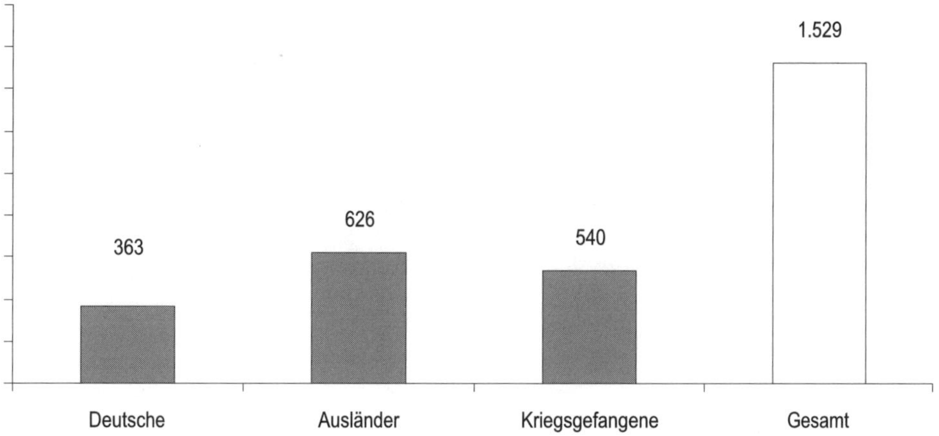

Die Bauleitung drängte wiederholt bei den zuständigen Arbeitsämtern auf mehr Unterstützung. In ihrer Argumentation berief sie sich auf die Nichtdurchführbarkeit zahlreicher Arbeiten, wenn ihr nicht die nötige Anzahl an Arbeitskräften bereitstünde. Auch an den Gauleiter wandte sich die »*AEW*« und forderte 2.500 Arbeiter. Falls nicht anders möglich, sollten »zumindest« tschechische und slowakische Arbeiter zugewiesen werden. Für den Sommer 1942 waren 1.400 weitere Arbeiter aus verschiedenen Nationen zugesagt, darunter eine größere Anzahl an Bulgaren und Franzosen. 1.500 weitere Russen wurden ebenfalls erwartet.[305] Die Beschäftigungskurve stieg bis zum Jahr 1943 noch an, doch die geforderte Zahl an Arbeitern wurde bei weitem nicht erreicht. Im Gegenteil, ab 1944 wurden den »*Alpenelektrowerken*« auf den Baustellen in Kaprun fast 2.000 Arbeitskräfte entzogen, was die Arbeiten nicht planmäßig vorankommen ließ. Bis 1943, die Arbeitszeit lag bei ca. 56 Stunden in der Woche, gingen die Arbeiten langsam, aber doch voran. Diese Situation änderte sich schlagartig, als britische Bomber am 17. Mai 1943 bei einem Luftangriff die Talsperre der Möhne im Ruhrgebiet zerstörten und bei der folgenden Flutwelle rund 1.200 Menschen – darunter mehr als die Hälfte sowjetische Zwangsarbeiter – ertranken. Daraufhin wurde der Bau der Talsperren in Kaprun gebremst und die »*AEW*« wichen auf ein Notprogramm aus.

305 SLA, BH Zell am See, HB-Akten 1943, 456-1-1943.

Graphik 21: Herkunft der in Kaprun eingesetzten zivilen ausländischen Arbeitskräfte 1939–1945 (vgl.: Reiter, Das Tauernkraftwerk (wie Anm. 288), S. 144)

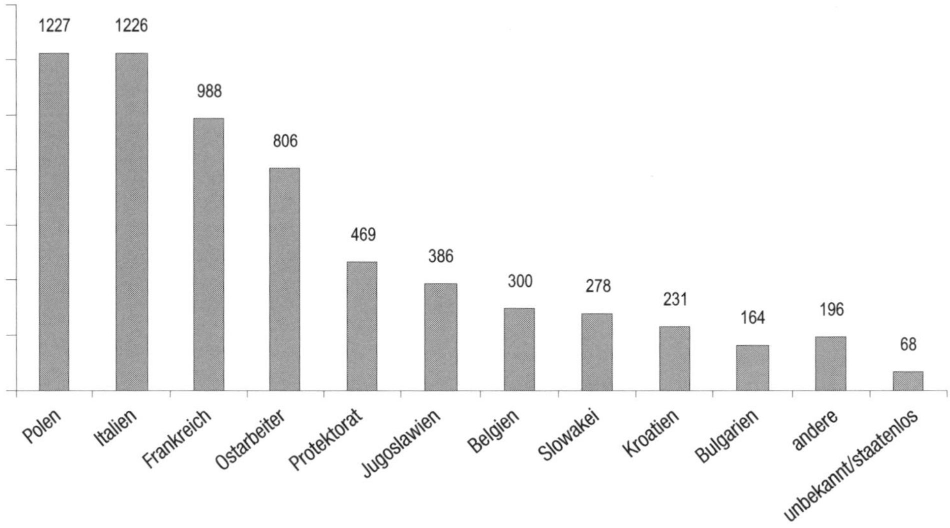

Ende 1944 kam es in Kaprun zur Einstellung nahezu aller Bauarbeiten. Als Folge dieses Baustopps wurden viele Zwangsarbeiter schon vor Kriegsende aus Kaprun abgezogen.[306] Am 9. Mai 1945 marschierten amerikanische Truppen in Kaprun ein und befreiten die verbliebenen Zwangsarbeiter. In Folge kam es zu Ausschreitungen und Plünderungen von Vorratslagern der »*AEW*« und von lokalen Lebensmittelhändlern.[307] Jene Zwangsarbeiter, die in den höher gelegenen Lagern untergebracht waren, bemerkten kaum etwas vom Kriegsende. Der Pole Trocinski berichtete, sie hätten sogar das Kriegsende versäumt, obwohl es ihnen auffallen hätte müssen, weil die gesamte Wachmannschaft verschwunden war. Die Angst saß aber so tief in den Knochen, dass sie sich nicht getraut hätten zu fliehen. »*Der Krieg war schon eine Woche zu Ende, als amerikanische Soldaten zu uns gelangten, angeführt von einem deutschen Wagen, auf dem eine weiße Fahne wehte. ›Der Krieg ist aus‹, sagten sie uns, ›ihr könnt ins Tal.‹*«[308]

Nach Kriegsende drängten die US-Besatzungsbehörden darauf, den Kraftwerksbau in Kaprun rasch wieder aufzunehmen. Um dem erneuten Arbeitermangel entgegenzuwirken, wurden bis Mai 1946 aus der sowjetischen und der amerikanischen Zone österreichische und deutsche Kriegsgefangene nach Kaprun gebracht, um die Arbeiten an den

306 Hutter, Kaprun (wie Anm. 39), S. 117–119.

307 Ebd., S. 119.

308 Engel / Radzyner, Sklavenarbeit (wie Anm. 295), S. 228.

Tauernwerken fortzusetzen. Das amerikanische Kriegsgefangenenlager Mauerkirchen in Oberösterreich war Ausgangspunkt für diesen Arbeitseinsatz. Am 17. Juni 1945 wurden Hunderte Deutsche und Österreicher auf LKWs verladen und nach Kaprun gebracht. »*Wir waren etwa 2000 Mann und dazu ausersehen, in das Chaos etwas Ordnung zu bringen. Wir 40 Offiziere wohnten (auf dem Wasserfallboden) in Baracken, die früher den Russen, Polen, Franzosen usw. als Unterkunft gedient hatten. Die Verpflegung war um ein Vielfaches schlechter als im Lager Mauerkirchen.*«[309]

Am 17. Juli 1946 wurde die als »deutsches Eigentum« geltende Baustelle in Kaprun treuhändisch der österreichischen Regierung überantwortet. Damit begann die Geschichte des Mythos von Kaprun und dessen Instrumentalisierung für die Bildung eines neuen Österreich-Bewusstseins in der Nachkriegszeit – freilich, ohne die Leistung Tausender Zwangsarbeiter in der NS-Zeit wäre die rasche Vollendung dieses Symbols des Wiederaufbaues nicht möglich gewesen.

f) Zwangsarbeiterlager im Überblick

Diese Auflistung bezieht sich vornehmlich auf Zwangsarbeiter, die in Lager untergebracht waren. Jene, die in der Landwirtschaft arbeiteten und daher am jeweiligen Bauernhof einquartiert waren, können hier nicht berücksichtigt werden. Gleiches gilt auch für relativ kleine Handwerks- und Gewerbebetriebe, bei denen in der Regel nur wenige ausländische Arbeitskräfte eingesetzt waren und es daher nicht zur Errichtung lagerähnlicher Unterkünfte kam.

Die in der Tabelle angeführten Jahresangaben beziehen sich auf die erste Erwähnung des Lagers – ein Umstand, der keine Rückschlüsse auf die tatsächliche Dauer des Bestehens zulässt. Die genannten Belagszahlen für die Lager entsprechen nicht immer der tatsächlichen Anzahl der untergebrachten Zwangsarbeiter, da es oftmals zu Überbelegungen kam, die in den zitierten Quellen zumeist nicht erwähnt werden.

Das Fehlen von Archivalien des Landkreises Tamsweg im Salzburger Landesarchiv hat zur Folge, dass für Zwangsarbeiterlager im Lungau keine Quellenbelege aufgefunden werden konnten. Da sich die Situation nicht wesentlich von anderen Gebirgsgauen des heutigen Bundeslandes Salzburg unterschieden hat, kann davon ausgegangen werden, dass es auch im Lungau Zwangsarbeiterlager gegeben hat. Es kann aus der Situation in den anderen Landkreisen darauf geschlossen werden, dass das Gros der Zwangsarbeiter auch hier in der Landwirtschaft eingesetzt war.

Auf Grund der nur noch sehr lückenhaft vorhandenen Aufzeichnungen kann die nachfolgende Übersicht nicht vollständig sein. Vielmehr soll sie einen Eindruck vom weit verzweigten Netz von Lagern im Bereich der zivilen Zwangsarbeiter vermitteln.

---

309 Hutter, Kaprun (wie Anm. 39), S. 122/123.

Tabelle 17: Zwangsarbeiter-Lager im *»Reichsgau Salzburg«*

Gemeinde	Nähere Bezeichnung	Einsatzort	Zahl	Jahr
Abtenau[310]	Lindental	Steinbruch Duftholz	40	1942
Anif[311]	Fa. »Sager & Woerner«	Bauwirtschaft	50	1939
Annaberg i. Lt.[312]	Gemeinde Annaberg	Bauwirtschaft	?	1942
Bad Gastein-Böckstein[313]	Reichsbahnlager	Reichsbahn	48	1944
Bad Gastein-Böckstein[314]	»Gewerkschaft Radhausberg«	Bergbau	50	1940
Bischofshofen[315]	»Holzbauwerke Adolf Simanke«	Bauwirtschaft	200	1942
Bischofshofen[316]	Thiersattel-Spöcker	Straßenbau	144	1939
Bischofshofen[317]	Durchgangslager	Reichsbauverwaltung	?	1942
Bischofshofen[318]	Reichsbahnlager	Reichsbahn	150	1941
Bischofshofen[319]	Pöham	Reichsbahn	150	1942
Bischofshofen-Mitterberghütten[320]	»Union Baugesellschaft Arthurwerke Mitterberghütten«	Bergbau	20	1940
Bischofshofen-Mitterberghütten[321]	»Arge Zimmermann, Bittner, Franzmair«	Bauwirtschaft	25	1944
Bischofshofen-Mitterberghütten[322]	Fa. »Daniek & Schrittwieser«	Bauwirtschaft	30	1940
Bruck a. d. Gstr.[323]	Reichswasserwirtschafts-verwaltung	Straßenbau	144	1940
Bruck a. d. Gstr.[324]	?	Straßenbau	?	1941
Dienten a. Hkg.[325]	Reichswasserwirtschafts-verwaltung	Wildbachverbauung	19	1943

310 SLA, RSTH V/1 191.
311 SLA, BH Salzburg Umgebung 1939/44, 3493/26.
312 SLA, BH Hallein, Bauakten Gemeinde Annaberg.
313 SLA, Landrat Pongau, 1944, 3405/28.
314 Ebd., 1940, 3400/1.
315 Ebd., 1942, 200/26.
316 SLA, RSTH V/b 15.
317 SLA, Landrat Pongau, 1942, 200/1–82.
318 Ebd., 1945, Sonderfaszikel 1940–1945.
319 Ebd., 1945, Sonderfaszikel 1940–1945.
320 Ebd., 1940, 4300b/52.
321 Ebd., 1945, Sonderfaszikel 1940–1945.
322 SGKK, Mitgliederverzeichnis Daniek & Schrittwieser.
323 SLA, RSTH I/3 153.
324 SLA, BH Zell am See, HB-Akten 1943, 456-1-1943.
325 Ebd., Bauakten 1942, 456-1-1943.

Gemeinde	Nähere Bezeichnung	Einsatzort	Zahl	Jahr
Elixhausen[326]	?	Landwirtschaft	?	?
Elsbethen[327]	Architekt Fruhstorfer	Eigenbedarf	75	1941
Elsbethen[328]	Baulager Glasenbach	Kasernenbau	37	1940
Filzmoos[329]	Forstamt Eben	Forstwirtschaft	?	1942
Forstau[330]	Gemeinde Forstau	Forstwirtschaft	20	1944
Fusch a. d. Gstr.[331]	Asbest und Talkbau	Bergbau	?	1940
Fusch a. d. Gstr.[332]	Fa. »A. Porr«	Bauwirtschaft	40	1943
Fusch a. d. Gstr.-Naßfeld[333]	Großglockner-Hochalpenstraßen AG	Straßenerhalt	71	Ab 1943
Golling a. d. Salzach Pass Lueg[334]	Organisation Speer	Bauwirtschaft	?	1944
Grödig-Glanegg[335]	Lager Glanegg	Reichsautobahnbau	750	1939
Hallein[336]	Lager Griesrechen	?	?	?
Hallein-Au[337]	Au-Kaltenhausen	Landwirtschaft	?	1943
Hof b. Sbg.[338]	Reichsstraßenverwaltung	Straßenbau	144	1942
Kaprun[339]	Bauleitung	AEW-Kraftwerksbau	14	1943
Kaprun[340]	»Arge Tauernsperre«	AEW-Kraftwerksbau	91	1943
Kaprun[341]	»Union Baugesellschaft«	AEW-Kraftwerksbau	165	1943
Kaprun[342]	Fa. »Bacher«	AEW-Kraftwerksbau	113	1943
Kaprun[343]	Fa. »Hinteregger & Fischer«	AEW-Kraftwerksbau	97	1943

326 Robert Wintersteiger / Gertraud Lürzer (Hrsg.), Chronik der Gemeinde Elixhausen. Elixhausen 1991, S. 136.
327 SLA, BH Salzburg-Umgebung, 1941, 216/5.
328 Ebd., 1939/44, 3493/4.
329 SLA, RSTH V/2 189.
330 SLA, Landrat Pongau, 1945, Sonderfaszikel 1940–1945.
331 SLA, BH Zell am See, Bauakten 1943, 1005–5–1.
332 Ebd., Bauakten 1943/44, 1001–8–1943.
333 SLA, Landrat Pongau, 1945, Sonderfaszikel 1940–1945.
334 Robert Hoffmann / Erich Urbanek (Hrsg.), Golling. Geschichte einer Salzburger Marktgemeinde. Golling 1991, S. 212.
335 Geschichte Grödig (wie Anm. 150), S. 238.
336 SLA, Zwangsarbeiteranfrage 926/2002.
337 SLA, RSTH IV/d 606.
338 SLA, RSTH V/1 191.
339 SLA, BH Zell am See, HB-Akten 1943, 456-1-1943.
340 Ebd.
341 Ebd.
342 Ebd.
343 Ebd.

Gemeinde	Nähere Bezeichnung	Einsatzort	Zahl	Jahr
Kaprun[344]	Lager Bürg	AEW-Kraftwerksbau	200	1939
Kaprun[345]	Lager Ebenwald	AEW-Kraftwerksbau	?	1939
Kaprun[346]	Lager Ebmatten	AEW-Kraftwerksbau	700	1939
Kaprun[347]	Lager Grubbach	AEW-Kraftwerksbau	200	1939
Kaprun[348]	Lager Häusl Alm	AEW-Kraftwerksbau	?	1939
Kaprun[349]	Kaprunertörl	AEW-Kraftwerksbau	130	1939
Kaprun[350]	Kesselfall	AEW-Kraftwerksbau	130	1939
Kaprun[351]	Limbergalm	AEW-Kraftwerksbau	150	1939
Kaprun[352]	Mayereinöden	AEW-Kraftwerksbau	?	1939
Kaprun[353]	Maiskogel	AEW-Kraftwerksbau	200	1939
Kaprun[354]	Mooserboden	AEW-Kraftwerksbau	50	1939
Kaprun[355]	Sigmund-Thun-Klamm	AEW-Kraftwerksbau	300	1939
Kaprun[356]	Wasserfallboden	AEW-Kraftwerksbau	?	1944
Kaprun[357]	Wüstelau	AEW-Kraftwerksbau	?	1938
Kaprun[358]	Zeferet Alm	AEW-Kraftwerksbau	200	1939
Koppl[359]	Guggenthal	Nesselgraben	?	1939
Köstendorf-Weng[360]	?	Eisbachregulierung	25	?
Lend[361]	»Salzburger Aluminium-Ges. m. b. H.«	Metallwirtschaft	60	1941
Lend[362]	Fa. »Franz Heinrich«	Bauwirtschaft	11	1943

344 SLA, RSTH V/3 228.
345 Ebd.
345 Ebd.
347 Ebd.
348 Ebd.
349 Ebd.
350 Ebd.
351 Ebd.
352 Ebd.
353 Ebd.
354 Ebd.
355 Ebd.
356 Ebd.
357 Ebd.
358 Ebd.
359 SLA, RSTH V/b 15.
360 SLA, RSTH V/1 191.
361 SLA, BH Zell am See, Bauakten 1942, 456-1-1943.
362 Ebd.

Gemeinde	Nähere Bezeichnung	Einsatzort	Zahl	Jahr
Lend[363]	Fa. »Wayss & Freytag«	Bauwirtschaft	17	1943
Lofer[364]	Fa. »Menis«	Marmorbruch	110	1943
Maria Alm a. StM.-Alm[365]	»Deutsche Magnesit A.G.«	Bergbau	200	1943
Mittersill[366]	Innergschlöss	Tauernkraftwerk	?	1940
Mittersill[367]	Deutsche Wehrmacht	Heeresversuchsstelle	40	1942
Mittersill[368]	Fa. »Vianova-Raubal«	Bauwirtschaft	36	1943
Mittersill[369]	Lager Naßfeld	Heerersversuchsstelle	?	April 1942
Mittersill-Pass Thurn[370]	Reichsstraßenverwaltung	Straßenbau	120	1942
Mühlbach a. Hkg.[371]	Deutscher Kupferbergbau	Bergbau	50	1941
Mühlbach a. Hkg.[372]	Bauunternehmen Franz Heinrich	Bauwirtschaft	19	1942
Neukirchen a. Grv.[373]	Lager Bahnhof	Pinzgauer Lokalbahn	10	Juni 1942
Niedernsill-Lengdorf[374]	Pinzgauer Reichsstraße	Straßenbau	?	1939
Piesendorf[375]	Fa. »Hochbau Leonhard Moll«	Bauwirtschaft	107	1943
Piesendorf-Walchen[376]	Reichsstraßenlager	Straßenbau	280	ab 1939?
Puch b. Hallein[377]	Reichsautobahnlager	Straßenbau	?	1940
Puch b. Hallein[378]	»Eugen-Grill-Werke«	Rüstungsindustrie	25	1940
Puch b. Hallein[379]	»Eugen-Grill-Werke«	Rüstungsindustrie	ca. 1.000	ab 1942

363 SLA, BH Zell am See, Bauakten 1942, 456-1-1943.
364 Ebd., HB-Akten 1943, 456-1-1943.
365 Ebd., Bauakten 1943, 1005-18-238.
366 SLA, RSTH V/3 181.
367 SLA, BH Zell am See, HB-Akten 1942, 213-15-1943.
368 Ebd., Bauakten 1942, 456-1-1943.
369 Ebd., HB-Akten 1942, 213-1-42.
370 SLA, RSTH V/1 191.
371 SLA, BH Zell am See, HB-Akten 1942, 213-15-1942.
372 Ebd.
373 Ebd.
374 SLA, RSTH V/b 15.
375 SLA, BH Zell am See, Bauakten 1942, 456-1-1943.
376 SLA, RSTH V/b 17.
377 SLA, Landesamt für Umsiedlung, 1942/3026/45.
378 25 polnische Arbeitskräfte aus Łódź (Litzmannstadt); Beilage vom 15.11.1940 zum Lagebericht für das KTB der Rüstungsinspektion XVIII; BA-MA RW 20–18/26.
379 SLA, Landesamt für Umsiedlung, 1942/3026/45.

Gemeinde	Nähere Bezeichnung	Einsatzort	Zahl	Jahr
Puch b. Hallein[380]	Steinbruch	Straßenbau	30	1942
Ramingstein-Kendlbruck[381]	?	Landwirtschaft	?	ab 1940
Rauris[382]	»Aufbaugenossenschaft«	Landwirtschaft	35	1942
Rauris-Wörth[383]	»Aufbaugenossenschaft«	Landwirtschaft	60	1942
Saalfelden a. StM.[384]	»Magnesitwerk Josef Weilguny«	Bergbau	30	1942
Saalfelden a. StM.[385]	Lager Bürgerau	?	?	1940
Saalfelden a. StM.[386]	Fa. »Riepl«	Bauwirtschaft	16	1943
Salzburg[387]	Elisabethstraße	Reichsbahn	?	Ende 1941
Salzburg[388]	Fa. »Rosenberger«	Bauwirtschaft	560	?
Salzburg-Itzling[389]	?	Reichsbahn	?	1942
Salzburg-Itzling[390]	Mayburger-Kai / Erzherzog-Eugen-Straße	Durchgangslager	?	1943
Salzburg-Itzling[391]	?	?	?	1943
Salzburg-Liefering[392]	Lager Flughafen	Umbau Schloss Kleßheim	300	1940
Salzburg-Maxglan[393]	Aiglhof	Rauchmühle	200	1942
Salzburg-Maxglan[394]	ehemaliges RAD-Lager	Glanregulierung	55	1939/1940

380 SLA, RSTH V/1 191.

381 Klaus Heitzmann, Die Wiesen wurden buchstäblich kahlgefressen. Kriegs- und frühe Nachkriegszeit im Lungau. Teil 1 u. 2. In: Salzburg in Geschichte & Politik, Mitteilungen der Dr.-Hans-Lechner-Forschungsgesellschaft, 9. Jg., Heft 2/3-A u. B, Salzburg 1999, S. 117.

382 SLA, RSTH IV/d 310/1942.

383 Ebd.

384 SLA, BH Zell am See, Bauakten 1943, 1005-94-1943.

385 SLA, RSTH V/3.

386 SLA, BH Zell am See, HB-Akten 1943, 456-1-1943.

387 SLA, RSTH V/2 99.

388 SGKK, Verzeichnis Firma Rosenberger.

389 SLA, RSTH V/2 66.

390 SLA, RSTH V/2 140.

391 SLA, RSTH Kleßheim 116.

392 SLA, RSTH Kleßheim 115.

393 SLA, Landesamt für Umsiedlung, Maxglan.

394 SLA, RSTH V/1 191.

Gemeinde	Nähere Bezeichnung	Einsatzort	Zahl	Jahr
Salzburg-Mülln[395]	Rumänenlager Augustinergasse (Brauerei)	?	?	?
Salzburg-Parsch[396]	Lager Volksgarten	Bau der Staatsbrücke	280	?
Salzburg-Schall-moos[397]	Vogelweiderstraße	Reichspost	?	1941
Schwarzach i. Pg.[398]	Ostarbeiterlager	Reichsbahn	150	?
St. Johann i. P. (damals Markt Pongau)[399]	»Holzbauwerke Adolf Simanke«	Bauwirtschaft	?	1939
St. Johann i. Pg.-Einöden[400]	Elektrizitätswerk	Energiewirtschaft	?	1940
St. Koloman[401]	?	Arbeiten für die Gemeinde	?	Juli 1942
St. Martin a. Tg.[402]	?	?	10	bis 1941
St. Martin a. Tg.[403]	?	?	25	1942
St. Martin a. Tg.[404]	Wagrainer Straße	?	30	1942
St. Martin a. Tg.[405]	Dientner Straße	?	30	1942
St. Martin b. Lofer[406]	»Universale Hoch- und Tiefbau«	Bauarbeiten	26	1941, 1943
St. Michael i. Lg.[407]	Katschberg	Straßenbau	?	?
Tamsweg[408]	verschiedene Unterkünfte	Landwirtschaft, Handwerk, Gewerbe	166	1939–1945
Uttendorf[409]	Neubauamt, Krafthaus	Reichsbahn	156	?

395 Oskar Dohle, Bearbeitung von Entschädigungsanträgen ehemaliger NS-Zwangsarbeiter. In: Hubert Schopf, Tätigkeitsbericht des Salzburger Landesarchivs für das Jahr 2000. MGSLK 141, Salzburg 2001, S. 434–438, S. 437.

396 SLA, RSTH V/1 191.

397 SLA, RSTH V/2 101.

398 SLA, Landrat Pongau, 1945, Sonderfaszikel 1940–1945.

399 Ebd., 1939, 3571/1939.

400 SLA, Landrat Pongau, 1940, 1a/108.

401 SLA, BH Hallein, Bauakten 1939–1945, Bauakte St. Koloman.

402 SLA, RSTH V/1 191.

403 Ebd.

404 Ebd.

405 Ebd.

406 SLA, BH Zell am See, HB-Akten 1943, 456-1-1943. 1943 waren es rund 40 Zwangsarbeiter.

407 SLA, Zwangsarbeiteranfrage 926/2003.

408 Heitzmann, Lungau (wie Anm. 381), S. 117.

409 SLA, BH Zell am See, Bauakten 1942, 456-1-1943.

Gemeinde	Nähere Bezeichnung	Einsatzort	Zahl	Jahr
Uttendorf-Stubachtal[410]	Enzingerboden	Reichsbahn-Kraftwerksbau	?	1939–1942
Uttendorf-Stubachtal[411]	Fellern	Reichsbahn-Kraftwerksbau	?	1940?
Uttendorf-Stubachtal[412]	Schneiderau	Reichsbahn-Kraftwerksbau	?	1939–1945
Uttendorf-Stubachtal[413]	Tauernmoos	Reichsbahn-Kraftwerksbau	?	1939–1945
Uttendorf-Stubachtal[414]	Weißsee	Stollenbau	?	1939–1942[415]
Uttendorf-Stubachtal[416]	Wiesen	Reichsbahn-Kraftwerksbau	?	1939
Uttendorf-Stubachtal[417]	Wirtenbach	Reichsbahn-Kraftwerksbau	?	1939
Werfen-Sulzau[418]	»Konkordiahütte«	Rüstungsindustrie	?	1940
Werfen-Sulzau[419]	»Konkordiahütte«	Rüstungsindustrie	184	1944
Werfen-Sulzau[420]	Lager Stegenwald, Fa. »Vianova-Raubal«	Straßenbau	?	1941
Zell a. S.-Bruckberg[421]	Arbeiterlager d. »Entwässerungs-genossenschaft Bruck-Zellermoos«	Infrastrukturmaßnahmen f. d. Landwirtschaft	60	1939
Zell a. S.-Bruckberg[422]	Auffanglager	Landwirtschaft	180	1939

4. Von Kriegsgefangenen geleistete Zwangsarbeit

Die folgenden Ausführungen können keine umfassende Darstellung des Themenkomplexes Kriegsgefangene im Bundesland Salzburg während des Zweiten Weltkrieges sein,

410 SLA, BH Zell am See, HB-Akten 1943, 456-1-1943.
411 Ebd.
412 Ebd.
413 Ebd.
414 Ebd.
415 Ab Frühjahr 1943 war das Lager Weißsee ein Außenlager das KZ Dachau. Von da an waren keine »Zivilarbeiter« mehr im Arbeitseinsatz.
416 SLA, BH Zell am See, HB-Akten 1943, 456-1-1943.
417 Ebd.
418 SLA, Landrat Pongau, 1945, Sonderfaszikel 1940–1945.
419 Ebd.
420 SLA, Landrat Pongau, 1941, 3405–3500.
421 SLA, RSTH V/3 53.
422 Ebd.

da dies den Rahmen der vorliegenden Untersuchung sprengen würde. Es werden daher, abgesehen von den völkerrechtlichen Voraussetzungen, nur einige Teilaspekte näher erörtert, um einen Einblick in die Lebens- und Arbeitsbedingungen dieser ebenfalls zwangsweise eingesetzten Arbeitskräfte zu vermitteln. Besonderes Augenmerk wurde in diesem Zusammenhang auf die lagermäßig untergebrachten Kriegsgefangenen gelegt.

a) Völkerrechtliche Voraussetzungen

Bereits das anlässlich der 1. Haager Friedenskonferenz unterzeichnete »*Übereinkommen vom 29. Juli 1899 betreffend die Gesetze und Gebräuche des Landkrieges*« (»II. Übereinkommen der Haager Friedenskonferenz«) regelte in völkerrechtlich verbindlicher Form die Behandlung von Kriegsgefangenen.[423] Auch das damalige Deutsche Kaiserreich erkannte dieses Vertragswerk an.

Das »*Übereinkommen vom 18. Oktober 1907 betreffend die Gesetze und Gebräuche des Landkrieges*« (»IV. Übereinkommen der II. Haager Friedenskonferenz«), das ebenfalls vom Deutschen Kaiserreich anerkannt wurde, bestätigt bezüglich der Behandlung von Kriegsgefangenen die 1899 geschlossene Vereinbarung. In einigen, wenigen Details weicht es jedoch vom ursprünglichen Text ab und spezifiziert die in der ersten Haager Friedenskonferenz festgelegten Bestimmungen.[424] Somit wird dieses Vertragswerk zum zentralen Dokument für die Behandlung von Kriegsgefangenen, das auch von den wichtigsten Krieg führenden Mächten des Zweiten Weltkrieges bzw. deren Nachfolgestaaten anerkannt wurde. Das zweite Kapitel des ersten Abschnittes, die Artikel 4–20, legen zum Thema Kriegsgefangene Folgendes fest:[425]

Kriegsgefangene.

Artikel 4.

Die Kriegsgefangenen unterstehen der Gewalt der feindlichen Regierung, aber nicht der Gewalt der Personen oder der Abteilungen, die sie gefangen genommen haben.

Sie sollen mit Menschlichkeit behandelt werden.

Alles, was ihnen persönlich gehört, verbleibt ihr Eigentum mit Ausnahme von Waffen, Pferden und Schriftstücken militärischen Inhalts.

---

423 1. Abschnitt, 2. Kapitel (Artikel 4–20); zit. n.: RGBl. für die im Reichsrate vertretenen Königreiche und Länder Nr. 174/1913. An dieser Stelle sei Fr. Univ.-Ass. Dr. Gudrun Zagl für die überaus hilfreiche Beratung bei der Erstellung des Kapitels betreffend die völkerrechtlichen Voraussetzungen gedankt.

424 Die Rahmenbedingungen für den Arbeitseinsatz von Kriegsgefangenen (1. Abschnitt, 2. Kapitel, Artikel 6) blieben jedoch unverändert.

425 Zit. n.: RGBl. Nr. 180/1913.

Artikel 5.

Die Kriegsgefangenen können in Städten, Festungen, Lagern oder an anderen Orten untergebracht werden mit der Verpflichtung, sich nicht über eine bestimmte Grenze hinaus zu entfernen; dagegen ist ihre Einschließung nur statthaft als unerläßliche Sicherungsmaßregel und nur während der Dauer der diese Maßregel notwendig machenden Umstände.

Artikel 6.

Der Staat ist befugt, die Kriegsgefangenen mit Ausnahme der Offiziere nach ihrem Dienstgrad und nach ihren Fähigkeiten als Arbeiter zu verwenden. Diese Arbeiten dürfen nicht übermäßig sein und in keiner Beziehung zu den Kriegsunternehmungen stehen.

Den Kriegsgefangenen kann gestattet werden, Arbeiten für öffentliche Verwaltungen oder für Privatpersonen oder für ihre eigene Rechnung auszuführen.

Arbeiten für den Staat werden nach den Sätzen bezahlt, die für Militärpersonen des eigenen Heeres bei Ausführung der gleichen Arbeiten gelten, oder, falls solche Sätze nicht bestehen, nach einem Satze, wie er den geleisteten Arbeiten entspricht.

Werden die Arbeiten für Rechnung anderer öffentlicher Verwaltungen oder für Privatpersonen ausgeführt, so werden die Bedingungen im Einverständnisse mit der Militärbehörde festgestellt.

Der Verdienst der Kriegsgefangenen soll zur Besserung ihrer Lage verwendet und der Überschuß nach Abzug der Unterhaltungskosten ihnen bei der Freilassung ausgezahlt werden.

Artikel 7.

Die Regierung, in deren Gewalt sich die Kriegsgefangenen befinden, hat für ihren Unterhalt zu sorgen.

In Ermangelung einer besonderen Verständigung zwischen den Kriegführenden sind die Kriegsgefangenen in Beziehung auf Nahrung, Unterkunft und Kleidung auf demselben Fuße zu behandeln wie die Truppen der Regierung, die sie gefangen genommen hat.

Artikel 8.

Die Kriegsgefangenen unterstehen den Gesetzen, Vorschriften und Befehlen, die in dem Heere des Staates gelten, in dessen Gewalt sie sich befinden. Jede Unbotmäßigkeit kann mit der erforderlichen Strenge geahndet werden.

Entwichene Kriegsgefangene, die wieder ergriffen werden, bevor es ihnen gelungen ist, ihr Heer zu erreichen, oder bevor sie das Gebiet verlassen haben, das von den Truppen, welche sie gefangen genommen hatten, besetzt ist, unterliegen disziplinarischer Bestrafung.

Kriegsgefangene, die nach gelungener Flucht von neuem gefangen genommen werden, können für die frühere Flucht nicht bestraft werden.

Artikel 9.

Jeder Kriegsgefangene ist verpflichtet, auf Befragen seinen wahren Namen und Dienstgrad anzugeben; handelt er gegen diese Vorschrift, so können ihm die Vergünstigungen, die den Kriegsgefangenen seiner Klasse zustehen, entzogen werden.

Artikel 10.

Kriegsgefangene können gegen Ehrenwort freigelassen werden, wenn die Gesetze ihres Landes sie dazu ermächtigen; sie sind alsdann bei ihrer persönlichen Ehre verbunden, die übernommenen Verpflichtungen sowohl ihrer eigenen Regierung als auch dem Staate gegenüber, der sie zu Kriegsgefangenen gemacht hat, gewissenhaft zu erfüllen.

Ihre Regierung ist in solchem Falle verpflichtet, keinerlei Dienste zu verlangen oder anzunehmen, die dem gegebenen Ehrenworte widersprechen.

Artikel 11.

Ein Kriegsgefangener kann nicht gezwungen werden, seine Freilassung gegen Ehrenwort anzunehmen; ebensowenig ist die feindliche Regierung verpflichtet, dem Antrag eines Kriegsgefangenen auf Entlassung gegen Ehrenwort zu entsprechen.

Artikel 12.

Jeder gegen Ehrenwort entlassene Kriegsgefangene, der gegen den Staat, dem gegenüber er die Ehrenverpflichtung eingegangen ist, oder gegen dessen Verbündete die Waffen trägt und wieder ergriffen wird, verliert das Recht der Behandlung als Kriegsgefangener und kann vor Gericht gestellt werden.

Artikel 13.

Personen, die einem Heere folgen, ohne ihm unmittelbar anzugehören, wie Kriegskorrespondenten, Zeitungsberichterstatter, Marketender und Lieferanten, haben, wenn sie in die Hand des Feindes geraten und diesem ihre Festhaltung zweckmäßig erscheint, das Recht auf Behandlung als Kriegsgefangene, vorausgesetzt, daß sie sich im Besitz eines Ausweises der Militärbehörde des Heeres befinden, das sie begleiten.

Artikel 14.

Beim Ausbruche der Feindseligkeiten wird in jedem der kriegführenden Staaten und eintretenden Falles in den neutralen Staaten, die Angehörige eines der Kriegführenden in ihr Gebiet aufgenommen haben, eine Auskunftstelle über die Kriegsgefangenen errichtet. Diese ist berufen, alle die Kriegsgefangenen betreffenden Anfragen zu beantworten, und erhält von den zuständigen Dienststellen alle Angaben über die Unterbringung und deren Wechsel, über Freilassungen gegen Ehrenwort, über Austausch, über Entweichungen, über Aufnahme in die Hospitäler und über Sterbefälle sowie sonstige Auskünfte, die nötig sind, um über jeden Kriegsgefangenen ein Personalblatt anzulegen und auf dem laufenden zu erhalten. Die Auskunftstelle verzeichnet auf diesem Personalblatte die Matrikelnummer, den Vor- und Zunamen, das Alter, den Heimatort, den Dienstgrad, den Truppenteil, die Verwundungen, den Tag und Ort der Gefangennahme, der Unterbringung, der Verwundungen und des Todes sowie alle besonderen Bemerkungen. Das Personalblatt wird nach dem Friedensschlusse der Regierung des anderen Kriegführenden übermittelt.

Die Auskunftstelle sammelt ferner alle zum persönlichen Gebrauche dienenden Gegenstände, Wertsachen, Briefe u. s. w., oder von den gegen Ehrenwort entlassenen, ausgetauschten, entwichenen oder in Hospitälern oder Feldlazaretten gestorbenen Kriegsgefangenen hinterlassen werden, und stellt sie den Berechtigten zu.

Artikel 15.

Die Hilfsgesellschaften für Kriegsgefangene, die ordnungsmäßig nach den Gesetzen ihres Landes gebildet worden sind und den Zweck verfolgen, die Vermittler der mildtätigen Nächstenhilfe zu sein, erhalten von den Kriegführenden für sich und ihre ordnungsmäßig beglaubigten Agenten jede Erleichterung innerhalb der durch die militärischen Erfordernisse und die Verwaltungsvorschriften gezogenen Grenzen, um ihre menschenfreundlichen Bestrebungen wirksam ausführen zu können. Den Delegierten dieser Gesellschaften kann auf Grund einer ihnen persönlich von der Militärbehörde erteilten Erlaubnis und gegen die schriftliche Verpflichtung, sich allen von dieser etwa erlassenen Ordnungs- und Polizeivorschriften zu fügen, gestattet werden, Beihilfen an den Unterbringungsstellen sowie an den Rastorten der in die Heimat zurückkehrenden Gefangenen zu verteilen.

Artikel 16.

Die Auskunftstellen genießen Portofreiheit. Briefe, Postanweisungen, Geldsendungen und Postpakete, die für die Kriegsgefangenen bestimmt sind oder von ihnen abgesandt werden, sind sowohl im Lande der Aufgabe, als auch im Bestimmungsland und in den Zwischenländern von allen Postgebühren befreit.

Die als Liebesgaben und Beihilfen für Kriegsgefangene bestimmten Gegenstände sind von allen Eingangszöllen und anderen Gebühren sowie von den Frachtkosten auf Staatseisenbahnen befreit.

Artikel 17.

Die gefangenen Offiziere erhalten dieselbe Besoldung, wie sie den Offizieren gleichen Dienstgrads in dem Lande zusteht, wo sie gefangen gehalten werden; ihre Regierung ist zur Erstattung verpflichtet.

Artikel 18.

Den Kriegsgefangenen wird in der Ausübung ihrer Religion mit Einschluß der Teilnahme am Gottesdienste volle Freiheit gelassen unter der einzigen Bedingung, daß sie sich den Ordnungs- und Polizeivorschriften der Militärbehörde fügen.

Artikel 19.

Die Testamente der Kriegsgefangenen werden unter denselben Bedingungen entgegengenommen oder errichtet wie die der Militärpersonen des eigenen Heeres.

Das gleiche gilt für die Sterbeurkunden sowie für die Beerdigung von Kriegsgefangenen, wobei deren Dienstgrad und Rang zu berücksichtigen ist.

Artikel 20.

Nach dem Friedensschlusse sollen die Kriegsgefangenen binnen kürzester Frist in ihre Heimat entlassen werden.

In der *»III. Genfer Konvention«*, im *»Abkommen über die Behandlung von Kriegsgefangenen«*, vom 27. Juli 1929 erfuhr die »Haager Landkriegsordnung« von 1907 eine Ergänzung.[426]

426 Im IV. Genfer Abkommen von 1949 bzw. im Zusatzabkommen von 1977 wurden dann jene völkerrecht-

Auch aus den Erfahrungen des Ersten Weltkrieges, der alle Krieg führenden Staaten mit einer bis dato unvorstellbaren Zahl von Kriegsgefangenen über einen vergleichsweise langen Zeitraum konfrontierte, wurden in nunmehr 88 Artikeln die Rechte und Pflichten dieser Personengruppe festgelegt. Auch das Ende der 20er Jahre noch demokratische Deutschland trat diesem Abkommen bei.

Von besonderem Interesse für die vorliegende Untersuchung sind jene Bestimmungen, die die Modalitäten des Arbeitseinsatzes von Kriegsgefangenen näher definieren:[427]

Dritter Abschnitt.

Arbeit der Kriegsgefangenen.

Erstes Kapitel.

Allgemeines.

Artikel 27. Die Kriegführenden können die gesunden Kriegsgefangenen, ausgenommen Offiziere und Gleichgestellte, je nach Dienstgrad und Fähigkeiten als Arbeiter verwenden.

Wenn Offiziere oder Gleichgestellte eine ihnen zusagende Arbeit verlangen, ist sie ihnen, soweit als möglich, zu verschaffen.

Die kriegsgefangenen Unteroffiziere können nur zum Aufsichtsdienst herangezogen werden, es sei denn, sie verlangten ausdrücklich eine entgeltliche Beschäftigung.

Die Kriegführenden sind verpflichtet, den durch Arbeitsunfälle zu Schaden gekommenen Kriegsgefangenen während der ganzen Dauer der Gefangenschaft die Bestimmungen zugute kommen zu lassen, die nach der Gesetzgebung des Gewahrsamsstaats auf die Arbeiter derselben Kategorie anwendbar sind. Bezüglich der Kriegsgefangenen, auf die diese gesetzlichen Bestimmungen auf Grund der Gesetzgebung des Gewahrsamsstaats nicht angewendet werden können, verpflichtet sich der Gewahrsamsstaat, seiner gesetzgebenden Körperschaft alle geeigneten Maßnahmen behufs angemessener Entschädigung der Unfallverletzten zu empfehlen.

Zweites Kapitel.

Organisation der Arbeit.

Artikel 28. Der Gewahrsamsstaat übernimmt die volle Verantwortung für Unterhalt, Versorgung, Behandlung und Entlohnung der Kriegsgefangenen, wenn sie für die Rechnung von Privatpersonen arbeiten.

Artikel 29. Kein Kriegsgefangener darf zu Arbeiten verwendet werden, zu denen er körperlich nicht tauglich ist.

---

lichen Normen festgelegt, die bis heute Gültigkeit haben; vgl.: Frederic de Mulien, Handbook on the law of war for armed forces. International Commitee of the Red Cross, Geneva 1987, Introduction p. XXI–XXII.

427 Zit. n.: BGBl. Nr. 166/1936.

Artikel 30. Die tägliche Arbeitsdauer der Kriegsgefangenen, einschließlich des Hin- und Rückmarsches, hat nicht übermäßig zu sein und keinenfalls diejenige zu übersteigen, die für die Zivilarbeiter der betreffenden Gegend bei der gleichen Arbeit zulässig ist. Jedem Kriegsgefangenen ist wöchentlich eine Ruhe von vierundzwanzig aufeinanderfolgenden Stunden, vorzugsweise Sonntags, zu gewähren.

Drittes Kapitel.

Verbotene Arbeit.

Artikel 31. Die von den Kriegsgefangenen zu leistenden Arbeiten dürfen in keiner unmittelbaren Beziehung zu den Kriegshandlungen stehen. Insbesondere ist verboten, Gefangene zur Herstellung und zum Transport von Waffen oder Munition aller Art sowie zum Transport von Material zu verwenden, das für kämpfende Truppen bestimmt ist.

Im Falle der Übertretung der Bestimmungen des vorstehenden Absatzes sind die Kriegsgefangenen befugt, nach der Ausführung oder nach dem Beginn der Ausführung des Befehls ihre Beschwerden durch Vermittlung der Vertrauensleute, über deren Obliegenheiten Artikel 43 und 44 Bestimmung trifft, oder in Ermangelung eines Vertrauensmannes durch Vermittlung der Vertreter der Schutzmacht vorbringen zu lassen.

Artikel 32. Es ist verboten, Kriegsgefangene zu unzuträglichen oder gefährlichen Arbeiten zu verwenden.

Jede Erschwerung der Arbeitsbedingungen als disziplinäre Maßnahme ist verboten.

Viertes Kapitel.

Arbeitskommandos.

Artikel 33. Die Errichtung der Arbeitskommandos hat, besonders hinsichtlich der gesundheitlichen Bedingungen, der Verpflegung, der Vorsorge für Unglücks- und Erkrankungsfälle, des Briefverkehrs und Paketempfangs, derjenigen der Kriegsgefangenenlager zu entsprechen.

Jedes Arbeitskommando untersteht einem Gefangenenlager. Der Kommandant dieses Lagers ist dafür verantwortlich, daß die Bestimmungen dieses Abkommens bei dem Arbeitskommando befolgt werden.

Fünftes Kapitel.

Arbeitslohn.

Artikel 34. Die Kriegsgefangenen erhalten für die zur Verwaltung, Bewirtschaftung und Unterhaltung der Lager notwendigen Arbeiten keinen Lohn.

Die zu anderen Arbeiten verwendeten Gefangenen haben Anspruch auf einen Lohn, der durch Vereinbarungen zwischen den Kriegführenden festzusetzen ist.

Diese Vereinbarungen sollen ebenso den Teil des Lohnes genau bestimmen, den die Lagerverwaltung zurückbehalten darf, sowie den Betrag, der dem Kriegsgefangenen gehört, und die Art, wie er während der Gefangenschaft zu seiner Verfügung zu stellen ist.

Bis zum Abschluß solcher Vereinbarungen ist die Entlohnung der Arbeit der Gefangenen auf Grund nachstehender Regeln festzusetzen:

a) Arbeiten für den Staat werden nach den Sätzen bezahlt, die für Militärpersonen des eigenen Heeres bei Ausführung der gleichen Arbeiten gelten, oder, falls solche Sätze nicht bestehen, nach einem Satz, wie er den geleisteten Arbeiten entspricht.
b) Werden die Arbeiten für Rechnung anderer öffentlicher Verwaltungen oder für Privatpersonen ausgeführt, so werden die Bedingungen im Einverständnis mit der Militärbehörde festgesetzt.

Der dem Kiegsgefangenen als Guthaben verbleibende Arbeitslohn ist ihm bei der Beendigung seiner Gefangenschaft auszuhändigen. Im Fall seines Todes ist der Lohn auf diplomatischem Wege seinen Erben zuzustellen.

Tragische Konsequenz hatte der Umstand, dass die 3. Genfer Konvention von der UdSSR nicht anerkannt wurde. Einerseits diente dies als Vorwand für eine menschenunwürdige Behandlung russischer Kriegsgefangener in den Lagern in den vom »*Dritten Reich*« kontrollierten Gebieten, andererseits hatte dies oftmals negative Konsequenzen für Millionen deutsche Soldaten, die im Laufe des Krieges in die Hand der Roten Armee fielen.

b) Kriegsgefangene im Arbeitseinsatz

Wie bereits im Ersten Weltkrieg, kamen auch ab 1939 Kriegsgefangene in den verschiedensten Bereichen als Arbeitskräfte zum Einsatz. Grundsätzlich kann davon ausgegangen werden, dass rund 80 % aller Kriegsgefangenen in der damaligen »*Ostmark*« in den verschiedensten Bereichen zu Arbeiten herangezogen wurden.[428] Es ist jedoch abseits der Unterbringung in Lager und dem damit verbundenen Arbeitseinsatz letztlich unmöglich, zwischen Kriegsgefangenen im völkerrechtlichen Sinn und ehemaligen, pro forma entlassenen Gefangenen zu unterscheiden. In besonderer Weise gilt dies für den Bereich der Landwirtschaft.

Arbeitseinsatz von Kriegsgefangenen im Reichsgau Salzburg

Von Kriegsbeginn bis Ende September 1944 fiel das Kriegsgefangenenwesen in die Zuständigkeit der Deutschen Wehrmacht. Ab 1. Oktober 1944 war dieser Bereich dem »*Reichsführer SS*« Heinrich Himmler unterstellt – eine Folge seiner kurz nach dem miss-

428 Hubert Speckner, Arbeitseinsatz von Kriegsgefangenen in der »Ostmark« 1939–1945. In: Tagungsband über den 23. Österreichischen Historikertag in Salzburg 24.–27. September 2002. Salzburg 2003, S. 328–350, S. 336.

glückten Attentat vom 20. Juli 1944 erfolgten Ernennung zum *»Befehlshaber des Ersatzheeres«*. Denn damit unterstanden ihm mit den Landesschützenverbänden auch jene Einheiten, die für die Bewachung der Kriegsgefangenen zuständig waren.[429] In jedem Wehrkreis wurde ab Spätherbst 1944 ein *»Höherer Kommandeur der Kriegsgefangenen«* eingesetzt. Er war verantwortlich für das *»gesamte Kriegsgefangenen- und Interniertenwesen«* und hatte alle Maßnahmen zu treffen bzw. anzuordnen, die *»zum Schutz der Reichssicherheit erforderlich«* waren. Seiner Befehlsbefugnis unterstanden sowohl die Kriegsgefangenen selbst als auch die zu deren Bewachung eingesetzten militärischen Einheiten. Für den Wehrkreis XVIII, der das Gebiet der heutigen Bundesländer Salzburg, Tirol, Vorarlberg, Kärnten und Steiermark umfasste,[430] hatte *»SS Gruppenführer und General der Waffen SS«* Erwin Rösener diese Funktion inne.[431]

Im Zuge der Einbeziehung der österreichischen Wirtschaft in die Rüstungsanstrengungen des nationalsozialistischen Deutschland erfolgte bereits mit 1. April 1938 die Einteilung der *»Ostmark«* in die *»Wehrwirtschaftsinspektionen XVII und XVIII«*, die territorial den gleichnamigen Wehrkreisen entsprachen. Der Wehrwirtschaftsinspektion XVIII, die ihren Sitz in Salzburg hatte, unterstanden die *»Wehrwirtschaftsstellen«* Graz und Innsbruck. Im Zuge der Adaptierung der bestehenden Strukturen auf die Erfordernisse des Krieges erfolgte am 21. November 1939 die Umwandlung der bisherigen Wehrwirtschaftsinspektionen in *»Rüstungsinspektionen«*, denen so genannte *»Kommandos der Rüstungsbereiche«*, die bisherigen Wehrwirtschaftstellen, unterstanden. Die Eingliederung bislang jugoslawischer Gebiete nach dem Balkanfeldzug, im Frühjahr 1941, machte eine organisatorische Umstrukturierung der Rüstungsinspektion XVIII nötig. Mit 15. Mai 1941 wurde deshalb ein Kommando des Rüstungsbereichs Klagenfurt installiert und von jenem in Graz abgetrennt.[432]

Die Hauptaufgabe der Rüstungsinspektionen bestand in der Koordinierung aller kriegswirtschaftlich relevanten Aktivitäten in ihrem Bereich, um eine möglichst effiziente Ausnützung der ökonomischen Ressourcen im Dienste des Krieges zu gewährleisen. Neben der Sicherung der Rohstoffversorgung kam hier dem Einsatz ausländischer Arbeitskräfte – sowohl »ziviler« Zwangsarbeiter als auch von Kriegsgefangenen – zentrale Bedeutung zu. Schon zu Kriegsbeginn zwangen die teils unkoordinierten und vielfach auf die lokalen Bedürfnisse zu wenig abgestimmten Einberufungen zur vorübergehenden

429 Hubert Speckner, Kriegsgefangenenlager in der »Ostmark« 1939–1945. Zur Geschichte der Mannschaftsstammlager und Offizierslager in den Wehrkreisen XVII und XVIII. Phil. Diss., Innsbruck 2000, S. 19 f.

430 Ernst Hanisch, Westösterreich. In: Emmerich Tálos / Ernst Hanisch / Wolfgang Neugebauer (Hrsg.), NS-Herrschaft in Österreich 1938–1945. Wien 1988, S. 437–456, S 446.

431 Der Höhere Kommandeur der Kriegsgefangenen im Wehrkreis XVIII (Salzburg, 16.12.1944) betreffend »Neuorganisation des Kriegsgefangenenwesens«; SLA, RSTH I/3 116/1945.

432 Othmar Tuider, Die Wehrkreise XVII und XVIII 1938–1945. In: Militärhistorische Schriftenreihe, Heft 30, Wien 1992, S. 15/16.

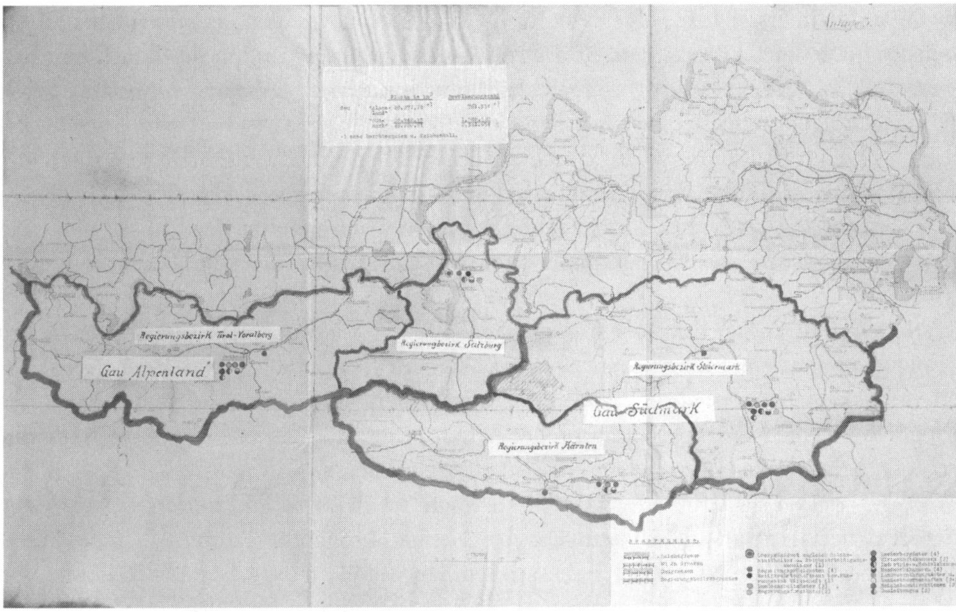

Abb. 31: Gebiet der Rüstungsinspektion XVIII mit nie realisierter Neugliederung in zwei Gaue bzw. vier Regierungsbezirke; der Reichsgau Salzburg ohne Lungau, aber mit Berchtesgaden (BA-MA RW 20–18/15, Reproduktion: Fa. Fachcolor Bühler GmbH, Freiburg-Hochdorf)

Einstellung von Bauarbeiten, auch bei kriegswichtigen Projekten. So teilte die »*Bauleitung Funkanlage Gaisberg-Spitze*« am 2. September 1939 mit, dass »*zur Zeit Arbeitermangel besteht und die fristgerechte Erledigung der Arbeiten in Frage gestellt ist*«.[433]

Bereits rund ein Monat nach Kriegsbeginn, am 8. Oktober 1939, wurde deshalb die Unterbringung von Kriegsgefangenen im Wehrkreis XVIII erstmals in Erwägung gezogen und aus diesem Anlass eine Erhebung über freie Baracken durchgeführt. Anschließend wurden die daraus gewonnenen Ergebnisse dem Oberkommando des Heeres zur Kenntnis gebracht.[434] Diese Nachforschungen ergaben, dass bereits von »*höchsten Stellen*« verfügt worden war, diese Baracken, die bislang vornehmlich vom »*RAD*« und für Zwecke des Reichsautobahnbaues genutzt worden waren, als Lager für Kriegsgefangene und zur »*Unterbringung von Flüchtlingen aus dem Grenzgebiet heranzuziehen*«. Tatsächlich trafen bereits bald die ersten Kriegsgefangenen, anfänglich ausschließlich Polen, im heutigen Bundesland Salzburg ein. Bis Ende November 1939 waren es schon mehr als 1.000 Mann.[435]

433 Lagebericht vom 2.9.1939 für das KTB der Rüstungsinspektion XVIII; BA-MA RW 20-18/1.
434 Ebd., Lagebericht 2.10.1939.
435 Für den 22. November 1939 wird die Zahl der Kriegsgefangenen in Salzburg mit 1.002 angegeben (Tirol/

Sie waren in erster Linie als Ersatz für die kriegsbedingt fehlenden einheimischen Arbeitskräfte in der Bauwirtschaft, in der Munitionserzeugung und in der Landwirtschaft gedacht. Bis Anfang August 1940 wurde dem Reichsgau Salzburg insgesamt 2.769 Kriegsgefangene zugewiesen, von denen 409 in der Landwirtschaft zum Einsatz kamen.[436] Dennoch konnte weder durch die Zuweisung von Zwangsarbeitern noch von Kriegsgefangenen der Arbeitskräftebedarf in diesem Bereich gedeckt werden. Im Frühjahr 1941 fehlten beispielsweise im Gebiet der Rüstungsinspektion XVIII insgesamt rund 8.000 Arbeitskräfte, die von den Bauern zur Frühjahrsaussaat dringend benötigt worden wären.[437]

Neben der Landwirtschaft waren es vor allem Straßenbauprojekte, bei denen häufig Kriegsgefangene eingesetzt waren, ohne sie in eigens errichtete Lager zu internieren. Vor allem bei kleineren Bauvorhaben war dies aus Kosten- und Zeitgründen auch gar nicht möglich. Für die konkrete Zuteilung der Arbeitskräfte war das jeweilige Arbeitsamt zuständig, bei dem die Kriegsgefangenen auch zu beantragen waren.

In den ersten Kriegsjahren wurden sie auch auf den großen, bereits bestehenden Straßenbaustellen zur Arbeit herangezogen. Neben Maßnahmen zum Ausbau des bestehenden Straßennetzes waren es in diesem Bereich vor allem die schon vor Kriegsbeginn in Angriff genommenen Großbaustellen der Reichsautobahn. Dies löste bei den Verantwortlichen mit zunehmender Dauer des Krieges immer deutlichere Kritik aus, zumal es schon schwierig genug war, den immensen Arbeitskräftebedarf der Rüstungsindustrie zu decken. Schon Mitte März 1941, also noch vor dem Angriff auf die Sowjetunion, wurde in einem Lagebericht zur »*Arbeitseinsatzlage*« festgestellt:[438] »*Es wird vermutlich zu weiteren reichlichen Kriegsgefangenen-Zuweisungen an die Reichsautobahn kommen. Rü Jn XVIII muss immer wieder betonen, dass sie eine solche Verwendung von Kriegsgefangenen bei den* (sic!) *steigenden Bedarf der Rü-Industrie an Arbeitskräften für ganz abwegig hält.*« Im Herbst 1941 kamen die Arbeiten auf diesen Baustellen dann endgültig zum Erliegen,[439] und die Kriegsgefangenen wurden auf kriegswichtige Arbeitsstellen, vornehmlich in der Landwirtschaft und in der Rüstungsindustrie, aufgeteilt. Trotzdem konnte der Bedarf an Arbeitskräften bei weitem nicht gedeckt werden, vor allem, nachdem infolge der sich für

---

Vorarlberg 800, Steiermark 380); Beilage vom 22.1.1939 zum Lagebericht für das KTB der Rüstungsinspektion XVIII; BA-MA RW 20-18/26.

436 Beilage vom 15.8.1940 zum Lagebericht für das KTB der Rüstungsinspektion XVIII; BA-MA RW 20-18/27.

437 Beilage vom 15.3.1941 zum Lagebericht für das KTB der Rüstungsinspektion XVIII; BA-MA RW 20-18/27.

438 *Rü Jn* (Rüstungsinspektion), *Rü-Industrie* (Rüstungsindustrie); Anlage vom 15.3.1941 zum Lagebericht für das KTB der Rüstungsinspektion XVIII; BA-MA RW 20–18/25.

439 Auf Salzburger Gebiet konnten nur die Teilstücke zwischen dem Walserberg und Salzburg-Liefering (heute A 1) und Grödig (heute A 10) bis September 1941 fertig gestellt werden; vgl.: Kerschbaumer, Faszination Drittes Reich (wie Anm. 44), S. 55.

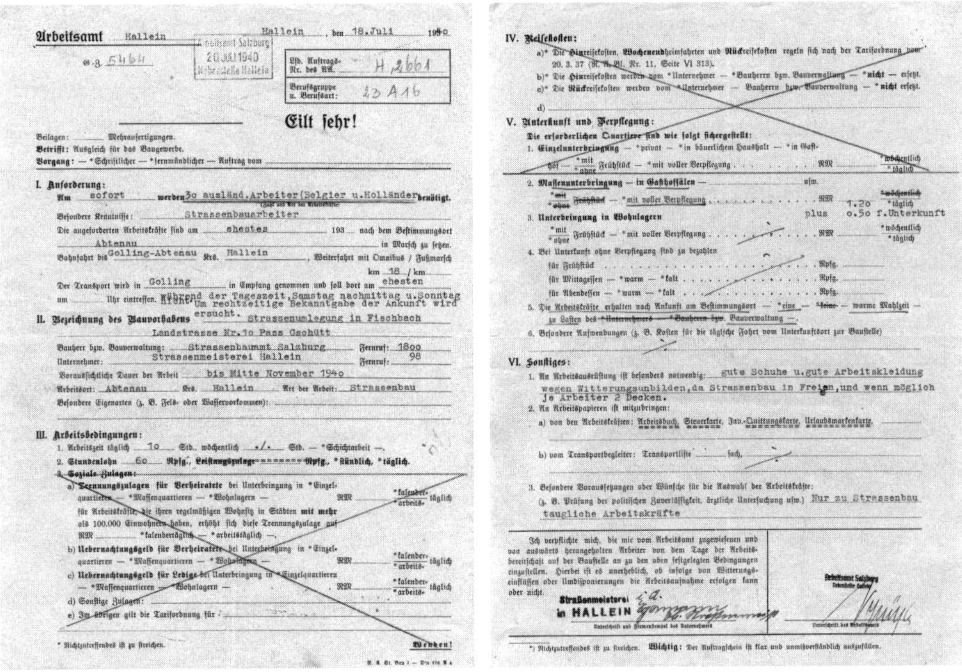

Arbeitsamt Hallein Hallein, den 18. Juli 1940

Arbeitsamt Salzburg 20. JULI 1940 Nebenstelle Hallein

G.-Z. 5464

Lfd. Auftrags-Nr. des AA. H.2661

Berufsgruppe u. Berufsart: 23 A 16

Eilt sehr!

Beilagen: ____ Mehrausfertigungen.
Betrifft: Ausgleich für das Baugewerbe.
Vorgang: — *Schriftlicher — *fernmündlicher — Auftrag vom

I. Anforderung:
Am sofort werden 30 ausländ. Arbeiter (Belgier u. Holländer benötigt.
Besondere Kenntnisse: Strassenbauarbeiter
Die angeforderten Arbeitskräfte sind am ehestes 193 nach dem Bestimmungsort Abtenau in Marsch zu setzen.
Bahnfahrt bis Golling-Abtenau Krs. Hallein, Weiterfahrt mit Omnibus / Fußmarsch km 18 / km
Der Transport wird in Golling in Empfang genommen und soll dort am ehesten um ____ Uhr eintreffen. Während der Tageszeit, Samstag nachmittag u. Sonntag nicht. Um rechtzeitige Bekanntgabe der Ankunft wird ersucht.

II. Bezeichnung des Bauvorhabens Strassenumlegung in Fischbach Landstrasse Nr. 10 Pass Gschütt
Bauherr bzw. Bauverwaltung: Strassenbauamt Salzburg Fernruf: 1800
Unternehmer: Strassenmeisterei Hallein Fernruf: 98
Voraussichtliche Dauer der Arbeit bis Mitte November 1940
Arbeitsort: Abtenau Krs. Hallein Art der Arbeit: Strassenbau
Besondere Eigenarten (z. B. Fels- oder Wasservorkommen):

III. Arbeitsbedingungen:
1. Arbeitszeit täglich 10 Std., wöchentlich ./. Std. — *Schichtarbeit —.
2. Stundenlohn 60 Rpfg., Leistungszulage ======== Rpfg., *stündlich, *täglich.
3. Soziale Zulagen:
a) Trennungszulagen für Verheiratete bei Unterbringung in *Einzelquartieren — *Massenquartieren — *Wohnlagern — RM ____ *kalender- / *arbeits- täglich
für Arbeitskräfte, die ihren regelmäßigen Wohnsitz in Städten mit mehr als 100.000 Einwohnern haben, erhöht sich diese Trennungszulage auf RM ____ *kalendertäglich — *arbeitstäglich —.
b) Uebernachtungsgeld für Verheiratete bei Unterbringung in *Einzelquartieren — *Massenquartieren — *Wohnlagern — RM ____ *kalender- / *arbeits- täglich
c) Uebernachtungsgeld für Ledige bei Unterbringung in *Einzelquartieren — *Massenquartieren — *Wohnlagern — RM ____ *kalender- / *arbeits- täglich
d) Sonstige Zulagen:
e) Im übrigen gilt die Tarifordnung für

* Nichtzutreffendes ist zu streichen.

Wenden!

IV. Reisekosten:
a)* Die Hinreisekosten, Wochenendheimfahrten und Rückreisekosten regeln sich nach der Tarifordnung vom 20. 3. 37 (R. A. Bl. Nr. 11, Seite VI 313).
b)* Die Hinreisekosten werden vom *Unternehmer — *Bauherrn bzw. Bauverwaltung — *nicht — ersetzt.
c)* Die Rückreisekosten werden vom *Unternehmer — Bauherrn bzw. Bauverwaltung — *nicht ersetzt.
d)

V. Unterkunft und Verpflegung:
Die erforderlichen Quartiere sind wie folgt sichergestellt:
1. Einzelunterbringung — *privat — *in bäuerlichem Haushalt — *in Gasthof — *mit / *ohne Frühstück — *mit voller Verpflegung .... RM ____ *wöchentlich / *täglich
2. Massenunterbringung — in Gasthofsälen — ____ usw.
*mit / *ohne Frühstück — *mit voller Verpflegung .... RM 1.20 *wöchentlich / *täglich
plus 0.50 f. Unterkunft
3. Unterbringung in Wohnlagern
*mit / *ohne Frühstück — *mit voller Verpflegung .... RM ____ *wöchentlich / *täglich
4. Bei Unterkunft ohne Verpflegung sind zu bezahlen
für Frühstück .... Rpfg.
für Mittagessen — *warm — *kalt .... Rpfg.
für Abendessen — *warm — *kalt .... Rpfg.
5. Die Arbeitskräfte erhalten nach Ankunft am Bestimmungsort — *eine — *keine — warme Mahlzeit — zu Lasten des *Unternehmers — *Bauherrn bzw. Bauverwaltung —.
6. Besondere Aufwendungen (z. B. Kosten für die tägliche Fahrt vom Unterkunftsort zur Baustelle)

VI. Sonstiges:
1. An Arbeitsausrüstung ist besonders notwendig: gute Schuhe u. gute Arbeitskleidung wegen Witterungsunbilden, da Strassenbau in Freien [sic], und wenn möglich je Arbeiter 2 Decken.
2. An Arbeitspapieren ist mitzubringen:
a) von den Arbeitskräften: Arbeitsbuch, Steuerkarte, Jnv.-Quittungskarte, Urlaubsmarkenkarte.
b) vom Transportbegleiter: Transportliste ____ fach,
3. Besondere Voraussetzungen oder Wünsche für die Auswahl der Arbeitskräfte: (z. B. Prüfung der politischen Zuverlässigkeit, ärztliche Untersuchung usw.) Nur zu Strassenbau taugliche Arbeitskräfte

Ich verpflichte mich, die mir vom Arbeitsamt zugewiesenen und von auswärts herangeholten Arbeiter von dem Tage der Arbeitsbereitschaft auf der Baustelle an zu den oben festgelegten Bedingungen einzustellen. Hierbei ist es unerheblich, ob infolge von Witterungseinflüssen oder Umdisponierungen die Arbeitsaufnahme erfolgen kann oder nicht.

Straßenmeisterei in HALLEIN i. A.
Unterschrift und Firmenstempel des Unternehmers

Arbeitsamt Salzburg Nebenstelle Hallein
Unterschrift des Arbeitsamts

*) Nichtzutreffendes ist zu streichen. Wichtig: Der Auftragschein ist klar und unmißverständlich auszufüllen.

Abb. 32: Anforderung von 30 Kriegsgefangenen beim Arbeitsamt Hallein durch die örtliche Straßenmeisterei vom 18. Juli 1940 (SLA, RSTH V/1 122/1940; Reproduktion: SLA)

das »*Dritte Reich*« ab 1943 immer aussichtsloser darstellenden militärischen Lage nicht mehr genügend zusätzliche Kriegsgefangene zur Verfügung standen. Die dramatische Verschlechterung der Situation zeigt die Entwicklung im ersten Quartal 1944. Standen im Wehrkreis XVIII mit Stichtag 1. Jänner 1944 einem angemeldeten Bedarf der Rüstungsindustrie von 6.900 Kriegsgefangenen noch 3.129 Neuzuweisungen für den Monat Jänner gegenüber, so betrugen die Gesamtzuweisungen im März nur noch 3.015 Mann, bei einem angemeldeten Bedarf von 16.159.[440] Die Stilllegung von nicht unmittelbar kriegswichtigen Produktionsstätten war die Folge, wodurch allerdings nur ein »*beschränkter Arbeitskräftegewinn eintrat*«.[441]

Auch zu Belade- und Entladearbeiten in den größeren bzw. kriegswichtigen Bahnhöfen wurden Kriegsgefangene vergleichsweise kurzzeitig herangezogen. Beispielsweise mussten im Juli 1942 in der Stadt Salzburg 80 und in Hallein 20 kriegsgefangene Russen, die eigentlich für den Straßenbau vorgesehen waren, für diese Arbeiten abgestellt werden. Diese

440 Darstellung der rüstungswirtschaftlichen Entwicklung im Bereich der Rü Jn XVIII in den Monaten Jänner 1944–März 1944; BA-MA RW 20–18/21.

441 Lagebericht vom 30.6.1944 für das KTB der Rüstungsinspektion XVIII; BA-MA RW 20–18/22.

Einsätze waren einerseits eine Folge des kriegsbedingten Mangels an Arbeitskräften und beim rollenden Material der Reichsbahn, andererseits sollte damit der »*Transportmittelumlauf*« beschleunigt werden.[442] Wie unentbehrlich die Arbeitskraft der Kriegsgefangenen war, zeigt auch der Umstand, dass es ihrem Einsatz bei der Schneeräumung wesentlich zu verdanken war, dass der Straßenverkehr im Winter aufrechterhalten werden konnte.[443]

Die Lebens- und Arbeitsbedingungen der Kriegsgefangenen waren sehr unterschiedlich. Im Großen und Ganzen wurden die Gefangenen von den »westlichen Kriegsschauplätzen«, wie Belgier, Briten, Franzosen oder US-Amerikaner, weitgehend gemäß den völkerrechtlichen Bestimmungen behandelt. Die zahlenmäßig größte Gruppe bildeten die Franzosen. Anfang September 1941 waren rund 70 % der in den Kriegsgefangenlagern im Wehrkreis XVIII inhaftierten ausländischen Soldaten Franzosen.[444] Dieser Anteil reduzierte sich bis Kriegsende auf knapp 48 %, doch bleiben sie bei weitem die größte Gruppe. Angehörige dieser Nationalität wurden häufig pro forma als Kriegsgefangene entlassen und unmittelbar darauf als nunmehr zivile Arbeitskräfte weiterverwendet.

Graphik 22: Kriegsgefangene in den Lagern des Wehrkreises XVIII 1941–1944[445]

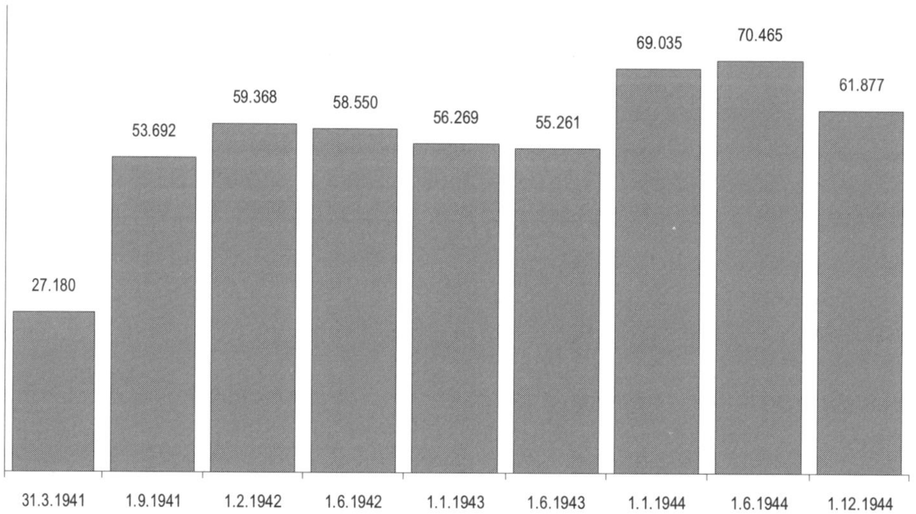

442 Schnellbrief (4.7.1942) des Bevollmächtigten für den Nahverkehr im Wehrkreis XVIII an den Reichsstatthalter; SLA, RSTH I/3 V 42/1942.

443 Lage im Bereich der Rü Jn XVIII Ende Jänner 1941; BA-MA RW 20-18/9.

444 1.9.1941: 37.972 Mann; 1.12.1944: 27.089 Mann; vgl.: Speckner, Kriegsgefangenenlager (wie Anm. 429), S. 38.

445 Da bis Februar 1941 nur Offizierslager mit vergleichsweise geringer Gefangenenzahl im Wehrkreis XVIII bestanden, sind die Zahlen vor diesem Datum nicht aussagekräftig und wurden daher nicht berücksichtigt; vgl.: Speckner, Kriegsgefangenenlager (wie Anm. 429), S. 38.

Für die in Gefangenschaft geratenen Soldaten aus Osteuropa waren die Haftbedingungen ungleich härter. Neben schlechterer Verpflegung erhielten sie beispielsweise auch keine Rot-Kreuz-Pakete. Sie wurden ein Opfer der NS-Rassenideologie, die jene Osteuropäer als minderwertiger einstufte. Bei den Kriegsgefangenen aus der Sowjetunion war vor allem im ersten Kriegsjahr die Sterblichkeit extrem hoch, wofür neben rassenideologischen Ursachen auch der Umstand, dass die zuständigen deutschen Stellen mit der unerwartet großen Anzahl von Gefangenen überfordert waren, als Begründung anzuführen ist. Unzureichende Ernährung, fehlende medizinische Versorgung sowie keine oder nur mangelhaft vorbereitete Unterkünfte, die katastrophalen Transportbedingungen, aber auch die Schikanen der Wachmannschaften und Massenexekutionen führten dazu, dass von Juni 1941 bis Februar 1942 rund zwei Millionen sowjetische Kriegsgefangene in deutscher Hand umkamen oder umgebracht wurden.[446] Erst im weiteren Verlauf des Krieges besserte sich die Situation etwas, da man auf Grund des immer drückender werdenden Arbeitskräftemangels verstärkt auch sowjetische Gefangene in der Rüstungsindustrie und in der Landwirtschaft einsetzte. Es kam jedoch bei dieser Personengruppe, anders als bei den in deutsche Gefangenschaft geratenen polnischen Soldaten, nur in vergleichsweise bescheidenem Umfang ab Herbst 1944 zur Überstellung in den Status von Zivilarbeitern.[447] Grundsätzlich blieb die Sterblichkeit weit über dem Durchschnitt der anderen Nationen – bis Kriegsende starben rund 3,3 Millionen sowjetische Kriegsgefangene in den vom Deutschen Reich kontrollierten Gebieten, was einer Sterblichkeit von 57,8 % entspricht.[448]

Im Befehlsbereich des Wehrkreises XVIII sollten die ersten russischen Kriegsgefangenen, die nach den Franzosen die zahlenmäßig zweitstärkste Gruppe bildeten,[449] Ende Juli/Anfang August 1941, also bereits gut ein Monat nach Beginn des deutschen Angriffs auf die Sowjetunion am 22. Juni 1941, eingetroffen sein.[450] Insgesamt war geplant, noch im Sommer 1941 der Rüstungsinspektion XVIII 20.000 Kriegsgefangene aus der UdSSR zuzuteilen.[451] Das tatsächliche Eintreffen der ersten Transporte verzögerte sich jedoch, denn Ende September waren sie noch immer nicht eingetroffen. Bemerkenswert ist die Einschätzung der Konsequenzen, die sich aus dem bevorstehenden Einsatz sowjetischer

---

446 Davon wurden 600.000 Gefangene von deutschen »Einsatzkommandos« ermordet; vgl.: Christian Streit, Keine Kameraden. Die Wehrmacht und die sowjetischen Kriegsgefangenen 1941–1945. Bonn 1997, S. 128.

447 Speckner, Kriegsgefangenenlager (wie Anm. 429), S. 229.

448 Streit, Keine Kameraden (wie Anm. 446), S. 244 ff.

449 Im Februar 1942 befanden sich 9.972 Russen in den Kriegsgefangenenlagern des Wehrkreises XVIII. Diese Zahl erhöhte sich bis Jahresende 1944 auf 11.232; vgl.: Speckner, Kriegsgefangenenlager (wie Anm. 429), S. 38.

450 *»Der Einsatz von russischen Kriegsgefangenen dürfte schon in den nächsten Tagen erfolgen«*, vgl.: Lage im Bereich der Rü Jn XVIII am 20. Juli 1941; BA-MA RW 20-18/11.

451 Lage im Bereich der Rü Jn XVIII am 20. August 1941; BA-MA RW 20-18/11.

Kriegsgefangener ergeben würden:[452] »*Im Wehrkreis XVIII sollen 20.000 russische Kriegsgefangene eingestellt werden, doch ist deren körperlicher und geistiger Tiefstand derart groß, daß man bei den verschärften Vorschriften für die Behandlung und Unterbringung sehr besorgt deren Einsatz entgegensieht.*« Bis Jahresende 1941 waren in den Lagern des Wehrkreises insgesamt 15.000 russische Kriegsgefangene eingetroffen, die jedoch nicht zum Arbeitseinsatz herangezogen werden konnten. In den Lagern grassierende Seuchen verhinderten dies und führten zudem zu einer hohen »*Sterblichkeitsziffer*« unter den Inhaftierten.[453] Erst im März 1942 erfolgte die erste Zuweisung russischer Gefangener an eine Rüstungsfirma im Wehrkreis XVIII.[454] Ihr Gesundheitszustand blieb aber auch weiterhin äußerst schlecht – ein Umstand, der zu häufigen Klagen wegen ihrer geringen Arbeitleistung Anlass gab. So meldeten die Rüstungsbetriebe der Luftwaffe im Wehrkreis XVIII, dass der »*Gesundheitszustand der eingesetzten russischen Kriegsgefangenen viel zu wünschen übrig*« lasse, und sie daher gezwungen wären, diese »*nur halbtägig zu beschäftigen*«.[455] Auf Grund ihrer Anzahl wurden Kriegsgefangene aus der UdSSR, ungeachtet ihrer vergleichsweise geringen Produktivität, zu einem unverzichtbaren Faktor in der deutschen Kriegsindustrie.

Die zweite große Gruppe aus Osteuropa stellten die rund 300.000 polnischen Kriegsgefangenen dar, die das Deutsche Reich zum Arbeitseinsatz heranzog. Sie wurden ab Sommer 1940 zum größten Teil in den Status von Zivilarbeitern überführt und damit waren die bestehenden Lager für diese Personengruppe der Zuständigkeit der Wehrmacht entzogen, da die »*Ostarbeiterlager*« zumeist von der »*Gestapo*« übernommen wurden. Aus diesem Grund spielen polnische Kriegsgefangene, ganz im Unterschied zu Zivilarbeitern, für den gesamten Bereich des Wehrkreises XVIII nur eine untergeordnete Rolle. Sie scheinen in den diesbezüglichen Lagerstatistiken erstmals Anfang 1944 mit 997 Mann auf,[456] die allesamt im »*Stalag 317 (XVIII C) Markt Pongau*« inhaftiert waren. Insgesamt wurden im Zweiten Weltkrieg 2.826.000 Polen als zivile Zwangsarbeiter, Kriegsgefangene oder KZ-Häftlinge von den deutschen Besatzern verschleppt und außerhalb ihres Heimatlandes zur Zwangsarbeit herangezogen.[457] Zur Zwangsarbeit herangezogene, gefangene Soldaten aus anderen osteuropäischen Ländern stellten im Vergleich dazu eine

452 Lage im Bereich der Rü Jn XVIII am 30. September 1941; BA-MA RW 20-18/11.

453 Vierteljahresbericht der Rü Jn XVIII für die Zeit vom 1. Oktober bis 31. Dezember 1941; BA-MA RW 20-18/11.

454 Anfang März wurden 200 russische Kriegsgefangene der Fa. Böhler in Kapfenberg zugeteilt; vgl.: Lage im Bereich der Rü Jn XVIII am 10. März 1942; BA-MA RW 20-18/13.

455 Lagebericht vom 14.5.1942 für das KTB der Rüstungsinspektion XVIII; BA-MA RW 20-18/14.

456 Speckner, Kriegsgefangenenlager (wie Anm. 429), S. 38.

457 Czesław Łuczak, Polnische Arbeiter im nationalsozialistischen Deutschland während des Zweiten Weltkrieges. Entwicklung und Aufgaben der polnischen Forschung. In: Ulrich Herbert (Hrsg.), Europa und der »Reichseinsatz«. Ausländische Zivilarbeiter, Kriegsgefangene und KZ-Häftlinge in Deutschland 1938–1945. Essen 1991, S. 90–105, S. 98.

Minderheit dar, die auch in den Salzburger Quellen relativ selten aufscheint. Eine Ausnahme bilden lediglich die aus Serbien stammenden Soldaten. Sie waren fast zur Gänze im Gefangenlager in St. Johann im Pongau (Markt Pongau) untergebracht und bildeten dort eine vergleichsweise große Gruppe. Auf Grund der Grenzlage des Wehrkreises XVIII zu Jugoslawien stellten sie allerdings in den Augen der Wehrmachtsführung ein Sicherheitsrisiko dar und sollten daher nicht zum Arbeitseinsatz herangezogen werden.[458]

Die häufig improvisierten Unterkünfte für kriegsgefangene Arbeitskräfte stellten in den Augen der Verantwortlichen bei der »*Gestapo*« ein Sicherheitsrisiko dar. In einem Schreiben der »*Geheimen Staatspolizei, Staatspolizeistelle Salzburg*« vom 27. August 1941, betreffend den »*Umgang mit Kriegsgefangenen*«, kommt dies recht deutlich zum Ausdruck:[459] »*In letzter Zeit wurde die Beobachtung gemacht, daß die Zivilbevölkerung trotz Aufklärung sich gegenüber Kgf. nicht immer so verhält, wie es zu erwarten wäre. Es sind daher die Fälle des verbotenen Umgangs mit Kgf. stark gestiegen. Vor allem ist dies auf die mangelnde Beaufsichtigung von Kgf. durch die Landbevölkerung zurückzuführen. Ich* (Dr. Kurt Christmann, Anm. O. D.) *bitte daher die Gendarmerieposten anzuweisen, den* (sic!) *verbotenen Umgang mit Kgf. mit allem Nachdruck entgegenzutreten und soweit die Kgf. auch nachts bei dem Arbeitgeber verbleiben, dafür Sorge zu tragen, daß diese in entsprechend versperrbaren Räumen mit vergitterten Fenstern untergebracht sind. Es wurde auch festgestellt, daß Kgf. hauptsächlich an Sonntagen sich frei bewegen können und Lokale aufsuchen. Vielfach wurden auch fliehenden Kgf. von der Zivilbevölkerung Lebensmittel verabreicht und eine Anzeige bei der Gendarmerie unterlassen.*« Der Inhalt des Schreibens wirft ein bezeichnendes Bild auf das Verhalten der einheimischen Bevölkerung, das sich von jenem in der Propaganda gezeichneten deutlich unterschied. Dies ist umso bemerkenswerter, da von staatlicher Seite in einschlägigen Publikationen bereits vor Kriegsbeginn Stimmung gegen Kriegsgefangene gemacht wurde. Darin nahmen die Autoren häufig Bezug auf die Situation in den Jahren des Ersten Weltkrieges, als Zehntausende gefangene Soldaten der Entente jahrelang in Deutschland in Lagern interniert waren.[460] Nach Ausbruch des Krieges ging die Staatsgewalt dann zudem mit aller Härte gegen jene Personen vor, die Kriegsgefangene unterstützten.

Oftmals wurden Kriegsgefangene in bestehenden Lagern oder auch nur in Teilen davon für relativ kurze Zeit interniert. Eine Unterscheidung zwischen dieser Personengruppe und zivilen, ausländischen Arbeitskräften bzw. Zwangsarbeitern ist auf Grund der äußerst schlechten Quellenlage ebenfalls weitgehend unmöglich. Ein Beispiel dafür ist das Lager Limbergalm[461], wo ab Herbst 1939 polnische Kriegsgefangene untergebracht waren. Es werden daher in den folgenden Abschnitten die Lebens- und Arbeitsbedin-

---

458 Lage im Bereich der Rü Jn XVIII am 20. April 1941; BA-MA RW 20-18/10.

459 SLA, Landrat Pongau 1941 1-101, 2/1 ff.

460 Z. B.: Oberkommando der Wehrmacht (Hrsg.), Kriegsgefangene. Auf Grund der Kriegsakten bearbeitet vom Oberkommando der Wehrmacht. Berlin 1939.

461 Vgl.: Abb. 5 bzw. Anm. 35.

gungen von Kriegsgefangenen anhand ausgewählter Beispiele näher untersucht, bei denen eine eindeutige Unterscheidung zu zivilen Arbeitskräften möglich ist.

»Stalag 317 (XVIII C) Markt Pongau«[462]

Bei Kriegsausbruch bestanden vorerst noch keine Pläne für ein eigenes, großes Kriegsgefangenenlager im Wehrkreis XVIII. Die beiden im Wehrkreis XVII gelegenen Lager »Gneixendorf« und »Kaisersteinbruch« waren für die Zuteilung von Kriegsgefangenen zum Arbeitseinsatz für die gesamte »Ostmark« zuständig. *»Die Folge des Mangels eines eigenen Kriegsgefangenenlagers im Wehrkreis XVIII war, daß der Bedarf an Kriegsgefangenen in diesem Wehrkreis nur ungenügend gedeckt werden konnte, weil in erster Linie die Anforderungen des Wehrkreises XVII befriedigt wurden.«*[463] Vornehmlich von Seiten der Industrie und des Gewerbes wurde der Neubau eines großen Gefangenenlagers massiv befürwortet, da die Befürchtungen bestanden, bei den zu erwartenden großen Rüstungsaufträgen wegen fehlender Kapazitäten nicht zum Zuge zu kommen. Die Errichtung eines eigenen Lagers wurde jedoch noch im Herbst 1940 vom zuständigen Generalkommando des Wehrkreises XVIII abgelehnt, *»da der Ausbau der hiefür in Aussicht genommenen Objekte zu kostspielig und in der kurzen zur Verfügung stehenden Zeit nicht durchführbar war«*. Dies ist umso erstaunlicher, als alleine die gewerbliche Wirtschaft einen ungedeckten Bedarf von 25.000 bis 30.000 Kriegsgefangenen meldete.[464] Neben den negativen Auswirkungen für kriegswirtschaftlich wichtige Produktionsbetriebe und Bauvorhaben brachte dies auch für die einzelnen betroffenen Unternehmen wirtschaftliche Nachteile mit sich, *»da diese zum Teil mit erheblichem Kostenaufwand Vorbereitungen für die Unterkunft* (von Kriegsgefangenen, Anm. O. D.) *getroffen und auch die Transportkosten im voraus erlegt hatten«*.[465] Letztlich war es die Standortfrage, die im Sommer 1940 alle Bemühungen in dieser Angelegenheit scheitern ließ und die Zuteilung größerer Gefangenenkontingente für den Reichsgau Salzburg verhinderte. Da die Situation unhaltbar geworden war, musste rasch eine Lösung gefunden werden, und schließlich konnten sich die Verantwortlichen von Wehrkreis und Rüstungsinspektion XVIII auf einen Standort einigen. Im Frühjahr 1941 begannen die Planungen für den Bau eines großen *»Kriegsgefangenen Mannschaftsstammlagers«* (*»Stalag«*) in St. Johann im Pongau, damals Markt Pongau.[466]

---

462 Da die einschlägige Literatur für die »amtliche Bezeichnung« oftmals widersprüchliche Angaben enthält und überdies auch zeitgenössisch verschiedene Versionen verwendet wurden, übernimmt die vorliegende Darstellung jene recht ausführliche Beschreibung der Entwicklung des Lagers in folgender Publikation über die Geschichte von St. Johann i. Pg. in der NS-Zeit: Robert Stadler / Michael Mooslechner, St. Johann 1939–1945. St. Johann i. Pg. 1986, S. 98–124.

463 Vierteljahresbericht der Rü Jn XVIII für die Zeit vom 1. April bis 30. Juni 1940; BA-MA RW 20-18/6.

464 Geschichte der Rüstungsinspektion XVIII (Stand: September 1940), BA-MA RW 20-18/24.

465 Vierteljahresbericht der Rü Jn XVIII für die Zeit vom 1. Juli bis 30. September 1940; BA-MA RW 20-18/7.

466 Vierteljahresbericht der Rü Jn XVIII für die Zeit vom 1. Jänner 1941 bis 31. März 1941; BA-MA RW 20-18/10.

Neben diesem Lager entstanden im Wehrkreis XVIII noch »*Stalags*« in Wolfsberg (XVIII A) und in Spittal a. d. Drau (»*Stalag XVIII B*«) sowie eine Reihe anderer Kriegsgefangenenlager, wie das »*Offizierslager (Oflag) XVIII A*« in Lienz.[467] Dem Lager in St. Johann unterstand ein verhältnismäßig großer Verwaltungsbereich, der die damaligen Gaue Salzburg und Tirol (mit Vorarlberg) umfasste. Ihm unterstanden somit neben den Kraftwerksbau-Kommandos im Kapruner Tal (Mooserboden, Limberg, Maiskogel und Kaprun) auch jene des Montafon (Rodund, Schruns und Gaschurn).[468]

Bereits in der Gemeinderatssitzung am 25. März 1941 berichtete Bürgermeister Hans Kappacher, dass der Bau eines Kriegsgefangenenlagers mit 8.000–10.000 Kriegsgefangenen und rund 1.000 Mann Wachpersonal geplant sei.[469] Schon am 22. Mai 1941 trafen gefangene französische Soldaten als erste Insassen in St. Johann ein und kamen unverzüglich beim Bau des Lagers zum Einsatz.[470] Dies waren jedoch nicht die ersten Kriegsgefangenen in dieser Gemeinde, denn schon seit 15. August 1940 war eine Gruppe von 25 Franzosen im Bereich der Volksschule einquartiert und für Arbeiten im Dienst der Gemeinde und bei Bauern in der Umgebung eingesetzt worden.[471]

Noch vor Einbruch des Winters 1941 war der insgesamt rund 8 ha große Lagerkomplex weitgehend fertig gestellt. Er bestand aus dem so genannten »*Nordlager*«, in dem fast ausschließlich Gefangene aus der UdSSR interniert waren, sowie dem »*Südlager*«, in dem sich vornehmlich Franzosen und Serben (später auch Polen) befanden. Jeder Teil bestand aus 25–30 rund 50 m langen Baracken, in denen 300–500 Gefangene untergebracht waren. Reichten diese Unterkünfte nicht aus, so erfolgte die Unterbringung in Großzelten – ein Umstand, der gerade in den Wintermonaten vielen der von den langen Transporten ohnehin bereits geschwächten Gefangenen das Leben kostete. Dies traf auch für die ersten 2.000 russischen Kriegsgefangenen zu, die Anfang November eintrafen und vorerst im Zeltlager einquartiert wurden. Ihr Gesundheitszustand war so schlecht, dass die Lagerverwaltung davon ausging, dass sie mindestens drei Wochen nicht zur Arbeit eingesetzt werden könnten.[472]

Die Bewachung der Gefangenen erfolgte durch Wehrmachtsoldaten, die jedoch nicht am Lagergelände, sondern in der örtlichen Kaserne untergebracht waren. Innerhalb der Lager sorgte eine mit Stöcken bewaffnete »Lagerpolizei« für Ruhe, deren Mitglieder neben anderen Vergünstigungen die doppelte Verpflegungsration erhielten.[473] Überdies bestanden in den beiden Teilen Wirtschafts- und Werkstättengebäude und jeweils ein Lazarett, das jedoch im April 1944 zur Gänze ins Nordlager verlegt wurde.[474]

---

467 Speckner, Kriegsgefangenenlager (wie Anm. 429), S. 247 ff.

468 Speckner, Arbeitseinsatz (wie Anm. 428), S. 341.

469 Gemeindearchiv St. Johann i. Pg., Gemeinderats-Sitzungsprotokolle, 25.3.1941.

470 Speckner, Kriegsgefangenenlager (wie Anm. 429), S. 369.

471 Stadler / Mooslechner, St. Johann (wie Anm. 462), S. 98.

472 Lage im Bereich der Rü Jn XVIII am 10. November 1941; BA-MA RW 20-18/12.

473 Stadler / Mooslechner, St. Johann (wie Anm. 462), S. 98/99.

474 Gemeindearchiv St. Johann i. Pg., Gemeinderats-Sitzungsprotokolle, 18.4.1944.

Tabelle 18: Gefangene und deren Herkunft im *»Stalag 317 (XVIII C) Markt Pongau«*[475]

Datum	Frankreich	England	Belgien	Polen	SOG[476]	UdSSR	Italien	USA	NL[477]	Summe	Arbeit[478]
1.7.41	1041				1486					2527	fehlt
1.9.41	7916		46		2276					10238[479]	10126
1.12.41	11311				6119	2677				20107	16853
1.4.42	10096				5594	933				16623	14124
1.6.42	9533				5219	851				15603	13761
1.9.42	9254		163		5016	5013				19446	16336
1.12.42	8818		163		4956	5343				19280	18325
1.4.43	8187		160		4972	6639				19958	17660
1.6.43	8151		161		4958	6109				19379	18300
1.9.43	7900		161		4861	5343			200	18465	15653
1.12.43	7878	547	161		4896	6123	2278		56	21939	17477
1.4.44	7753	579	161		4876	6760	2553		54	22736	18398
1.6.44	7721	581	160		4845	6568	2423	42	54	22394	18200
1.9.44	8739	779	292		4755	6698	2417	35[480]		23715	18346
1.12.44	8951	982	293	997	4783	7009	52			23067	16881
1.1.45	8939	990	293	980	4779	7000	48			23029	fehlt

Besonders schlimm gestalteten sich die hygienischen Bedingungen, zumal die vorgesehenen Latrinen und Waschgelegenheiten in den zumeist überfüllten Baracken bei weitem nicht ausreichten. Aus diesem Grund mussten die Gefangenen vor ihren Unterkünften einen rund 10 m langen Graben ausheben, der dann als zusätzliche Latrine diente – eine ausreichende Absicherung des Grundwassers war damit jedoch nicht gewährleistet.[481]

Grundsätzlich bestanden große Unterschiede zwischen den einzelnen Nationalitäten. So durften die Gefangenen im *»Nordlager«*, auch *»Russenlager«* genannt, weder das Lager verlassen noch erhielten sie Post oder Rot-Kreuz-Paktete und ihre Verpflegung war ungleich schlechter als im *»Südlager«*, wo Paketsendungen aus der Heimat eine zusätzliche Aufbesserung der Rationen erlaubten. Dort bestand auch eine Kapelle, in der re-

475 Bestandsmeldungen OKW/Abt. Kgf. bzw. Chef KGW. BA-MA, RW/6 v. 184, 450–454, zit. n.: Speckner, Kriegsgefangenenlager (wie Anm. 429), S. 369/371.
476 Südostgebiete (Serbien).
477 Niederlande.
478 Zum Arbeitseinsatz abkommandiert.
479 Inklusive 34 »Rotspanier«.
480 Höchststand im November 1944: 967; vgl.: Speckner, Kriegsgefangenenlager (wie Anm. 429), S. 371.
481 Stadler / Mooslechner, St. Johann (wie Anm. 462), S. 98/99.

gelmäßig Gottesdienste abgehalten wurden, sowie eine Reihe von Freizeiteinrichtungen, wie ein Sportplatz, ein Theaterraum, in dem auch Konzerte stattfanden, und später sogar ein Raum für Filmvorführungen. Dies darf aber nicht darüber hinwegtäuschen, dass auch diese Gefangenen unter lagermäßigen Bedingungen, fern ihrer Heimat, interniert waren.

Die mangelnde Lebensmittelversorgung der osteuropäischen Gefangenen, die auf der Eisenbahnfahrt nach St. Johann oftmals über Wochen fast keine Verpflegung erhielten, und die katastrophalen hygienischen Verhältnisse führten dazu, dass bereits Anfang Jänner 1942, wenige Monate nach dem Eintreffen des ersten Transports von der Ostfront, im »*Russenlager*« Infektionskrankheiten auftraten. Der Zivilbevölkerung wurde daraufhin von Seiten des Bürgermeisters untersagt, das Lagergelände zu betreten.[482] Täglich starben an dieser Seuche, an Unterernährung oder Krankheiten bis zu 40 Russen. Häufig fanden zudem Erschießungen von Gefangenen statt.[483]

Das hauptsächlich von Franzosen bewohnte südliche Lager blieb von Seuchen und Massenerkrankungen weitgehend verschont – ein Umstand, der sich auch in der signifikant niedrigeren Anzahl von Sterbefällen niederschlug. (vgl.: Tabelle 19).

In den ersten Jahren bestattete man die Toten des »*Stalags*« in einem Massengrab auf dem Ortsfriedhof, doch bald reichte dort der Platz nicht mehr aus. Im Herbst 1944 wurde nahe dem »*Nordlager*«, in »*Einöden in der Nähe des Fischbachgutes*«, im Einvernehmen mit den zuständigen militärischen Stellen, die Anlegung eines Kriegsgefangenenfriedhofes beschlossen, wo auch die vom Ortsfriedhof exhumierten Leichen begraben wurden.[484] Wahrscheinlich fanden auf diesem Grundstück jedoch bereits früher Bestattungen statt, denn schon am 8. Jänner 1942 beschloss die Gemeinde, dem »*Stalag*« einen »*Bestattungsgrund für russische Kriegsgefangene*« zur Verfügung zu stellen.[485] Insgesamt fanden auf dem so genannten »*Russenfriedhof*« 3.600 Kriegsgefangene (davon 3.542 Sowjetsoldaten) ihre letzte Ruhe. Auf dem Ortsfriedhof befindet sich zudem ein Massengrab mit 167 Soldaten der Roten Armee.[486]

Berichte von Zeitzeugen legen allerdings den Schluss nahe, dass nicht alle Gefangenen, die im »*Stalag VIII C*« zu Tode kamen, auf den Friedhöfen in St. Johann bestattet wurden bzw. dass deren letzte Ruhestätte nicht mehr bekannt ist.

---

482 Gemeindearchiv St. Johann i. Pg., Gemeinderats-Sitzungsprotokolle v. St. Johann, 8.1.1942.

483 Bericht des Zeitzeugen und ehemaligen französischen Kriegsgefangenen Louis Pichereau; zit. n.: Stadler / Mooslechner, St. Johann (wie Anm. 462), S. 101.

484 Gemeindearchiv St. Johann i. Pg., Gemeinderats-Sitzungsprotokolle, 5.10.1944. Der Friedhof befindet sich heute in unmittelbarer Nähe der B 311, ca. 1 km vor der Abzweigung nach St. Johann i. Pg.

485 Gemeindearchiv St. Johann i. Pg., Gemeinderats-Sitzungsprotokoll, 8.1.1942.

486 Gemeindearchiv St. Johann i. Pg., Schreiben der Gemeinde St. Johann an das »Österreichische Schwarze Kreuz«, 24.3.1953.

Tabelle 19: In St. Johann bestattete Kriegsgefangene[487]

UdSSR	3.709
Jugoslawien	51 (davon 43 Serben)
Frankreich	15
Sonstige	7

Der immer drückender werdende Arbeitskräftemangel brachte es mit sich, dass sich im Verlauf des Krieges auch für Russen die Verpflegungssituation schrittweise besserte, aber erst ab Sommer 1944 erhielten sie dieselbe Verpflegung wie Kriegsgefangene aus anderen Ländern.[488] Auch andere Vorschriften, wie jene, dass gefangene Sowjetsoldaten nur in Kommandos von je 20 Mann außerhalb eines Lagers zur Arbeit eingesetzt werden durften, mussten aus kriegswirtschaftlichen Überlegungen aufgegeben werden, denn dies hätte unter anderem bedeutet, dass ihr Einsatz in der Landwirtschaft de facto unmöglich geworden wäre.[489]

Nur ein Bruchteil der Kriegsgefangenen aus dem »*Stalag 317 (XVIII C)*« kam innerhalb der Gemeindegrenzen von St. Johann zum Einsatz, der überwiegende Teil wurde Arbeitskommandos in anderen Gegenden des Wehrkreises XVIII zugeteilt. Für jene, die für Arbeiten im Dienst der Gemeinde St. Johann eingesetzt waren, errichtete man bereits ab Februar 1942 in »*der KG Plankenau, auf der so genannten Schinderau eine Baracke für ca. 100 Kriegsgefangene*«.[490] Die Lebensumstände für die dort lebenden Gefangenen dürften allerdings alles andere als ideal gewesen sein, denn Anfang April 1943 berichtete der Bürgermeister der Gemeindevertretung: »*Das Gefangenenlager der Gemeinde ist in einem trostlosen Zustand, man müßte danach trachten, daß eine Vergrößerung möglich ist, weil ein ständiger Überbelag von 50–70 % festgestellt wurde.*«[491] Anfang Dezember 1943 waren auf dem Gebiet des damaligen Markt Pongau zwischen »*220–260 Kriegsgefangene zur Arbeit eingeteilt und bewährten sich durchwegs gut*«.[492]

1944 erhöhte sich gemäß einer »*Meldung ausländischer Arbeiter und Kriegsgefangener*«[493] die Zahl auf 316 Personen – allerdings ist nunmehr keine Unterscheidung zu den »zivilen« Zwangsarbeitern mehr möglich.

487 Gemeindearchiv St. Johann, Schreiben der Gemeinde St. Johann an das »Österreichische Schwarze Kreuz«, 18.2.1948 und 24.3.1953.

488 Roswitha Helga Gatterbauer, Arbeitseinsatz und Behandlung der Kriegsgefangenen in der Ostmark während des Zweiten Weltkrieges. Phil. Diss., Salzburg 1975, S. 90.

489 Gatterbauer, Arbeitseinsatz (wie Anm. 488), S. 173.

490 Gemeindearchiv St. Johann i. Pg., Gemeinderats-Sitzungsprotokoll, 9.2.1942.

491 Ebd., 2.4.1943.

492 Ebd., 21.12.1943.

493 Gemeindearchiv St. Johann i. Pg., Meldung ausländischer Arbeiter und Kriegsgefangener, GZ 5770/5135 1944.

Tabelle 20: Einsatz »*ausländischer Arbeiter und Kriegsgefangener*«, St. Johann 1944[494]

Landwirtschaft	Industrie u. Gewerbe	öffentlicher Bereich	Stalag
175	121	19	1

Für den Bereich »Industrie und Gewerbe« waren es die vergleichsweise großen Betriebe, wie die »Wellholzwerke«, die »Salzburger Holzwerke AG« oder die Baufirma »Mayreder & Kraus«, die den Hauptanteil an ausländischen Arbeitskräften beschäftigten. Bemerkenswert ist auch der Umstand, dass die Mehrheit der in der Landwirtschaft eingesetzten ausländischen Arbeitskräfte aus Polen (61), Serbien (53) und der Ukraine (41) stammt. Bei Industrie und Gewerbe dominieren Franzosen (31) und Ukrainer (31). Ein Beispiel für Arbeiten im öffentlichen Sektor ist die im April 1944 realisierte Neubeplankung der Einödbrücke.[495]

Trotz angedrohten Strafen und der Propaganda des NS-Regimes gab es auch im Bereich von St. Johann immer wieder Klagen über unerlaubten Umgang von Einheimischen mit Kriegsgefangenen. Im Spätherbst 1944 kam es aus diesem Grund sogar zu einer Verurteilung durch das Landgericht Salzburg.[496] Auch die Gefahr des Abhörens von so genannten »*Feindsendern*« durch Kriegsgefangene und andere ausländische Arbeitskräfte bestand in den Augen des Regimes. Zweifellos gewann dieses Problem mit zunehmender Dauer des Krieges und der für das Deutsche Reich aussichtslosen militärischen Lage immer mehr an Bedeutung, zumal auch die zwangsweise nach Salzburg verschleppten Ausländer ein gesteigertes Interesse an Nachrichten über die Ereignisse an den verschiedenen Fronten hatten. Anfang Oktober 1944 erklärte der Bürgermeister von St. Johann vor der Gemeindevertretung, »*daß ausländische Arbeitskräfte und Kriegsgefangene einer besonderen Kontrolle bedürfen. Alle landwirtschaftlichen Betriebsführer sind aufzuklären, daß ihre Rundfunkgeräte so aufzustellen sind, daß ein Abhören der Sender der Ausländer unmöglich wird.*«[497]

Gegen Kriegsende wurde es für die deutschen Wachmannschaften immer schwieriger, die Kontrolle über die Gefangenen zu behalten, zumal es durch »Evakuierung« von Lagern im Osten bis Anfang Mai 1945 zu einer Überfüllung des »*Stalags*« kam. Die sich daraus resultierende Verschlechterung der hygienischen Verhältnisse und die eintretenden Probleme bei der Lebensmittelversorgung führten dazu, dass rund 300 Gefangene am 7. Mai 1945 einen im Bahnhof von St. Johann abgestellten Frachtzug stürmten und plünderten. Nachdem es vorerst wieder gelungen war, Ruhe herzustellen, kam es in der

494 Gemeindearchiv St. Johann i. Pg., Meldung ausländischer Arbeiter und Kriegsgefangener, GZ 5770/5135 1944.

495 Gemeindearchiv St. Johann i. Pg., Gemeinderats-Sitzungsprotokoll, 18.4.1944.

496 Ebd., 29.11.1944.

497 Ebd., 5.10.1944.

darauf folgenden Nacht zu ersten Plünderungen durch Kriegsgefangene, die es geschafft hatten, das Lager zu verlassen.

Am 8. Mai 1945 übernahmen dann US-Truppen das »*Stalag 317 (XVIII C)*« und begannen mit seiner planmäßigen Auflösung, sodass bereits am 18. Mai der Abtransport von Gefangenen im großen Stil einsetzen konnte. Am 5. Juni 1945 verließen dann die letzten Insassen, ehemalige sowjetische Kriegsgefangene, das Lager.[498]

Arbeitseinsatz von Kriegsgefangenen in der Stadt Salzburg

In der Stadt Salzburg kamen Kriegsgefangene während des Zweiten Weltkrieges in den verschiedensten Bereichen zum Einsatz. Neben kommunalen Aufgaben, wie Straßenbau oder Verbesserung der Infrastruktur, waren es auch kriegsbedingte Einsätze, beispielsweise Aufräumungs- und Wiederherstellungsmaßnahmen nach Luftangriffen oder der Bau von Luftschutzanlagen. Für sehr gefährliche Arbeiten, wie das Entschärfen von Blindgängern oder Zeitzünderbomben, sind als »Arbeitgeber« neben der Stadtverwaltung, der Deutschen Reichsbahn, der Deutschen Wehrmacht auch lokale Unternehmen, häufig aus der Bauwirtschaft oder der Produktion militärisch relevanter Güter, zu nennen.

Auf Grund der äußerst unübersichtlichen Quellenlage ist es heute nicht mehr möglich, ein vollständiges und umfassendes Bild vom Arbeitseinssatz dieser Kriegsgefangenen zu zeichnen.[499] Dies gilt in gleichem Maße auch für ausländische Arbeitskräfte und Zwangsarbeiter – eine zusammenfassende Geschichte des Einsatzes ausländischer Arbeitskräfte, die in den Jahren 1938–1945 in der damaligen Gauhauptstadt zum Einsatz kamen, kann daher zweifellos als eines der großen Desiderate der zeitgeschichtlichen Forschung für den städtischen Bereich in Salzburg angesehen werden.

Aus den oben angeführten Gründen beschränkt sich dieser Abschnitt auf die Darstellung von Einzelprojekten. Ein besonderes Augenmerk wird hiebei auf den Neubau der Staatsbrücke gelegt, zumal bei dieser zivilen Großbaustelle in Salzburg mehr als die Hälfte der eingesetzten Arbeiter Kriegsgefangene waren. Die zweite große Gruppe bildeten zivile ausländische Arbeitskräfte, vornehmlich Zwangsarbeiter, sodass die bei diesem Bauvorhaben beschäftigten Einheimischen bzw. Deutschen nur eine vergleichsweise kleine Minderheit darstellten.[500]

---

498 Bezüglich der Vorgänge rund um das Kriegsende 1945; vgl.: Speckner, Kriegsgefangenenlager (wie Anm. 429), S. 380–382.

499 Der Verfasser bedankt sich an dieser Stelle beim Archiv der Stadt Salzburg für die Überlassung folgender unveröffentlichter, auf schriftlichen Quellen basierenden Erhebung: Thomas Weidenholzer, Kriegsgefangene, »Ostarbeiter« und ausländische Arbeiter in Salzburg während der nationalsozialistischen Herrschaft. Eine Erhebung von schriftlichen Quellen im Archiv der Stadt Salzburg. Unveröffentl. Manuskript, Salzburg 1994.

500 Ebd., S. 2.

Die bestehende Staatsbrücke, eine 1877 errichtete Stahlkonstruktion, hatte sich bereits wenige Jahrzehnte nach ihrer Fertigstellung für die Anforderungen des modernen Verkehrs als unzureichend erwiesen und war im Laufe der Zeit immer baufälliger geworden. Planungen für einen Neubau scheiterten jedoch an der ungeklärten Frage der Finanzierung.[501] Ähnlich wie in Linz, war auch in Salzburg der Bau einer neuen, leistungsfähigen Brücke eines der vordringlichsten Bauvorhaben des NS-Regimes, das zudem seine propagandistische Wirkung auf die Bevölkerung nicht verfehlen konnte. Mit den Planungen wurde der Berliner Architekt Friedrich Tamms beauftragt, der schon von diversen Projekten für die »*Reichsautobahn*« über einschlägige Erfahrungen verfügte. Nachdem der erste Entwurf, der eine massive Steinbrücke vorsah, aus bautechnischen und wirtschaftlichen Gründen abgelehnt worden war, entschieden sich die Verantwortlichen für die Errichtung einer vergleichsweise schlichten Stahlbetonbrücke.[502]

Das Fehlen geeigneter Arbeitskräfte verzögerte immer wieder den Baubeginn, und erst im Frühjahr 1940 konnte mit der Errichtung einer hölzernen »Notbrücke« begonnen werden, über welche in der Bauphase der Verkehr über die Salzach laufen sollte. Bereits bei diesem Bauvorhaben, das nach einer Belastungsprobe am 19. Oktober 1940 dem Verkehr übergeben werden konnte, waren ausländische Arbeitskräfte, vornehmlich aus mit dem Deutschen Reich verbündeten Staaten, im Einsatz. Endgültig fertig gestellt wurde dieses Brückenprovisorium am 27. Jänner 1941.[503] Anfang Februar 1941 begann dann der Abriss der alten und im darauf folgenden Sommer die Arbeiten an der neuen »*Dr.-Todt-Brücke*«, benannt nach dem »*Reichsminister für Bewaffnung und Munition*« Fritz Todt (1891–1942).

Von Anfang an litt der Fortgang der Bauarbeiten unter dem kriegsbedingten Arbeitskräftemangel, dem man ab Dezember 1941 durch den Einsatz von Kriegsgefangenen begegnen wollte. So findet sich im »Bautagebuch« für 10. Dezember 1941 eine Eintragung, wonach 30 französische Kriegsgefangene eingetroffen sind. Einen Tag später meldet diese Quelle die Ankunft weiterer 10 Kriegsgefangener aus Frankreich. Bis 21. Jänner 1942 stieg die Anzahl der Kriegsgefangenen bei Bau der Staatsbrücke auf den Höchststand von 93 – zumeist waren zwischen fünfzig und sechzig eingesetzt.[504]

Welche Priorität diesem Projekt noch im dritten Kriegsjahr eingeräumt wurde, zeigt der Umstand, dass am 23. Jänner 1942 acht Meister, 35 Facharbeiter, 40 Hilfsarbeiter und 40 französische Kriegsgefangene bei Außentemperaturen von –30° C bis –18° C am Bau

---

501 Fuchs, Gerne vergessen (wie Anm. 151), S. 110–113, S. 110.

502 Thomas Weidenholzer / Guido Müller, Salzburgs alte und neue Brücken über die Salzach (Schriftenreihe des Archivs der Stadt Salzburg 15). Salzburg 2001, S. 89–92, S. 89/90. Die in diesem Entwurf noch vorgesehenen massiven Ufermauern konnten aus Kostengründen jedoch ebenfalls nicht realisiert werden.

503 Weidenholzer, Kriegsgefangene (wie Anm. 499), S. 8.

504 AStS, Neubau der Staatsbrücke, Bautagebuch I., 10.12.1941, 11.12.1941 bzw. 21.1.1942. Am 21. Jänner 1942 waren 8 Meister, 44 Facharbeiter, 52 Hilfsarbeiter und 93 Kriegsgefangene auf der Baustelle eingesetzt.

der Brücke arbeiteten. Auf Grund der extremen Witterung durften sich die Beschäftigten alle zwei Stunden für zwei Stunden aufwärmen – freilich ist unbekannt, ob diese Regelung auch für Kriegsgefangene zur Anwendung kam.[505] Während ihres Arbeitseinsatzes unterstanden die Kriegsgefangenen dem jeweiligen Stammlager. In Salzburg war dies in der Regel das »*Stalag 317 (XVIII C)*«, das auch der Vertragspartner für die jeweiligen Bauunternehmen war. Die Zuteilung der Gefangenen lief, wie bereits erwähnt, über das örtliche Arbeitsamt.[506] Die Unterbringung erfolgte in bewachten Lagern im Stadtgebiet, beispielsweise im Reichsbahnlager »Lager Grafenberg« (Grafenhügel) in Liefering.[507]

Arbeitskräftemangel beeinträchtigte mit zunehmender Dauer des Krieges die als »*kriegswichtig*« eingestuften Arbeiten an der Staatsbrücke in immer stärkerem Ausmaß. Vor allem für den Bau von Luftschutzanlagen in der Stadt wurden immer mehr Arbeiter abgezogen, sodass im Frühjahr 1943 der Beschäftigtenstand von rund 200 Mann auf 90 absank.[508] Angesichts dieser Situation entschlossen sich die Verantwortlichen, die französischen Kriegsgefangenen durch sowjetische auszutauschen. 60 Kriegsgefangene aus der Sowjetunion ersetzten daher ab Ende April die zu diesem Zeitpunkt auf der Brückenbaustelle eingesetzten 55 Franzosen.[509]

Französische Kriegsgefangene blieben, wenn auch in geringerem Umfang, weiterhin als Facharbeiter auf der Baustelle. Die Arbeitsbedingungen waren für die in Gefangenschaft geratenen Rotarmisten ungleich schlechter als für die Franzosen – eine Folge der Rassenideologie der Nationalsozialisten. Immer wieder kam es auf der Baustelle auch zu körperlichen Übergriffen gegen die Kriegsgefangenen. Die mangelhafte Verpflegung und der daraus resultierende schlechte Gesundheitszustand der Gefangenen wirkten sich naturgemäß negativ auf den Arbeitsfortschritt aus, sodass es häufig zu Klagen von Seiten der Baufirmen kam. So ließ die Bauleitung kurz vor Kriegsende im Bautagebuch vermerken, dass »*wahrscheinlich wegen der knappen Verpflegung laufend Kriegsgefangene flüchtig gehen und daß die Arbeitsleistung der Kgf. absolut ungenügend sei*«.[510]

Trotz aller Probleme konnten dank des massiven Einsatzes ausländischer Arbeitskräfte noch während des Krieges die wesentlichen Arbeiten an der Staatsbrücke abgeschlossen werden, sodass sie mit Ausnahme des Obusverkehrs am 27. November 1944 der Öffentlichkeit übergeben wurde. Die noch ausstehenden Arbeiten konnten jedoch bis zur endgültigen Einstellung der Bautätigkeit am 4. Mai 1945 nicht mehr vollendet werden. Nach Kriegsende kam es rasch zu einer Wiederaufnahme der Bautätigkeit, wobei zu Betonierarbeiten im Herbst 1945 fallweise auch deutsche Kriegsgefangene zum Einsatz kamen, end-

---

505 AStS, Neubau der Staatsbrücke, Bautagebuch I., 23.1.1942.

506 Stadler / Mooslechner, St. Johann (wie Anm. 462), S. 98–114.

507 Weidenholzer / Müller, Brücken (wie Anm. 502), S. 90.

508 AStS, Dr.-Todt-Brücke, Bericht über eine Besprechung zwischen Brückenbaudezernat des Reichsstatthalters und dem Stadtbauamt, 3.6.1943.

509 AStS, Neubau der Staatsbrücke, Bautagebuch X, 27.4.1943.

510 Ebd., XIX, Aktenvermerk vom 25.3.1945.

Abb. 33: Sowjetische Kriegsgefangene bei Montagearbeiten am Tragwerk der Staatsbrücke 1944 (AStS, Fotoarchiv Anny Madner)

gültig fertig gestellt wurde die Staatsbrücke am 1. Juli 1949, wobei auf einige monumentale Bauelemente, wie die beiden Löwenstatuen an den Brückenköpfen, verzichtet wurde.[511]

Auch die damalige Gauhauptstadt Salzburg beschäftigte für die Aufrechterhaltung der städtischen Infrastruktur neben zivilen Zwangsarbeitern auch Kriegsgefangene, wenn auch in vergleichsweise geringer Zahl. Beispielsweise kamen diese Arbeitskräfte bei Verladearbeiten am Güterbahnhof, beim Gas- und Wasserwerk oder beim städtischen Fuhr-

511 Weidenholzer / Müller, Brücken (wie Anm. 502), S. 90. Die beiden Löwenstatuen standen bis zum Abriss des Linzer Hauptbahnhofes im Jahr 2003 vor dessen Hautportal. Nach Fertigstellung des neuen Bahnhofes sollen sie nach einer gründlichen Restaurierung wieder in den Eingangsbereich integriert werden.

Abb. 34: Befreite russische Kriegsgefangene begrüßen in Liefering die einrückenden US-Soldaten (SLA, Fotosammlung, Foto: Glenn Kappelman)

park zum Einsatz. Auch private Arbeitgeber, wie die Rauchmühle, werden erwähnt.[512] Größere städtische Baustellen, bei welchen Kriegsgefangene als Arbeitskräfte eingesetzt wurden, waren das Saalach-Kraftwerk in Liefering und der Neubau des Schlachthofes (Seuchenschlachthof und Kühlhaus) in Bergheim – ein Bauvorhaben, das vom »*Reichsminister für Ernährung und Landwirtschaft*« gefördert wurde, zumal es für die Sicherung der Lebensmittelversorgung im Krieg von großer Bedeutung war. Immerhin waren im September 1942 dort 50 Zivilarbeiter und 66 Kriegsgefangene beschäftigt.[513] Gegen Kriegsende wurde jedoch auch hier der Arbeitskräftemangel dramatisch, da immer mehr Arbeitskräfte für andere Tätigkeiten, beispielsweise zum Entschärfen von Blindgängern und Langzeitzündern nach Luftangriffen, abkommandiert wurden.[514]

512 AStS, Tiefbauamt V 12, Bericht der Lagerverwaltung, Februar 1944.
513 AStS, Hochbauamt 437, Seuchenschlachthof Bergheim, Lagereinrichtung 1.9.1942.
514 Weidenholzer, Kriegsgefangene (wie Anm. 499), S. 17.

Schule für Kinder- und Jugendlichenpflege
am Bildungszentrum der Gemeinnützigen Salzburger
Landeskliniken

Über die Opfer unter den Kriegsgefangenen liegen keine gesicherten Zahlen vor, da sie im Fall von schweren Erkrankungen in das für sie zuständige »*Stalag 317 (XVIII C)*« zurücktransportiert wurden oder, wie im Fall der Gefangenen aus der UdSSR, nicht in der Stadt, sondern auf dem »Russenfriedhof« in Grödig bestattet wurden.[515] Heute liegen im »Alliiertenabteil« des städtischen Kommunalfriedhofes unter anderenm 46 Staatsbürger der damaligen Sowjetunion und zwanzig Polen und fünf Italiener begraben. Die Anzahl der exhumierten und in ihre Heimatländer überführten Amerikaner und Franzosen ist nicht mehr bekannt.

Wie das Beispiel der Bauarbeiten an der Staatsbrücke zeigt, wurde bis in die allerletzten Tage des NS-Regimes unvermindert an »kriegswichtigen« Baustellen weitergearbeitet. Dies gilt in besonderem Maße für Luftschutzbauten. Wenn auch der Mangel an Arbeitskräften, Material sowie die zusammenbrechende Infrastruktur den Arbeitsfortschritt zumeist auf ein Minimum reduzierte, beendete auch in der Stadt Salzburg erst der Einmarsch der US-Truppen endgültig den Einsatz von Kriegsgefangenen.

Das »Lager Hofbruch« bei Hallein

Während des Krieges bestand im damaligen Reichsgau Salzburg eine Vielzahl von kleinen Lagern für Kriegsgefangene, den so genannten »*Arbeitskommandos*«. Diese bestanden vielfach aus wenigen Baracken, die häufig nur für einen relativ kurzen Zeitraum als Unterkunft für Kriegsgefangene dienten und dann wieder für andere Zwecke, beispielsweise für die einheimische Belegschaft oder auch als Lagerräume, Verwendung fanden. Dieser Umstand kann auch als Grund dafür betrachtet werden, dass sich über diese Kleinlager weitgehend keine schriftlichen Aufzeichnungen erhalten haben. Das Lager Hofbruch bei Hallein stellt in dieser Hinsicht eine Ausnahme dar, da sich zu diesem Thema ein recht umfangreicher Schriftverkehr im Salzburger Landesarchiv erhalten hat.[516] Stellvertretend für alle anderen derartigen Kleinlager wird es daher im Folgenden, entsprechend der Quellenlage, detailliert beschrieben.

Der Hofbruch in Hallein, ein Steinbruch an der heutigen Wiestal-Landesstraße, befand sich im Besitz des in Adnet ansässigen Steinmetzmeisters Heinrich Deisl.[517] Auf diesem Gelände standen bereits einige Baracken – das »*Lager Hofbruch*«. Dieses diente schon in den 30er Jahren als Wohnlager für im Steinbruch beschäftigte italienische Arbeitskräfte.[518]

---

515 In Grödig sind insgesamt 34 Bürger der UdSSR (davon 12 vom Friedhof in Hallein und sechs exhumierte Unbekannte aus den umliegenden Ortsfriedhöfen), ein Amerikaner, ein Pole und ein Serbe bestattet.

516 Alle nachfolgenden Angaben über das Lager Hofbruch in den Jahren 1942/43 stammen aus folgendem Aktenfaszikel im Bestand Reichsstatthalter: SLA, RSTH IV/d 606/1943.

517 Heute befindet sich dort mit der Adresse Wiestal-Landesstraße 34 die Firmenverwaltung, ein Transportbetonwerk sowie ein Schotterwerk der Firma »Deisl-Beton Ges. m. b. H.«

518 Wolfgang Wintersteller, KZ Dachau – Außenlager Hallein. Hallein 2003, S. 5.

Abb. 35: Steinbruch der Fa. Deisl in den 60er Jahren, links oben im Hintergrund die heute abgerissenen Baracken des »Lagers Hofbruch«, später »Außenlager Hallein« des KZ-Dachau (Foto: Firma Deisl-Beton Ges. m. b. H.; Reproduktion: Wolfgang Wintersteller[519]*)*

Am 21. 7. 1942 wurden in einer dieser Baracken 19 russische Kriegsgefangene einquartiert. Die Gefangenen arbeiteten jedoch nicht im Steinbruch, sondern standen als »Arbeitskommando« *(»Arb. Kdo. 27501«)* der *»Fahrbereitschaftsleitung«* zum *»Zwecke der Beschleunigung des Transportmittelumlaufes«*, also für Belade- und Entladearbeiten zur Verfügung. Ein Vertrag zwischen Landratsamt Hallein und der Firma Heinrich Deisl über die Unterbringung der Kriegsgefangenen und deren Bewachung sowie einer Köchin im Lager Hofbruch diente vornehmlich der Festlegung der Höhe der finanziellen Abgeltung an den Eigentümer. Bemerkenswert ist Punkt 5 dieser mit 31. Dezember 1942 datierten Vereinbarung: *»Seitens des Landratsamtes ist für Ordnung und Sauberkeit in den benützten Räumen zu sorgen. Der Firma Heinrich Deisl steht jederzeit das Recht zu, die*

519 An dieser Stelle sei Herrn Mag. Wolfgang Wintersteller für die Unterstützung bei der Beschaffung des Bildmaterials sowie der Firma Deisl-Beton Ges.m.b.H. für die Genehmigung zum Abdruck des Fotos herzlich gedankt.

benützten Räume zu besichtigen und eventuelle Beanständigungen (sic!) *bei nicht genügender Sauberkeit und Ordnung den Landrat zu benachrichtigen, damit dies abgestellt wird.*«

Die Lebensbedingungen waren für die Kriegsgefangenen recht beengt, denn für die 19 Russen standen in der Unterkunftsbaracke lediglich 60 m^2 zur Verfügung. »*Bettstellen (einfache Holzgestelle) mit Strohsack und pro Bett zwei Decken*« waren vom Besitzer der Baracke beizustellen.[520] Trotz der schlechten Qualität – Strohsäcke, Polster und die beiden Decken waren entweder aus Papier oder Zellstoff – wurde von einer Haltbarkeit des Bettzeuges von zwei Jahren ausgegangen. Die Zubereitung der Verpflegung erfolgte durch eine bei der Firma Deisl angestellte Köchin, für deren Entlohnung jedoch das Landratsamt Hallein aufkam. Sie war überdies für die Verpflegung der neun »*Zivilarbeiter*« zuständig, die im Steinbruch beschäftigt waren. Die Kosten für die Bereitstellung von Brennmaterial, Kochgeschirr, Menageschalen, für die Errichtung einer separaten Wasserleitung und für die Benützung der Aborte stellte die Firma Deisl ebenfalls dem Landratsamt in Rechnung, ebenso für die Benützung der Küche und die Beistellung eines eisernen Kessels zum Auskochen der Wäsche. Anfang Februar 1943 wurden die Unterkunftskosten pro Tag und Mann mit 0,32 RM festgelegt.

Über Veränderungen bei Anzahl und Herkunft der Lagerinsassen existieren keine Aufzeichnungen. Die Kleinheit der Unterkunft lässt bei der Belagszahl jedoch sicher keinen großen Spielraum zu. Das letzte Schriftstück bezüglich dieses »*Arbeitskommandos*« ist mit 9. Februar 1943 datiert, sodass anhand der Quellen nicht mehr festgestellt werden kann, wie lange im »*Lager Hofbruch*« Kriegsgefangene untergebracht waren. Im Frühjahr 1943 musste der Steinbruch, den die Gebrüder Deisl nur gepachtet hatten, der »*SS*« überlassen werden, die im Sommer des gleichen Jahres in den bestehenden sechs Baracken ein Außenlager des Konzentrationslager Dachau einrichtete,[521] das bis unmittelbar vor Kriegsende bestanden hatte.[522]

c) Kriegsgefangenenlager und Arbeitskommandos im Überblick

Der Begriff »Lager« wurde in der nachstehenden Aufzählung sehr großzügig ausgelegt, da hier eine Definition äußerst schwierig ist. Aus diesem Grund wurde die Unterbringung mehrerer Kriegsgefangener über einen gewissen Zeitraum für ein bestimmtes Ar-

---

520 In einem Schreiben der Fa. Heinrich Deisl an den Reichsstatthalter, Abteilung Preisüberwachungsstelle, vom 2.11.1942 wird angegeben, dass die Kriegsgefangenen in 15 Doppelbetten schliefen. Auf Grund der äußerst beengten Raumsituation kann jedoch davon ausgegangen werden, dass es sich hier um einen Irrtum handelt, und die Gefangenen in Wirklichkeit in Stockbetten untergebracht waren.

521 Vgl.: S. 210–212.

522 In den Akten des KZ Dachau wird dieses Nebenlager erstmals am 1.9.1943 erwähnt, Zeitzeugen berichten jedoch, dass schon im Juni 1943 KZ-Häftlinge dort ungebracht waren; vgl.: Wintersteller, KZ Dachau (wie Anm. 518), S. 5.

beitsvorhaben hier ebenfalls dazugerechnet, zumal sie in zeitgenössischen Schriftstücken auch oftmals mit dem Begriff »Lager« bezeichnet wird. Gleichfalls wurden so genannte »Arbeitskommandos«[523], die zumeist nur über einen kurzen Zeitraum bestanden, in denen jedoch manchmal eine vergleichsweise große Anzahl von Gefangenen untergebracht waren, ebenfalls berücksichtigt. Die Übersicht basiert vornehmlich auf Archivalien im Salzburger Landesarchiv, wobei neben dem zeitgenössischen Verwaltungsschriftgut der Landräte jenem der Dienststellen des Reichsstatthalters, das zur Gänze als Datenbank erschlossen ist, als zentraler Quellenbestand besondere Bedeutung zukommt. Daneben lieferten die einschlägigen Aufzeichnungen im Archiv der Stadt Salzburg wertvolle Informationen. Besonders zu erwähnen sind in diesem Zusammenhang die »*Löschwasserversorgungspläne der Gauhauptstadt Salzburg*«, im Maßstab 1 : 50, die vor allem für die Lokalisierung kleiner Lager überaus hilfreich sind.

Für den Einsatz von Kriegsgefangenen im ländlichen Bereich enthalten die verschiedenen Orts- und Heimatchroniken eine Fülle von Angaben, die auf Grund der lokalen Detailkenntnisse der Autoren von großem Interesse sind. Der Umstand, dass eine derartige Chronik in der vorliegenden Übersicht nicht erwähnt wird, bedeutet nicht, dass das Thema Kriegsgefangene in dieser Publikation nicht behandelt wird. Es wurde grundsätzlich nur dann auf bereits publizierte Angaben zu diesem Thema zurückgegriffen, wenn aus den zur Verfügung stehenden archivalischen Quellen kein Hinweis auf ein in der Literatur bereits erwähntes Lager gefunden werden konnte.

Die Auflistung kann wegen der unübersichtlichen und zweifellos unvollständigen Überlieferungssituation keinen umfassenden Überblick über die lagermäßige Unterbringung von Kriegsgefangenen im Land Salzburg bieten, sondern vornehmlich einen Eindruck von den recht unterschiedlichen Einsatzbereichen dieser Arbeitskräfte vermitteln. In diesem Zusammenhang ist es umso bedauerlicher, dass sich aus dem Lungau vergleichsweise wenig einschlägige Archivalien aus dem Zeitraum 1939–1945 erhalten haben. Die Jahresangaben beziehen sich nur auf die Erwähnung in den untersuchten Aktenbeständen sowie in den zitierten Heimat- und Ortschroniken und geben daher nicht zwingend Auskunft über die tatsächliche Dauer des Bestandes der einzelnen Lager bzw. Arbeitskommandos.

523 Um keinen falschen Eindruck von der damaligen Situation zu vermitteln, wurden auch »*Arbeitskommandos*«, die nur aus einer Person bestanden, in die Auflistung einbezogen. Häufig wurden einzelne Personen auch bereits bestehenden, größeren »*Arbeitskommandos*« als personelle Verstärkung zugeteilt.

Tabelle 21: Kriegsgefangenenlager und -Arbeitskommandos im Land Salzburg

Gemeinde	nähere Bezeichnung	Einsatzart	Zahl	Nation	Jahr
Adnet[524]	Arbeitskommando der Ortsbauernschaft	Land- und Forstwirtschaft	4	Serben	November 1941
Altenmarkt i. Pg.[525]	Arbeitskommando der Gemeinde	Arbeiten im Bereich der Gemeinde[526]	4	Franzosen	September 1941
Annaberg i. Lt.-Lungötz[527]	»Fa. Kaindl«	Sägewerk	25	Jugoslawen	ab 1941
Annaberg i. Lt.-Lungötz[528]	Arbeitskommando Reichsstraßenbauamt Salzburg	Straßenbau	10	Franzosen	November 1941
Annaberg i. Lt.-Lungötz[529]	Arbeitskommando Reichsstraßenbauamt Salzburg	Straßenbau	20	Franzosen	Dezember 1941
Annaberg i. Lt.-Lungötz[530]	Reichsstraßenverwaltung	Straßenbau	25	Franzosen	1942
Bad Gastein[531]	Arbeitskommandos der Gemeinde	Arbeiten im Bereich der Gemeinde	20	?	Jänner 1941
Bad Gastein[532]	Arbeitskommando	?	40	Kroaten	Juni 1941
Bad Gastein[533]	Wildbach- und Lawinenverbauung, Gebietsbauleitung 33 »Pongau«	Wildbachverbauungsarbeiten am Palfner Bach	13	Franzosen	Juli 1941
Bad Gastein[534]	Arbeitskommandos der Gemeinde	Arbeiten im Bereich der Gemeinde	10	Franzosen	Oktober 1941
Bad Gastein[535]	Arbeitskommando der Gemeinde	Arbeiten im Bereich der Gemeinde	2	Serben	November 1941
Bad Gastein[536]	Arbeitskommando »Gasteiner Achenregulierung«	Regulierung der Gasteiner Ache	28	UdSSR[537]	Mai 1942

524 SLA, RSTH V/2 101/1942.

525 SLA, Landrat Pongau 1941 1-101, 2/1 ff.

526 Ein französischer Kriegsgefangener arbeitete während des Krieges in der »Dorfschmiede«; vgl.: Johann Stranger, Die NS-Zeit und einige ihrer Auswirkungen auf unsere Bevölkerung. In: Ortschronik Altenmarkt im Pongau, Bd. III. Altenmarkt 1996, S. 228–249, S. 237.

527 Hans Gfrerer, Annaberg. Eine Chronik der Gemeinde. Annaberg 1989, S. 165. Im Bestand Landrat Pongau 1941 1-101, 2/1 ff. wird erwähnt, dass am 25. Juni 1941 30 kroatische Kriegsgefangene in Annaberg eintrafen. Hier könnte es sich um die in der Gemeindechronik erwähnten »Jugoslawen« handeln.

528 SLA, Landrat Pongau 1941 1-101, 2/1 ff.

529 Ebd.

530 SLA, RSTH V/1 191/1943.

531 SLA, Landrat Pongau 1941 1-101, 2/1 ff.

532 Ebd.

533 Ebd.

534 Ebd.

535 Ebd.

536 SLA, BH Zell am See, HB-Akten 1942, 23-15-1942.

537 Da auf dem Gebiet der damaligen Sowjetunion nicht nur Russen, sondern auch Angehörige anderer Na-

Gemeinde	nähere Bezeichnung	Einsatzart	Zahl	Nation	Jahr
Bad Gastein-Angertal[538]	Arbeitskommando Bauunternehmen Franz Franzmair	Bauwirtschaft, Angertalwerk	3	Franzosen	Juli 1941
Bad Gastein-Angertal[539]	Arbeitskommando Bauunternehmen Franz Franzmair	Bauwirtschaft	10	Franzosen	Oktober 1941
Bad Gastein-Angertal[540]	Arbeitskommando Bauunternehmen Franz Franzmair	Bauwirtschaft, Angertalwerk	12	Franzosen (Juden)	November 1941
Bad Gastein-Böckstein[541]	Arbeitskommando »Reichsbahnneubauamt Mallnitz«	Bahnbau	60	UdSSR	April 1942
Bad Gastein-Böckstein[542]	Reichswasserwirtschaftsamt Lager »Schützenschlössel«	Regulierung der Gasteiner Ache	40 (41)	Serben kroatischer Nationalität	Juli/August 1941
Bad Gastein-Böckstein[543]	Reichswasserwirtschaftsamt Lager »Schützenschlössel«	Regulierung der Gasteiner Ache	39	Franzosen	ab August 1941
Bad Gastein-Böckstein[544]	Reichswasserwirtschaftsamt Lager »Schützenschlössel«	Regulierung der Gasteiner Ache	28–30[545]	UdSSR	Mai 1942
Bad Gastein-Böckstein[546]	»Gewerkschaft Radhausberg«, Lager der Werksstelle auf dem Naßfeld	Bergbau[547]	30–35	UdSSR	Mai 1942
Bad Gastein-Böckstein[548]	»Gewerkschaft Radhausberg«, Betriebsstelle auf dem Naßfeld	Küche	4	UdSSR	Juli 1942
Bad Gastein-Böckstein[549]	Hotel »Kurhaus«	Gastgewerbe	1	UdSSR	Juli 1942
Bad Gastein-Böckstein[550]	Gasthaus »Valeriehaus« auf dem Naßfeld	Gastgewerbe	1	UdSSR	Juli 1942

tionalitäten lebten, wurden die zeitgenössischen Bezeichnungen verwendet – daher neben Russen und Ukrainer auch die Angabe UdSSR.

538 SLA, Landrat Pongau 1941 1-101, 2/1 ff.

539 Ebd.

540 Ebd.

541 SLA, BH Zell am See, HB-Akten 1942, 23-15-1942.

542 SLA, Landrat Pongau 1941 1-101, 2/1 ff.

543 Ebd.

544 Ebd.

545 Insgesamt 100 Mann an Arbeitskräften; SLA, RSTH V/1 191/1943.

546 SLA, Landrat Pongau 1941 1-101, 2/1 ff. Andere Quellen berichten, dass rund 30 russische und 40 französische Kriegsgefangene 1941/42 zu Arbeiten unter Tage eingesetzt waren; vgl.: Sensenig, Ein vielfach unentbehrliches Betriebsmittel (wie Anm. 136), S. 208.

547 Am 2. August 1944 erfolgte die Einstellung des Bergbaues in Bad Gastein-Böckstein und sämtliche Kriegsgefangene wurden zum weiteren Arbeitseinsatz in die Slowakei verlegt; vgl.: Wilhelm Günther, Kriegsgefangene in Salzburg während des Ersten und Zweiten Weltkrieges in Bergbaubetrieben. In: Pallasch, Zeitschrift für Militärgeschichte 4/1998, Salzburg 1998, S. 67–70, S. 69.

548 SLA, Landrat Pongau 1941 1-101, 2/1 ff.

549 Ebd.

550 Ebd.

Gemeinde	nähere Bezeichnung	Einsatzart	Zahl	Nation	Jahr
Bad Gastein-Böckstein[551]	Hotel »Tauernbahn«	Gastgewerbe	4	UdSSR	Juli 1942
Bad Gastein-Böckstein[552]	Kriegsgefangenenbaracken im Bereich des Bahnhofes	Bahnbau	20	UdSSR	Septem-ber 1942
Bad Hof-gastein[553]	Arbeitskommando der Gemeinde	Arbeiten im Bereich der Gemeinde	3	Franzosen	Oktober 1941
Bad Hof-gastein[554]	Gasthaus »Kaltenbrunn«	Gastgewerbe	1	Franzose	Novem-ber 1941
Bad Hof-gastein[555]	Arbeitskommando der Gemeinde	Arbeiten im Bereich der Gemeinde	3	Franzosen	Dezem-ber 1941
Bergheim[556]	»Fa. Oberascher«	Rüstungsindustrie	?	Franzosen	Februar 1942
Berndorf b. Sbg.[557]	Gasthaus »Bräukeller«	Land- und Forstwirt-schaft	14	Belgier	ab 30.7. 1940 bis ?
Berndorf b. Sbg.[558]	Gasthaus »Bräukeller«	Land- und Forstwirt schaft	?	Franzosen Serben Russen	ab 1940 bzw. 1941
Bischofs-hofen[559]	Unterbringung in der Turn-hütte in Laideregg	Land- und Forstwirt-schaft	45	Serben	Mai 1941
Bischofs-hofen[560]	Arbeitskommando	Arbeiten im Bereich der Gemeinde	10	Serben	Septem-ber 1941
Bischofs-hofen[561]	Arbeitskommando Fa. »Sa-ger & Woerner«, Zweig-niederlassung Salzburg	Bauwirtschaft	15	Franzosen	Septem-ber 1941
Bischofs-hofen[562]	Arbeitskommando von Baumeister H. Kronberger	Bauwirtschaft	1	Franzose	Oktober 1941
Bischofs-hofen[563]	Arbeitskommando, Unter-bringung im Reichsbahn-Barackenlager in Pöham	Bahnbau (Oberbau) für Fa. »Daniek & Schrittwieser«	94	Russen	April 1942

551 SLA, Landrat Pongau 1941 1-101, 2/1 ff.
552 Ebd.
553 Ebd.
554 Ebd.
555 Ebd.
556 Eine Baracke; SLA, RSTH V/2 172/1942; Lage im Bereich der Rü Jn XVIII am 20. Februar 1942; BA-MA RW 20-18/13.
557 Georg Stadler, 1200 Jahre Heimat Berndorf. Berndorf 1989, S. 124.
558 Ebd.
559 SLA, Landrat Pongau 1941 1-101, 2/1 ff.
560 Ebd.
561 Ebd.
562 Ebd.
563 Ebd.

Gemeinde	nähere Bezeichnung	Einsatzart	Zahl	Nation	Jahr
Bischofshofen[564]	Sintermetallwerke auf dem Gelände der ehem. Kupferhütte	Rüstungsindustrie / Metallverarbeitung	?	Engländer u. Russen	ab 1941?
Bischofshofen-Mitterberghütten[565]	Nordrevier des Kupferbergwerks	Bergbau	?	?	1944
Bischofshofen-Schernberg[566]	Lager für Arbeitskommandos bei Bauern	Land- und Forstwirtschaft	ca. 40	Franzosen	ab 1940?
Bramberg a. Wkg.[567]	Arbeitskommando für »Forstamt Dorf-Mühlbach«	Wald- und Forstarbeiten	10	Franzosen	September 1940
Bramberg a. Wkg. [568]	Unterbringung: 12 in Bramberg, 8 in Mühlbach	Land- und Forstwirtschaft	12 + 8	Franzosen	September 1940
Bruck a. d. Gstr.[569]	Arbeitskommando Sägewerk »Hermann & Müller«	Arbeiten im Sägewerk	20	?	Jänner 1941
Bruck a. d. Gstr.[570]	Arbeitskommando Sägewerk »Hermann & Müller«	Arbeiten im Sägewerk	10	Franzosen	August 1941
Bruck a. d. Gstr.[571]	Arbeitskommando Sägewerk »Hermann & Müller«	Arbeiten im Sägewerk	3	Franzosen	September 1941
Bruck a. d. Gstr. [572]	Arbeitskommando für Gutsverwaltung Fischhorn	Land- und Forstwirtschaft	3	Franzosen	September 1941
Bruck a. d. Gstr. [573]	Arbeitskommando Sägewerk »Hermann & Müller«	Arbeiten im Sägewerk	5	Franzosen	Oktober 1941
Bruck a. d. Gstr.[574]	Arbeitskommando Fa. Spiluttini	Bauwirtschaft	3	Franzosen	Oktober 1941
Bruck a. d. Gstr.[575]	Arbeitskommando »Alpen-Elektrowerke AG«, Baustelle Bruck-Fusch	Kraftwerksbau	77 (97)	UdSSR	Juni 1942

564 Im November 1944 waren in diesem Betrieb 2.500 ausländische Arbeitskräfte (Fremdarbeiter und Kriegsgefangene) beschäftigt; vgl.: Daniela Ellmauer, Von einem zum anderen Krieg (1918–1945). In: Fritz Hörmann (Hrsg.), Chronik Bischofshofen, Bd. II. Bischofshofen 2001, S. 53–82, S. 76.

565 Ebd.

566 Karin Lindenthaler, Heimatbuch St. Veit. Unsere Marktgemeinde einst und jetzt. St. Veit 1991, S. 174.

567 SLA, BH Zell am See, HB-Akten 1942, 23-15-1942.

568 Ebd.

569 Ebd.

570 Ebd.

571 Ebd.

572 Ebd.

573 Ebd.

574 SLA, Landrat Pongau 1941 1-101, 2/1 ff.

575 SLA, BH Zell am See, HB-Akten 1942, 23-15-1942.

Gemeinde	nähere Bezeichnung	Einsatzart	Zahl	Nation	Jahr
Bruck a. d. Gstr.-St. Georgen[576]	Arbeitskommando	?	22	Franzosen	August 1940
Bürmoos[577] (damals bei Lamprechtshausen)	ehemalige Glasfabrik	Entwässerungsarbeiten u. Torfabbau	55	?	1940–1945
Bürmoos[578] (damals bei Lamprechtshausen)	Fa. »Josef Waha«	Abbau v. Generatorentorf, Torfstreu und Brenntorf	100	UdSSR	1942, 1943
Dienten a. Hkg.[579]	Arbeitskommando	Arbeiten im Bereich der Gemeinde	10	Franzosen	November 1940
Dienten a. Hkg.[580]	Arbeitskommando	Arbeiten im Bereich der Gemeinde	10	?	Februar 1941
Dienten a. Hkg.[581]	Wildbachverbauung Dienten	Regulierungsarbeiten am Dientenbach-Oberlauf	?	UdSSR	1943
Dienten a. Hkg.-Schönbergalm[582]	Arbeitskommando »Schönbergalpe am Hochkönig«	landwirtschaftlicher Wegebau (?)	20	Kroaten	Juni 1941
Dienten a. Hkg.-Schwarzenbach[583]	Kupfer-Schwefelkies-Bergbau Schwarzenbach (Dientenbach)	Bergbau	10	Russen	1942
Dorfgastein-Klammstein[584]	Arbeitskommando »Klammstein bei Lend«	?	15	Franzosen	November 1940
Eben i. Pg.[585]	Arbeitskommando	Gastwirtschaft	20	Kroaten	Juni 1941
Eben i. Pg.[586]	Arbeitskommando der Gemeinde	Arbeiten im Bereich der Gemeinde	10	Serben	November 1941
Eben i. Pg.[587]	Arbeitskommando im Gasthaus v. Felix Anselmi	Gastwirtschaft	5	Serben	Februar 1942
Eben i. Pg.[588]	Arbeitskommando der Gemeinde	Bauarbeiten an den Gemeindestraßen	2	Kroaten	März 1942

576 SLA, BH Zell am See, HB-Akten 1942, 23-15-1942.
577 SLA, RSTH LV 137/3 1940–1946.
578 SLA, Landrat Pongau 1941 1-101, 2/1 ff.
579 SLA, BH Zell am See, HB-Akten 1942, 23-15-1942.
580 Ebd., HB-Akten 1942, 23-15-1942.
581 Ebd., HB-Akten 1943, 434-10-1943.
582 Ebd., HB-Akten 1942, 23-15-1942.
583 Sensenig, Ein vielfach unentbehrliches Betriebsmittel (wie Anm. 136), S. 208.
584 SLA, BH Zell am See, HB-Akten 1942, 23-15-1942.
585 SLA, Landrat Pongau 1941 1-101, 2/1 ff.
586 Ebd.
587 Ebd.
588 Ebd.

Gemeinde	nähere Bezeichnung	Einsatzart	Zahl	Nation	Jahr
Elsbethen-Glasenbach[589]	Baracken in der Gebirgs-Schießschule Glasenbach	Kriegsgefangenen Bau- und Arbeit-Bataillon Nr. 38	?	?	Februar 1941
Elixhausen[590]	Arbeitskommandos im Gemeindegebiet	Land- und Forstwirt-schaft	?	Franzosen u. Russen	ab 1940 bzw. 1941 (?)
Eugendorf[591]	Arbeitskommando	Land- und Forstwirt-schaft	?	?	?
Filzmoos[592]	Arbeitskommando der Gemeinde	Arbeiten im Bereich der Gemeinde	10	Franzosen	Septem-ber 1941
Filzmoos[593]	Arbeitskommando »Filz-moos-Kollmannhaus«	?	6	Franzosen	Septem-ber 1941
Flachau[594]	Unterbringung der Kriegs-gefangenen in Baracken	Land- und Forstwirt-schaft	?	?	1942
Flachau[595]	Einquartierung beim Spe-cherbauer, Arbeit bei ver-schiedenen Bauern	Land- und Forstwirt schaft	18	Serben	Juli 1941
Flachau-Enns-lehenhäusl[596]	Arbeitskommando für Reichsforstverwaltung	Land- und Forstwirt-schaft[597]	25	Franzosen	Juli 1941
Flachau-Reitdorf[598]	2 Arbeitskommandos der Ortsbauernschaft Flachau	Land- und Forstwirt-schaft	6 + 1	Franzosen	Jänner 1942
Flachau-Reitdorf[599]	Einquartierung beim Schüttbachbauern, Arbeit bei verschiedenen Bauern	Land- und Forstwirt schaft	15	Franzosen	Juli 1941
Flachau-Vorderrohr[600]	Lager Vorderrohr, Arbeits-kommando der Fa. »Granit«	Reichsautobahn-Zufahrtsstraßenbau	125	Franzosen	bis Juni 1941
Flachau-Vorderrohr[601]	Lager Vorderrohr, Arbeitskommando der Fa. »Granit«	Reichsautobahn-Zufahrtsstraßenbau	100	Engländer, Neu-seeländer, Australier	ab Juni 1941

589 Lagebericht vom 1.2.1931 für das KTB der Rüstungsinspektion XVIII; BA-MA RW 20-18/9.
590 Wintersteiger / Lürzer, Gemeinde Elixhausen (wie Anm. 326), S. 136.
591 Andreas Radauer (Hrsg.), Eugendorfer Heimatbuch. Eugendorf 1987, S. 211.
592 SLA, Landrat Pongau 1941 1-101, 2/1 ff.
593 Ebd.
594 SLA, Landrat Pongau 1942/200b/23.
595 SLA, Landrat Pongau 1941 1-101, 2/1 ff.
596 Ebd.
597 Juni/Juli 1941 für 14 Tage Unterbringung der 25 Franzosen auf der »*Tauriskahütte*« (heute: Untere Gasthofalm); vgl.: SLA, Landrat Pongau 1941 1-101, 2/1 ff.
598 SLA, Landrat Pongau 1941 1-101, 2/1 ff.
599 Ebd.
600 Ebd.
601 Ebd.

Gemeinde	nähere Bezeichnung	Einsatzart	Zahl	Nation	Jahr
Forstau[602]	Arbeitskommando der Güterwegbauleitung Forstau	Bau von landwirtschaftlichen Zufahrtswegen	60	?	Jänner 1941
Forstau[603]	Arbeitskommando für das Forstamt Radstadt der Reichsforstverwaltung	Wald- und Forstarbeiten	2	Franzosen	Jänner 1942
Fusch a. d. Gstr.-Ferleiten[604]	2 Arbeitskommandos	Arbeiten im Bereich der Gemeinde	12 + 22	Franzosen	August 1940
Fuscha. d. Gstr.-Ferleiten[605]	Lagerbaracke in Ferleiten	Güterwegebau im Ferleitental	50	Franzosen	September 1940
Fusch a. d. Gstr.-Judendorf[606]	Arbeitskommando der Fa. »Asbest-Talg-Bergbau Johann Plattner«	Steinbruch	20 (21)	UdSSR	Juni 1942
Fusch a. d. Gstr.-Ferleiten-Judendorf[607]	Arbeitskommando der Fa. »Asbest-Talg-Bergbau Johann Plattner«	Steinbruch	ca. 30	Russen	Juni 1943
Goldegg[608]	Arbeitskommando der Gemeinde	Arbeiten im Bereich der Gemeinde	7	Franzosen	Juli 1941
Goldegg[609]	Arbeitskommando	Arbeiten im Bereich der Gemeinde	5	Franzosen	September 1941
Goldegg[610]	Arbeitskommando	Arbeiten im Bereich der Gemeinde	2	Franzosen	Oktober 1941
Golling a. d. Salzach[611]	Arbeitskommando »Kalk und Schotterwerk Alois Tagger«	Steinbruch	25	UdSSR	Mai 1942
Golling a. d. Salzach-Pass Lueg[612] (?)	Lager »Paß Lueg«	Bauwirtschaft	> 100	Russen	ab 1941
Großarl[613]	Arbeitskommando der Gemeinde	Arbeiten im Bereich der Gemeinde	10	?	März 1941
Großarl[614]	Arbeitskommando	Arbeiten im Bereich der Gemeinde	40	?	Juli 1941

602 SLA, Landrat Pongau 1941 1-101, 2/1 ff.

603 Ebd.

604 SLA, BH Zell am See, HB-Akten 1942, 23-15-1942.

605 Ebd.

606 Ebd.

607 SLA, BH Zell am See, Bauakten 1943, Bp. 1005-5-1/1943.

608 SLA, Landrat Pongau 1941 1-101, 2/1 ff.

609 Ebd.

610 Ebd.

611 SLA, BH Zell am See, HB-Akten 1942, 23-15-1942.

612 Franziska Schneeberger, Golling 1918–1945. In: Robert Hoffmann / Erich Urbanek (Hrsg.), Golling. Geschichte einer Salzburger Marktgemeinde. Golling 1991, S. 187–221, S. 212.

613 SLA, Landrat Pongau 1941 1-101, 2/1 ff.

614 Ebd.

Gemeinde	nähere Bezeichnung	Einsatzart	Zahl	Nation	Jahr
Großarl[615]	Arbeitskommando	Arbeiten im Bereich der Gemeinde	2	Franzosen	September 1941
Großarl[616]	Arbeitskommando der Gemeinde	Wegebau »Ellmau-Weg«	?	Franzosen	November 1942
Großarl[617]	Arbeitskommandos im Gemeindegebiet	Land und Forstwirtschaft	?	Russen	ab 1943 (?)
Hallein[618]	Arbeitskommando »Lager Hofbruch« (Arb. Kdo. 27501)	Be- und Entladearbeiten für die »Fahrbe reitschaftsleitung«	19	Russen	1942, 1943
Hallein[619]	Kriegsgefangenenlager Pernerinsel	Arbeit bei der Sudpfanne, Verpackung u. Verladung v. Salz	20	italienische Militärinternierte	ab 19.11. 1943 bis Sommer 1944
Hallein[620]	Arbeitskommando in der Papierfabrik	Arbeiten in der Papierherstellung	?	?	1943 bis Winter 1944/45
Hallein-Au[621]	Güterweg Kaltenhausen-Gutratsberg	landwirtschaftlicher Wegebau	?	?	1943
Hallwang[622]	Reichsautobahn-Lager	Autobahnbau	24	UdSSR	Juni 1942
Hollersbach i. Pzg.[623]	Arbeitskommando, einquartiert bei Anton Bacher	Landwirtschaft	10	?	Jänner 1941
Hüttau[624]	Arbeitskommando zur Verfügung des Bürgermeisters	Arbeiten im Bereich der Gemeinde	3	Kroaten	März 1942
Hüttau[625]	Arbeitskommando der Fa. »Hoffmann u. Co.«	Ziegelei	7	Franzosen	August 1941
Hüttau[626]	Arbeitskommando der Fa. »Hoffmann u. Co.«	Ziegelei	25–29	UdSSR	April 1942

615 SLA, Landrat Pongau 1941 1-101, 2/1 ff.
616 Georg Stadler, Zeit des Zweiten Weltkrieges. In: Matthias Laireiter (Hrsg.), Heimat Großarl. Großarl 1998, S. 168–174, S. 170.
617 Ebd.
618 SLA, RSTH IV/d 606/1943.
619 Nach rund 8 Monaten wurden die italienischen Militärinternierten in den Status von Zivilarbeitern überführt; vgl.: Sensenig, Ein vielfach unentbehrliches Betriebsmittel (wie Anm. 136), S. 211/212.
620 Stadtgemeinde Hallein (Hrsg.), 750 Jahre Stadt Hallein 1230–1980, Teil C. Hallein 1980, S. 26.
621 Nach Einstellung des Wegebaues diente die Baracke zur Unterbringung von Kriegsgefangenen, die in der Landwirtschaft eingesetzt waren; vgl.: SLA, RSTH IV/d 606/1943.
622 SLA, BH Zell am See, HB-Akten 1942, 23-15-1942.
623 Ebd.
624 SLA, Landrat Pongau 1941 1-101, 2/1 ff.
625 Ebd.
626 Ebd.

Gemeinde	nähere Bezeichnung	Einsatzart	Zahl	Nation	Jahr
Hüttschlag[627]	Arbeitskommando des Forstamts Großarl	Wald- und Forstarbeiten	20	Serben	September/Oktober 1941
Hüttschlag[628]	Arbeitskommando der Gemeinde	Arbeiten im Bereich der Gemeinde	1	Serbe	Oktober 1941
Kaprun	Kraftwerksbau der »Arge Tauernsperre«; vgl. Abschnitt III.3e				1939–1945
Kaprun[629]	Arbeitskommando »Alpen-Elektrowerke AG«	Kraftwerksbau	80	UdSSR	Mai 1942
Koppl[630]	Arbeitskommandos im Gemeindegebiet	Land- und Forstwirtschaft	12	Belgier	2.10.–30. 11. 1940
Koppl[631]	Arbeitskommandos im Gemeindegebiet	Land- und Forstwirtschaft	ca. 12	Serben	Herbst 1941
Kleinarl[632]	Arbeitskommando der Gemeinde	Arbeiten im Bereich der Gemeinde	10	Kroaten	Juli 1941
Kleinarl[633]	Arbeitskommando der Gemeinde	Arbeiten im Bereich der Gemeinde	1	Serbe	Dezember 1941
Krimml[634]	Arbeitskommando	Arbeiten im Bereich der Gemeinde	12	Franzosen	August 1940
Krimml[635]	Sammellager »Obersöllhof«	Landwirtschaft, Räumung der Vermurungen d. Unterbergbaches	24	Franzosen	August 1940
Krimml bzw. Wald i. Pzg.[636]	Arbeitskommando »Gemeinde Krimml-Wald«	Arbeiten im Bereich der Gemeinde	50	Franzosen	September 1940
Krimml bzw. Wald i. Pzg.[637]	2 Arbeitskommandos »Gemeinde Krimml-Wald«	Arbeiten im Bereich der Gemeinde	10 + 1	Franzosen	Juli 1941
Krimml bzw. Wald i. Pzg.[638]	Arbeitskommando »Gemeinde Krimml-Wald«	Land- und Forstwirtschaft	1	Franzose	Dezember 1941
Lend[639]	Arbeitskommando der »Salzburger Aluminium Ges.m.b.H.«	Rüstungsindustrie	24	Franzosen	Juli 1941

627 SLA, Landrat Pongau 1941 1-101, 2/1 ff.
628 Ebd.
629 SLA, BH Zell am See, HB-Akten 1942, 23-15-1942.
630 Alfred Rinnerthaler, Koppl – Geschichte einer Gemeinde 1850–1945. In: Heimat Koppl. Chronik der Gemeinde. Koppl 2000, S. 358.
631 Ebd.
632 SLA, Landrat Pongau 1941 1-101, 2/1 ff.
633 Ebd.
634 SLA, BH Zell am See, HB-Akten 1942, 23-15-1942.
635 Ebd.
636 Ebd.
637 Ebd.
638 Ebd.
639 Ebd.

Gemeinde	nähere Bezeichnung	Einsatzart	Zahl	Nation	Jahr
Lend-Embach[640]	Arbeitskommando[641]	Arbeiten im Bereich der Gemeinde	10	Franzosen	September 1940
Leogang[642]	Arbeitskommando	Arbeiten im Bereich der Gemeinde	20	Franzosen	August 1940
Leogang[643]	Arbeitskommando	Arbeiten im Bereich der Gemeinde	10	?	März 1941
Leogang[644]	Arbeitskommando in der »Hartl-Säge«	Arbeiten im Sägewerk	5	Franzosen	September 1941
Leogang[645]	Arbeitskommando »Inschlagalpe«	Steinbruch (?) der Magnesitwerke »Fa. Josef Weilguny«	5	Franzosen	Oktober 1941
Leogang[646]	Arbeitskommando »Inschlagalpe«	Steinbruch (?) der Magnesitwerke »Fa. Josef Weilguny«	5	Franzosen	Oktober 1941
Leogang[647]	Arbeitskommando »Inschlagalpe«	Steinbruch (?) der Magnesitwerke »Fa. Josef Weilguny«	53	UdSSR	Mai 1942
Leogang[648]	Arbeitskommando »Stocking-Hut«	?	1	Franzose	Jänner 1942
Lessach[649]	Arbeitskommando	Arbeiten im Bereich der Gemeinde	15	Franzosen	August 1940
Lofer[650]	Arbeitskommando »Gemeinde Lofer«	Arbeiten in Lofer und Weißbach	2	Serben	November 1941
Lofer[651]	Arbeitskommando »Gemeinde Lofer«	Arbeiten in Lofer und Weißbach	2	Serben	März 1942
Lofer[652]	Arbeitskommando im Gemeindegebiet	Land- und Forstwirtschaft	?	Franzosen	ab 1940

640 SLA, BH Zell am See, HB-Akten 1942, 23-15-1942.
641 Unterbringung von französischen Kriegsgefangenen während der Nachtstunden im »Lager« beim Oberwirt; vgl.: Hermann Hinterstoisser, Lend und Embach im Zweiten Weltkrieg. In: Lend/Embach. Eine Gemeinde im Wandel der Zeit. Lend 1991, S. 128–138, S. 132.
642 SLA, BH Zell am See, HB-Akten 1942, 23-15-1942.
643 Ebd.
644 Ebd.
645 Ebd.
646 Ebd.
647 Ebd.
648 Ebd.
649 Ebd.
650 Ebd.
651 Ebd.
652 Die Gemeindechronik berichtet lediglich vom Eintreffen französischer Kriegsgefangener 1940 im Gebiet der Gemeinde Lofer bzw. St. Martin b. L., ohne nähere Angaben zu machen; vgl.: Sebastian Hinterseer / Max Faistauer, Heimatchronik Lofer – St. Martin. Lofer/St. Martin 1982, S. 599.

Gemeinde	nähere Bezeichnung	Einsatzart	Zahl	Nation	Jahr
Maria Alm a. StM.-Alm[653]	Arbeitskommando	?	60	Kroaten	Juni 1941
Mariapfarr (damals Marienpichl)[654]	Arbeitskommando im Gemeindegebiet	Land- und Forstwirtschaft	?	Franzosen	ab 10. März 1940
Mariapfarr (damals Marienpichl)-Lintsching[655]	?	?	?	Serben	nach Frühjahr 1941
Mauterndorf[656]	Lager beim »Kernwirt«	Arbeiten im Bereich der Gemeinde	?	Franzosen	nach Frühjahr 1940
Mittersill[657]	Sammellager für in der Landwirtschaft eingesetzte Kriegsgefangene	Land- und Forstwirtschaft	43	Franzosen	August 1940
Mittersill[658]	Arbeitskommando	?	4	Franzosen	Dezember 1941
Mittersill[659]	Arbeitskommando »Heeresversuchsstelle Mittersill« (Forschungen im Bereich Seilbahnwesen)	diverse Bauarbeiten, v. a. landwirtschaftl. Wegebau	40	UdSSR	April 1942
Mittersill-Amerthal[660]	Arbeitskommando »Amerthal«	?	15	Franzosen	August 1940
Mittersill-Felberthal[661]	Arbeitskommando »Felberthal«	?	10	Franzosen	August 1940
Mittersill-Klausen[662]	Kriegsgefangenenlager	Land- und Forstwirtschaft	?	Franzosen UdSSR	ab 1940 (?)
Mittersill-Pass Thurn[663]	Arbeitskommando für »Straßenbauamt«	Straßenbau	10	Franzosen	November 1940
Mittersill-Pass Thurn[664]	Reichsstraßenverwaltung	Straßenbau	ca. 100	?	1942

653 SLA, BH Zell am See, HB-Akten 1942, 23-15-1942.
654 Raiffeisenkasse Mariapfarr (Hrsg.), Raiffeisenkasse Mariapfarr 1898–1998. Mariapfarr 1998, S. 123.
655 Heitzmann, Lungau (wie Anm. 381), S. 113.
656 Ebd.
657 SLA, BH Zell am See, HB-Akten 1942, 23-15-1942.
658 Ebd.
659 Ebd.
660 Ebd.
661 Ebd.
662 Mittersill in Geschichte (wie Anm. 196), S. 343.
663 SLA, BH Zell am See, HB-Akten 1942, 23-15-1942.
664 SLA, RSTH V/1 191/1943.

Gemeinde	nähere Bezeichnung	Einsatzart	Zahl	Nation	Jahr
Mittersill-Rettenbach[665]	Schwefelkies-Kupfer-Bergbau Rettenbach	Bergbau	10	Russen	1942
Mühlbach a. Hkg.[666]	Arbeitskommando bei der »Aktiengesellschaft Deutscher Kupferbergbau G.m.b.H., Verwaltung Mitterberg«	Bergbau	30	Franzosen	Mai 1941
Mühlbach a. Hkg.[667]	Arbeitskommando	?	50	Kroaten	Juni 1941
Mühlbach a. Hkg.[668]	»Aktiengesellschaft Deutscher Kupferbergbau G.m.b.H.	Bergbau	ca. 80	Franzosen	1941/ 1942
Mühlbach a. Hkg.[669]	Aktiengesellschaft Deutscher Kupferbergbau G.m.b.H.	Bergbau (Förderarbeiten untertags)	ca. 60	Russen	1941/ 1942
Mühlbach a. Hkg.[670]	Arbeitskommando bei der »Aktiengesellschaft Deutscher Kupferbergbau G.m. b.H., Verwaltung Mitterberg«	Bergbau	5	Belgier	Jänner 1942
Mühlbach a. Hkg.[671]	Arbeitskommando bei der »Aktiengesellschaft Deutscher Kupferbergbau G.m. b.H., Verwaltung Mitterberg«	Bergbau	5	Franzosen	Jänner 1942
Mühlbach a. Hkg.[672]	Arbeitskommando »Aktiengesellschaft Deutscher Kupferbergbau G.m.b.H., Verwaltung Mitterberg«	Bergbau	23	UdSSR	April 1942
Mühlbach a. Hkg.-Ellmau	Lager Ellmau	Güterwegbau Mühl bach-Ellmau, Land- und Forstwirtschaft	50	Serben	Juni/ Juli 1941
Mühlbach a. Hkg.-Mitterberghütten[673]	Arbeitskommando für Fa. »Daniek & Schrittwieser« aus Kindberg (Steiermark)	Bauwirtschaft	8	Serben	Oktober 1941
Mühlbach a. Hkg.-Mitterberghütten[674]	Arbeitskommando für Fa. »Daniek & Schrittwieser« aus Kindberg (Steiermark)	Bauwirtschaft	2	Jugoslawen	Dezember 1941

665 Sensenig, Ein vielfach unentbehrliches Betriebsmittel (wie Anm. 136), S. 208.
666 SLA, Landrat Pongau 1941 1-101, 2/1 ff.
668 Ebd.
616 Sensenig, Ein vielfach unentbehrliches Betriebsmittel (wie Anm. 136), S. 208.
669 Ebd.
670 SLA, BH Zell am See, HB-Akten 1942, 23-15-1942.
671 SLA, Landrat Pongau 1941 1-101, 2/1 ff.
672 SLA, BH Zell am See, HB-Akten 1942, 23-15-1942.
673 SLA, Landrat Pongau 1941 1-101, 2/1 ff.
674 Ebd.

Gemeinde	nähere Bezeichnung	Einsatzart	Zahl	Nation	Jahr
Mühlbach a. Hkg.-Mitterberghütten[675]	Arbeitskommando Bauunternehmen G. Roth, Hallein	Bahnbau	20–30	UdSSR	April/ Mai 1942
Neumarkt a. W.[676]	Arbeitskommandos im Gemeidegebiet	Land- und Forstwirtschaft	?	Serben Franzosen	ab 1940 bzw. 1941
Neumarkt a. W.[677]	RAD-Lager »Moorwiese« (8 Baracken)	Land- und Forstwirtschaft	?	Polen Franzosen	ab 1939 bzw. 1940
Neukirchen a. Grv.[678]	Arbeitskommandos	Arbeiten im Bereich der Gemeinde	10	Franzosen	August 1940
Neukirchen a. Grv.[679]	Bauarbeiten »Gerlos-Rohr« der »Siemens-Bau-Union G.m.b.H«	Bauwirtschaft (Straßenbau)	40	Serben	Februar 1942
Neukirchen a. Grv.[680]	Lager in einem Nebengebäude des Bahnhofes von Neukirchen a. Grv.	Bahnbau (Oberbau der Pinzgauer Lokalbahn)	39	UdSSR	Juni 1942–1944
Neukirchen a. Grv.-Sulzau[681]	Sammellager im Zuhaus des Setzbergbauern	Land- und Forstwirtschaft	10	Franzosen	August 1940
Niedernsill[682]	Arbeitskommando	Arbeiten im Bereich der Gemeinde	10	Franzosen	August 1940
Oberndorf b. Sbg.[683]	Arbeitskommandos im Gemeindegebiet	Land- und Forstwirtschaft	?	Franzosen	ab Sommer 1940
Oberndorf b. Sbg.[684]	Arbeitskommando	Neubau der Hauptschule	ca. 14	Franzosen (?)	September 1940–August 1941
Obertrum a. S.[685]	»Bräumühle«	Land- und Forstwirtschaft	?	Franzosen	?

675 SLA, Landrat Pongau 1941 1-101, 2/1 ff.

676 Johann Goinger, Neumarkt am Wallersee. Die Entstehung seiner Landschaft und seine Geschichte. Neumarkt 1993, S. 95.

677 Goinger, Neumarkt am Wallersee (wie Anm. 676), S. 98.

678 SLA, BH Zell am See, HB-Akten 1942, 23-15-1942.

679 Ebd.

680 SLA, BH Zell am See, HB-Akten 1942, 23-15-1942. 1944 vernichtete ein Brand das Lager; vgl.: Franz Brunner / Stefan Unterwurzbacher, 874 Jahre Neukirchen am Großvenediger. Streiflichter aus Geschichte und Gegenwart. Neukirchen a. Grv. 2003, S. 273.

681 SLA, BH Zell am See, HB-Akten 1942, 23-15-1942.

682 Ebd.

683 Herbert Lemmermeyer, Nationalsozialismus und Zweiter Weltkrieg. In: Heinz Dopsch / Hans Roth (Hrsg.), Laufen und Oberndorf. 1250 Jahre Geschichte, Wirtschaft und Kultur an beiden Ufern der Salzach. Oberndorf 1998, S. 284/285, S. 284.

684 Gemeindearchiv Oberndorf b. Sbg., Bauakt Watzmannstraße 179/6 Hauptschule.

685 Oskar Dohle, Obertrum am See – ein Ort blickt zurück. In: Obertrum am See. Festschrift zur Markterhebung. Obertrum 2000, S. 11–16, S. 15.

Gemeinde	nähere Bezeichnung	Einsatzart	Zahl	Nation	Jahr
Pfarrwerfen (damals Dorfwerfen)[686]	Arbeitskommando	Arbeiten im Bereich der Gemeinde (?)	1	Franzose	Jänner 1942
Piesendorf[687]	Arbeitskommando	Arbeiten im Bereich der Gemeinde	10	Franzosen	August 1940
Piesendorf[688]	Wildbachverbauung, Baustelle Aufhausergraben	Bauarbeiten	28	Serben	Juni 1941
Piesendorf[689]	Arbeitskommando für Baumaterialhandel Fa. »A. Bacher« aus Zell a. S.	Bauwirtschaft (?)	10	Franzosen	September 1941
Piesendorf-Friedensbach[690]	Sammellager für in der Landwirtschaft eingesetzte Kriegsgefangene	Land- und Forstwirtschaft	10	Franzosen	August 1940
Piesendorf-Walchen[691]	bestehendes »Reichsstraßenlager Walchen«	Straßenbauarbeiten an der Pinzgauer Reichsstraße	ca. 280	Polen	1939
Puch b. Hallein[692]	Reichsautobahn-Lager[693] (2 Baracken) »Puch-Oberalm«	Autobahnbau	25	UdSSR	Juni 1942
Puch b. Hallein[694]	Unterbringung auf dem Firmengelände der »Eugen-Grill-Werke«	Rüstungsindustrie	?	Polen	Frühjahr 1941
Puch b. Hallein[695]	Unterbringung auf dem Firmengelände der »Eugen-Grill-Werke«	Rüstungsindustrie	7	Franzosen	November 1941
Puch b. Hallein[696]	Barackenlager mit bis zu 16 Baracken (?) vom RAD gepachtet	Rüstungsindustrie (»Eugen-Grill-Werke«)	?	Russen u. Franzosen	ab 1943
Radstadt[697]	Arbeitskommando der Stadtgemeinde Radstadt	Arbeiten im Bereich der Gemeinde	3	Franzosen	September 1941

686 SLA, Landrat Pongau 1941 1-101, 2/1 ff.

687 SLA, BH Zell am See, HB-Akten 1942, 23-15-1942.

688 Unterbringung in zwei mit Stacheldraht umgebenen Baracken; vgl.: ebd.

689 Ebd.

690 Ebd.

691 SLA, RSTH V/b 17/1939.

692 SLA, BH Zell am See, HB-Akten 1942, 23-15-1942.

693 SLA, BH Hallein, Bauakten 1939–1945, Bauakte Gemeinde Puch.

694 Für das Frühjahr 1941 geplant; vgl.: Anlage zum Lagebericht der Rü Jn XVIII vom 15. Jänner 1941, BA-MA RW 20-18/27.

695 Lage im Bereich der Rü Jn XVIII Ende November 1941, BA-MA RW 20-18/12.

696 Friedrich Steinkellner, Die Zeit des Nationalsozialismus (1938–1945). In: Gerhard Ammerer (Hrsg.), Puch bei Hallein. Geschichte und Gegenwart einer Salzburger Gemeinde. Puch 1998, S. 177–186, S. 182.

697 SLA, Landrat Pongau 1941 1-101, 2/1 ff.

Gemeinde	nähere Bezeichnung	Einsatzart	Zahl	Nation	Jahr
Radstadt-Mandling[698]	Arbeitskommando	Arbeiten im Bereich der Gemeinde	60	?	Jänner 1941
Radstadt-Mandling[699]	Arbeitskommando	Arbeiten im Bereich der Gemeinde	11	Kroaten	März 1942
Ramingstein[700]	Arbeitskommando	Land- und Forstwirtschaft	9	Polen	ab März 1940
Ramingstein[701]	Arbeitskommando von Stalag XVII B Krems-Gneixendorf im Gasthaus »Regenfelder«	Land- und Forstwirtschaft	19	Franzosen	ab Dezember 1941
Ramingstein-Kendlbruck[702]	Arbeitskommando von Stalag XVII B Krems-Gneixendorf im Gasthaus »Festini«	Land- und Forstwirtschaft, Wasserleitungsbau Kendlbruck	20	Franzosen	September 1940 bis Dezember 1941
Ramingstein-Madling[703]	Arbeitskommando im Betriebsgebäude der Fa. Glasers Alois Schwarz (Glaserei)	Gewerbe	37	Franzosen	ab November 1944
Rauris[704]	Arbeitskommando	Arbeiten im Bereich der Gemeinde	15	Franzosen	August 1940
Rauris[705]	Arbeitskommando im Auftrag der Gemeinde Salzburg	Wald- und Forstarbeiten	10	Franzosen	September 1940
Rauris[706]	Arbeitskommando	Arbeiten im Bereich der Gemeinde	1	Franzose	Oktober 1941
Rauris[707]	Arbeitskommando im Auftrag der Gemeinde Salzburg	Wald- und Forstarbeiten	1	Franzose	Dezember 1941
Rauris[708]	im Auftrag der »Aufbaugenossenschaft Rauris«	landwirtschaftlicher Wegebau	35	?	1942
Rauris[709]	Arbeitskommando im Auftrag der »Aufbaugenossenschaft Rauris«	Infrastrukturmaßnahmen für die Landwirtschaft (?)	70	Kroaten	Juli 1941

698 SLA, Landrat Pongau 1941 1-101, 2/1 ff.

699 Ebd.

700 Heitzmann, Lungau (wie Anm. 381), S. 111.

701 Arbeitskommando 25090/L, 19 Mann und 1 Mann Bewachung ab 4.12.1941; vgl.: ebd., S. 112.

702 Arbeitskommando A [od. U] L4222/1643, 20 Mann (davon 11 beim Wasserleitungsbau) und 2 Mann Bewachung vom 6.9.1940 bis 3.12.1941; vgl.: ebd., S. 112.

703 Arbeitskommando 27663/Gw ab 28.11.1944; vgl.: ebd., S. 112.

704 SLA, BH Zell am See, HB-Akten 1942, 23-15-1942.

705 Ebd.

706 Ebd.

707 Ebd.

708 SLA, RSTH IV/d 310/1942.

709 SLA, BH Zell am See, HB-Akten 1942, 23-15-1942.

Gemeinde	nähere Bezeichnung	Einsatzart	Zahl	Nation	Jahr
Rauris[710]	Arbeitskommando	Arbeiten im Bereich der Gemeinde	1	Franzose	März 1942
Rauris[711]	Arbeitskommando	Arbeiten im Bereich der Gemeinde	50	Kroaten	Juli 1942
Rauris-Wörth[712]	im Auftrag der »Aufbaugenossenschaft Rauris«	landwirtschaftlicher Wegebau	60	?	1942
Saalbach-Hinterglemm[713]	Arbeitskommando für Forstamt Zell a. S.	Wald- und Forstarbeiten	20	Serben	September 1941
Saalbach-Hinterglemm[714]	Arbeitskommando in Saalbach	Arbeiten im Bereich der Gemeinde	30	Franzosen	August 1940
Saalbach-Hinterglemm[715]	»Lager Saalbach«	?	4	Franzosen	September 1941
Saalfelden a. StM.[716]	Arbeitskommando	Arbeiten im Bereich der Gemeinde	65	Franzosen	September 1940
Saalfelden a. StM.[717]	Arbeitskommando Gutsverwaltung »Brandlhof«	Land- und Forstwirtschaft	10	Franzosen	September 1940
Saalfelden a. StM.[718]	Arbeitskommando beim Kaufmann Gotthard Dick	Gewerbe	2	Franzosen	Jänner 1942
Saalfelden a. StM.[719]	Arbeitskommando »Diabas-Werk H. Stephan u. Co.«	Steinbruch	20	Italiener	ab November 1943
Saalfelden a. StM.[720]	Arbeitskommando »Diabas-Werk H. Stephan u. Co.«	Steinbruch	?	Russen	ab Ende 1943 (?)
Saalfelden a. StM.-Lenzing[721]	Arbeitskommando »Weissbach b. Lenzing«	?	60	Franzosen	Oktober 1940
Saalfelden a. StM.-Lenzing[722]	Arbeitskommando für die Gebietsbauleitung für Wildbach- und Lawinenverbauung »Mittelpinzgau«	Wildbach- und Lawinenverbauung	18	Franzosen	Juni 1941

710 SLA, BH Zell am See, HB-Akten 1942, 23-15-1942.
711 Ebd.
712 SLA, RSTH IV/d 310/1942.
713 SLA, BH Zell am See, HB-Akten 1942, 23-15-1942.
714 Ebd.
715 Ebd.
716 Ebd.
717 Ebd.
718 Ebd.
719 SLA, BH Zell am See, Bauakten 1943, Bp. 1005-18-111/1943.
720 Für die Einquartierung russischer Kriegsgefangener in jene Baracke, in der die erwähnten 20 italienischen Kriegsgefangenen untergebracht wurden, wurde am 11.11.1943 vom zuständigen Landrat ein positiver Bescheid erlassen, über den Zeitpunkt und die näheren Umstände der Unterbringung dieser Gefangenen enthält der Akt jedoch keine Angaben; vgl.: ebd.
721 SLA, BH Zell am See, HB-Akten 1942, 23-15-1942.
722 Ebd.

Gemeinde	nähere Bezeichnung	Einsatzart	Zahl	Nation	Jahr
Salzburg-Aigen[723]	Überfuhrstraße	Bauwirtschaft	?	?	1941
Salzburg-Gnigl	Bau-Fa. »Heuberger« (Neuhauserstraße?)	Bauwirtschaft	ca. 73[724]	Franzosen Italiener	1941, 1943
Salzburg-Gnigl[725]	Fa. »Universale« Hoch- und Tiefbau	Bahnhofsumbau Gnigl	85–100	Belgier	ab Juli 1940
Salzburg-Gnigl[726]	Lager »Schillinghofstraße«	Reichsbahn (Rangierbahnhof?)	?	?	?
Salzburg-Itzling[727]	zwischen Pfarrweg u. Ischlerbahn-Trasse	Bahnbau für Reichsbahnbauleitung	?	?	ab Juli 1942
Salzburg-Hellbrunn[728]	Lager »Hellbrunn-Querallee«	Bauarbeiten »staatliche Bauleitung«	?	?	1944
Salzburg-Lehen[729]	»Lager Annahof«, Guggenmoosstraße	Bahnhof Ladearbeiten, Bauwirtschaft	20–80 (500)	Russen[730] Franzosen	1942–1945
Salzburg-Lehen[731]	»Lager Paumannplatz«	Bauarbeiten für die Stadt Salzburg	60–350	ab 1943 v. a. Russen[732]	ab 1940
Salzburg-Lehen[733]	2 Baracken Schießstattstraße (k. u. k. Schießplatz)	Arbeiten im Dienst der Wehrmacht	?	Russen	?
Salzburg-Lehen[734]	Kriegsgefangenenlager Scherzhauserfeld	?	?	?	September 1944
Salzburg-Liefering[735]	»Lager Saalachwehr«	Bauarbeiten am Saalach-Kraftwerk	?	?	1944

723 Unterbringung in einer Baracke gemeinsam mit anderen Arbeitskräften; SLA, BH Salzburg-Umgebung. 1939/42 216/F/5/1941.
724 Maximale Kapazität des Lager: 125 Mann; SLA, RSTH IV/d 515/1943.
725 SLA, RSTH IV/d 936/1944.
726 Löschwasserversorgungspläne der Gauhauptstadt Salzburg, Blatt 40, AStS, Plansammlung 577.
727 Eine Baracke; SLA, RSTH V/2 66/1943.
728 AStS, Tiefbauamt V 12, handschriftliche Aufzeichnung 1944.
729 SLA, RSTH IV/d 1197/1945.
730 Städtische Quellen berichten, dass ab 1943, nach Ende des Lagers »Paumannplatz« dort 300 Franzosen und 200 Russen untergebracht waren; vgl.: Weidenholzer, Kriegsgefangene (wie Anm. 499), S. 16.
731 SLA, RSTH IV/d 936/1944.
732 Neben Russen waren dort auch Italiener und Serben inhaftiert. Städtische Quellen berichten, dass es 1943 zum Abbruch des Lagers kam und dass die Insassen in das Lager »Annahof« überstellt wurden; vgl.: Weidenholzer, Kriegsgefangene (wie Anm. 499), S. 16.
733 Löschwasserversorgungspläne der Gauhauptstadt Salzburg, Blatt 5, AStS, Plansammlung 577.
734 Ebd.
735 AStS, Tiefbauamt V 12, handschriftliche Aufzeichnung 1944.

Gemeinde	nähere Bezeichnung	Einsatzart	Zahl	Nation	Jahr
Salzburg-Liefering[736]	Reichsbahnlager »Lager Grafenberg« (Grafenhügel)	Bauarbeiten Reichsbahn und Neubau der Staatsbrücke	mehr als 50	Russen	ab April 1943
Salzburg-Liefering[737]	Kriegsgefangenenlager nahe Münchner Reichsstraße	?	?	?	November 1944
Salzburg-Maxglan[738]	Heeresbekleidungsamt (ehem. Struberkaserne)	Arbeiten im Dienst der Wehrmacht	?	?	1944
Salzburg-Maxglan[739]	Heeresbekleidungsamt (Baracken Siezenheimer Straße)	Arbeiten im Dienst der Wehrmacht	300	Russen	1944
Salzburg-Maxglan[740]	Unterbringung auf dem Gelände der Stieglbrauerei	Bauarbeiten »staatliche Bauleitung«	?	?	1944
Salzburg-Morzg[741]	Baracken im Pionier-Lager Alpenstraße	Kriegsgefangenen Bau- und Arbeit-Bataillon Nr. 38	?	?	Februar 1941
Salzburg-Mülln[742]	2 Baracken Strubergasse	Bauarbeiten für die Stadt Salzburg (Gaswerk)	?	?	?
Salzburg-Parsch[743]	Bau-Fa. Carl Lüderitz	Bauwirtschaft	?	?	1942–1944
Salzburg-Parsch[744]	Volksgarten	Bauwirtschaft (Bau der Staatsbrücke?)	?		ab Dezember 1941?
Salzburg-Parsch[745]	Baracke der Baufirma Ferdinand Sperl	Wohnbau »Weichselbaumsiedlung«	?	?	?
Salzburg-Plain[746]	ehemaliges »RAD-Lager Plain«	städtische Bauarbeiten »Behelfsheimbauprogramm«	414	UdSSR (?)	ab Februar 1944
Salzburg-Riedenburg[747]	Unterbringung auf dem Gelände Sternbrauerei	Bauarbeiten »staatliche Bauleitung«	?	?	1944

736 Weidenholzer / Müller, Brücken (wie Anm. 502), S. 89/90.

737 Nahe der heutigen General-Keyes-Straße; vgl.: Löschwasserversorgungspläne der Gauhauptstadt Salzburg, Blatt 4, AStS, Plansammlung 577.

738 AStS, Tiefbauamt V 12, handschriftliche Aufzeichnung 1944.

739 AStS, Bauprovisorien Alt-Maxglan 14/01.

740 AStS, Tiefbauamt V 12, handschriftliche Aufzeichnung 1944.

741 Lagebericht vom 1.2.1931 für das KTB der Rüstungsinspektion XVIII; BA-MA RW 20-18/9.

742 Otto Rainer, Salzburger Militärgeschichte. Salzburger Kasernen und Baracken 1938–1945. Salzburg o.J., S. 6.

743 SLA, RSTH IV/d 222/1942.

744 AStS, Akten Staatsbrücke.

745 AStS, Bauprovisorien Parsch 14/13.

746 Bei der Angabe des »Fassungsvermögens« des Lagers wird nicht zwischen Kriegsgefangenen und zivilen Arbeitskräften differenziert; vgl.: Weidenholzer, Kriegsgefangene (wie Anm. 499), S. 16.

747 AStS, Tiefbauamt V 12, handschriftliche Aufzeichnung 1944.

Gemeinde	nähere Bezeichnung	Einsatzart	Zahl	Nation	Jahr
Salzburg-Riedenburg[748]	Rainberg	Bauarbeiten »staatliche Bauleitung« (Luftschutzstollen?)	?	?	1944
Salzburg-Schallmoos[749]	Vogelweiderstraße	Bauarbeiten für dt. Reichspost	100		ab Frühjahr 1941
Salzburg-Schallmoos[750]	Spedition Wildenhofer	Ladearbeiten	?	?	1941, 1942
Salzburg-Schallmoos[751]	Kriegsgefangenenlager Neuhauser Straße	?	?	?	April 1944
St. Andrä i. Lg.-Lintsching[752]	»Reichswasserwirtschaftsverwaltung«	Taurach-Regulierung	7	?	1942
St. Georgen b. Sbg.[753]	Arbeitskommandos im Gemeindegebiet	Land- und Forstwirtschaft	?	Belgier	1940
St. Gilgen[754]	Arbeitskommando zur Verfügung der Fa. »Josef Schwarzbrunner«	Fahrzeugbau, Schlosserei, Transportunternehmen	40	UdSSR	April 1942
St. Gilgen-Mühlbachsau[755]	Reichsstraßenverwaltung	Straßenbau	216	?	1939 bis Ende 1942
St. Johann i. Pg. (damals Markt Pongau)[756]	Unterbringung in der Schülerwerkstätte der örtlichen Volksschule	Arbeiten im Bereich der Gemeinde sowie Land- und Forstwirtschaft	25	Franzosen	August 1940[757]
St. Johann i. Pg. (damals Markt Pongau)	STALAG 317 (XVIII C); vgl. S. 154–160				1941–1945
St. Johann i. Pg. (damals Markt Pongau)[758]	Arbeitskommando der »Arbeitsgemeinschaft Pongau Haubner-Bittner-Reinthaler«	Bauwirtschaft	30	Franzosen	Oktober 1941

748 AStS, Tiefbauamt V 12, handschriftliche Aufzeichnung 1944.

749 SLA, RSTH V/2 101/1942.

750 SLA, RSTH IV/d 310/1942.

751 In der heutigen Anton-Graf-Straße; vgl.: Löschwasserversorgungspläne der Gauhauptstadt Salzburg, Blatt 13, AStS, Plansammlung 577

752 Insgesamt 75 Mann an Arbeitskräften, SLA, RSTH V/1 191/1943.

753 Brief von C. von Lankere, der von Mai bis Weihnachten 1940 in Eching (Gmd. St. Georgen) als belgischer Kriegsgefangener in der Landwirtschaft eingesetzt war; vgl.: Hannes Miller, »ad georgii ecclesiam« Heimatchronik von St. Georgen bei Salzburg. St. Georgen 1989, S. 130/131.

754 SLA, Landrat Pongau 1941 1-101, 2/1 ff.

755 SLA, RSTH V/b 16/1939.

756 Chronik der Volksschule St. Johann, S. 56; zit. n.: Stadler / Mooslechner, St. Johann (wie Anm. 462), S. 98.

757 Eine weitere Erwähnung dieser Kriegsgefangenenunterkunft: Gemeindearchiv St. Johann, Sitzungsprotokoll des Gemeinderates von St. Johann vom 18.4.1944.

758 SLA, Landrat Pongau 1941 1-101, 2/1 ff.

Gemeinde	nähere Bezeichnung	Einsatzart	Zahl	Nation	Jahr
St. Johann i. Pg. (damals Markt Pongau)[759]	Arbeitskommando der »Arbeitsgemeinschaft Pongau Haubner-Bittner-Reinthaler«	Bauwirtschaft	10	Serben	Oktober 1941
St. Johann i. Pg. (damals Markt Pongau)[760]	Arbeitskommando der »Arbeitsgemeinschaft Pongau Haubner-Bittner-Reinthaler«	Bauwirtschaft	10	Serben	November 1941
St. Johann i. Pg. (damals Markt Pongau)[761]	Arbeitskommando »Holzbauwerke Adolf Simanke«	Bauwirtschaft (Barackenbau)	60	Franzosen	Sommer, Herbst 1941
St. Johann i. Pg. (damals Markt Pongau)[762]	2 Arbeitskommandos »Holzbauwerke Adolf Simanke«	Bauwirtschaft (Barackenbau)	5 + 75	Franzosen	November 1941
St. Johann i. Pg. (damals Markt Pongau)[763]	Arbeitskommando der »Arbeitsgemeinschaft Pongau Haubner-Bittner-Reinthaler«	Bauwirtschaft, Lagerbau Stalag 317 (XVIII C)	100	UdSSR	November 1941
St. Johann i. Pg. (damals Markt Pongau)[764]	Arbeitskommando der »Arbeitsgemeinschaft Pongau Haubner-Bittner-Reinthaler«	Bauwirtschaft	3	Franzosen	Dezember 1941
St. Johann i. Pg. (damals Markt Pongau)[765]	Arbeitskommando der »Arbeitsgemeinschaft Pongau Haubner-Bittner-Reinthaler«	Bauwirtschaft	5	Serben	Dezember 1941
St. Johann i. Pg. (damals Markt Pongau)[766]	Arbeitskommando der »Arbeitsgemeinschaft der Baumeister Andexer, Spiluttini u. Simanke«	Bauwirtschaft (Barackenbau) für Lagerbau – Stalag 317 (XVIII C)	60	UdSSR	November 1941
St. Johann i. Pg. (damals Markt Pongau)[767]	Arbeitskommando für Tiefbauunternehmen »Riepl« aus München	Bauwirtschaft, Lagerbau – Stalag 317 (XVIII C)	25	UdSSR	November 1941
St. Johann i. Pg. (damals Markt Pongau)[768]	Arbeitskommando »Lager Schnürrholz«	?	3	Franzosen	Dezember 1941

759 SLA, Landrat Pongau 1941 1-101, 2/1 ff.
760 Ebd.
761 Aktenvermerk über den Besuch der Firma Holzbauwerke Adolf Simanke, Markt Pongau, 24.9.1940; BA-MA RW 20-18/8.
762 SLA, Landrat Pongau 1941 1-101, 2/1 ff.
763 Ebd.
764 Ebd.
765 Ebd.
766 Ebd.
767 Ebd.
768 Ebd.

Gemeinde	nähere Bezeichnung	Einsatzart	Zahl	Nation	Jahr
St. Johann i. Pg. (damals Markt Pongau)[769]	Arbeitskommando des »Ortsbauernführer«	Land- und Forst wirtschaft	1	Franzose	Jänner 1942
St. Johann i. Pg. (damals Markt Pongau)[770]	Arbeitskommando der »Arbeitsgemeinschaft Pongau Haubner-Bittner-Reinthaler«	Bauwirtschaft	29	UdSSR	April 1942
St. Johann i. Pg. (damals Markt Pongau)[771]	Arbeitskommando	Arbeiten im Bereich der Gemeinde	1	Kroate	März 1942
St. Johann i. Pg. (damals Markt Pongau)[772]	Arbeitskommando für Baugesellschaft »SAG«	Bauwirtschaft	164	UdSSR	April 1942
St. Johann i. Pg. (damals Markt Pongau)[773]	Arbeitskommando für Tiefbauunternehmen »Riepl« aus München	Bauwirtschaft	30–40	UdSSR	April/ Mai 1942
St. Johann i. Pg. (damals Markt Pongau)[774]	Arbeitskommando für Baumeister Wolfgang Andexer	Bauwirtschaft (Barackenbau)	11	UdSSR	April 1942
St. Johann i. Pg. (damals Markt Pongau)[775]	Arbeitskommando der »Arbeitsgemeinschaft Andexer-Spiluttini-Simanke«	Bauwirtschaft (Barackenbau)	29	UdSSR	April 1942
St. Johann i. Pg.-Einöden[776]	Unterbringung in einer Baracke in Einöden	Bahnbau (Oberbau) für Fa. »Daniek & Schrittwieser«	46	UdSSR	April 1942
St. Johann i. Pg.-Einöden[777]	Arbeitskommando des Stalag 317 (XVIII C) zur Neubeplankung der Einödbrücke	Bauwirtschaft, Lagerbau – Stalag 317 (XVIII C)	?	?	April 1944
St. Johann i. Pg.-Plankenau[778]	Baracke für Kriegsgefangene im Bereich der Gemeinde in der Schinderau	Arbeiten im Bereich der Gemeinde und im Gewerbe	ca. 100	v. a. Franzosen	ab Februar 1942
St. Johann i. Pg.-Plankenau[779]	Baracke für Kriegsgefangene im Bereich der Gemeinde in der Schinderau	Arbeiten im Bereich der Gemeinde und im Gewerbe	220–260	v. a. Franzosen	Dezember 1942

769 SLA, Landrat Pongau 1941 1-101, 2/1 ff.
770 SLA, BH Zell am See, HB-Akten 1942, 23-15-1942.
771 SLA, Landrat Pongau 1941 1-101, 2/1 ff.
772 Ebd.
773 Ebd.
774 Ebd.
775 Ebd.
776 Ebd.
777 Gemeindearchiv St. Johann, Sitzungsprotokoll des Gemeinderates von St. Johann vom 18.4.1944.
778 Gemeindearchiv St. Johann, Sitzungsprotokoll des Gemeinderates von St. Johann vom 9.2.1942.
779 Gemeindearchiv St. Johann, Sitzungsprotokoll des Gemeinderates von St. Johann vom 21.12.1943.

Gemeinde	nähere Bezeichnung	Einsatzart	Zahl	Nation	Jahr
St. Johann i. Pg.-Plan-kenau[780]	Unterkunft im Gasthof »Glückauf«	Arbeiten im Bereich der Gemeinde und im Gewerbe	?	v. a. Russen	ab 1942
St. Johann i. Pg.-Urreiting[781]	Arbeitskommando für Fa. »Daniek & Schrittwieser« aus Kindberg (Steiermark)	Bauwirtschaft	10	Serben	Oktober 1941
St. Johann i. Pg.-Urreiting[782]	Arbeitskommando für Fa. »Daniek & Schrittwieser« aus Kindberg (Steiermark)	Bauwirtschaft	16	Serben	Novem-ber 1941
St. Johann i. Pg.-Urreiting[783]	Arbeitskommando für Fa. »Daniek & Schrittwieser« aus Kindberg (Steiermark)	Bauwirtschaft	11	Serben	Dezem-ber 1941
St. Johann i. Pg.-Urreiting[784]	Arbeitskommando für Fa. »Daniek & Schrittwieser« aus Kindberg (Steiermark)	Bauwirtschaft	35	UdSSR	März 1942
St. Martin b. Lofer[785]	Arbeitskommando im Gemeindegebiet	Land- und Forst-wirtschaft	?	Franzosen	nach 1940
St. Martin a. Tgb.[786]	Arbeitskommando im Gemeindegebiet	Land- und Forst-wirtschaft (?)	?	Serben	nach 1941
St. Michael i. Lg.-Schell-gaden[787]	Autobahnbau (Katschbergtunnel)	Straßenbau	40	Russen	ab Septem-ber 1942
St. Michael i. Lg.-Schell-gaden[788]	Autobahnbau (Katschbergtunnel)	Straßenbau	?	Italiener	nach Sommer 1943
St. Veit i. Pg[789]	Arbeitskommando im Gemeindegebiet	Land- und Forst-wirtschaft	?	Polen, Franzo-sen, Serben	ab 1940 (?)
St. Veit i. Pg.[790]	Arbeitskommando der Ortsbauernschaft	Land- und Forst-wirtschaft	3	Franzosen	Oktober 1941

780 Stadler / Mooslechner, St. Johann (wie Anm. 462), S. 112.
781 SLA, Landrat Pongau 1941 1-101, 2/1 ff.
782 Ebd.
783 Ebd.
784 Ebd.
785 Gottfried Steinbacher, Chronik der Gemeinde St. Martin am Tennengebirge. St. Martin a. Tgb. 1988, S. 283.
786 Ebd.
787 Angeblich wurde das Lager ursprünglich für 24 englische Kriegsgefangene errichtet; vgl.: Heitzmann, Lungau (wie Anm. 381), S. 114.
788 Ebd.
789 Lindenthaler, St. Veit (wie Anm. 566), S. 180.
790 SLA, Landrat Pongau 1941 1-101, 2/1 ff.

Gemeinde	nähere Bezeichnung	Einsatzart	Zahl	Nation	Jahr
St. Veit i. Pg.[791]	Arbeitskommando der Ortsbauernschaft	Land- und Forstwirtschaft	2	Franzosen	November 1941
Scheffau a. Tgb.[792]	Kriegsgefangenenlager beim Gasthaus »Lammeröfen«	Gipssteinbruch der Fa. »Moldan« bzw. Land- und Forstwirtschaft	?	Serben	nach 1941
Schwarzach i. Pg.[793]	Lager Fa. Spiluttini	Bauwirtschaft	32	?	1942
Schwarzach i. Pg.[794]	Lager Fa. Spiluttini zur Verfügung Gasthaus Mayer	Gastwirtschaft	1	Franzose	Jänner 1942
Schwarzach i. Pg.[795]	Arbeitskommando der Deutschen Reichsbahn, Bahnmeisterei Schwarzach	Bahnbau	48	UdSSR	März 1942
Schwarzach i. Pg.[796]	Lager Fa. Spiluttini zur Verfügung Krankenhaus Schwarzach	Gartenarbeit	1	Franzose	März 1942
Schwarzach i. Pg.[797]	Arbeitskommando der Deutschen Reichsbahn, Bahnbetriebsamt Schwarzach-St. Veit	Bahnbau	46	UdSSR	April 1942
Straßwalchen[798]	Arbeitskommanos im Gemeindegebiet	Land- und Forstwirtschaft	?	?	?
Strobl-Weissenbach[799]	je eine Baracke beim Gasthof »Tradition« und gegenüber heutigem Kindergarten	Land- und Forstwirtschaft	?	Franzosen	ab 1940
Strobl-Weissenbach[800]	Baracke beim Forstamt Weissenbach	Forstwirtschaft	20	Franzosen	ab 1940
Stuhlfelden[801]	Arbeitskommandos	Arbeiten im Bereich der Gemeinde	30	Franzosen	August 1940

791 SLA, Landrat Pongau 1941 1-101, 2/1 ff.

792 Ewald Hiebl, Vom Ort zur Gemeinde – Scheffau seit 1918. In: Josef Irnberger / Ewald Hiebl / Thomas Helmut (Hrsg.), Scheffau am Tennengebirge. Natur. Geschichte. Kultur. Scheffau 1999, S. 133–176, S. 152.

793 SLA, RSTH IV/d 310/1942.

794 SLA, Landrat Pongau 1941 1-101, 2/1 ff.

795 Ebd.

796 Ebd.

797 SLA, BH Zell am See, HB-Akten 1942, 23-15-1942.

798 Sepp Voithofer, Straßwalchen. Geschichte unserer Heimat. Straßwalchen 1988, S. 155.

799 Christian Wasmeier, Der Weg durch dunkle Zeiten. In: Johann Stehrer (Hrsg.), Strobl am Wolfgangsee. Naturraum, Geschichte und Kultur einer Gemeinde im Salzkammergut. Strobl 1998, S. 185–214, S. 204/205.

800 Wasmeier, Weg durch dunkle Zeiten (wie Anm. 799), S. 204/205.

801 SLA, BH Zell am See, HB-Akten 1942, 23-15-1942.

Gemeinde	nähere Bezeichnung	Einsatzart	Zahl	Nation	Jahr
Stuhlfelden[802]	Arbeitskommandos Gemeinde Stuhlfelden	Arbeiten im Bereich der Gemeinde	4	Franzosen	Dezember 1941
Stuhlfelden[803]	Sammellager für in der Landwirtschaft eingesetzte Kriegsgefangene	Land- und Forstwirtschaft	22	Franzosen	August 1940
Stuhlfelden-Grub[804]	Arbeitskommando »Mittersill-Grub«	?	10	Franzosen	August 1940
Tamsweg[805]	Lager L4102 BT1295, im Gasthof Staudinger am Marktplatz	Forstwirtschaft (Reichsforstverwaltung) und Landwirtschaft	45	Franzosen	ab August 1940
Tamsweg[806]	Arbeitskommando 25080/L Forstamt	Forstarbeiten	23	Franzosen	ab 1940
Tamsweg[807]	Arbeitskommando 20690/Gw	Arbeiten im Bereich der Gemeinde	14	Franzosen	ab 1940
Tamsweg[808]	?	Land- und Forstwirtschaft	25	Italiener	nach Sommer 1943
Taxenbach[809]	Arbeitskommando	Arbeiten im Bereich der Gemeinde	15	Franzosen	August 1940
Taxenbach[810]	Arbeitskommando für Forstamt Taxenbach	Forstarbeiten	20	Franzosen	September 1940
Taxenbach[811]	Arbeitskommando beim Gasthaus Blersch	Gastwirtschaft	3	Serben	Februar 1942
Taxenbach[812]	Arbeitskommando beim Gasthaus Blersch	Gastwirtschaft	3	Kroaten	März 1942
Taxenbach-Eschenau[813]	Arbeitskommando für die Gebietsbauleitung für Wildbach- und Lawinenverbauung für den »Unterpinzgau«	Wildbach- und Lawinenverbauung in Eschenau und auch in der Gmd. Rauris	3	Kroaten	März 1942

802 SLA, BH Zell am See, HB-Akten 1942, 23-15-1942.
803 Ebd.
804 Ebd.
805 Im »Winkelwirtshaus neben dem Staudingerbräu«, vgl.: Heitzmann, Lungau (wie Anm. 381), S. 111 u. S. 246.
806 Ebd., S. 111.
807 Ebd., S. 111.
808 Ebd., S. 246.
809 SLA, BH Zell am See, HB-Akten 1942, 23-15-1942.
810 Ebd.
811 Ebd.
812 Ebd.
813 Ebd.

Gemeinde	nähere Bezeichnung	Einsatzart	Zahl	Nation	Jahr
Thalgau[814]	Gefangenenlager in ehemaliger Käserei beim »Scherrer in Vetterbach«	Land- und Forstwirtschaft	?	Serben	nach 1941
Thomatal[815]	?	Arbeiten im Bereich der Gemeinde	?	?	nach 1940
Unken[816]	Arbeitskommando	Arbeiten im Bereich der Gemeinde	20	Franzosen	August 1940
Unken[817]	Arbeitskommando für Forstamt Lofer	Wald- und Forstarbeiten	10	Franzosen	September 1940
Unken[818]	Arbeitskommando für Forstamt Unken	Wald- und Forstarbeiten	25	Franzosen	September 1940
Untertauern[819]	Arbeitskommando der Gemeinde	Arbeiten im Bereich der Gemeinde	4	Franzosen	Juli 1941
Uttendorf[820]	Arbeitskommando	Arbeiten im Bereich der Gemeinde	25	Franzosen	August 1940
Uttendorf[821]	Arbeitskommando	Arbeiten im Bereich der Gemeinde	10	?	März 1941
Uttendorf[822]	Arbeitskommando für Forstamt Mittersill	Wald- und Forstarbeiten	10	Franzosen	September 1940
Uttendorf[823]	Arbeitskommando, Unterkunft: »Gasthof Niederbichler«	?	5	Franzosen	September 1941
Uttendorf-Stubachtal[824]	Arbeitskommando	?	1	Franzose	November 1941
Uttendorf-Stubachtal[825]	»Arbeitsgemeinschaft Union Baugesellschaft ›Universale‹«	Bauwirtschaft	50	Serben	Februar 1942
Uttendorf-Stubachtal[826]	Arbeitskommando der Deutschen Reichsbahn, Neubauamt Uttendorf	Bahnbau	52	UdSSR	April 1942

814 Karl Haas, Thalgauer Heimatbuch. Thalgau 1976, S. 59.
815 Heitzmann, Lungau (wie Anm. 381), S. 113.
816 SLA, BH Zell am See, HB-Akten 1942, 23-15-1942.
817 Ebd.
818 Ebd.
819 SLA, Landrat Pongau 1941 1-101, 2/1 ff.
820 SLA, BH Zell am See, HB-Akten 1942, 23-15-1942.
821 Ebd.
822 Ebd.
823 Ebd.
824 Ebd.
825 SLA, Landrat Pongau 1941 1-101, 2/1 ff.
826 SLA, BH Zell am See, HB-Akten 1942, 23-15-1942.

Gemeinde	nähere Bezeichnung	Einsatzart	Zahl	Nation	Jahr
Viehhofen[827]	Arbeitskommando	Arbeiten im Bereich der Gemeinde	10	Franzosen	September 1940
Viehhofen[828]	Kriegsgefangenenlager	Land- und Forstwirtschaft	?	Franzosen	Jänner 1942
Wagrain[829]	Arbeitskommandos im Gemeindegebiet	Land- und Forstwirtschaft	7	Serben	September 1941
Wagrain[830]	Unterbringung beim »Schwaighofwirt«	Land- und Forstwirtschaft	?	Serben	Herbst 1944
Wals-Siezenheim[831]	Schloss Kleßheim	Luftschutzbunkerbau	ca. 70	Russen	1944, 1945
Werfen[832]	Arbeitskommandos im Gemeindegebiet	Land- und Forstwirtschaft	?	Polen	ab 7. 3. 1940
Werfen[833]	Arbeitskommando	Arbeiten im Bereich der Gemeinde	20	?	Jänner 1941
Werfen[834]	Arbeitskommando der Gemeinde	Arbeiten im Bereich der Gemeinde	6	Franzosen	Juli 1941
Werfen-Sulzau[835]	»Konkordiahütte«	Rüstungsindustrie	?	Franzosen	ab 14. 10. 1940
Werfen-Sulzau[836]	»Konkordiahütte«	Rüstungsindustrie	6	Franzosen	August 1941
Werfen-Sulzau[837]	»Konkordiahütte«	Rüstungsindustrie	8	Franzosen	Oktober 1941
Werfen-Sulzau[838]	»Konkordiahütte«	Rüstungsindustrie	1	Franzose	November 1941

827 SLA, BH Zell am See, HB-Akten 1942, 23-15-1942.

828 Das »*Kriegsgefangenenlager in Viehhofen*« wird anlässlich des gescheiterten Fluchtversuches eines französischen Gefangenen im Jänner 1942 erwähnt. Nähere Angaben über das Lager selbst fehlen; vgl.: SLA, BH Zell am See, HB-Akten 1942, 213-1-1942.

829 SLA, Landrat Pongau 1941 1-101, 2/1 ff.

830 Michael Ellmer (Hrsg.), Ortschronik Wagrain. Vom Bergbauerndorf zur Salzburger Sportwelt Amadé, Bd. 2. Wagrain 1994, S. 52.

831 SLA, RSTH Kleßheim 508/1945.

832 Fritz Hörmann, Zusammenfassung wichtiger Ereignisse. In: Marktgemeinde Werfen (Hrsg.), Chronik von Werfen. Werfen 1987, S. 48–123, S. 105.

833 SLA, Landrat Pongau 1941 1-101, 2/1 ff.

834 Ebd.

835 Hörmann, Werfen (wie Anm. 832), S. 106; andere Quellen berichten von insgesamt 41 französischen Kriegsgefangenen in der Eisenhütte in Werfen; vgl.: Sensenig, Ein vielfach unentbehrliches Betriebsmittel (wie Anm. 136), S. 208.

836 SLA, Landrat Pongau 1941 1-101, 2/1 ff.

837 Ebd.

838 Ebd.

Gemeinde	nähere Bezeichnung	Einsatzart	Zahl	Nation	Jahr
Werfen-Sulzau[839]	»Konkordiahütte«	Rüstungsindustrie	ca. 70	Ukrainer	ab 1942
Werfen-Sulzau[840]	»Konkordiahütte«	Koch (f. Kgf.)	1	Franzose	März 1942
Werfen-Sulzau[841]	»Konkordiahütte«	Rüstungsindustrie	4	Franzosen	Mai 1942
Werfen-Sulzau[842]	»Konkordiahütte«	Zimmermannsarbeiten	4	UdSSR	Juni/Juli 1942
Werfenweng (damals Gmd. Pfarrwerfen)[843]	Arbeitskommando	Arbeiten im Bereich der Gemeinde	10	Serben	Septem-ber 1941
Zederhaus[844]	»Gefangenenlager« im Haus Zederhaus Nr. 84	Land- und Forst-wirtschaft	20	Franzosen	ab August 1940
Zell a. See[845]	Arbeitskommando	Arbeiten im Bereich der Gemeinde	100	Franzosen	Septem-ber 1940
Zell a. See[846]	Arbeitskommando bei der Kreisleitung der NSDAP	?	20	Franzosen	Novem-ber 1940
Zell a. See[847]	Arbeitskommando Bau-firma von Albert Herzog	Bauwirtschaft	10	Franzosen	Dezem-ber 1941
Zell a. See[848]	Arbeitskommando beim »Straßenbauamt Zell a. S.«	Straßenbau	40	?	Jänner 1941
Zell a. See[849]	Arbeitskommando Bau-firma von Albert Herzog	Bauwirtschaft	1	Franzose	Oktober 1941
Zell a. See[850]	Arbeitskommando bei der »Kreishandwerkerschaft Zell a. S.«	handwerkliche Arbeiten	5	Franzosen	Dezem-ber 1941
Zell a. See[851]	Unterkunft für Kriegsge-fangene in den Räumlich-keiten über »Kaffee Tirol«	Gewerbe im Auftrag d. Kreishandwerker-schaft Zell a. S.	ca. 50	Franzosen	ab Septem-ber 1942

839 SLA, RSTH IV/d 253/1942.
840 SLA, Landrat Pongau 1941 1-101, 2/1 ff.
841 Ebd.
842 Ebd.
843 Ebd.
844 Walter Aumayr, Heimat Zederhaus. Zederhaus 1989, S. 171.
845 SLA, BH Zell am See, HB-Akten 1942, 23-15-1942.
846 Ebd.
847 Ebd.
848 Ebd.
849 Ebd.
850 Ebd.
851 SLA, BH Zell am See, Bauakten 1942 Bp. 1005-24-99/1942.

Gemeinde	nähere Bezeichnung	Einsatzart	Zahl	Nation	Jahr
Zell a. S.-Bruckberg[852]	»Entwässerungsgenossenschaft Bruck-Zellermoos«	Meliorationsmaßnahmen, Ladearbeiten am Bahnhof	50–60	Polen, Russen[853]	1940–1945
Zell a. See-Bruckberg[854]	Arbeitskommando »Entwässerungsgenossenschaft Bruck-Zellermoos«	Infrastrukturmaßnahmen für die Landwirtschaft (?)	70	Kroaten	Juli 1941
Zell a. See-Bruckberg[855]	Arbeitskommando »Entwässerungsgenossenschaft Bruck-Zellermoos«	Infrastrukturmaßnahmen für die Landwirtschaft (?)	50	UdSSR	Mai 1942
Zell a. See-Thumersbach[856]	Arbeitskommando	?	10	Franzosen	September 1940
Zell a. See-Thumersbach[857]	Arbeitskommando »Thumersbach«	?	5	Franzosen	August 1941

d) Ehemalige Kriegsgefangene als »zivile« Zwangsarbeiter

Die Zahl der »zivilen« Zwangsarbeiter reichte schon bald nach Kriegsbeginn nicht mehr aus, um den gesteigerten Arbeitskräftebedarf zu decken. Auch im »*Reichsgau Salzburg*« griff man ab 1940 auf dieses Arbeitskräftereservoir zurück. Ganz massiv erhöhte sich die Anzahl der eingesetzten Kriegsgefangenen ab 1942 in der Landwirtschaft, im Baugewerbe, in der Metallwirtschaft und im Bergbau.

Die Nationalsozialisten unterschieden gemäß der damals herrschenden Rassenideologie drei Kategorien von Kriegsgefangenen, nämlich »Franzosen und Belgier«, »Serben und Polen« sowie »sowjetische Kriegsgefangene«.[858] Dies, obwohl auch das nationalsozialistische Deutschland, wie bereits ausführlich dargestellt, grundsätzlich an die völkerrechtlichen Normen über die Behandlung von Kriegsgefangenen gebunden war. Das schloss zwar die Rüstungsindustrie aus, nicht aber den Kraftwerksbau, beispielsweise in Kaprun. Selbst im Bergbau und grundsätzlich auch in der Metallindustrie, soweit sie zivile Produkte herstellte, war ihr Einsatz völkerrechtlich gedeckt. Gerade der Bereich der Metallindustrie zeigt aber die Grenzen der praktischen Anwendung dieser völkerrechtlichen Normen recht deutlich.

---

852 Bis Sommer 1940 waren in diesem Lager 7 polnische und 56 ukrainische Zivilarbeiter untergebracht; vgl.: SLA, RSTH I/3 153/1940.

853 40 russische Kriegsgefangene zusätzlich ab Frühjahr 1943 zu Ladearbeiten am Bahnhof von Zell a. S.; vgl.: SLA, RSTH IV/d 939/1944.

854 SLA, BH Zell am See, HB-Akten 1942, 23-15-1942.

855 Ebd.

856 Ebd.

857 Ebd.

858 SLA, BH Zell am See, HB-Akte 1942, 431-4-1942.

Graphik 23: Kriegsgefangene und »*Zivilarbeiter*« 1942 im Landkreis Zell am See (SLA, BH Zell am See, HB-Akte, 1942, 431-4-1942)

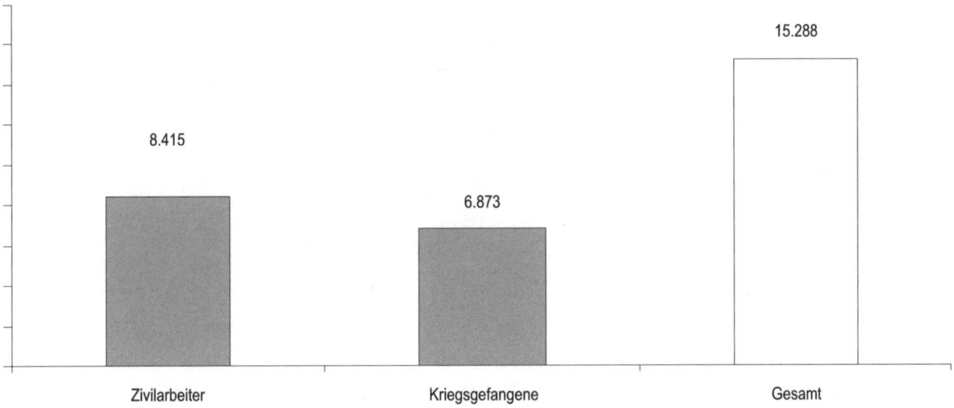

Kriegsgefangene wurden daher in ein ziviles Arbeitsverhältnis entlassen und konnten zum Arbeitseinsatz gebracht werden, ohne formal gegen völkerrechtliche Bestimmungen zu verstoßen.

Die gesamte Organisation des letztlich auf kriegswirtschaftliche Erfordernisse ausgerichteten deutschen Arbeitsmarktes hatte bereits ab 1935 den Arbeitsämtern eine zentrale Rolle zugewiesen, nämlich das ausschließliche Recht zur Arbeitsvermittlung. Spätestens ab diesem Zeitpunkt gehörte die freie Wahl des Arbeitsplatzes endgültig der Vergangenheit an. 1938 folgte das »*Arbeitspflichtgesetz*«[859], drastisch verschärft durch die »*Dienstpflichtverordnung*«[860] vom Februar 1939. Fortan konnten Arbeitsämter jeden Deutschen jederzeit zum Einsatz auf »unbestimmte Zeit« an einen beliebigen Ort befehlen.

In dieses System wurden ab 1940 vermehrt jene Kriegsgefangenen eingebaut, die formell in ein ziviles Arbeitsverhältnis entlassen worden waren. Zunächst glaubten viele damit eine Besserstellung zu erreichen, denn als »*Zivilarbeiter*« erhielten sie erstmals eine Sozial- und Pensionsversicherung. Zudem erhielten sie die Möglichkeit, Geld nach Hause zu schicken. Bald folgte für die Betroffenen jedoch die Ernüchterung, da die Entlohnung, je nach Herkunftsland, weit unter jener der deutschen Arbeitskräfte lag. Zudem war es keine wirkliche Freilassung, denn den ehemaligen Kriegsgefangenen wurde das Recht zur Rückkehr in ihre Heimatländer verwehrt und überdies mussten sie sich verpflichten, bis zur endgültigen Entlassung durch das Arbeitsamt als »*Zivilarbeiter*« jede zugewiesene Arbeit zu verrichten. 1940 wurde über diese Freilassung verlautet:[861]

---

859 RGBl. Nr. 72/1938.
860 RGBl. Nr. 45/1939.
861 SLA, BH Salzburg-Umgebung, 1939/44, 1940/3439/4.

»Die Freilassungen erfolgen ausschließlich unter der Bedingung, daß jeder einzelne Kriegsgefangene sich schriftlich verpflichtet, bis zur endgültigen Entlassung durch das Arbeitsamt in die Heimat als Zivilarbeiter jede ihm vom Arbeitsamt zugewiesene Arbeit zu verrichten und seine Arbeitsstelle ohne Genehmigung des Arbeitsamtes oder der Polizei nicht zu verlassen. Mit der Freilassung scheiden die Kriegsgefangenen aus dem Gewahrsam der Wehrmacht aus und werden damit Zivilarbeiter, sie sind dementsprechend nach den Vorschriften betreffend die Behandlung der im Reich eingesetzten Zivilarbeiter und -arbeiterinnen polnischen Volkstums zu behandeln … Die freizulassenden Kriegsgefangenen werden an das für den Betriebsort zuständige Arbeitsamt übergeben. Sie werden bei der Freilassung von dem Arbeitsamt mit der Arbeitskarte, von dem Stalag mit dem vorgeschriebenen Kennzeichen … versehen. Um die polizeiliche Erfassung der Freigelassenen zu erleichtern, sind die Stalags gehalten, den für den Betriebsort zuständigen Ortspolizeibehörden von dem genauen Ort und Zeitpunkt der Freilassung rechtzeitig Kenntnis zu geben. Die zur Freilassung kommenden Kriegsgefangenen selbst werden darauf hingewiesen, daß sie sich innerhalb 24 Stunden bei der Ortspolizeibehörde zu melden haben.«

Weiter hieß es, dass in den Betrieben Hilfspolizisten zur Bewachung eingestellt werden sollten, zumal die Kriegsgefangenen ja an Überwachung gewöhnt waren. Diese Funktion sollten höher gestellte und zu diesem Zweck auch bewaffnete deutsche Arbeiter ausüben. Außerdem wurden die Behörden aufgefordert, westliche Kriegsgefangene beim Arbeitseinsatz möglichst nicht in denselben Orten, keinesfalls aber bei denselben Arbeitgebern gemeinsam mit polnischen Kriegsgefangenen oder polnischen »*Zivilarbeitern*« einzusetzen oder unterzubringen.[862]

Mit »*Führererlass*« vom Mai 1940 wurden rund 90 % der in Kriegsgefangenschaft befindlichen Polen in den Status von »*Zivilarbeitern*« versetzt. Von den »*Stalags*« wechselten die Polen in »*Ostarbeiterlager*«.[863] Die Gefangenen standen nun nicht mehr unter dem Gewahrsam der Wehrmacht, waren aber nunmehr den Verfolgungen der »*Gestapo*« ausgesetzt. Mit ihrem Übertritt ins zivile Arbeitsverhältnis verloren sie auch jeden völkerrechtlichen Schutz vor willkürlicher gerichtlicher Verfolgung. Die »*Gestapo*« konnte diese »*Zivilarbeiter*« nun jederzeit in ein »Arbeitserziehungs- oder ein Konzentrationslager« stecken, ohne gegen internationales Recht zu verstoßen.[864] Am 10. Juli 1940 erfolgte auf Anweisung des »*Oberkommandos der Wehrmacht*« die Entlassung der ersten polnischen Kriegsgefangenen und ihre Überstellung in den zivilen Arbeitseinsatz. Nicht jeder polnische Kriegsgefangene wurde allerdings in ein derartiges Dienstverhältnis übernommen. Ausgenommen waren folgende Personengruppen:[865]

---

862 SLA, BH Salzburg-Umgebung, 1939/44, 1940/3439/4.
863 Speckner, Kriegsgefangenenlager (wie Anm. 429), S. 207.
864 Gatterbauer, Arbeitseinsatz (wie Anm. 488), S. 115–116.
865 SLA, RSTH I/3 129/40.

a) alle in der Grenzzone befindlichen Kriegsgefangenen, soweit diese im Operationsgebiet liegt,
b) alle Offiziere, Fähnriche und Unteroffiziere, letztere, soweit sie sich nicht zur Arbeit gemeldet oder solche bei Zuweisung willig aufgenommen haben,
c) die sogenannte Intelligenz,
d) völkische Minderheiten, z. B. Ukrainer und Weissrussen, ferner evtl. noch vorhandene polnische Juden und Zivilpersonen,
e) arbeitsscheue, bestrafte, unzuverlässige und verdächtige Elemente,
f) für Wehrmachtszwecke eingesetzte Kriegsgefangene.

Egal, ob es sich um einen polnischen »*Zivilarbeiter*« oder entlassenen Kriegsgefangenen handelte, für die rassenpolitische Einstellung der Nationalsozialisten machte dies keinen Unterschied. In diese Richtung äußerte sich Adolf Hitler 1940, als er erklärte, dass sich die Behandlung der Polen in Deutschland fortan ausschließlich an »*rassenpolitischen Gesichtspunkten*« orientieren soll, denn »*während der deutsche Arbeiter von Natur aus im allgemeinen strebsam und fleißig sei, sei der Pole von Natur aus faul und müsse zur Arbeit getrieben werden*«. Die Polen wären geradezu zu »niedriger Arbeit geboren«.[866]

Im Februar 1940 erging eine Anordnung[867] über die gewünschte Behandlung der Polen, und in dieser zeigte sich diese undifferenzierte Haltung gegenüber polnischen Arbeitskräften recht deutlich: »*Den Polen, sei es Zivilarbeitern oder Gefangenen, ist das Betreten von Gasthäusern sowie der Besuch von Tanzveranstaltungen und Unterhaltungen verboten.*«

Viele diskriminierende Bestimmungen galten ausschließlich für Polen. Die nationalsozialistische Führung unterschied stark zwischen west- und osteuropäischen Kriegsgefangenen. Doch auch innerhalb dieser Kategorien bestanden rassisch begründete Unterschiede. Bei den belgischen Kriegsgefangenen wurde beispielsweise zwischen dem »*germanischen Brudervolk*« der Flamen und jenen der Französisch sprechenden Wallonen unterschieden.[868] Zunächst sollten nur die Wallonen zum Arbeitseinsatz ins Reich gebracht werden, nicht aber die Flamen. Aufgrund des massiven Arbeitskräftemangels entschied das »*Reichsarbeitsministerium*« jedoch anders. Ein Teil wurde in ein ziviles Arbeitsverhältnis entlassen, der Rest kam als Kriegsgefangene ins »*Stalag XVII B Krems-Gneixendorf*«. Auf den Baustellen und in den größeren Industriebetrieben im »*Reichsgau Salzburg*« wurden die Belgier häufig als Vorarbeiter eingesetzt.

Auch für die Überführung der französischen Kriegsgefangenen in ein ziviles Arbeitsverhältnis galten bestimmte Regeln, denn das »*Oberkommando der Wehrmacht*« bezeich-

---

866 Speckner, Kriegsgefangenenlager (wie Anm. 429), S. 209.
867 DÖW (Hrsg.), Widerstand und Verfolgung in Oberösterreich 1934–1945. Eine Dokumentation, Bd. 2. Wien 1992, S. 414. Obwohl sich diese Anordnung auf das Gebiet des Gaues »*Oberdonau*« bezog, kann davon ausgegangen werden, dass auch für den »*Reichsgau Salzburg*« gleich lautende oder zumindest inhaltlich vergleichbare Bestimmungen bestanden.
868 Ebd., S. 188–189.

nete die Freilassungen der französischen Kriegsgefangenen lediglich als »Beurlaubung«. Sie mussten bis zur endgültigen Entlassung im Reich bleiben und jede ihnen vorgeschriebene Arbeit annehmen.[869] Dennoch erhielten die aus der deutschen Kriegsgefangenschaft »Beurlaubten« Zivilkleidung und galten rechtlich als *»ausländische Zivilarbeiter«*. Zudem war es ihnen untersagt, mit Landsleuten, die den Status von Kriegsgefangenen hatten, in Kontakt zu treten. Im Juni 1942 wurden zahlreiche Franzosen in ein ziviles Arbeitsverhältnis überstellt und auch im heutigen Bundesland Salzburg vornehmlich in der Landwirtschaft eingesetzt. Grundsätzlich wurde die Arbeitsleistung von Franzosen und Belgiern von den zuständigen Stellen als gut bewertet – ein Umstand, der nicht zuletzt auf die vergleichsweise gute Behandlung zurückzuführen ist.[870]

Die Vichy-Regierung Frankreichs bemühte sich schon früh um Repatriierung in Kriegsgefangenschaft geratener französischer Soldaten. In Form der »Relève«, dem Austausch der Kriegsgefangenen gegen Zivilarbeiter aus Frankreich, und der »Transformation«, der Umwandlung der Kriegsgefangenen in Zivilarbeiter, versuchte das Regime unter Marschall Pétain das Schicksal seiner Landsleute zu erleichtern. Auf deutscher Seite war der *»Reichsbevollmächtigte für den Arbeitseinsatz«* Fritz Sauckel für die Abwicklung des Austausches von französischen Kriegsgefangenen verantwortlich, der von den zuständigen Stellen in Frankreich für einen Kriegsgefangenen die Zurverfügungstellung von drei französischen Facharbeitern verlangte.

Im *»Reichsgau Salzburg«* waren zu Kriegsende auch relativ viele zivile Arbeitskräfte aus Italien im Einsatz, denn im Zuge einer grundsätzlichen Neustrukturierung des Arbeitsverhältnisses mit dieser Personengruppe wurden viele *»italienische Militärinternierte«* im Sommer 1944 entlassen. Im Zuge dieser Maßnahme wurde per *»Führerbefehl«* veranlasst, *»daß die italienischen Militärinternierten (Offiziere, Unteroffiziere, Mannschaften und Beamte) aus der Internierung zu entlassen und in das zivile Arbeitsleben zu überführen sind«*.[871] Jeder Internierte hatte vor seiner Überführung eine Erklärung abzugeben, dass er bereit war, in Deutschland zu den für die in Italien angeworbenen zivilen Arbeitskräfte geltenden Bedingungen bis zum Kriegsende zu arbeiten. Verweigerte er diese Erklärung, blieb er weiterhin ein Militärinternierter. Die Überstellung verlief nicht unbedingt freiwillig, zumal die Anzahl an Freiwilligen äußerst gering war. Ein Grund dafür war sicher der Vormarsch alliierter Truppen auf der Apenninenhalbinsel und der damit verbundene Umstand, dass die Heimatorte vieler internierter Italiener somit nicht mehr zum Einflussbereich Deutschlands bzw. der von ihm abhängigen Republik von Saló *(»Repubblica*

869 Der Beurlaubte *»hat jede ihm vorgeschriebene Arbeit anzunehmen, darf seinen Arbeitsplatz ohne Genehmigung nicht wechseln und den Wohnbezirk ohne eingeholte Erlaubnis nicht verlassen«*, zit. n.: Speckner, Kriegsgefangenenlager (wie Anm. 429), S. 192.

870 Ulrich Herbert, Fremdarbeiter. Politik und Praxis des »Ausländereinsatzes« in der Kriegswirtschaft des Dritten Reiches. Bonn 1985, S. 122.

871 Speckner, Kriegsgefangenenlager (wie Anm. 429), S. 236.

Sociale Italiana«) gehörten. Damit fiel bei diesen Militärinternierten die Angst vor Repressalien gegen die Angehörigen in der Heimat weg. Durch mannigfaltige Repressalien, beispielsweise stundenlanges Appellstehen oder direkte physische Gewaltanwendung, gelang es dennoch, von einer größeren Gruppe von Italienern eine Unterschrift unter die erwähnte Erklärung zu bekommen. Es konnte trotzdem nicht der gewünschte Erfolg erzielt werden, und so wurden Ende September 1944 alle in Lagern befindlichen italienischen Militärinternierten entlassen, um sie weiter als zivile Arbeitskräfte einzusetzen.[872]

Die entlassenen Italiener erwartete bei ihrem Arbeitseinsatz keine wirkliche Verbesserung ihrer Situation – ganz im Gegenteil, denn in den Augen der Nationalsozialisten galten sie als Verräter: »*Im Winter bei 30 Grad Kälte Schnee schaufeln und Höfe reinigen, das wird gerade die richtige Arbeit für die Schweine sein.*«[873]

In geringerem Umfang waren auch Kriegsgefangene aus der UdSSR von derartigen Maßnahmen betroffen. Denn nachdem es bis dahin nur in wenigen Einzelfällen Entlassungen gegeben hatte, wurden im Winter 1944/45 rund 20 % der sowjetischen Gefangenen in ein ziviles Arbeitsverhältnis überstellt.[874]

Genaue Aussagen über die Art des Arbeitseinsatzes ehemaliger Kriegsgefangener sind heute weitgehend unmöglich, da sie sich nach ihrer Entlassung formal nicht mehr von den übrigen »*Zivilarbeitern*« unterschieden. Auch die einschlägigen historischen Quellen lassen keine Unterscheidung zu.

Grundsätzlich kann für das Gebiet des heutigen Bundeslandes Salzburg davon ausgegangen werden, dass ab 1942, spätestens aber nach der Niederlage bei Stalingrad, in verstärktem Maße auf nunmehr als zivile Arbeitskräfte geltende ehemalige Kriegsgefangene zur Aufrechterhaltung der Kriegswirtschaft zurückgegriffen wurde. Ihre Lebens- und Arbeitsbedingungen verbesserten sich mit diesem formalrechtlichen Schritt nicht und unterschieden sich auch nicht von jenen Ausländern, die zur Zwangsarbeit aus ihren Heimatländern verschleppt wurden. Oftmals war sogar das Gegenteil der Fall, denn die »*Zivilarbeiter*« waren in viel geringerem Ausmaß durch das Völkerrecht geschützt – eine Folge des Umstandes, dass das nationalsozialistische Deutschland seine Kriegswirtschaft in bislang unbekanntem Ausmaß auf ein Millionenheer zur Zwangsarbeit gezwungener Ausländer stützte.

---

872 Gerhard Schreiber, Die Militärinternierten im deutschen Machtbereich 1943 bis 1945. Verraten – Verachtet – Vergessen. In: Beiträge zur Militärgeschichte, 28. München 1990, S. 428–436.

873 Speckner, Kriegsgefangenenlager (wie Anm. 429), S. 238.

874 Ebd., S. 229.

5. KZ-Häftlinge im Arbeitseinsatz

a) Die Geschichte der Konzentrationslager Dachau und Mauthausen im Überblick

Konzentrationslager waren eines der herausragenden Elemente im nationalsozialistischen Terror- und Unterdrückungssystem. Dienten sie vor Kriegsbeginn vornehmlich zur Verfolgung politischer Gegner, so wurden sie spätestens seit dem Angriff auf die Sowjetunion zum Instrument der Massenvernichtung bzw. des Holocaust. Daneben bekamen die Konzentrationslager und die mit ihnen in enger Verbindung stehenden Wirtschaftsbetriebe der »*SS*« steigende Bedeutung für die deutsche Rüstungsindustrie, die mit zunehmender Dauer des Krieges, bedingt durch die immer lückenloser durchgeführten Einberufungen einheimischer Arbeitskräfte, immer stärker unter Arbeitskräftemangel zu leiden hatte.

Im gesamten Deutschen Reich sind für Anfang 1945 insgesamt 22 Konzentrations-Hauptlager, Vernichtungslager und Zwangsarbeitslager nicht mitgerechnet, nachweisbar. Die Anzahl der Nebenlager und Außenkommandos überstieg die Zahl von 1.200. Befanden sich 1933 rund 27.000 Menschen in KZ-Haft, so stieg diese Zahl nach einem auf die Auflösung so genannter »wilder Konzentrationslager« zurückzuführenden vorübergehenden Rückgang bis 1936 vor allem nach Kriegsbeginn rasch an und erreichte im Jänner 1945 mit rund 714.211 ihren Höchststand. Rund 700.000 bis 800.000 Menschen starben in diesen Lagern, die Millionen Toten aus den Vernichtungslagern im Osten nicht eingerechnet.[875] Die Konzentrationslager waren jene Orte, wo das NS-Regime erzwungene Arbeit der Häftlinge hauptsächlich als eine der Formen für Unterdrückung, Demütigung, Misshandlung und als Mordinstrument einsetzte. Das System der Konzentrationslager wurde mit der Errichtung des KZ Dachau begründet und endete mit der Befreiung von Mauthausen am 5. Mai 1945 und dessen Nebenlager Ebensee am Nachmittag des 6. Mai.[876]

Das Konzentrationslager Dachau wurde auf dem Gelände einer ehemaligen Pulverfabrik als Lager für männliche Häftlinge errichtet.[877] Aus den Konzentrationslagern machte das NS-Regime am Beginn kein Geheimnis, denn die Eröffnung des Lagers Dachau fand nicht in aller Stille statt, sondern wurde am 20. März 1933 in einer Pres-

---

875 Gerhard Botz, Terror, Tod und Arbeit im Konzentrationslager Mauthausen. In: Oberösterreichische Gedenkstätten für KZ-Opfer. Linz 2001, S. 15–29, S. 15 ff.

876 Barbara Distel / Wolfgang Benz, Editorial. In: Dachauer Hefte 15/1999, S. 1–2; Wolfgang Benz, Die Allgegenwart des Konzentrationslagers. In: Dachauer Hefte 15/1999, S. 3–16.

877 Erst 1944 werden auch weibliche Häftlinge erwähnt; vgl.: Schwarz, Die nationalsozialistischen Lager (wie Anm. 226), S. 154.

seaussendung offiziell bekannt gegeben.[878] Den ersten Wachdienst trat am 21. März 1933 die zweite Hundertschaft der Schutzpolizei München mit 54 Mann unter Polizeihauptmann Schlemmer an. Solange das KZ Dachau dem Kommando der Bayerischen Landespolizei unterstand, wurden die Häftlinge weitestgehend korrekt behandelt, nicht geschlagen und beschimpft oder erniedrigt. Die Häftlinge durften ihre eigene Kleidung anbehalten, zudem wurden sie nicht kahl geschoren. Sie mussten keine Nummern tragen und wurden nicht gegen ihren Willen zur Arbeit eingesetzt. All dies änderte sich schnell,[879] als Anfang April 1933 Einheiten unter dem Befehl von Heinrich Himmler – zu diesem Zeitpunkt noch in seiner Eigenschaft als »*Führer der politischen Hilfspolizei Bayerns*« – das Lager Dachau übernahmen. Himmler plante, in diesem Lager die politischen Gegner zu isolieren. Das Fassungsvermögen des Lagers betrug zu diesem Zeitpunkt 5.000 Menschen.[880] Nachdem Himmler das Lager übernommen hatte, ersetzte er das dort stationierte Kommando der Schutzpolizei durch *SS*-Männer. Am 11. April 1933 wurde Dachau auch offiziell der »*SS*« übergeben. Lagerführer wurde »*SS-Sturmbannführer*« Hilmar Wäckerle. Der Wechsel des Wachpersonals bedeutete für die Häftlinge eine massive Verschärfung der Haftbedingungen. Noch in der Nacht der Übernahme durch die »*SS*« kam es zu den ersten Gewaltausbrüchen. Die »*SS*« feierte die Übergabe des Lagers, betrank sich und begann die Gefangenen – besonders die Juden – zu schikanieren. In dieser Nacht vom 11. auf den 12. April 1933 starben vier jüdische Häftlinge.[881]

Die ersten Häftlinge waren politische Gegner des Regimes, hauptsächlich Kommunisten, Sozialdemokraten, Gewerkschafter, aber auch jene, die auf Grund ihrer religiösen Überzeugung dem Nationalsozialismus ablehnend gegenüberstanden, wie beispielsweise Priester oder Ordensleute. Bis Ende Juni 1933 stieg die Häftlingszahl auf über 2.000 an. Die Vorschriften zur Bewachung der Häftlinge wurden fixiert, um jegliche Flucht zu verhindern. »*Das innere Gefangenenlager ist durch einen elektrisch geladenen Drahtzaun umschlossen. Der Drahtzaun ist untertags von 6, bei Nacht und Nebel von 9 patrouillierenden Posten umgeben. Ein dem elektrischen Zaun im Lagerinneren vorgelagertes Drahthindernis verhindert ein unbemerktes Herannahen an den elektrischen Zaun.*«[882]

Nachdem im Mai 1933 weitere Häftlinge »auf der Flucht erschossen« wurden, ermittelte sogar die Staatsanwaltschaft München. Zu diesem Zeitpunkt hatte die »*SS*« noch nicht jene uneingeschränkte Macht späterer Jahre und auch die Ausschaltung einer unabhängigen Justiz stand im nationalsozialistischen Deutschland noch am Anfang. Himmler – mittlerweile »*Reichsführer SS*« – sah sich auf Grund der Ermittlungen der Justiz so-

878 Albert Knoll, Die Anfangsphase des KZ Dachau in der zeitgenössischen Presse. In: Dachauer Hefte 17/2001, S. 21–41.

879 Sybille Steinbacher, Dachau. Die Stadt und das Konzentrationslager in der NS-Zeit. Frankfurt [2]1994, S. 86.

880 Knoll, KZ Dachau (wie Anm. 878), S. 21–41.

881 Karin Orth, Die Konzentrationslager-SS. Göttingen 2000, S. 98–100.

882 Klaus Drobisch / Günther Wieland, System der NS-Konzentrationslager 1933–1939. Berlin 1993, S. 52.

gar veranlasst, den Lagerkommandanten Wäckerle im Juni 1933 durch *SS*-Oberführer Theodor Eicke zu ersetzen. Für die Häftlinge änderte sich nichts. Im Gegenteil, Eicke führte in jeder Hinsicht den Ausbau des Lagers fort, bildete die *SS*-Wachmannschaft aus und formte Dachau zum Modell für andere Lager. Eicke wurde auch beauftragt, die Organisation des gesamten KZ-Systems zu übernehmen. Er öffnete den Weg für noch größere Verbrechen weiterer *SS*-Führer und *SS*-Schergen.[883]

Unter Eicke entwickelte sich die »*Dachauer Schule*«. Es wurden hier die »*SS-Führer*« für andere Konzentrationslager ausgebildet. Eicke idealisierte den »politischen Soldaten« und suchte nur jene aus, die auch eine gute militärische Ausbildung hatten. Häftlinge waren für ihn »Verbrecher«, auf deren »Gefährlichkeit« reagiert werden musste. Damit versuchte der Lagerkommandant Gewaltexzesse zu rechtfertigen und zu erleichtern.[884]

Zehn der maßgeblichsten KZ-Kommandanten wurden von Eicke in Dachau ausgebildet, darunter befanden sich Rudolf Höß, der spätere Kommandant von Auschwitz, oder Hans Steinbrenner, später Mitglied der »*SS-Totenkopfstandarte*« in Buchenwald. Nicht nur KZ-Kommandanten und *SS*-Schergen wurden hier ausgebildet, auch zahlreiche *SS*-Ärzte übten hier ihre Tätigkeiten aus. Während des Krieges wurden in Dachau auch medizinische, nahrungsmittelchemische und andere Versuche an Häftlingen unternommen.[885]

Eicke trieb nicht nur die Ausbildung der später in Konzentrationslagern eingesetzten *SS*-Leute voran, sondern auch den Ausbau des Lagers. 1937 wurde das KZ Dachau großzügig umgebaut. Die alten Pulverfabrikgebäude wurden niedergerissen und es entstand ein neues Häftlingslager. Nach rund einjähriger Bauzeit befand sich das Häftlingslager Dachau in seiner endgültigen Form.[886]

Waren es in den Anfängen noch politische Gegner, die das NS-Regime in das KZ Dachau einliefern ließ, so wurden in den folgenden Jahren nach der Eröffnung immer neue Gruppen nach Dachau verschleppt – vornehmlich Juden, aber auch Zigeuner oder Homosexuelle und andere Personen, die nicht dem nationalsozialistischen Rasse- und Menschenbild entsprachen. In der Folge der »*Reichskristallnacht*« wurden mehr als 10.000 Juden vorübergehend in das KZ Dachau gebracht und in der Regel erst nach Zahlung großer Geldsummen wieder entlassen.

Ab März 1938 kamen die ersten österreichischen KZ-Häftlinge, und ab 1939 folgten ihnen Tschechen in großer Anzahl nach. Bei Ausbruch des Krieges befanden sich schon 4.000 Häftlinge im Lager. In der Folgezeit vor dem deutschen Angriff auf die Sowjet-

883 Drobisch / Wieland, System (wie Anm. 882), S. 99.

884 Orth, Die Konzentrationslager-SS (wie Anm. 881), S. 127–128.

885 Gerhard Zeidler / G. E. Schafft, Die KZ-Mahn- und Gedenkstätten in Deutschland. Berlin 1996, S. 80–83.

886 Drobisch / Wieland, System (wie Anm. 882), S. 271.

union kamen Polen, Norweger, Belgier, Niederländer und Franzosen hinzu. Die deutschen Gefangenen wurden schließlich sogar zu einer Minderheit. Die größten nationalen Gruppen wurden nach 1941 Polen und Russen, was auf Grund der ungleich schlechteren Behandlung zu einem massiven Ansteigen der Todesrate führte. Unabhängig von ihrer Nationalität wurden die KZ-Insassen schikaniert und gefoltert.

Mit dem Fortgang des Krieges begann das NS-Regime die KZ-Häftlinge verstärkt auch zur Zwangsarbeit im Dienst der Kriegsanstrengungen der deutschen Wirtschaft einzusetzen. Nicht immer konnten die Häftlinge vom Hauptlager zu den neuen Arbeitsstätten gebracht werden, weshalb ein weit verzweigtes Netz an Nebenlagern und Außenkommandos errichtet wurde. Ab 1940 entstanden – oft in der Nähe von Rüstungsbetrieben – im süddeutschen Raum und in Westösterreich rund 197 Nebenlager und Außenkommandos mit unterschiedlicher Größe und Stärke. 188 davon unterstanden dabei dem Hauptlager Dachau, 9 Außenkommandos waren sowohl Dachau als auch – zu einem späteren Zeitpunkt – einem anderen Hauptlager untergeordnet. Die große Mehrheit der Häftlinge waren Männer, die in den Außenkommandos bei Industrieunternehmen, Bauarbeiten (z. B. Sprengkommandos), Reichsbahn usw. zum Einsatz kamen.[887]

Eine große Zahl der Arbeitskommandos war bei Einrichtungen der »*SS*« oder *SS*-eigenen Betrieben beschäftigt. Zu dieser Gruppe gehörte auch das Nebenlager Hallein. Der Einsatz von KZ-Häftlingen zur Zwangsarbeit erfolgte zunächst bei Institutionen, die dem »*Reichsführer SS*« Heinrich Himmler unterstanden.[888] Als Beispiele für große Unternehmen, die zur Aufrechterhaltung ihrer kriegswichtigen Produktion KZ-Häftlinge beschäftigten, gehörten unter anderem das Flugzeugmotorenwerk von BMW oder die Kameraproduktion von Agfa. Zudem bestanden 15 Außenkommandos mit weiblichen Häftlingen, davon acht bei der »*Organisation Todt*« mit 1.300 Frauen. Beispiele hiefür sind neben der bereits erwähnten Firma Agfa auch die Dynamit-AG und die Michelwerke Augsburg.[889] Auf österreichischem Gebiet – ausschließlich in Westösterreich – bestanden 16 Nebenlager, die mehrheitlich ab 1943 errichtet worden waren.

In Salzburg bestanden Nebenlager und Außenkommandos des KZ Dachau in der Stadt Salzburg, in St. Gilgen und Pabenschwandt (Gemeinde Plainfeld), in Hallein, im Schloss Fischhorn (Bruck a. d. Gstr.) und am Weißsee im Stubachtal (Uttendorf). Historische Quellen zu den einzelnen Nebenlagern haben sich nur recht spärlich erhalten. Überdies war das Interesse der Forschung an diesen Lagern bis vor kurzem vergleichsweise gering. Selbst im Hauptlager Dachau ist dazu kaum Material vorhanden. In der Gauhauptstadt Salzburg wurden KZ-Häftlinge in erster Linie für Aufräumarbeiten und als Bombensucher nach Luftangriffen eingesetzt. Schloss Fischhorn galt ab dem 6. September 1944 bis Kriegsende als Nebenlager Dachaus. Hier wurden die Häftlinge für die

887 Schwarz, Die nationalsozialistischen Lager (wie Anm. 226), S. 154.
888 Karola Fings, Not kennt kein Gebot. In: Dachauer Hefte 15/1999, S. 66–76.
889 Zeidler / Schafft, Die KZ-Mahn- und Gedenkstätten (wie Anm. 885), S. 85–87.

Gutsverwaltung benötigt. In Pabenschwandt bzw. im dort befindlichen, in der NS-Zeit enteigneten Gutshof des Stifts St. Peter waren die Gefangenen vornehmlich in der Landwirtschaft beschäftigt.[890]

Mit dem Vorrücken der US-Truppen begannen die *SS*-Einheiten, das Lager Dachau und zahlreiche Nebenlager zu räumen. Mitte April 1945 erfolgte die »*Evakuierung*« von mehr als 100 Außenlagern des KZ Dachau. Bei den »Todesmärschen« kamen erneut Tausende Menschen ums Leben. In den 12 Jahren des KZ Dachau verloren Zehntausende Menschen ihr Leben infolge von Morden, Erschöpfung, Hunger oder Krankheiten. Über 30.000 registrierte Tote gab es, die Dunkelziffer war weit höher, da z. B. sowjetische Kriegsgefangene in der Regel nicht registriert wurden. Am 29. April befreiten schließlich Einheiten der US-Armee das KZ Dachau.

Zum Gedenken an die Gräueltaten, die auf dem Gelände des KZ Dachau geschehen waren, wurde eine Gedenk- und Forschungsstätte errichtet und eine ausführliche Dauerausstellung eingerichtet.[891]

Das Konzentrationslager Mauthausen, dem 62 Nebenlager und Außenkommandos unterstanden, war das einzige »*Stammlager*« in der »*Ostmark*«.[892] Für die Wahl von Mauthausen als Standort für das zentrale Konzentrationslager im südöstlichen Teil des Deutschen Reiches dürften ursprünglich die dort bestehenden Granit-Steinbrüche ausschlaggebend gewesen sein. Der Granit sollte für den geplanten, großzügigen Ausbau der Stadt Linz in größeren Mengen zur Verfügung stehen. Die *SS*-eigene Firma »*Deutsche Erde- und Steinwerke GmbH (DEST)*« übernahm aus diesem Grund auch die Organisation des Abbaues und Vertriebes des von den Häftlingen gewonnenen Baumaterials.[893] Insgesamt 48 Nebenlager befanden sich auf dem Gebiet der heutigen Republik Österreich, vornehmlich in den Bundesländern Oberösterreich (damals Oberdonau), Niederösterreich (damals Niederdonau), Kärnten und in der Steiermark. Im Land Salzburg betraf dies lediglich das vergleichsweise kleine Nebenlager im Schloss Mittersill.[894]

In Mauthausen selbst trafen die ersten Insassen am 8. August 1938 ein. Es waren dies 300, in der Hauptsache österreichische Häftlinge, vom KZ Dachau mit rund 80 Angehörigen des Dachauer »*SS-Totenkopfverbandes*« als Bewachung. Die Anfangszeit war vor allem von Bauarbeiten im Zuge der Errichtung des Lagers geprägt.[895] Die Arbeiten im Steinbruch, wo vom Herbst 1939 bis Anfang 1943 die meisten Häftlinge eingesetzt

---

890 Barbara Distel, KZ-Kommandos an idyllischen Orten. In: Dachauer Hefte 15/1999, S. 54–65, S. 64.

891 Die Homepage der Gedenkstätte im ehemaligen KZ Dachau gibt die Gesamtzahl mit mehr als 200.000 Häftlingen aus über 30 Ländern an. Für nähere Informationen zur Gedenk- und Forschungsstätte Dachau: KZ-Gedenkstätte, Alte Römerstraße 75, D–85221 Dachau. (http://www.kz-gedenkstaette-dachau.de).

892 Schwarz, Die nationalsozialistischen Lager (wie Anm. 226), S. 174.

893 Florian Freund, Mauthausen: Zu Strukturen von Haupt- und Außenlagern. In: Dachauer Hefte 15/1999, S. 254–272, S. 258.

894 Vgl.: S. 221–226.

895 Hans Marsálek, Die Geschichte des Konzentrationslagers Mauthausen. Wien ^{3}1995, S. 27.

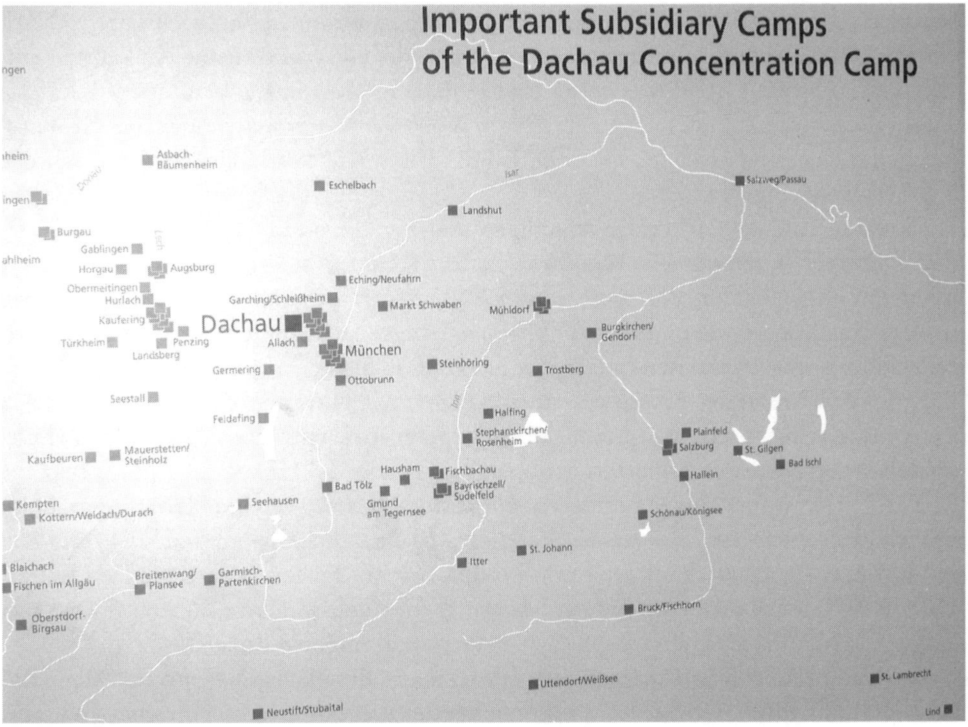

Abb. 36: Wichtige Außenlager des KZ Dachau, ein Ausschnitt (Foto: Wolfgang Wintersteller, Karte in der Ausstellung der KZ-Gedenkstätte Dachau)

waren, begannen im Frühjahr 1939. Zur Steigerung der Produktion übernahm die »*DEST*« zusätzlich den Steinbruch Kastenhof und errichtete in unmittelbarer Nähe im Mai 1940 das KZ Gusen, das, obwohl dem KZ Mauthausen unterstellt, bis 1943 in einigen Bereichen eine gewisse Eigenständigkeit besaß.[896]

Die Lager Mauthausen und Gusen dienten bis 1942 vornehmlich der Ermordung politischer Gegner und nicht kriegswirtschaftlichen Notwendigkeiten. Sie wurden daher auch in die »*Stufe III*« eingereiht – also gemäß der *SS*-Terminologie für »*kaum noch erziehbare Schutzhäftlinge*«. Erst ab 1943 hatte der Einsatz der Häftlinge im Rahmen der Kriegswirtschaft Priorität – ein Umstand, der sich auch in einem signifikanten Rückgang der relativen Sterblichkeit von 50,48 % (1942) auf 24,88 % (1943) manifestierte.[897] Im Bereich der Rüstungsproduktion kamen die Häftlinge nicht nur in bestehenden Großbetrieben in Linz, Steyr oder St. Valentin zum Einsatz, sondern ab 1944 verstärkt auch

896 Freund, Mauthausen (wie Anm. 893), S. 258.
897 Ebd., S. 261.

bei der Errichtung unterirdischer Stollensysteme, in die viele kriegswichtige Produktionsstätten auf Grund der alliierten Luftangriffe verlegt wurden. Eigene Nebenlager entstanden aus diesem Grund, wie beispielsweise das KZ Ebensee (*»Lager Zement«*), das KZ Melk (*»Lager Quarz«*) oder das Lager Gusen II (*»Lager Bergkristall«*). Auch bei Großprojekten der Energiewirtschaft, wie dem Bau des Enns-Kraftwerkes in Ternberg, wurden KZ-Häftlinge eingesetzt.[898]

Dennoch ging das Morden in Mauthausen weiter. Schon im Herbst 1941 wurde mit dem Bau einer »Gaskammer« begonnen, in der bis Ende April 1945 Tausende Häftlinge mit dem Giftgas Zyklon-B getötet wurden.[899] Weitere Vergasungen fanden überdies im Schloss Hartheim sowie in mobilen Vergasungswagen statt. Insgesamt wurden im Konzentrationslager Mauthausen mehr als 100.000 Menschen ermordet. Die Zahl der Häftlinge stieg während des Krieges an und erreichte mit Jahresende 1944 den Stand von 73.351.[900] Bedingt durch die »*Evakuierung*« anderer Konzentrationslager vor den immer schneller vorrückenden alliierten Truppen, stieg diese Zahl bis Anfang März 1945 auf 84.472.[901] Hierauf sank in Mauthausen und seinen Nebenlagern die Häftlingsanzahl, da es auch hier seitens der »*SS*« zu »Evakuierungs-Maßnahmen« in großem Stil kam. Diese mit äußerster Brutalität durchgeführten »Todesmärsche« forderten dann kurz vor Kriegsende noch Tausende Menschenleben. Ab April 1943 befanden sich auch weibliche Gefangene in Mauthausen und seinen Nebenlagern und Außenkommandos.

Insgesamt waren in den knapp sieben Jahren seines Bestehens rund 200.000 Menschen im KZ Mauthausen und den ihm unterstehenden Lagern interniert, wobei Deutsche (davon 1.650 politische Häftlinge aus der »*Ostmark*«) auch hier mit rund 23.000 eine Minderheit darstellten. Die überwiegende Mehrheit der Häftlinge waren Polen (40.000–50.000), Juden (40.000) und sowjetische Staatsangehörige (40.000). Weitere größere Häftlingsgruppen kamen aus Italien (8.000–9.000), Jugoslawien (8.000–9.000), Spanien (7.000 Katalanen) und aus Tschechien (6.000). Von den weiblichen Häftlingen wurden 4.063 namentlich registriert.[902]

Nach der Befreiung des KZ Mauthausen durch Einheiten der US-Armee und der Repatriierung der Häftlinge sowie einer kurzzeitigen Nutzung des Geländes durch die Rote Armee ging das Areal im Juni 1947 in den Besitz der Republik Österreich über, die sich im Gegenzug zur Erhaltung zentraler Teile des Konzentrationslagers und zur Einrich-

---

898 Roman Sandgruber, Die Konzentrationslager als Wirtschaftsbetriebe der SS. In: Oberösterreichische Gedenkstätten für KZ-Opfer. Linz 2001, S. 31–41.

899 Marsálek, Mauthausen (wie Anm. 895), S. 198 ff.

900 Häftlingszahlen jeweils zu Jahresende: 1938: 994, 1939: 2.666, 1940: 6.200, 1941: 15.900, 1942: 14.021, 1943: 25.607, 1944: 73.351, 4.5.1945: 66.534; vgl.: Freund, Mauthausen (wie Anm. 893), S. 261. Grundsätzlich sei angemerkt, dass die in den verschiedenen Publikationen genannten Häftlingszahlen geringfügige Unterschiede aufweisen.

901 Botz, Terror (wie Anm. 875), S. 20.

902 Ebd.

tung einer Mahn- und Gedenkstätte verpflichtete.[903] Diese umfasst heute neben den erhaltenen ehemaligen Lagergebäuden eine Dauerausstellung sowie weitere Räumlichkeiten für Sonderausstellungen zu verschiedenen zeitgeschichtlichen Themen mit Schwerpunkt NS-Zeit.[904]

b) Nebenlager des KZ Dachau

St. Gilgen

Am 24. April 1938 erwarb der Augsburger Hans Loritz, seit 1936 Kommandant des KZ Dachau und hauptverantwortlich für den Ausbau dieses Lagers, ein aus mehreren Grundstücken bestehendes Gelände am Wolfgangsee, etwas abseits von der eigentlichen Gemeinde St. Gilgen.[905] Bald nach dem Ankauf ließ er neun Zeugen Jehovas und einen politischen Häftlings-Kapo aus Dachau überstellen. Damit entstand das erste Außenkommando des Konzentrationslagers Dachau in Salzburg. Es handelte sich dabei allerdings um kein offizielles, sondern um ein illegales, quasi privat organisiertes Lager. Loritz tarnte die Fahrt als Transport in ein neues »*Nebenlager von Dachau*« und nutzte die Gefangenen zur Errichtung einer Privatvilla. Auf Grund der fehlenden Lagerinfrastruktur wurden die Häftlinge über Nacht in den bestehenden Zellen des Bezirksgerichts St. Gilgen eingesperrt und am Tag wieder zur Baustelle transportiert.

Als Hans Loritz Ende 1939 die kommissarische Leitung des Konzentrationslagers Sachsenhausen übernahm, setzten Häftlinge von dort die Arbeiten in St. Gilgen fort. Um sein illegales Vorgehen weiterhin geheim zu halten – das Lager galt immer noch als Außenlager des KZ Dachau –, wurden Häftlinge von Sachsenhausen kurzzeitig pro forma in Dachau interniert, um dann nach St. Gilgen weitertransportiert zu werden.

Neben Loritz versuchten zahlreiche andere hohe *SS*-Offiziere Grundstücke am Wolfgangsee zu erwerben – ein Umstand, der dafür sorgte, dass auch weiterhin KZ-Häftlinge für private Zwecke in der Umgebung von St. Gilgen zum Einsatz kamen. Als Beispiel sei hier »*SS-Kommandoführer*« Franz-Xaver Trenkle erwähnt, der dafür berüchtigt war, Häftlinge zu misshandeln, sollten die Arbeiten seiner Ansicht nach nicht rasch genug vorangehen. Mit der zunehmenden Bautätigkeit stieg auch die Zahl der Inhaftierten in St. Gilgen auf 20 bis 25 Personen an, weshalb die bestehenden Haftunterkünfte nicht mehr ausreichten. Daher wurde auf dem Grundstück von Hans Loritz eine Blockhütte errich-

---

903 Marsálek, Mauthausen (wie Anm. 895), S. 344.

904 Nähere Informationen zur Mahn- und Gedenkstätte Mauthausen: KZ-Gedenkstätte Mauthausen / Mauthausen Memorial, Erinnerungsstraße 1, A-4310 Mauthausen oder Archiv der KZ-Gedenkstätte Mauthausen, Bundesministerium für Inneres, Referat IV/7/a, Postfach 100, A–1014 Wien (www.mauthausen-memorial.at).

905 Dirk Riedel, Der »Wildpark« im KZ Dachau und das Nebenlager St. Gilgen. In: Dachauer Hefte 16/2000, S. 54–70.

tet, nachdem die Gefangenen vorübergehend in einem dort abgestellten Wohnwagen untergebracht waren. 1942 wurde offiziell bekannt, dass in St. Gilgen ein illegal geführtes KZ-Lager bestand und ein Disziplinarverfahren gegen Hans Loritz eingeleitet, das seine Versetzung nach Norwegen zur Folge hatte. Das illegale »Nebenlager von Dachau« wurde daraufhin am 18. Dezember 1942 aufgelöst.[906]

Pabenschwandt, Gemeinde Plainfeld (O. Dohle)

Im Gutshof des zu Jahresbeginn 1941 aufgehobenen Stifts St. Peter, in Pabenschwandt, der an eine Einheit der »*SS*« verpachtet war, befand sich ein Außenkommando des KZ Dachau.[907] Es kann daher davon ausgegangen werden, dass die eingesetzten KZ-Insassen vornehmlich in der Landwirtschaft tätig waren. In den letzen Monaten vor Kriegsende, ab Jänner 1945, waren im »Versuchsgut Pabenschwandt« neun Häftlinge beschäftigt.[908] Für die Berichte, wonach im Gutshof unter dem Arzt Karl Fahrenkamp[909] Versuche mit pflanzlichen Wirkstoffen[910] für die Therapie von Herz-Kreislauf-Krankheiten unternommen wurden, konnten weder im Salzburger Landesarchiv noch vor Ort schriftliche Aufzeichnungen gefunden werden.

Hallein

Das seit 1. September 1943 von der »*SS*« zur Inhaftierung von KZ-Häftlingen genutzte Lager in Hallein war das zweitgrößte Außenlager des Konzentrationslagers Dachau auf dem Gebiet des heutigen Bundeslandes Salzburg. Die Baracken auf dem Gelände des Steinbruches der Gebrüder Deisl bestanden bereits seit den 30er Jahren und waren zuvor zur Unterbringung von Kriegsgefangenen verwendet worden.[911] Da die Unterkünfte direkt im Steinbruch standen, beschränkte sich das Freigelände zwischen den Baracken

906 Verzeichnis der Konzentrationslager und ihrer Außenkommandos gemäß § 42 Abs. 2 Bundesentschädigungsgesetz; deutsches BGBl. Nr. 64/1977.

907 KAS, Seelsorgsbericht der Pfarre 1943. Herrn Univ.-Ass. Dr. Ewald Hiebl sei an dieser Stelle für die wertvollen Informationen gedankt, die er bezüglich Pabenschwandt im Zuge seiner Recherchen für die Gemeindechronik Plainfeld erhoben hat.

908 Martin Weinmann (Hrsg.) mit Beiträgen von Anne Kaiser und Ursula Krause-Schmitt, Das nationalsozialistische Lagersystem (CCP). Frankfurt a. M. ^{2}1990, S. 557.

909 Auf einer Liste des Journalisten Ernst Klee mit 266 Namen von KZ-Ärzten, die mit dem Zusatz versehen ist »Die Namensnennung sagt nichts über strafbare Handlungen aus«, wird Karl Fahrenkamp als »Standortarzt Dachau« erwähnt; vgl.: Hans Henning Scharsach, Die Ärzte der Nazis. Wien / München / Zürich 2000, S. 208 ff.

910 Vgl.: Karl Fahrenkamp, Vom Aufbau und Abbau des Lebendigen. III. Teil. Pflanzliche Herzgifte in ihrer Bedeutung für Mensch – Tier – Pflanze. Stuttgart 1943.

911 Vgl. Abschnitt III.4.b, S. 145–167.

auf nur wenige Meter. Von allen Seiten war das Lager mit Felsen umgeben und noch zusätzlich mit Stacheldraht gesichert. Am Eingang befand sich ein mit einem Maschinengewehr bestückter Wachturm.[912]

Bis zu 90 Häftlinge waren hier untergebracht – in der Mehrzahl Handwerker und Hilfsarbeiter, die von der örtlichen »*SS*« im KZ Dachau ausgesucht und nach Hallein transportiert wurden.

Wie in anderen vergleichbaren Haftstätten war der Tagesablauf im »*Lager Hallein*« vom täglichen Ausrücken zu den verschiedenen Arbeitsplätzen geprägt. An verschiedenen Orten in der Stadt und deren Umgebung mussten die Lagerinsassen unter *SS*-Bewachung Arbeit verrichten, beispielsweise in den Stollen der »Eugen-Grill-Werke« oder bei der Almregulierung. Auch für die in Hallein einquartierte rund 2.000 Mann starke *SS*-Einheit mussten die Häftlinge arbeiten, etwa an der Taugl, wo von ihnen ein »Nahkampfdorf« und ein Schießplatz errichtet wurde.[913]

Wie in anderen derartigen Lagern erschwerten Schikanen das Leben der Häftlinge noch zusätzlich, wie Sepp Plieseis berichtete:[914] »*Die Arbeit, welche die Häftlinge zu leisten hatten, war nicht allzu schwer. Aber sie wurde ihnen zu einer Höllenqual gemacht, diesmal sogar durch einen Zivilisten, der als Vorarbeiter tätig war. Er verlangte, dass die ausgemergelten KZler jede Tätigkeit im Laufschritt ausführen sollten. Er wollte beweisen, welche Leistung man aus den Entkräfteten herausholen konnte … Den voll geladenen Schubkarren mussten sie rennend die Laufplanke hinaufschieben.*« Trotz unmenschlicher Arbeitsbedingungen strich die »*SS*« mehrfach die Brotzulagen und die ohnedies kalorienarme Suppe wurde ohne Fleisch und Fett gekocht. Als Folge davon starben Häftlinge vor Hunger oder Erschöpfung. Der »Einfallsreichtum« der »*SS*« für Schikanen war groß, besonders das Wasserholen war gefürchtet. Nicht selten wurden dabei KZ-Insassen getötet – »auf der Flucht erschossen«.[915] Von einem »*SS-Rottenführer*« wird berichtet, dass er sich auf diese Weise Sonderurlaub verschaffte und nach der Ermordung von zwei Häftlingen gut gelaunt erklärte:[916] »*Jetzt will mir heute schon der zweite auskneifen! Habt wohl den Koller gekriegt? Na, mir soll es recht sein. Zehn Tage Sonderurlaub hab ich schon … noch einer, den ich abknalle, dann habe ich gar fünfzehn Tage. Also, wen nehmen wir denn jetzt dran?*«

Ungeachtet der geringen Erfolgschancen fanden einige Fluchtversuche statt. So gelang es dem erwähnten Sepp Plieseis noch im Herbst 1943 zu fliehen. Trotz groß angelegter Suchaktionen »nach einem schweren Gewaltverbrecher« wurde er nie gefasst. Im Gegenteil, Plieseis wurde zur Zentralfigur beim Aufbau einer Widerstandsgruppe im

912 Wintersteller, KZ Dachau (wie Anm. 518), S. 5.
913 Ebd., S. 7–8.
914 Ebd., S. 8.
915 Christa Mitterrutzner, NS-Terror. In: DÖW (Hrsg.), Widerstand und Verfolgung in Salzburg 1934–1945. Eine Dokumentation, Bd. 2. Wien 1992, S. 522–572, S. 556–557.
916 Wintersteller, KZ Dachau (wie Anm. 518), S. 10.

Salzkammergut.[917] Am 29. Dezember 1944 glückte eine weitere Flucht, nämlich jene von Leo Jansa und Alfred Hammerl.[918]

Die Situation in den letzten Kriegswochen hatte zur Folge, dass die KZ-Häftlinge zu keinen planmäßigen Arbeitseinsätzen mehr herangezogen wurden und somit dauernd unter Bewachung im Lager verbleiben mussten. Es bestand die berechtigte Angst, dass die *SS*-Wachen die Häftlinge als unliebsame Zeugen beseitigen wollten. Eine besondere Rolle kam in dieser Phase Agnes Primocic zu, der es gelang, den Lagerführer davon zu überzeugen, die KZ-Häftlinge noch vor dem Eintreffen der US-Truppen freizulassen und somit weiteres Blutvergießen zu verhindern.[919] Am 5. Mai 1945 trafen schließlich die ersten amerikanischen Soldaten in Hallein ein und besetzten das Lagergelände.[920]

Weißsee

Das weitaus größte KZ-Nebenlager von Dachau im »*Reichsgau Salzburg*« war jenes am Weißsee/Stubachtal, Gemeinde Uttendorf. Bemerkenswert ist, dass es sich auch hier, ähnlich wie in Hallein, um ein Lager handelt, das ursprünglich nicht als KZ diente.

Das Stubachtal war bereits in der Zwischenkriegszeit im Besitz der »Österreichischen Bundesbahnen« die dort ein Wasserkraftwerk für die Elektrifizierung der Bahnstrecken errichtete. Die »ÖBB« und damit deren Baustellen wurden nach dem »*Anschluß*« in die »*Deutsche Reichsbahn*« integriert. Die Arbeiten im Tal wurden ohne Unterbrechung fortgeführt, wobei es für öffentliche Bauträger, wie die »*Deutsche Reichsbahn*«, auch damals durchaus üblich war, private Firmen für die konkrete Abwicklung der Bauvorhaben zu engagieren. Die damit beauftragte »*Arbeitsgemeinschaft Stubachwerke*« bestand aus mehreren Einzelfirmen, wobei die »*Universale – Hoch- Tiefbauaktiengesellschaft*« federführend beteiligt war und das Gesamtprojekt leitete.

Schon 1938/39 gab es auf den Baustellen der Kraftwerke im Stubachtal einen sehr hohen Ausländeranteil, wobei es sich vor Kriegsbeginn naturgemäß nicht um Zwangsarbeiter handelte. Die zahlenmäßig größte Gruppe stammte aus Italien. Rund 29 % der

---

917 Eine genaue Beschreibung des Aufenthalts im Lager Hallein und der dort herrschenden Verhältnisse, der Flucht und des bewaffneten Widerstandes im Salzkammergut enthalten seine Lebenserinnerungen; vgl.: Julius Mader (Hrsg.), Sepp Plieseis, Partisan der Berge. Lebenskampf eines österreichischen Arbeiters. Wien 1971.

918 Distel, KZ-Kommandos (wie Anm. 890), S. 61–62.

919 Wie in vielen anderen ähnlich gelagerten Fällen kam es erst sehr spät zu gerichtlichen Schritten gegen das das ehemalige Wachpersonal. Erst dreißig Jahre später, nämlich in den Ermittlungsverfahren von 1974/75, wurden Erschießungen im Lager Hallein, die von ehemaligen Lagerinsassen beobachtet worden waren, untersucht. Da die Zeugen keine genauen Angaben über die Person des dafür verantwortlichen Aufsehers machen konnten, wurde das Verfahren bereits 1976 wieder eingestellt; vgl.: Wintersteller, KZ Dachau (wie Anm. 518), S. 14–15.

920 Ebd.

Arbeitskräfte waren in den ersten Kriegsjahren bis 1941 Ausländer, unter denen die Italiener mit knapp 13 % die größte Gruppe darstellten, aber auch Arbeiter aus Osteuropa, wie etwa Jugoslawen, Slowaken, Tschechen etc., wurden beschäftigt.[921] Viele wurden später in den Status von Zwangsarbeitern übernommen. Ab Kriegsbeginn kamen in zunehmendem Ausmaß Kriegsgefangene in die Region. So führt der Lagebericht des »Landrates Zell am See« vom 2. Februar 1940 an, dass beim Bau der Stubachwerke neben 50 Slowaken auch 75 kriegsgefangene Polen beschäftigt waren.[922] Zur Unterbringung dieser Arbeiter, deren Anzahl sich je nach Saison und Baufortschritt häufig änderte, wurden im gesamten Stubachtal Barackenbauten errichtet.

Tabelle 22: Lager im Stubachtal (SLA, BH-Zell am See, HB-Akten 1943, 456-1-1943)

Lager	Seehöhe	Einsatzort	Baracken	Jahr
Enzingerboden	1.525 m	Kraftwerk	1	bis 1942
Fellern	976 m	Wasserlauf	1	1939–1945
Schneiderau	1.000 m	Kraftwerk	1	1939–1943
Tauernmoos	2.100 m	Wegarbeiten	3	1939–1945
Weißsee	2.300 m	Stollenbau	3	1939–1945
Wiesen	849 m	Wasserlauf	1	ab 1939
Wirtenbach	400 m	Kraftwerk	1	ab 1939

Am 22. März 1942 befanden sich 153 Angehörige fremder Nationen beim Bau der Stubachwerke im Einsatz, nämlich 85 Italiener, 30 Kroaten, 12 Ungarn, 18 Slowaken, 5 Tschechen und 3 Staatenlose. Schon vier Wochen später hatte sich diese Zahl um 45 Mann erhöht.[923]

Je nach Einsatzort waren die Lebensumstände der Arbeiter unterschiedlich schwer, wobei jene im Bereich der Rudolfshütte am Weißsee mit den größten Widrigkeiten zu kämpfen hatten. Vor allem die extremen Witterungsbedingungen im hochalpinen Gelände in 2.300 m Höhe wirkten sich negativ aus.

Unweit der (alten) Rudolfshütte war Platz für die Aufstellung von Baracken für etwa 350–400 Arbeiter. Bereits 1939 wurden dort mit der Errichtung einer Wohnbaracke die Bauarbeiten an diesem Lager begonnen.[924]

---

921 SGKK, Mitgliederverzeichnis der versicherten Arbeitnehmer der Arbeitsgemeinschaft Stubachwerke 1939 bis 1941/42.

922 DÖW (Hrsg.), Widerstand und Verfolgung in Salzburg 1934–1945. Eine Dokumentation, Bd. 2. Wien 1991, S. 494.

923 SLA, BH Zell am See, HB-Akten 1943, 456-10-1943.

924 SLA, RSTH V/2 168.

Abb. 37: Rudolfshütte, Winter 1939 (Foto: Privatbesitz Rainer Kühne, Reproduktion: SLA)[925]

Abb. 38: Rudolfshütte, Sommer 1941 (Foto: Privatbesitz Rainer Kühne, Reproduktion: SLA)

Parallel zu dieser Baracke wurde das Lager bei der Tauernmoossperre reaktiviert, das schon in den 20er Jahren für den Bau der Staumauer genutzt worden war. Bereits ab 1939 wurden hier Kriegsgefangene aus Polen und ab 1941 aus der UdSSR einquartiert. Zudem war es notwendig, die Staumauer vor eventuellen feindlichen Angriffen zu schützen. Für diesen Zweck wurden zwischen 1939 bis 1942 sechs Maschinengewehrnester errichtet, die bis zum Ende des Krieges besetzt blieben. Überdies hatte die »*Deutsche Reichsbahn*« dem Alpenverein versprochen, den Weg vom Tauernmoos zur Rudolfshütte auszubauen. Für diese Baumaßnahmen kamen ausschließlich Zwangsarbeiter zum Einsatz.

Diese Arbeiten erfolgten keineswegs in großer Abgeschiedenheit, aber unter starker Bewachung. Zeitzeugen berichteten von ausgemergelten Gestalten, die von Uniformierten ständig überwacht wurden.[926] Dennoch blieb die Region weiterhin Ziel für Wanderer und Bergsteiger. Manche, die an diesem Weg entlang kamen, nahmen wahrscheinlich kaum Notiz von den schwer arbeitenden Menschen.

---

925 An dieser Stelle sei Hrn. Dipl.-Ing. Rainer Kühne, dessen Vater als einer der Chefingenieure im Weißseegebiet tätig war, für die Zurverfügungstellung dieser und der nachfolgenden Fotografien gedankt.

926 Interview von N. Slupetzky mit Rudolf Winter, 2001.

Abb. 39: Höchstes »Arbeitslager« im III. Reich, 1942 (Foto: Privatbesitz Rainer Kühne, Reproduktion: SLA)

Der Winter 1941/42 war in den Alpen besonders streng, dennoch wurde trotz extremer Schneemassen –12 Meter an den hochalpinen Baustellen am Tauernmoos und am Weißsee – ohne größere Unterbrechungen weitergearbeitet, sodass im März 1942 der Durchbruch eines ersten Stollens mit großem propagandistischem Aufwand gefeiert werden konnte. Ungeachtet der ungünstigen Witterung wurde dafür von der Setzung des Sprengsatzes bis zum Durchbruch des Stollens jeder Arbeitsschritt gefilmt bzw. fotografiert.

Um den Fortgang des Baues zu beschleunigen, wurde im Herbst 1942 das Lager erweitert und eine Wohn- und Kanzleibaracke aufgestellt, der bis zum Frühjahr noch weitere Baracken folgten. Zu diesem Zweck transportierte man vom Tal (z. B. Enzingerboden) in Einzelteile zerlegte Baracken zum Weißsee, um sie oberhalb der Rudolfshütte wieder aufzubauen. Die bereits seit 1939 bestehende Wohnbaracke (vgl.: Abb. 39) wurde ebenfalls auf die andere Seite des Sees versetzt.[927] Im Frühjahr 1943 war damit Platz für rund 400 Arbeiter in insgesamt drei Unterkünften. Diese wurden mit einem massiven Stacheldraht umzäunt, um jegliche Fluchtversuche zu verhindern.

Bis 1943 waren im Stubachtal und am Weißsee hauptsächlich *»ausländische Zivilarbeiter«*, vor allem Ukrainer und Polen, aber auch russische Kriegsgefangene beschäftigt. Die geänderte Kriegslage verschärfte jedoch den Arbeitskräftemangel, sodass von nun an in

927 SLA, BH Zell am See, Bauakten 1942, 19.10.1942.

Abb. 40: Wegarbeiten zwischen Tauernmoos und Rudolfshütte, in der Bildmitte ein bewaffneter Wachposten mit umgehängtem Gewehr (Foto: Privatbesitz Rainer Kühne, Reproduktion: SLA)

erster Linie auf Häftlinge aus dem Konzentrationslager Dachau zurückgegriffen werden musste und Weißsee deshalb fortan als eigenes Nebenlager geführt wurde. Der Einsatz dieser Arbeitskräfte kam der »*Deutschen Reichsbahn*« und den Firmen der »Arbeitsgemeinschaft Stubachtal« überdies billiger, da sie diesen keinen Lohn zahlen und sie nicht versichern mussten. Die an das Konzentrationslager bzw. an die »*SS*« zu entrichtende Entschädigung für die Bereitstellung und Bewachung der Häftlinge war im Vergleich dazu viel geringer. Ab 1943 ging daher die Zahl der Versicherungen einzelner Arbeiter bei der »Salzburger Ortskrankenkasse« signifikant zurück, obwohl die Zahl der am Weißsee Arbeitenden anstieg.

Bei den aus dem KZ Dachau stammenden Arbeitern handelte es sich überwiegend um Franzosen und Belgier, aber auch um Polen und politische Häftlinge aus Österreich. Dem »*Arbeitskommando Weißsee*« unterstanden insgesamt 450 Arbeiter, die in den drei Baracken untergebracht waren. Bewacht wurden sie, abweichend von der sonst üblichen Praxis, sowohl von Mitgliedern der »*SS*« als auch von Wehrmachtsangehörigen.[928] Die

928 Als Lagerführer wurde ein ehemaliger Wehrmachtsangehöriger namens Bischof eingeteilt und als Chef der *SS*-Wachmannschaft ein Mann namens Maier, Bundesarchiv, Außenstelle Ludwigsburg, Akte AR 245/73.

Arbeiter wurden in Gruppen von 10 bis 15 Mann aufgeteilt und einem bewaffneten deutschen Vorarbeiter unterstellt, der auch dafür zuständig war, dass die Arbeiten zügig vorangingen.[929]

Die Arbeiten am Unternehmen »Stausee Weißsee« gingen zügig voran, und im September 1943 wurde sogar ein zusätzlicher Antrag zum Ausbau des Kalser und des Sonnblickstollens gestellt. Allerdings hatte sich die wirtschaftliche Lage im Reich dermaßen verschlechtert, dass anderen Projekten Vorrang gegeben wurde. Die Bauarbeiten am Kalser Stollen zwischen Tirol und Salzburg wurden bei einer Länge von 754 Metern eingestellt und erst 1947 abgeschlossen.[930] Diese Baueinstellung bedeutete jedoch nicht das Ende der Arbeiten für die Gefangenen, denn um genügend Material zum Ausbau und zur Stabilisierung der Stollengänge und zur Instandhaltung der bestehenden Wege zur Verfügung zu haben, wurde ein Steinbruch eingerichtet, in dem ausschließlich KZ-Insassen, Ukrainer, Polen, Russen, Franzosen, Griechen, Tschechen, Jugoslawen und Belgier, aber auch Deutsche und Österreicher Schwerstarbeit verrichten mussten. In 2.300 m Höhe Steine zu schleppen bedeutete für diese entkräfteten und unzureichend ausgerüsteten Häftlinge neben den Schikanen der Wachmannschaften eine zusätzliche physische Belastung. Zudem verfügten die wenigsten von ihnen über Erfahrung im Stollen- oder Kraftwerksbau und waren auch nicht an die Arbeit im Hochgebirge gewöhnt. Temperaturen unter null sind hier selbst im Sommer keine Seltenheit, und die Luft ist in dieser Höhe auch schon spürbar sauerstoffärmer und erschwert somit jede körperliche Anstrengung.

Abb. 41: Das Nebenlager Weißsee (Die Fotografie stammt aus der Nachkriegszeit, zeigt jedoch nach Aussage des Zeitzeugen Josef Kreuzer, der 1946 bereits für die ÖBB am Weißsee zu arbeiten begann, auch den Bauzustand während des Krieges, mit Ausnahme des bereits demontierten Stacheldrahtes; Foto: Privatbesitz Heinz Slupetzky, Reproduktion: SLA)

929 Interview von N. Slupetzky, Jänner 2000, mit Hermann Theunis, Vorarbeiter während der gesamten Bauphase.

930 Auszug aus dem technischen Bericht des Elektrifizierungsamtes Salzburg, Juni 1947.

Die Tortur begann für KZ-Häftlinge aus Dachau nicht erst mit der Ankunft im Lager Weißsee, sondern schon die Bedingungen während des Transports waren menschenverachtend. Mit Viehwaggons wurden die Gefangenen nach Uttendorf verfrachtet, wo sie halb verhungert und verdurstet ankamen. Ungeachtet ihres körperlichen Zustandes wurden sie von dort unverzüglich zur Rudolfshütte weitertransportiert. Von Uttendorf folgte eine 17 km lange Anfahrt zum Enzingerboden, von wo man die Häftlinge entweder mit der Materialseilbahn zum Weißsee brachte oder sie noch einem dreistündigen Fußmarsch aussetzte. Ihre Ausrüstung und Kleidung unterschied sich nur kaum von jener ihrer Schicksalsgenossen in Dachau, war für das Hochgebirge völlig unzureichend und hatte oftmals schwere Erfrierungen zur Folge.[931] Dünne Strafgefangenenkleidung aus Leinen oder Baumwolle und dünne Lederschuhe oder Holzschuhe waren auch für die Arbeiter am Weißsee üblich. Die Holzschuhe waren für die Arbeit im Hochgebirge absolut ungeeignet, weshalb die »*Deutsche Reichsbahn*« den Arbeitern schwere Lederschuhe zur Verfügung stellte. Zusätzlich bekamen manche noch Fausthandschuhe, Pullover und Mantel.[932] Politischen Häftlingen aus Österreich wurde selbst Mantel oder Pullover nicht gestattet. Als »Kälteschutz« durften so genannte »Politische« ein Stück Zeitungspapier verwenden, wobei selbst das genauestens kontrolliert wurde.[933] Die für alle Häftlinge angesichts der klimatischen Bedingungen unzureichende Kleidung der KZ-Insassen war mit so genannten »Fluchtpunkten« aus rotem Stoff gezeichnet, die an besonders markanten Körperteilen angebracht wurden, wie Brust und Rücken. Damit waren die Flüchtigen gut sichtbar und ein leichteres Schussziel.[934] Die drei in unmittelbarer Nachbarschaft stehenden Baracken waren mit Stacheldraht umzäunt, um jegliche Flucht zu verhindern. Diese Unterkünfte bestand aus zwei großen Schlafräumen mit dreistöckigen Betten, die mit Strohsäcken ausgestattet waren. Die kleinen Öfen in der Raummitte spendeten nur wenig Wärme und konnten die im Winter zudem noch häufig schneenasse Kleidung nicht genügend trocknen. Der Umstand, dass bei der Belegung der Schlafräume keine Rücksicht auf Nationalität oder Sprachkenntnisse genommen wurde, wirkte sich zudem negativ aus.

Manchmal kam es auch vor, dass einige Häftlinge tageweise an Baustellen im Tal eingesetzt wurden. Morgens wurden diese Arbeiter mit der Materialseilbahn ins Tal gebracht und abends wieder zurück. Vier Häftlinge und zwei *SS*-Männer als Bewachung waren jeweils für ein derartiges Kommando vorgesehen. Häufig fiel die Seilbahn aus, was bedeutete, dass die Arbeiter einen mühsamen Fußmarsch in Kauf nehmen mussten und erst mitten in der Nacht wieder in ihren Baracken eintrafen. Ungeachtet dessen war auch

931 Diese Tatsache fiel sogar einer jungen Tourengeherin auf, die sich im Mai 1943 auf der Rudolfshütte für einige Tage aufgehalten hatte; vgl.: Fragebogen von Juliane Müller an Elfriede Grundböck, 18.5.1992. Frau Müller sei an dieser Stelle für den zur Verfügung gestellten Fragebogen gedankt.

932 Martin Wolff, 12 Jahre Nacht – Stationen eines Lebensweges. o. O., o. J., S. 65–66.

933 Heinrich Fritz, Stationen meines Lebens. Wien 1990, S. 144.

934 Ebd.

für sie um 5 Uhr morgens wieder Tagwache. »*Bis 4 Uhr früh mühten wir uns den Berg hinauf. Total erschöpft, halb erfroren, naß, fielen wir auf unsere Strohsäcke. Als es Tag wurde, jagte man uns wieder hinaus auf den Appellplatz, zur Arbeit, zum Steineschleppen …*«[935] Es kam aber auch vor, dass die Materialseilbahn, die eigentlich nicht für den Personenverkehr vorgesehen war, mitsamt den Insassen stecken blieb und diese mittels Seilbergung aus ihrer Notlage befreit werden mussten.[936]

Am härtesten waren die Arbeitsbedingungen zweifellos im Steinbruch, wo riesige Felsbrocken bewegt und zerkleinert werden mussten – schon unter normalen Verhältnissen Schwerstarbeit:[937] »*Im Steinbruch ist die Hölle los. Ausgehungert, bei großer Kälte in Eis und Schnee, brechen viele Häftlinge vor Ermattung zusammen. Jeden Tag haben wir mehrere Tote, denn wer kraftlos zusammenbricht, bleibt liegen und erfriert. Andere, die seelisch diese Marter nicht ertragen können, fliehen von der Arbeitsstelle. Da die Bewachung im Gebirge nicht so streng ist, kann man verhältnismäßig leicht fliehen. Jedoch hat man keine Chance, durch Eis und Schnee in diesem Gebirge einen Weg in die Freiheit zu finden. Die Fliehenden werden wahrscheinlich ausnahmslos in der Eiswüste umkommen, das ist mir klar.*«

Auf Grund der exponierten Lage konnte eine verschärfte Bewachung an den Arbeitsstätten unterbleiben, da auch den Bewachern die Aussichtlosigkeit etwaiger Fluchtversuche klar war. Das Lager war von rund 3.000 m hohen vergletscherten Bergen umgeben. Die Chancen auf eine erfolgreiche Flucht waren unter diesen Umständen äußerst gering, zumal die einzige Möglichkeit darin bestand, in Richtung Tal zu flüchten. Dennoch wagten manche, vielleicht aus Verzweiflung, die Flucht. Eines Morgens im Sommer 1944 herrschte größte Aufregung, denn über Nacht waren sechs Franzosen geflüchtet.[938] Es dauerte allerdings nicht lange, bis fünf von ihnen wieder zurückkamen. Bereits am Abend desselben Tages kehrten die Flüchtigen »*freiwillig*« wieder in das Lager zurück. Nur einer wurde nicht mehr aufgefunden. Die anderen mussten die schmerzliche Erfahrung machen, dass es hier oben kaum eine Chance auf Flucht gab. Vom Lagerführer wurde derartiges Verhalten nicht geduldet, die Zurückgekehrten wurden geprügelt. Mit Händen und Füßen und dem Ochsenschwanzriemen wurde auf ihren ganzen Körper eingeschlagen. Als wäre das nicht Strafe genug, mussten sie splitternackt im Freien bleiben. Zwei Tage dauerte die Strafe und endete mit zahlreichen Erfrierungen, Platzwunden, Blutergüssen, sodass Gesicht und Körper verschwollen waren, die kahl rasierten Köpfe rot vom Sonnenbrand. Ihre abgemagerten Körper wurden dadurch noch weiter geschwächt.[939]

---

935 Fritz, Stationen meines Lebens (wie Anm. 933), S. 144.

936 Wolff, 12 Jahre Nacht (wie Anm. 932), S. 67 und Interview Theunis.

937 Ebd., S. 66–67.

938 Die Datierung konnte auf Grund der chronologisch geordneten Erinnerungen des Häftlings Max Drouin erschlossen werden, vgl.: Max Drouin, Forcené de l'espoir. Aigues-Vives 1998, S. 116–118; von der Flucht der Franzosen erzählte auch Hermann Theunis, Jänner 2000.

939 Drouin, Forcené de l'espoir (wie Anm. 938), S. 116–118.

Es bedurfte aber keiner Flucht, um die aggressive Vorgehensweise manchen Aufsehers kennen zu lernen. Auch im Steinbruch gingen die Bewacher mit ihren Arbeitern nicht zimperlich um. Viele brachen unter der Last der Arbeit zusammen, was wiederum eine Bestrafung zur Folge hatte. Jeder Widerstand war zwecklos. Martin Wolff berichtet,[940] er habe im Herbst 1944 versucht, dem *SS*-Bewacher zu erklären, dass er den Felsblock nicht alleine bewältigen könne. Die Reaktion des *SS*-Mannes war überaus brutal, denn dieser zog sein Bajonett und stach Wolff in die rechte Brust und verletzte ihn schwer. Dem Lagerführer erzählte der *SS*-Mann, dass Wolff ihn angegriffen habe. Eine Gegendarstellung war sinnlos, denn einem Gefangenen wurde ohnehin nicht geglaubt. Nach kurzer Behandlung der Stichwunde musste der Häftling Wolff wieder an die Arbeit, die ihm nun noch schwerer fiel. Wenige Tage später brach er im Steinbruch zusammen. Der Lagerarzt verordnet einige Tage Bettruhe. Wolff hatte »Glück«, er musste nicht mehr in den Steinbruch zurückkehren, da sein Kommando aufgelöst und wieder zurück ins KZ Dachau gesandt wurde.

Viele der Häftlinge blieben hier nur wenige Wochen, dann wurde wieder »Ersatz« von Dachau angefordert, um die von der Arbeit Erschöpften zu ersetzen. Wie viele KZ-Häftlinge im Lager Weißsee den Tod fanden oder im Konzentrationslager an den Folgen der Arbeitsbedingungen starben, ist bis heute unbekannt, ebenso wenig, ob es in diesem Außenlager zu Ermordungen geschwächter Häftlinge kam.

Der sich in der letzten Kriegsphase abzeichnende Zusammenbruch Deutschlands führte dazu, dass die Nahrungsmittelrationen für die KZ-Häftlinge derart gekürzt wurden, dass die Verantwortlichen bei der *»Deutschen Reichsbahn«* dagegen bei den Verantwortlichen im KZ Dachau erfolgreich protestierten, da sie das völlige Erliegen der Bautätigkeit befürchteten.[941]

Das gemeinsame Schicksal hatte auch im Lager Weißsee keine grundlegende Solidarisierung der KZ-Häftlinge zur Folge. Vor allem zwischen den verschiedenen Nationalitäten war der Zusammenhalt sehr gering. Wie in vielen anderen Lagern gab es auch hier Lagerinsassen, die als Handlanger für die *»SS«* arbeiteten und ihre Mitgefangenen bespitzelten und denunzierten. Ähnlich den *»Kapos«* in den großen Konzentrationslagern wurden »Lagerälteste« bestimmt und mit Ochsenziemern ausgerüstet. Vielleicht glaubten sie durch die Kollaboration mit den Aufsehern, ihre Freiheit erkaufen zu können, was aber am Weißsee nie gelang, denn auch sie wurden schließlich wieder nach Dachau gebracht.

Am 8. Mai 1945 um 13:45 Uhr zogen in der Gemeinde Uttendorf die ersten amerikanischen Truppen ein. Gleichzeitig versuchten die anwesenden *SS*-Truppen zu fliehen und sich ins Gebirge zurückzuziehen. Die in den Lagern im Stubachtal befindlichen Häft-

---

940 Wolff, 12 Jahre Nacht (wie Anm. 932), S. 67–68.

941 Interview N. Slupetzky mit Louis Wurnitsch, August 2000.

linge wurden umgehend von den Amerikanern befreit, verpflegt und ihre Repatriierung vorbereitet.[942]

Erst Mitte der 60er Jahre wurden gerichtliche Vorerhebungen aufgenommen, ob am Weißsee Tötungsdelikte oder andere Verbrechen begangen worden waren. Acht (!) Zeugen wurden daraufhin zu ihrem Aufenthalt am Weißsee befragt, die jedoch persönlich keine Tötungsdelikte gesehen hatten. Daraufhin wurden die Erhebungen beendet, denn die meisten bekannten Delikte, in der Hauptsache Körperverletzung, waren bereits verjährt – eine juristische Aufarbeitung unterblieb damit.[943]

Heute ist das Alpinzentrum Rudolfshütte das größte alpine Ausbildungszentrum Österreichs. In der Umgebung erinnert nichts mehr an diese tragischen Jahre 1938 bis 1945. Nur noch Fundamente der ehemaligen Baracken sind zu erkennen. Wenige verbinden die Fundamente mit der NS-Zeit – die meisten sehen darin Zeugnisse des wirtschaftlichen Aufstiegs der Region und der Wasserkraftnutzung in der Nachkriegszeit.

c) Das Schloss Mittersill – Forschungsinstitut und KZ-Nebenlager

Das KZ-Nebenlager, das ab Frühjahr 1944 im Schloss Mittersill untergebracht war, stellt eine Ausnahme dar, da es einerseits als einziges im damaligen »*Reichsgau Salzburg*« nicht dem Konzentrationslager Dachau unterstand, andererseits die wichtigsten Restaurierungsmaßnahmen im Herbst 1943 durch Strafgefangene im Arbeitseinsatz durchgeführt wurden.

Die Burg, deren Geschichte bis ins 12. Jahrhundert zurückreicht, erfuhr im Laufe der Jahrhunderte große bauliche Veränderungen, wobei im späten 19. und frühen 20. Jahrhundert die Anlage ihr endgültiges Aussehen bekam. Das Innere wurde unter dem aus München stammenden Maler Hugo von Grundherr zu Altenthann, dem ab 1919 das Gebäude gehörte, im neoromanischen Stil umgestaltet.[944] Auf Grund wirtschaftlicher Schwierigkeiten wurde das Schloss zur Versteigerung ausgeschrieben, und bei der am 14. Oktober 1929 abgehaltenen Versteigerung kaufte Auguste Lammer bzw. die Lammer-Bank diese Liegenschaft.[945]

Mitte der 30er Jahre übernahm der 1934 von Baron Hubert Pantz, Prinz Lobkowitz und Graf Czernin gegründete »Sport- and Shooting-Club« den Baukomplex samt Nebengebäuden und angrenzenden Grundstücken und adaptierte ihn zu einer luxuriösen

942 Gendarmeriechronik Uttendorf, Eintragung vom 8. Mai 1945.

943 Bundesarchiv, Außenstelle Ludwigsburg, Akte AR 245/73, Schlussvermerk.

944 Gerbert Lauth, Millionäre und Könige auf Schloß Mittersill. In: Marktgemeinde Mittersill (Hrsg.), Mittersill in Geschichte und Gegenwart. Mittersill 1985, S. 370–378, S. 370 f.

945 Martin Gschwandtner, Die Macht des Geldes. Die Krisen-Republik und die Geschichte von Auguste Lammer und ihrer kleinen Regionalbank 1920–1937. Diplomarbeit a. d. Univ. Salzburg 2003, S. 77.

Ferienresidenz für zahlungskräftige, zumeist ausländische Gäste. Infolge des Konkurses der Lammer-Bank ging das Schloss in den Besitz der »Societé Immobiliere Mittersill AG« mit Sitz in Vaduz in Lichtenstein über, die am 16. September 1936 die Eigentumsrechte erwarb.[946]

Nach dem »Anschluss« im März 1938 verließen die letzten ausländischen Gäste Mittersill und die »*SA*« besetzte vorübergehend das Schloss, doch sollte der Hotelbetrieb wieder aufgenommen werden. Für Herbst 1938 plante sogar der in Frankreich lebende Herzog von Windsor mit seiner Frau einen längeren Aufenthalt in der komfortablen Anlage. Alle diese Vorhaben wurden jedoch bald obsolet, denn am 29. Juli 1938 vernichtete ein durch einen Blitzschlag ausgelöster Brand große Teile des Schlosses und machte es unbewohnbar.[947]

Nach einigen provisorischen Reparaturen verhinderte der Kriegsausbruch vorerst weitere Baumaßnahmen, und angestrebte Nutzungsmöglichkeiten konnten nicht realisiert werden. So erwog man beispielsweise noch im Sommer 1939, im Schloss eine »*Nationalpolitische Erziehungsanstalt für Mädchen*« unterzubringen.[948]

Im November 1942 wandte sich schließlich Dr. Ernst Schäfer, zukünftiger Leiter der in München geplanten »*Forschungsstelle für Innerasien und Expeditionen*«, einer Teilorganisation der *SS*-Forschungseinrichtung »*Ahnenerbe*«, in einem Schreiben betreffend Schloss Mittersill an den Salzburger Gaukämmerer Dr. Robert Lippert. In diesem Schriftstück berichtete er, dass er die Angelegenheit bereits dem »*Reichsführer SS*« vorgelegt habe und dass sich dieser »*ebenfalls sehr freuen würde, wenn der Herr Gauleiter sich dazu entschließen könnte, unserer Arbeitsgemeinschaft und unserem demnächst zu gründenden Reichsinstitut für Asienforschung Mittersill als ökologische Außenstation zur Verfügung zu stellen*«.[949]

Die am 1. Juli 1935 auf Initiative von Heinrich Himmler als »*Studiengesellschaft für Geistesurgeschichte ›Deutsches Ahnenerbe‹*« gegründete Organisation sollte sich vornehmlich der Erforschung der germanischen Urgeschichte unter dem Gesichtspunkt der damaligen Rassenideologie widmen.[950] Neben geisteswissenschaftlichen Studien beschäftigte sich dieser Verein vor allem nach Kriegsausbruch in verstärktem Maße mit naturwissenschaftlichen und medizinischen Forschungsprojekten, bei denen es bei höhen- und luftfahrtmedizinischen Untersuchungen zu grausamen, zumeist tödlich verlaufen-

946 Gschwandtner, Macht des Geldes (wie Anm. 945), S. 91.

947 Gedächtnisvermerk von Dr. Michael Weinhart betreffend das Schloss Mittersill vom 15.10.1941; SLA, RSTH LV 134/1944.

948 Entwurf eines Schreibens (Salzburg, ohne Datum) betreffend Übersiedlung der »Nationalpolitischen Erziehungsanstalt f. Mädchen in den Gau Salzburg«; SLA, RSTH LV 133.

949 Schreiben »Das Ahnenerbe, Forschungsstätte für Innerasien und Expeditionen« (München, 3.11.1942) an Gaukämmerer Dr. Lippert; SLA, RSTH LV 135/1.

950 Zur Geschichte des »Ahnenerbes« vgl.: Michael H. Kater, Das »Ahnenerbe« der SS. Ein Beitrag zur Kulturpolitik des Dritten Reiches. In: Studien zur Zeitgeschichte 6, München 1997.

Abb. 42: Schloss Mittersill im Sommer 1941 (SLA, Fotosammlung, Foto: Richard Schlegel)

den Experimenten an KZ-Häftlingen kam.[951] Die wissenschaftliche Ausbeute dieser unmenschlichen Versuche blieb freilich äußert gering.

Das »*Sven-Hedin-Institut für Innerasien und Expeditionen*«, benannt nach dem gleichnamigen, damals äußerst populären schwedischen Tibetforscher, wurde am 16. Jänner 1943 anlässlich der 470-Jahr-Feier der Universität München feierlich eröffnet. Dr. Ernst Schäfer, der 1938/39 selbst eine *SS*-Expedition nach Tibet anführte, wurde Leiter dieser Einrichtung, die als »*Reichsinstitut*« einen besonders prominenten Rang innerhalb des »*Ahnenerbes*« einnahm und schließlich zur größten Teilorganisation aufstieg. Im Zusammenhang mit der Gründung dieses Instituts und den damals bereits bestehenden engen Verbindungen in den damaligen Reichsgau Salzburg steht die »Tibetschau«, die Anfang Februar 1943 von Dr. Schäfer im »Haus der Natur« eröffnet wurde. In dieser Ausstellung sollten Exponate der »*SS-Expedition Schäfer*« erstmals der Öffentlichkeit gezeigt werden.[952] Das »Haus der Natur« war nicht nur Museum, sondern auch »*die Lehr- und Forschungsstätte für darstellende und angewandte Naturkunde der Forschungs- und Lehrgemeinschaft ›Ahnenerbe‹*«.[953]

951 Alleine im Monat Mai 1942 starben im KZ Dachau bei Unterdruckversuchen zwischen 150 und 200 Häftlinge; vgl.: Kater, »Ahnenerbe« (wie Anm. 950), S. 234.

952 Ebd., S. 213.

953 Salzburger Amtskalender für das Jahr 1942 mit dem Erwerbsverzeichnis von Stadt und Gau, S. 101.

Schloss Mittersill sollte, wie erwähnt, eine »*ökologisch-biologische Außenstation*«, aber auch ein »*Schulungslager für zukünftige Expeditionen*« in Ostasien beherbergen.[954] Im Mai 1943 wurde dem Gauleiter von Salzburg mitgeteilt, dass Heinrich Himmler beschlossen hatte, »*Schloß Mittersill mit sämtlichen dazu gehörigen Liegenschaften der Waffen-SS zur Benützung zuzuweisen*«. Ein »*SS-Sonderkommando ›K‹*« unter der Leitung von SS-Sturmbannführer Dr. Ernst Schäfer war bereits zuvor gegründet und mit »*besonders kriegswichtigen und geheimen Aufgaben*« betraut worden.[955] Da die »Societé Immobiliere Mittersill AG« weiterhin Besitzerin der Liegenschaft blieb, mietete der Reichsgau Salzburg das Schloss mit Vertrag vom 8. Oktober 1943, rückwirkend per 1. Juli 1943. Mittels eines Untermietvertrages wurde das Gebäude und die dazugehörigen Liegenschaften dann dem »*Sven-Hedin-Institut*« überlassen.[956] Die Übersiedlung des Instituts von München nach Mittersill erfolgte auf Grund der immer größer werdenden Gefahr, die sowohl den Mitarbeitern, als auch der umfangreichen Sammlung von Exponaten aus Tibet durch alliierte Luftangriffe drohte.[957]

Voraussetzung für die Nutzung des Schlosses waren jedoch grundlegende Reparaturarbeiten, um die Schäden vom Brand des Jahres 1938 endgültig zu beseitigen. Die größten baulichen Mängel bestanden im Bereich des Daches, der Fenster und vor allem bei den Wasserleitungungen und der Heizanlage. Neben lokalen Handwerkern kamen vom 23. August bis 22. Dezember 1943 rund 30 Häftlinge aus der Strafanstalt Bernau am Chiemsee zum Einsatz.[958] Bei einem Treffen der für die Ausführung der Bauarbeiten Verantwortlichen, das am 9. August 1943 in Beisein von Dr. Schäfer, Vertretern der Gauverwaltung, der »*SS*« und örtlicher Handwerksbetriebe in Mittersill stattfand, wurde bezüglich des Häftlingseinsatzes vereinbart: »*Für die Unterbringung, Verpflegung und Bewachung der Strafgefangenen in Schloß Mittersill ist das SS Sonderkommando K verantwortlich. Ein geeigneter Gefangenenkoch wird von Bernau mitgestellt. Die Wachmannschaft stellt das Sonderkommando K. Zur Sicherung gibt das SS Sonderkommando K einen Wachmann an die Strafanstalt Bernau ab, dafür wird eine Aufsichtskraft von Bernau nach Mittersill abgestellt.*«[959] Insgesamt leisteten die Häftlinge in rund vier Monaten 4.760 Arbeitsstunden, hauptsächlich als Hilfskräfte bei Aushubarbeiten. Als Bauträger stellte der Reichsgau Salzburg dafür dem »*Sven-Hedin-Institut*« 2.285 RM in Rechnung.[960]

---

954 Schreiben (wahrscheinlich München, 3.11.1942) an den Gauleiter und Reichsstatthalter SS-Brigadeführer Dr. Scheel; SLA, RSTH LV 135/1.

955 SS-Sonderkommando »K« (Salzburg, 14.5.1943) an den Gauleiter und Reichsstatthalter Dr. Gustav Adolf Scheel betreffend Schloss Mittersill; SLA, RSTH LV 134.

956 Mietvertrag (Salzburg, 8.10.1943); Ebd.

957 SS-Sonderkommando »K« (wie Anm. 955).

958 Baubeschreibung (undatiert) betrifft Ausbau von Schloss Mittersill; SLA, RSTH LV 135/1.

959 Niederschrift (Mittersill, 9.8.1943) über den »behelfsmäßigen Ausbau des Schlosses Mittersill …«; SLA, RSTH LV 136.

960 Von Häftlingen aus Bernau 1943 geleistete Arbeitsstunden: August: 246, September: 933, Oktober: 1.245,

Im Frühling 1944 erhielt das Sven-Hedin-Institut neue Arbeitskräfte zugeführt, denn am 24. März 1944 trafen 15 weibliche KZ-Häftlinge mitsamt einer knapp 52-jährigen *SS*-Aufseherin aus dem Konzentrationslager Ravensbrück im Schloss ein.[961] Ein 13 Mann umfassendes *SS*-Kommando wurde zur Bewachung der Frauen abgestellt. Die Wachmannschaften quartierten sich mit Ausnahme des sie befehligenden »*SS-Hauptsturmführers*«, der in einem Gasthof im Ort wohnte, ebenfalls auf Schloss Mittersill ein.[962] Zuständig war für die Häftlinge und die Wachmannschaften weiterhin das KZ-Ravensbrück, dem auch alle besonderen Vorkommnisse sowie Unglücksfälle und auftretende Krankheiten zu melden waren.

Bei den Frauen handelte es sich um Angehörige der christlichen Sekte der »*Zeugen Jehovas*«, von den Nationalsozialisten »*Bibelforscher*« genannt. Bemerkenswert ist, dass der Altersdurchschnitt der KZ-Häftlinge in Mittersill mit über 45 Jahren relativ hoch war.[963] Die Häftlinge, die vornehmlich zu Reinigungsarbeiten und anderen Tätigkeiten im Haushalt eingesetzt wurden, dürften im Schloss selbst untergebracht worden sein.[964]

Kurze Zeit nach ihrem Eintreffen in Mittersill wurden neun Frauen und die *SS*-Aufseherin sowie drei *SS*-Männer unter dem Kommando eines »*SS-Untersturmführers*« ins Schloss Lannach weitertransportiert.[965] In diesem steirischen Schloss im Bezirk Deutschlandsberg, unterhielt das »Sven-Hedin-Institut« seit 1. November 1943 eine ihm direkt unterstehende Außenstelle, die sich unter der Leitung von Dr. Heinz Brücher der Auswertung der anlässlich der Tibet-Expedition mitgenommenen Pflanzenproben widmete. Ziel der Forschungen, die bis Jänner 1945 mit geringem Erfolg vorangetrieben wurden, war die Züchtung gegen die Einflüsse der Witterung besonders unempfindlicher Getreidesorten sowie einer neuen Speiseöl-Pflanze.[966] Auch in Lannach, wo die Frauen wie in Mittersill hauptsächlich im Haushalt arbeiten mussten, war der Altersdurchschnitt mit knapp 42 Jahren recht hoch. Die älteste der in dieser Aufstellung vom 24. März 1944 für

---

November: 1.116, Dezember: 1.220; vgl.: Rechnung (Salzburg, 25.3.1944) für das Sven-Hedin-Institut in Schloss Mittersill betr. Rückersatz der bauseits bezahlten Löhne für im Auftrag des Instituts geleistete Hilfsarbeiter-Sträflingsstunden; SLA, RSTH LV 135/1.

961 Aufstellung der am 24. März 1944 in Schloss Mittersill eingetroffenen 15 Bibelforscherinnen; AMM K/04e/03. Bei den das Nebenlager Mittersill betreffenden Schriftstücken handelt es sich um Archivalien verschiedenster Herkunft. Der jeweilige Quellenverweis im vorliegenden Fußnotenapparat nimmt darauf jedoch nicht Rücksicht, sondern zitiert nur die jeweilige Signatur der im Archiv der KZ-Gedenkstätte Mauthausen aufbewahrten Mikrofilmaufnahme.

962 Aufstellung der in Anspruch genommenen Quartiere (Mittersill, 26.9.1944); AMM K/04e/05.

963 Die älteste Inhaftierte war Jahrgang 1890; vgl.: Archiv der KZ-Gedenkstätte Mauthausen, AMM K/04e/03;

964 In den 90er Jahren wurden bei Renovierungsarbeiten im Schloss hinter einer Deckenverkleidung drei Passfotos einer Frau gefunden, die eine der KZ-Häftlinge gewesen sein könnte; vgl.: Andreas Baumgartner, Die vergessenen Frauen von Mauthausen. Die weiblichen Häftlinge des Konzentrationslagers Mauthausen und ihre Geschichte. Wien 1997, S. 136.

965 Archiv der KZ-Gedenkstätte Mauthausen, AMM K/04e/03 und AMM K/04e/05.

966 Kater, »Ahnenerbe« (wie Anm. 950), S. 216.

den Weitertransport in diese Außenstelle erwähnten Frauen war zu diesem Zeitpunkt bereits fast 59 Jahre alt.[967] Der Häftlingsstand in Mittersill und Lannach blieb mit insgesamt 15 weiterhin gleich und dürfte sich bis Kriegsende nicht mehr erhöht haben.[968]

Am 15. September 1944 wurden die KZ-Häftlinge, die für das »Sven-Hedin-Insitut« arbeiten mussten, in den Stand des KZ Mauthausen, genauer des »*Frauen-Konzentrationslagers Mauthausen*« (abgekürzt: *F-KLM*), übernommen, das von diesem Zeitpunkt an für sie zuständig war.[969] Der Häftlingsstand in Mittersill und Lannach blieb auch nach der Neuregelung der Zugehörigkeit dieses Nebenlagers mit insgesamt 15 weiterhin konstant und änderte sich bis zum Ende des Krieges nicht mehr.[970]

Zumindest im Frühjahr 1944 waren neben den sechs KZ-Häftlingen auch noch zwei Strafgefangene aus Bernau sowie zwei Ukrainerinnen auf Schloss Mittersill untergebracht.[971] Die Ukrainerinnen, wahrscheinlich Zwangsarbeiterinnen, wohnten im ersten Obergeschoß, im so genannten »*Ukrainerzimmer*«.[972]

Die relativ große Entfernung und das weitgehende Zusammenbrechen der Verkehrsverbindungen verhinderten im Frühjahr 1945 eine Rückführung der Häftlinge von Schloss Mittersill, aber auch aus Lannach in das Stammlager Mauthausen. Die vergleichsweise geringe Häftlingszahl dürfte ebenfalls dazu beigetragen haben, dieses doch recht aufwändige Unterfangen nicht durchzuführen. Obwohl gegen Kriegsende noch wichtige Befehlsstellen und auch größere Truppeneinheiten in den Pinzgau verlegt wurden, wie beispielsweise das »*Oberkommando der Wehrmacht Süd*« (Zell am See) oder das »*Oberkommando der Luftwaffe*« (Thumersbach), fanden auch in diesem Teil der nie realisierten »*Alpenfestung*« keine größeren Kampfhandlungen mehr statt.

Am 8. Mai 1945 erreichten US-Truppen, von Tirol kommend, Mittersill und befreiten die im Schloss Inhaftierten.[973] Die Befreiung der Häftlinge von Schloss Lannach erfolgte am darauf folgenden Tag durch Einheiten der Roten Armee.[974]

---

967 In der Liste, die anlässlich der Übernahme von Mittersill durch das KZ-Mauthausen angelegt wurde, scheint diese Frau nicht mehr auf. Entweder ist sie in Lannach gestorben oder nach Ravensbrück rücküberstellt worden; vgl: Frauenzugangsbuch, Archiv der KZ-Gedenkstätte Mauthausen, AMM K/05/06.

968 Aufstellung des Häftlingsstandes der Außenkommandos, Rapportmeldungen an das SS-Wirtschafts-Verwaltungshauptamt (WVHA); jeweils am Monatsende erstellte Zusammenstellung 31.5.1944–28.2.1945; Archiv der KZ-Gedenkstätte Mauthausen, AMM B/60/03, Dokument 38–45.

969 Archiv der KZ-Gedenkstätte Mauthausen, AMM K/05/06.

970 Aufstellung des Häftlingsstandes der Außenkommandos, Rapportmeldungen an das SS-Wirtschafts-Verwaltungshauptamt (WVHA); jeweils am Monatsende erstellte Zusammenstellung 31.5.1944–28.2.1945; Archiv der KZ-Gedenkstätte Mauthausen, AMM B/60/03.

971 Verrechnung der Verpflegskosten für den Arbeitseinsatz auf Schloss Mittersill 1. Mai–31. Mai 1944; Archiv der KZ-Gedenkstätte Mauthausen, AMM K/04e/04.

972 Schlussabrechnung über geleistete Arbeiten in Schloss »Mittersill« (Kitzbühel, 8.6.1944); SLA, RSTH V/a 58.

973 Zu den militärischen Ereignissen rund um das Kriegsende im Bundesland Salzburg; vgl.: Manfried Rauchensteiner, Der Krieg in Österreich 1945. Wien ^{2}1984, S. 335–339.

974 Baumgartner, Die vergessenen Frauen (wie Anm. 964), S. 138.

6. Die »Zigeuner-Lager« Trabrennbahn und Maxglan in Salzburg

Obwohl sich die Geschichte der Roma und Sinti wesentlich von jener der aus ihren Heimatländern zur Zwangsarbeit verschleppten Personen unterscheidet, wird nachfolgend auf ihr Schicksal näher eingegangen, da auch sie vor ihrer fast ausnahmslosen Ermordung im Vernichtungslager Auschwitz zur Arbeitsleistung in Salzburg gezwungen wurden.

In der Zwischenkriegszeit lebten in Salzburg kaum ansässige Zigeuner.[975] Erst die Verfolgungsmaßnahmen des nationalsozialistischen Deutschland, besonders nach den »Nürnberger Rassegesetzen« von 1935, brachten es mit sich, dass viele Sinti und Roma in das damals noch vergleichsweise liberale Österreich auswichen.[976] Nach dem *»Anschluß«* versuchten die einzelnen Landräte in Salzburg durch verstärkte Ausweisungen und Abschiebungen von Zigeunern diesem Phänomen zu begegnen, doch stieß dies vor allem bei »staatenlosen Zigeunern« auf zunehmende Schwierigkeiten.

Am 12. Jänner 1939 teilt der Gendarmerieposten St. Johann i. Pg. dem für ihn zuständigen Landrat mit, dass im gesamten Landkreis der Durchzug im Verhältnis zu früheren Jahren zugenommen habe und im Jahr 1938 *»von den Stationen des Landkreises 710 Zigeuner behandelt«* wurden.[977] Diese Zahl ist jedoch möglicherweise zu hoch angesetzt, oder sie beinhaltet auch mehrfache Aufgriffe und anschließend Abschiebungen einzelner Personen. So berichtet der für das Referat I/3 »Polizeiangelegenheiten« zuständige Regierungsrat Dr. Richard Neuwirth in einem Schreiben an den *»Reichsführer SS«* vom 1. März 1940 über den »Stand des Zigeunerwesens im Reichsgau Salzburg«, dass *»trotz aller Hinderungsversuche in der Stichzeit vom 25.–27. Oktober 1938 weit über 200 Zigeuner gezählt wurden«*.[978] Lokale Funktionsträger forderten bereits vor Kriegsbeginn zur Verhinderung des weiteren Zuzugs von Zigeunern deren Einweisung in Konzentrationslager bzw. die Errichtung von Zigeunerlagern und als langfristige Maßnahme die Zwangssterilisierung dieser Bevölkerungsgruppe.[979] Zu Jahresbeginn 1939 forderte bei-

---

975 Ausdrücklich sei betont, dass der alltagssprachlich negativ besetzte und häufig diskriminierende Begriff »Zigeuner« hier verwendet wird, weil er in den zeitgenössischen Quellen ausschließlich vorkommt. Daher wird dieser Begriff, ohne diskriminierende Absicht seitens des Verfassers, neben der heute üblichen Bezeichnung »Sinti« und »Roma« in der vorliegenden Darstellung verwendet.

976 Vgl.: Erika Thurner, Die Verfolgung der Zigeuner. In: DÖW (Hrsg.), Widerstand und Verfolgung in Salzburg 1934–1945. Eine Dokumentation, Bd. 2. Wien 1991, S. 474–521, S. 475.

977 Zigeunerbewegung und Zigeunerplage im Jahr 1938, Bericht (12.1.1939) der Gendarmerieinspektion St. Johann i. Pg. an den Landrat in St. Johann in Pg.; SLA, Präs. Akt. 2540/1940.

978 Bericht (Salzburg, 1.3.1941) von Reg.-Rat. Dr. Neuwirth über den »Stand des Zigeunerwesens im Reichsgau Salzburg« an den Reichsführer SS und Chef der Deutschen Polizei im Reichsministerium des Innern; SLA, RSTH I/3 45/1943.

979 Dies kommt in einer Reihe von Berichten über die »Zigeuner-Lager« bzw. über die »Bekämpfung der Zigeunerplage« einzelner Gendarmerieposten im Reichsgau Salzburg zum Ausdruck; vgl.: SLA, Präs.-Akt. 2540/1940.

spielsweise der Kommandant der »Gendarmeriestation Glas ad Aigen« in einem Schreiben an die Bezirkshauptmannschaft (sic!) Salzburg: »*Zur Bekämpfung des Zigeunerunwesens, das scheinbar wieder lebhafter wird, wird die Sterilisierung und Anhaltung in Zwangsarbeitslagern beantragt.*«[980]

Kurz nach Kriegsausbruch fassten die Verantwortlichen auf einer von Reinhard Heydrich, Chef des »*SD*«, einberufenen Konferenz den Beschluss, die bis dahin im Deutschen Reich lebenden Zigeuner nach Polen, ins Generalgouvernement, zu deportieren.[981] Als Vorbereitung dazu diente der so genannte »Festsetzungserlass« von Heinrich Himmler, wonach Zigeuner bis zu »*ihrem endgültigen Abtransport in besonderen Sammellagern*« unterzubringen waren.[982] Damit durften Sinti und Roma ihren Aufenthaltsort nach den Stichtagen 25. und 26. Oktober 1939 nicht mehr verlassen. An diesen Tagen erfolgte zudem eine Zählung der Zigeuner und »Zigeunermischlinge« durch die örtlichen Polizei- und Gendarmeriedienststellen.[983]

Alle im Reichsgau lebenden Sinti und Roma wurden aufgegriffen und interniert. In der Stadt Salzburg diente dazu ab Herbst 1939 ein bereits als Lagerplatz von Zigeunern genutztes Grundstück in Maxglan.[984] Dieses befand sich westlich der Moosstraße, nahe der Glan, im Bereich Kendlerstraße und heutigem Schwarzgrabenweg.[985] 138 Personen, davon ein Drittel Kinder und Jugendliche, lebten im Dezember 1939 auf diesem mit Stacheldraht umgebenen Lagergelände entweder in ihren Wohnwagen oder in Zelten, später auch in Möbelwagen, die ihnen von Seiten der Stadtverwaltung zur Verfügung gestellt wurden. Bis Februar 1940 erhöhte sich die Zahl der Insassen auf 160. Die Bewegungsfreiheit der Internierten wurde sukzessive eingeschränkt. Ab 22. April 1940 durften sie das Stadtgebiet von Salzburg grundsätzlich nicht mehr betreten.[986] Für Ausnahmefälle, beispielsweise für den Schulbesuch sowie für den Weg zur Arbeitsstelle, wurden spezielle »*Zigeunerausweise*« (vgl.: Abb. 43) ausgestellt. Ein derartiger Ausweis hatte nur

---

980 SLA, Präs.-Akt. 2540/1940.

981 Für das Gebiet der damaligen »Ostmark« war die Deportation von 5.000 bis 6.000 Menschen geplant; vgl.: Schreiben d. Kriminalpolizeistelle Salzburg (5.7.1940) an die Landräte betreffend »Umsiedlung von Zigeuner«; SLA, RSTH I/3 95/1940.

982 Guenter Lewi, »Rückkehr nicht erwünscht«. Die Verfolgung der Zigeuner im Dritten Reich. München / Berlin 2001, S. 119–123.

983 Barbara Rieger, »Zigeunerleben« in Salzburg 1939–1943. Die regionale Zigeunerverfolgung als Vorstufe zur planmäßigen Vernichtung in Auschwitz. Phil. Diss., Wien 1990, S. 48.

984 Leiter der Kriminalpolizeistelle Salzburg (18.11.1940) »Gedächtnisprotokoll über die Besprechung beim Reichsstatthalter Salzburg am 12.11.1940 über Zigeunerangelegenheiten«; SLA, RSTH I/3 95/1940.

985 In zeitgenössischen Schriftstücken finden sich neben »Lager Maxglan« auch die Bezeichnungen »Lager Leopoldskron-Moos«, »Lager Leopoldskron«, »Lager am Kräutlerweg« oder »Lager Marienbad«. Heute betreibt der Österreichischen Gebrauchshunde-Verband Salzburg (ÖGV) auf dem Gelände einen Hundeabrichteplatz.

986 Schreiben (Salzburg, 7.9.1940) der Landesbauernschaft Alpenland an den Reichsstatthalter betreffend »Zigeunerplage in Leopoldskron«; SLA, RSTH I/3 95/1940.

Muster eines Ausweises:

1.) Ausweis A für 2-, B für 6 Stunden bezw. C für den ganzen Tag: 9 - 18 Uhr.

Z i g e u n e r a u s w e i s

A Nr. 1

(Gültig für 2 Stunden, gerechnet vom Zeitpunkt der in die Liste eingetragenen Uhrzeit bis zur 2 Stunden später kontrollierten Abgabe des Ausweises.)

Der Inhaber dieses Ausweises ist berechtigt, für die Dauer der oben angegebenen Zeit (einschl.Hin-und Rückweg) die Stadt Salzburg aufzusuchen.

Der Polizeidirektor:
J.V.
L.S. gez. Dr. Pitter

2.) Sonderausweis für Berufstätige und Schüler:

Z i g e u n e r a u s w e i s
(Sonderausweis)

Der/Die Zigeuner .... (Vor-und Zuname)
geboren am ....zu..............
wohnhaft ....
Beruf: ....
ist berechtigt an den folgenden Tagen derrWoche: Mo.,Die.,Mi.,Do., Fr.,Sa.,So. in der Zeit von ... Uhr bis ....Uhr die Stadt Salzburg zum Zwecke .... aufzusuchen und sich dortselbst aufzuhalten.
Dieser Ausweis gilt nur in Verbindung mit dem Zigeuner-(Lichtbild)-ausweis und ist persönlich und nicht übertragbar.Jeder Mißbrauch zieht Bestrafung und ausserdem Maßregeln nach sich.

Salzburg, den ...

L.S. Der Polizeidirektor:
J.V.
gez.Dr.Pitter.

Abb. 43: Muster für Zigeunerausweise (SLA, RSTH I/3 95/1940; Reproduktion: SLA)

für den ausdrücklich genehmigten Zweck des Verlassens des Lagergeländes Gültigkeit. Ein Missbrauch zog eine »*sofortige Bestrafung wegen Übertretung dieser Auflage sowie die Maßnahme der Überweisung in ein Konzentrationslager wegen asozialen Verhaltens*« nach sich.[987]

Zur Vorbereitung des für Ende August 1940 geplanten »Abtransports« der Zigeuner nach Polen sollten sämtliche im Reichsgau Salzburg lebenden Zigeuner für wenige Wochen in einem Sammellager interniert werden. Ab Juli 1940 begann die Umsiedlung in die Stallungen der damals nahe der Salzach, am Ignaz-Rieder-Kai, gelegenen Trabrennbahn. Zur Abwicklung des geplanten Transports in das Generalgouvernement erfolgte eine namentliche Erfassung aller im Lager Trabrennbahn Internierten und ihrer persönlichen Daten. Ebenso erhoben wurde der Gendarmerieposten, aus der sie abgeschoben wurden, da die jeweilige zuständige Gemeinde einen Anteil an den anfallenden Kosten für den Betrieb des Lagers leisten mussten.[988]

Tabelle 23: Anzahl und Herkunft der Zigeuner im Lager Rennbahn, Stand 16. 8. 1940[989]

abschiebender Gendarmerieposten	Frauen	Männer	Summe
Adnet	7	8	15
Dorfgastein	15	6	21
Glas ad Aigen (Gemeinde Elsbethen)	14	10	24
Gnigl (Gemeinde Hallwang)	0	1	1
Grödig	3	4	7
Itzling (Gemeinde Bergheim)	4	2	6
Gauhauptstadt Salzburg	53	57	110
Schwarzach	18	11	29
Gesamt	**114**	**99**	**213**

Am 23. August 1940, drei Tage vor Beginn der Deportation nach Osten, teilte die Kriminalpolizeistelle Salzburg mit, »*daß infolge plötzlich eingetretener Transportschwierigkeiten die Schubaktionen nicht durchgeführt werden können und die Zigeuner an den bisherigen Orten bis auf weiteres und zwar bis Kriegsende zu verbleiben hätten*«.[990]

Damit wurde es nötig, für die Unterbringung der Zigeuner eine längerfristige Lösung zu finden, da die Rennbahn im Herbst wieder für Trabrennen genützt werden sollte. Am 10. September 1940 erfolgte die Räumung der Trabrennbahn und die Rückführung der

987 »Entwurf einer protokollarischen Eröffnung und Auflagenerteilung«; SLA, RSTH I/3 95/1940.
988 Amtsbericht (Salzburg, 10.10.1940) betreffend »Zigeunerlager«; ebd.
989 Die Zahlenangaben beinhalten auch Kinder und Jugendliche; vgl.: »Verzeichnis der im Lager Trabrennplatz in Salzburg zusammengezogenen Zigeuner«; SLA, RSTH I/3 110/1940.
990 Amtsbericht, 10.10.1940 (wie Anm. 988).

dort »zusammengezogenen« Roma und Sinti auf das Lagergelände in Maxglan. Anfänglich standen nicht genügend Unterkünfte zur Verfügung, da zwei ca. 30 m lange Baracken von der Stadtverwaltung erst später fertig gestellt wurden. Daher mussten ein Heustadel sowie Stallungen in der Nähe des Lagers vorerst auch als Unterkünfte herangezogen werden – ungefähr 20 Lagerinsassen nutzten diese Gelegenheit zur Flucht.

Das Lager in Maxglan, für das ab Ende Oktober 1940 eine eigene Lagerordnung erlassen wurde,[991] unterstand der Kriminalpolizeistelle Salzburg. Es war mit einem ca. 2 m hohen Stacheldrahtzaun umgeben und wurde von Einheiten der Schutzpolizei bewacht. Im Frühjahr 1941 dienten neben den erwähnten beiden Baracken mit 20 Kojen und »sonstige Hütten« immer noch Wohnwagen als Unterkunft. Die Bewachung des Lagers bestand zu diesem Zeitpunkt aus 17 Mann. Der Gesundheitszustand der rund 200 Bewohner wurde als gut bezeichnet.[992] Als Beleg dafür wurde angeführt, dass zwischen 10. September 1940 und Anfang März 1941 nur ein Todesfall, der eines alten Mannes, registriert wurde. Die Verteilung von Wäsche, Bekleidungsstücken und Schuhwerk an die Lagerinsassen erfolgte über die *»Nationalsozialistische Volkswohlfahrt« (»NSV«)*. Dafür wurden solche Stücke erworben, *»für die Volksgenossen keine Verwendung finden konnten, die für die Zigeuner jedoch ihren Zweck erfüllten«*. Bemerkenswert ist die Tatsache, dass bis Frühjahr 1941 die zwangsweise Unterbringung in Maxglan jedoch noch nicht lückenlos erfolgt sein dürfte, denn es wird berichtet, dass zu diesem Zeitpunkt ebenso viele Zigeuner im damaligen Reichsgau Salzburg noch außerhalb des Lagers in *»festen Wohnungen«* lebten.[993]

Um zu verhindern, dass Kinder von Zigeunern in die Volksschule in Leopoldskron gingen, erfolgte auch die Einrichtung einer Lagerschule, die von den 6- bis 14-Jährigen besucht werden musste.[994] Eine Lagerinsassin lehrte dort die Grundrechnungsarten sowie Lesen und Schreiben.[995]

Ab 1. Oktober 1940 wurden die rund 35 »arbeitsfähigen Männer« ab dem 17. Lebensjahr zu Regulierungsarbeiten an der nahen Glan herangezogen. Vom dafür zuständigen Reichsbauamt erhielten sie dafür 1,50 RM täglich, ab 1. Jänner 1941, *»nachdem festgestellt werden konnte, daß die Zigeuner im Durchschnitt ganz zufriedenstellend arbeiten«*, erfolgte eine Erhöhung auf 3,20 RM. Die einzelnen Arbeitskräfte erhielten davon jedoch lediglich 0,50 RM. Der Rest wurde für Betrieb, Ausbau und die Verwaltung des Lagers in

991 »Lagerordnung für die in der Gauhauptstadt Salzburg in Leopoldskron in einem Lager untergebrachten Zigeuner« (Salzburg, 28.10.1940), Punkt f.; SLA, RSTH I/3 95/1940. Diese Lagerordnung sah selbst für kleine Verstöße recht harte Strafmaßnahmen bis hin zur Einweisung in ein KZ vor.

992 Im Sommer 1940 dürfte sich die Zahl der Lagerinsassen auf ca. 300–400 erhöht haben; vgl.: Lewi, »Rückkehr nicht erwünscht« (wie Anm. 982), 187.

993 Zur Beschreibung der Lebensumstände im Lager Maxglan und der verschiedenen Arbeitsgebiete; vgl.: Bericht, 1.3.1941 (wie Anm. 991).

994 Lagerordnung, 28.10.1940 (wie Anm. 991), Punkt 3.f.

995 Rieger, »Zigeunerleben« in Salzburg (wie Anm. 983), S. 70.

Maxglan einbehalten. Bis Jahresende 1940 waren »Arbeitspartien von ca. 20 Mann« unter Polizeibewachung bei diesem Regulierungsprojekt eingesetzt.[996] Weitere geplante Arbeitseinsätze, wie Torfstechen oder in den »Hermann Göring Werken« in Linz, wurden nicht realisiert.[997]

Frauen, Jugendliche und »minderarbeitsfähige Männer« sollten mit Heimarbeit, beispielsweise Korbflechten, beschäftigt werden, ein Plan, der jedoch nicht realisiert wurde, da durch die recht effiziente Arbeit bei der Regulierung der Glan genügend Finanzmittel zum Betrieb des Lagers aufgebracht werden konnten.[998] Die Frauen hatten überdies in einer von der Polizei zur Verfügung gestellten Feldküche die Verpflegung für die Lagerbewohner zuzubereiten.

Von 25. September bis 13. November 1940 kamen insgesamt 37 Zigeuner aus dem Lager Maxglan als Statisten beim Film *»Tiefland«* von Leni Riefenstahl zum Einsatz. Als Entlohnung wurden täglich 7 RM für Erwachsene festgesetzt. Jeweils drei Kinder bekamen zusammen ebenfalls 7 RM. Das Geld erhielten jedoch nicht die Darsteller, sondern es wurde an die Lagerverwaltung in Maxglan überwiesen. Die Zigeuner arbeiteten bei den Filmarbeiten unter ständiger Bewachung von Polizisten, für deren Kosten ebenfalls die *»Riefenstahl-Film G.m.b.H.«* aufzukommen hatte.[999] Der Film, der sich an einer Opernvorlage von Eugene d'Albert orientierte, sollte eigentlich an den Originalschauplätzen in den Pyrenäen gedreht werden. Der Ausbruch des Krieges zwang jedoch zu einer Verlegung der Dreharbeiten nach Krün, nahe Mittenwald, in Bayern. Die Statistenrollen, die ursprünglich für Spanier vorgesehen waren, wurden nun mit Sinti und Roma besetzt.[1000] Auf Grund der zufrieden stellenden Arbeit erfolgte ab 14. August 1941 ein weiterer Einsatz als Statisten in Krün. Die Produktionsfirma von Leni Riefenstahl forderte dafür 46 Zigeuner aus Maxglan und zwei weitere aus Tirol an, wobei mehrheitlich auf jene zurückgegriffen wurde, die bereits im Vorjahr einschlägige Erfahrungen sammeln konnten.[1001] Das genaue Datum des Rücktransportes nach Salzburg im Herbst 1941, ist nicht bekannt.

Am 16. Dezember 1942 erging von Heinrich Himmler der so genannte *»Auschwitz-Erlass«*, der die Deportation der in den Zigeunerlagern auf dem Gebiet des Deutschen

---

996 Schreiben d. Kriminalpolizeistelle Salzburg (14.1.1941) an die Kriminalpolizeistelle Wien betreffend »Zigeuner«; SLA, RSTH I/3 45/1943.

997 Amtsbericht (Salzburg, 30.8.1940) betreffend »Zigeunerlager in Leopoldskron«; SLA, RSTH I/3 95/1940.

998 Rieger, »Zigeunerleben« in Salzburg (wie Anm. 983), S. 76.

999 Schreiben d. Kriminalpolizeistelle Salzburg (5.7.1940) an die Kriminalpolizeistelle Wien betreffend »Zigeuner«; SLA, RSTH I/3 45/1943.

1000 Anna Maria Sigmund, Die Frauen der Nazis. Wien 1998, S. 113.

1001 »Riefenstahl-Film G.m.b.H« an den Leiter der Kriminalpolizeistelle Salzburg (Berlin, 30.7.1941) betreffend »Tonfilm ›Tiefland‹ – Abstellung von Zigeunern für Filmaufnahmen – Außengelände Mittenwald«; SLA, RSTH I/3 46/1941.

Reiches lebenden Sinti und Roma *»ohne Rücksicht auf den Mischlingsgrad familienweise«* in dieses Vernichtungslager anordnete.[1002] Ab März 1943 wurden daraufhin über 20.000 Sinti und Roma aus insgesamt 11 europäischen Ländern, rund 2.760 aus der damaligen *»Ostmark«*, nach Auschwitz-Birkenau deportiert, wo sie bis spätestens Sommer 1944 zum überwiegenden Teil ermordet wurden.[1003]

Das Lager in Maxglan bestand bis Ende März/Anfang April 1943 und wurde dann aufgelöst:[1004] *»Auf Grund des Erlasses des Reichssicherheitshauptamtes Berlin vom 26.I.43 – Tgb.Nr. V A 2 Nr. 48/43-g – wurden die Zigeuner und Zigeunermischlinge des Zigeunerlagers Salzburg am 1. und 3. April 43 zum größten Teil in das Konzentrationslager Auschwitz, der Rest in das Zigeunerlager Lackenbach (N.D.) überstellt. Das Zigeunerlager Salzburg wurde gleichzeitig aufgehoben, womit auch die Vermittlung von Zigeunern in den Arbeitseinsatz entfällt. Der Gau Salzburg ist somit mit Ausnahme weniger noch anwesender Zigeuner nunmehr zigeunerfrei. Soweit noch Zigeuner hier sind (etwa 20), handelt es sich um Zigeunerfamilien, die schon seit vielen Jahren entweder in der Gauhauptstadt Salzburg oder in einzelnen Orten im Gau Salzburg ansässig sind und sich einigermaßen sozial angepasst haben, zum Teil sind sie mit Deutschblütigen verheiratet. Hinsichtlich dieser restlichen Zigeuner sind vom Reichssicherheitshauptamt noch besondere Maßnahmen vorgesehen.«* Damit entgingen auch die meisten der in Salzburg lebenden Sinti und Roma dem Vernichtungsbefehl des nationalsozialistischen Regimes nicht – sie wurden in Auschwitz ermordet. Genauere Informationen über das weitere Schicksal der verbliebenen rund 20 Personen sind nicht erhalten. Die nach Lackenbach, im Bezirk Oberpullendorf, überstellten Lagerinsassen aus Maxglan wurden nicht nach Auschwitz deportiert – sie überlebten – viele von ihnen leiden aber bis heute unter den Spätfolgen der traumatischen Erlebnisse, die sie im *»Dritten Reich«* erlitten haben.[1005]

1002 Zit. nach: Lewi, »Rückkehr nicht erwünscht« (wie Anm. 982), S. 239.

1003 Rieger, »Zigeunerleben« in Salzburg (wie Anm. 983) S. 87.

1004 Bericht der Kriminalpolizeistelle Salzburg (5.4.1943) an den Gauleiter und Reichsstatthalter betreffend »Zigeunerlager Salzburg«; SLA, RSTH I/3 45/1943.

1005 Rieger, »Zigeunerleben« in Salzburg (wie Anm. 983), S. 88.

IV.

Landkarten

Die im Folgenden wiedergegebenen zeitgenössischen Landkarten sollen eine erste Orientierung in Stadt und Land Salzburg erleichtern. In besonderer Weise gilt dies für die Lage der verschiedenen Stadtteile der damaligen Gauhauptstadt Salzburg. Die Europakarte und der vergrößerte Ausschnitt der Länder in Osteuropa bieten einen Überblick über die damalige politische Gliederung jener Gegenden, aus denen der Großteil der zur Zwangsarbeit nach Salzburg verschleppten Personen stammte. Von besonderem Interesse sind in dem Zusammenhang die Bezeichnungen der administrativen Einheiten, die für diese Gebiete von Seiten des Dritten Reiches als Folge der Eroberung bzw. Besetzung durch deutsche Truppen eingeführt wurden.

Detaillierte topographische Angaben zu den einzelnen Einsatzgebieten von Zwangsarbeitern im damaligen »*Reichsgau Salzburg*« sind auf Grund der Fülle von Angaben auf einigen wenigen Überblickslandkarten nicht möglich. Aus diesem Grund wurde auch davon Abstand genommen, jedes einzelne Lager bzw. Arbeitskommando in eine Landkarte oder in mehrere großmaßstäbige Spezialkarten einzuzeichnen. Der Umstand, dass viele der Lager bzw. lagerähnlichen Unterkünfte nur für einen kurzen Zeitraum bestanden, könnte ein stark verzerrtes Bild der damaligen Verhältnisse vermitteln. Die im Vergleich zu den »zivilen« Zwangsarbeiterlagern große Anzahl bekannter Kriegsgefangenenlager und Arbeitskommandos würde bei einer kartographischen Darstellung den historischen Gegebenheiten ebenfalls nicht gerecht werden. Die regional sehr unterschiedliche Überlieferungslage stellt in diesem Zusammenhang ebenfalls ein Problem dar und könnte in einer Landkarte zu Missinterpretationen führen. Beispielsweise ist die Überlieferungslage bezüglich Zwangsarbeiterlager für den Lungau viel schlechter als für die anderen Gebiete des heutigen Bundeslandes Salzburg.

Für regionale und lokale Spezialstudien sei an dieser Stelle auf die einschlägigen, modernen österreichischen Kartenwerke verwiesen, die für die Lokalisierung erwähnter Lager, Großbaustellen oder einzelner Arbeitsstellen von großem Nutzen sind.

Abb. 44: Ausschnitt Salzburg der Karte »Oberdonau und Salzburg«, herausgegeben vom Landesfremdenverkehrsverband Oberdonau und Salzburg, Salzburg 1940 (Privatbesitz O. Dohle; Reproduktion: SLA)

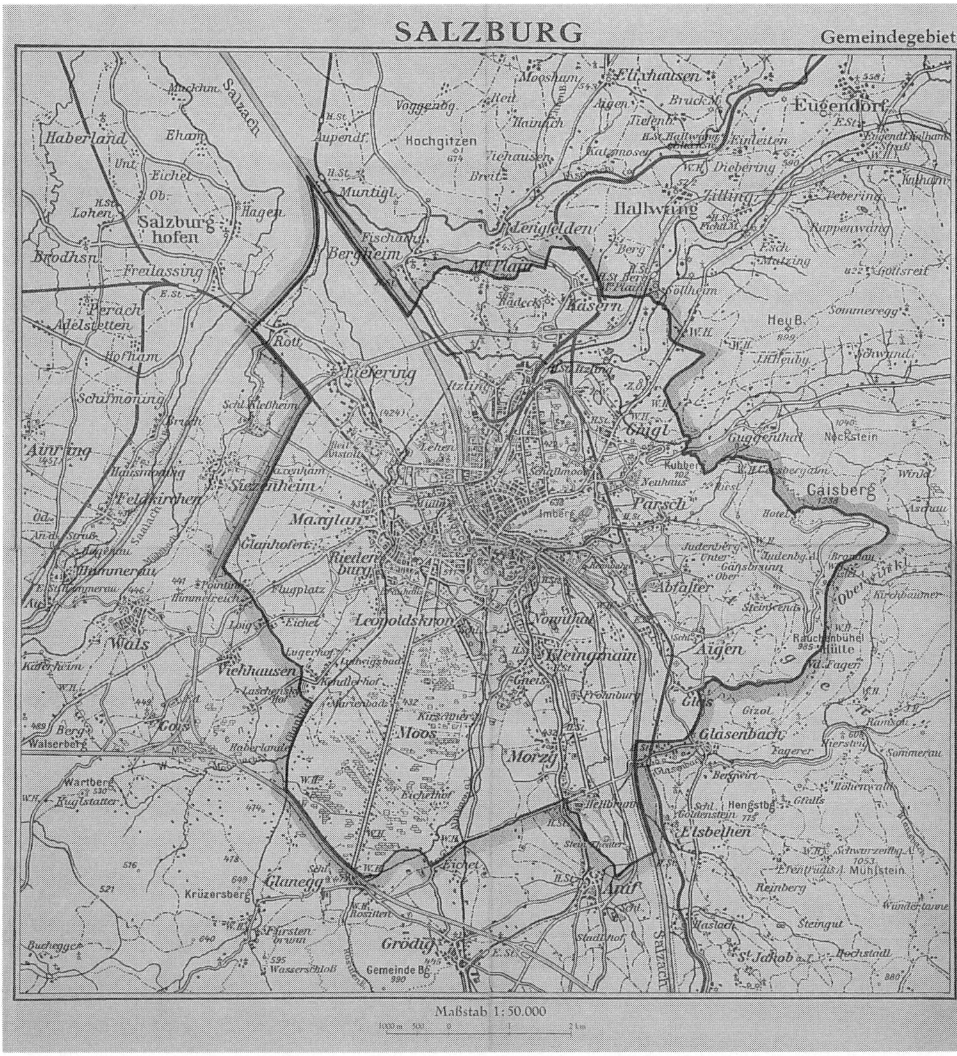

Abb. 45: Gemeindegebiet von Salzburg in der NS-Zeit nach der Eingemeindung der Umlandgemeinden, Kartographische Anstalt Freytag-Berndt & Artaria, Wien (SLA: Atlas XVIII 2; Reproduktion: SLA)

Lofoten
NORD SEE
BUCHT von BISKAYA
Balearen
Sardinien
Sizilien
GALLISCHES MEER
TYRRHENISCHES MEER
SYRTEN MEER
KROATIEN

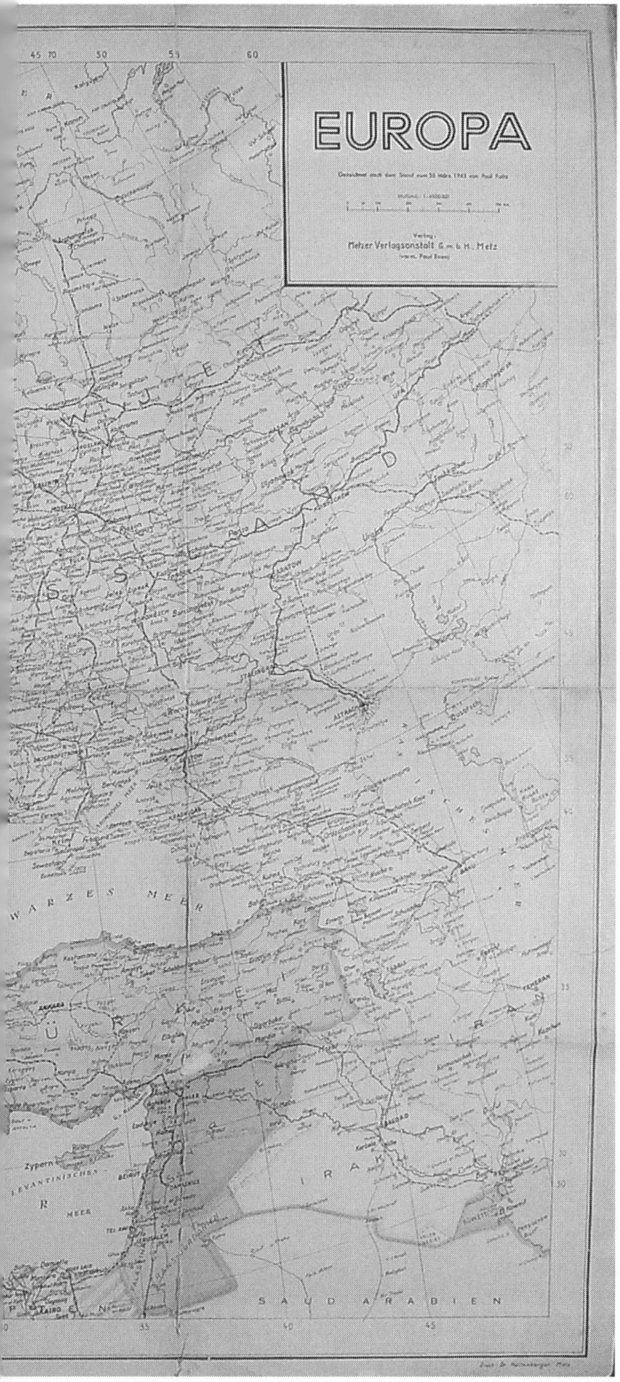

Abb. 46: Europa gezeichnet nach dem Stand vom 30. März 1943 von Paul Faltz, Metzer Verlagsanstalt G. m. b. H., Metz (Privatbesitz O. Dohle, Reproduktion: SLA)

Abb. 47: Osteuropa; Ausschnitt aus der Europakarte nach dem Stand vom 30. März 1943 (Reproduktion: SLA)

V.
Quellen- und Literaturverzeichnis

1. Quellenverzeichnis

a) Archivalien

Die genannten Archivalien unterliegen zum Teil den durch gesetzliche Bestimmungen vorgegebenen Beschränkungen der Einsichtnahme. Da innerhalb einzelner Bestände oftmals keine einheitliche Trennung zwischen frei zugänglichen und bis dato gesperrten Schriftstücken zu ziehen ist, kann im Folgenden keine Aussage über die Zugänglichkeit der vorgestellten Quellen gemacht werden.

Archiv der KZ-Gedenkstätte Mauthausen:
- Archivalien bezüglich Nebenlager Schloss Mittersill

Archiv der Stadt Salzburg:
- Bauprovisorien
- Hochbauamt (1942)
- Staatsbrücke (1941–1945)
- Plansammlung: Löschwasserversorgungspläne der Gauhauptstadt Salzburg
- Tiefbauamt (1944)

Bundesarchiv Ludwigsburg:
- Akte AR 245/73

Bundesarchiv-Militärarchiv (Freiburg im Breisgau):
- RW 20-18 (Rüstungsinspektion für den Wehrkreis XVIII)

Erzbischöfliches Konsistorialarchiv Salzburg:
- Seelsorgsbericht der Pfarre Plainfeld (1943)

Gemeindearchiv Oberndorf bei Salzburg:
- Bauakt Watzmannstraße 179/6 Hauptschule

Gemeindearchiv St. Johann im Pongau:
- Gemeinderats-Sitzungsprotokolle (1941–1944)
- Meldung ausländischer Arbeiter und Kriegsgefangener (1944)
- Schriftverkehr der Gemeinde mit dem »Österreichischen Schwarzen Kreuz« (1948, 1953)

Landesgendarmeriekommando Salzburg:
- Chronik Salzburg Stadt (1938, 1940, 1942)
- Gendarmeriechronik Uttendorf (1945)

Salzburger Gebietskrankenkasse:
- Mitgliederverzeichnis Arbeitsgemeinschaft Stubachwerke (1939–1945)
- Mitgliederverzeichnis Daniek & Schrittwieser (1939–1945)
- Mitgliederverzeichnis der Arbeitsgemeinschaft Stubachwerke (1939–1941/42)
- Mitgliederverzeichnis für Lohnsummenbetriebe (1941–1945)
- Mitgliederverzeichnis für Selbstvorschreiber (1941–1945)
- Mitgliederverzeichnis Kiefer AG (1939–1945)
- Mitgliederverzeichnis Lokalbauführung für Wildbachverbauung (1941–1945)
- Mitgliederverzeichnis Rosenberger, Weiserstraße 20a (1940–1945)
- Mitgliederverzeichnis Städtisches Gaswerk (1939–1945)
- Mitgliederverzeichnis Stadtmagistrat Salzburg (1939–1945)
- Mitgliederverzeichnis Union Baugesellschaft, Baustelle Arthurwerk (1940)
- Mitgliederverzeichnis Universale, Fürbergstraße 23a (1943)

Salzburger Landesarchiv:
- Anfragen ehemaliger NS-Zwangsarbeiter um eine Arbeits- bzw. Aufenthaltsbestätigung
- BH-Akten Hallein
- BH-Akten St. Johann (Landrat Pongau)
- BH-Akten Salzburg-Umgebung
- BH-Akten Zell am See
- Fotosammlung
- Landesamt für Umsiedlung
- Präsidialakten
- Reichsstatthalter

b) gedruckte Quellen und Gesetzessammlungen

- Bundesgesetzblatt für den Bundesstaat Österreich (1936)
- Bundesgesetzblatt für die Republik Österreich (2000, 2003)
- Bundesgesetzblatt für die Bundesrepublik Deutschland (1977)
- Mitteilungsblatt der NSDAP, Gauleitung Salzburg (1939, 1940)
- Reichsgesetzblatt (1938–1944)
- Reichsgesetzblatt für die im Reichsrate vertretenen Königreiche und Länder (1913)
- Salzburger Amtskalender (1942)
- Salzburger Nachrichten (1992)
- Verordnungs- und Amtsblatt für den Reichsgau Salzburg (1940–1944)
- Verordnungsblatt für den Amtsbereich des Landeshauptmannes für Salzburg (1938, 1939)
- Völkischer Beobachter (1938)

c) Privatbesitz und unveröffentlichte Manuskripte

- Deisl-Beton Ges. m. b. H (Fotografien von Baracken des Lagers Hofbruch)
- Oskar Dohle (Landkarten)
- Clemens M. Hutter (Brief: Dr. Pieper an die Salzburger Nachrichten, 13. November 1991)
- Rainer Kühne (Fotografien aus dem Besitz seines Vaters bezüglich Lager Weißsee)
- Juliane Müller (Fragebogen an Elfriede Grundböck, 1992)
- Heinz Slupetzky (Fotografien bezüglich Weißsee in der Nachkriegszeit)
- Thomas Weidenholzer, Zwangsarbeiter in Salzburg, basierend auf den Erhebungen der »Allgemeinen Ortskrankenkasse Salzburg« (später Salzburger Gebietskrankenkasse). Unveröffentlichtes Manuskript, Salzburg 1994.
- Thomas Weidenholzer, Kriegsgefangene, »Ostarbeiter« und ausländische Arbeiter in Salzburg während der nationalsozialistischen Herrschaft. Eine Erhebung von schriftlichen Quellen im Archiv der Stadt Salzburg. Unveröffentlichtes Manuskript, Salzburg 1994.

d) Interviews

- Nicole Slupetzky mit Rudolf Winter (2001)
- Nicole Slupetzky mit Hermann Theunis (2001)
- Nicole Slupetzky mit Louis Wurnitsch (2000)

2. Literaturverzeichnis

Für den Themenbereich NS-Zwangsarbeit im Bundesland Salzburg enthalten die verschiedenen Orts- und Heimatchroniken eine Fülle von Angaben, die auf Grund der lokalen Detailkenntnisse der Autoren von großem Interesse sind. Der Umstand, dass eine derartige Chronik in der vorliegenden Übersicht nicht erwähnt wird, bedeutet nicht, dass das Thema Zwangsarbeit in dieser Publikation nicht behandelt wird. Es wurde grundsätzlich nur dann auf bereits publizierte Angaben zu diesem Thema zurückgegriffen, wenn aus den zur Verfügung stehenden archivalischen Quellen kein Hinweis auf ein in der Literatur bereits erwähntes Lager gefunden werden konnte.

Walter Aumayr, Heimat Zederhaus. Zederhaus 1989.

Andreas Baumgartner, Die vergessenen Frauen von Mauthausen. Die weiblichen Häftlinge des Konzentrationslagers Mauthausen und ihre Geschichte. Wien 1997.

Wolfgang Benz, Die Allgegenwart des Konzentrationslagers. In: Dachauer Hefte 15/1999, S. 3–16.

Wolfgang Benz, Zwangsarbeit im nationalsozialistischen Staat. In: Dachauer Hefte 16/2000, S. 3–17.

Gerhard Botz, Terror, Tod und Arbeit im Konzentrationslager Mauthausen. In: Oberösterreichische Gedenkstätten für KZ-Opfer. Linz 2001, S. 15–29.

Franz Brunner / Stefan Unterwurzbacher, 874 Jahre Neukirchen am Großvenediger. Streiflichter aus Geschichte und Gegenwart. Neukirchen a. Grv. 2003.

Christian Dirninger, Die Wirtschaftsregion Hallein im 20. Jahrhundert. In: Chronik der Salzburger Wirtschaft. Salzburg 1989, S. 260–273.

Barbara Distel / Wolfgang Benz, Editorial. In: Dachauer Hefte 15/1999, S. 1–2.

Barbara Distel, KZ-Kommandos an idyllischen Orten. In: Dachauer Hefte 15/1999, S. 54–65.

DÖW (Hrsg.), Widerstand und Verfolgung in Oberösterreich 1934–1945. Eine Dokumentation, 2 Bde. Wien 1991/1992.

DÖW (Hrsg.), Widerstand und Verfolgung in Salzburg 1934–1945. Eine Dokumentation, 2 Bde. Wien 1991.

Oskar Dohle, Obertrum am See – ein Ort blickt zurück. In: Obertrum am See. Festschrift zur Markterhebung. Obertrum 2000, S. 11–16.

Oskar Dohle, Bearbeitung von Entschädigungsanträgen ehemaliger NS-Zwangsarbeiter. In: Hubert Schopf, Tätigkeitsbericht des Salzburger Landesarchivs für das Jahr 2000. MGSLK 141, Salzburg 2001, S. 434–438.

Oskar Dohle, Die Lebens- und Arbeitsbedingungen der NS-Zwangsarbeiter im heutigen Bundesland Salzburg. In: Tagungsbericht über den 23. Österreichischen Historikertag in Salzburg 24.–27. September 2002. Salzburg 2003, S. 172–195.

Heinz Dopsch / Robert Hoffmann, Geschichte der Stadt Salzburg. Salzburg 1996.

Klaus Drobisch / Günther Wieland, System der NS-Konzentrationslager 1933–1939. Berlin 1993.

Max Drouin, Forcené de l'espoir. Aigues-Vives 1998.

Daniela Ellmauer, Von einem zum anderen Krieg (1918–1945). In: Fritz Hörmann (Hrsg.), Chronik Bischofshofen, Bd. II. Bischofshofen 2001, S. 53–82.

Michael Ellmer (Hrsg.), Ortschronik Wagrain. Vom Bergbauerndorf zur Salzburger Sportwelt Amadé, Bd. 2. Wagrain 1994.

Reinhard Engel / Joana Radzyner, Sklavenarbeit unterm Hakenkreuz. Die verdrängte Geschichte der österreichischen Industrie. Wien 1999.

Karl Fahrenkamp, Vom Aufbau und Abbau des Lebendigen. III. Teil. Pflanzliche Herzgifte in ihrer Bedeutung für Mensch – Tier – Pflanze. Stuttgart 1943.

Karola Fings, Not kennt kein Gebot. In: Dachauer Hefte 15/1999, S. 66–76.

Forum Politische Bildung (Hrsg.), Wieder gut machen? Enteignung, Zwangsarbeit, Entschädigung, Restitution; Österreich 1938–1945 / 1945–1999. Innsbruck 1999.

Florian Freund, Mauthausen: Zu Strukturen von Haupt- und Außenlagern. In: Dachauer Hefte 15/1999, S. 254–272.

Florian Freund, KZ Ebensee. Ein Außenlager des KZ Mauthausen. Wien 1990.

Florian Freund / Bertrand Perz, Die Zahlenentwicklung der ausländischen Zwangsarbeiter und Zwangsarbeiterinnen auf dem Gebiet der Republik Österreich 1939–1945. Gutachten im Auftrag der Historikerkommission der Republik Österreich. Wien 2000.

Florian Freund / Bertrand Perz, Zwangsarbeit von zivilen Ausländerinnen, Kriegsgefangenen, KZ-Häftlingen und ungarischen Juden in Österreich. In: Emmerich Tálos / Ernst Hanisch / Wolfgang Neugebauer / Reinhard Sieder (Hrsg.), NS-Herrschaft in Österreich. Wien 2000, S. 644–695.

Heinrich Fritz, Stationen meines Lebens. Wien 1990.

Herbert Fritz, Die Pinzgauer Lokalbahn. Salzburg 1976.

Sabine Fuchs, Gerne vergessen? In: Salzburg Blicke. Salzburg 1999, S. 110–113.

Roswitha Helga Gatterbauer, Arbeitseinsatz und Behandlung der Kriegsgefangenen in der Ostmark während des Zweiten Weltkrieges. phil. Diss., Salzburg 1975.

Hans Gfrerer, Annaberg. Eine Chronik der Gemeinde. Annaberg 1989.

Johann Goinger, Neumarkt am Wallersee. Die Entstehung seiner Landschaft und seine Geschichte. Neumarkt 1993.

Gemeinde Grödig (Hrsg.), Grödig. Aus der Geschichte eines alten Siedlungsraumes am Untersberg. Grödig 1990.

Wolf Gruner, Zwangsarbeit und Verfolgung. Österreichische Juden im NS-Staat 1938–1945. Innsbruck 2000.

Martin Gschwandtner, Die Macht des Geldes. Die Krisen-Republik und die Geschichte von Auguste Lammer und ihrer kleinen Regionalbank 1920–1937. Diplomarbeit a. d. Univ. Salzburg 2003.

Wilhelm Günther, Kriegsgefangene in Salzburg während des Ersten und Zweiten Weltkreiges in Bergbaubetrieben. In: Pallasch, Zeitschrift für Militärgeschichte 4/1998. Salzburg 1998, S. 67–70.

Wilhelm Günther, 150 Jahre 1838–1988 Leube. Zementwerk Leube Gs.m.b.H. Grödig-Gartenau 1988.

Karl Haas, Thalgauer Heimatbuch. Thalgau 1976.

Stadtgemeinde Hallein (Hrsg.), 750 Jahre Stadt Hallein 1230–1980, Teil C. Hallein 1980.

Ernst Hanisch, Nationalsozialistische Herrschaft in der Provinz. Salzburg im Dritten Reich. Salzburg 1983.

Ernst Hanisch, Westösterreich. In: Emmerich Tálos / Ernst Hanisch / Wolfgang Neugebauer (Hrsg.), NS-Herrschaft in Österreich 1938–1945. Wien 1988, S. 437–456.

Gabriella Hauch, Ostarbeiterinnen. Vergessene Frauen und ihre Kinder. In: Fritz Mayrhofer / Walter Schuster (Hrsg.), Nationalsozialismus in Linz, Bd. 2. Linz 2001, S. 1271–1310.

Klaus Heitzmann, Aspekte der Kriegs- und frühen Nachkriegsgeschichte im Lungau um 1945. Diplomarbeit. Graz 1996.

KLAUS HEITZMANN, Die Wiesen wurden buchstäblich kahlgefressen. Kriegs- und frühe Nachkriegszeit im Lungau. Teil 1 u. 2. In: Salzburg in Geschichte & Politik, Mitteilungen der Dr.-Hans-Lechner-Forschungsgesellschaft, 9. Jg., Heft 2/3-A u. B, Salzburg 1999.

ULRICH HERBERT, Fremdarbeiter. Politik und Praxis des »Ausländereinsatzes« in der Kriegswirtschaft des Dritten Reiches. Bonn 1985.

EWALD HIEBL, Vom Ort zur Gemeinde – Scheffau seit 1918. In: Josef Irnberger / Ewald Hiebl / Thomas Helmut (Hrsg.), Scheffau am Tennengebirge. Natur. Geschichte. Kultur. Scheffau 1999, S. 133–176.

SEBASTIAN HINTERSEER / MAX FAISTAUER, Heimatchronik Lofer – St. Martin. Lofer/St. Martin 1982.

HERMANN HINTERSTOISSER, Lend und Embach im Zweiten Weltkrieg. In: Lend/Embach. Eine Gemeinde im Wandel der Zeit. Lend 1991, S. 128–138.

FRITZ HÖRMANN, Zusammenfassung wichtiger Ereignisse. In: Marktgemeinde Werfen (Hrsg.), Chronik von Werfen. Werfen 1987, S. 48–123.

ROBERT HOFFMANN / ERICH URBANEK (HRSG.), Golling. Geschichte einer Salzburger Marktgemeinde. Golling 1991.

CLEMENS M. HUTTER, Kaprun. Geschichte eines Erfolgs. Salzburg 1994.

MICHAEL H. KATER, Das »Ahnenerbe« der SS. Ein Beitrag zur Kulturpolitik des Dritten Reiches. In: Studien zur Zeitgeschichte 6, München 1997.

GERT KERSCHBAUMER, Faszination Drittes Reich. Kunst und Alltag der Kulturmetropole Salzburg. Salzburg o. J.

ALBERT KNOLL, Die Anfangsphase des KZ Dachau in der zeitgenössischen Presse. In: Dachauer Hefte 17/2001, S. 21–41.

ERNST LANGTHALER, Eigensinnige Kolonien. NS-Agrarsysteme und bäuerliche Lebenswelten 1938 –1945. In: Emmerich Tálos / Ernst Hanisch / Wolfgang Neugebauer / Reinhard Sieder (Hrsg.), NS-Herrschaft in Österreich. Wien 2000, S. 348–375.

GERBERT LAUTH, Millionäre und Könige auf Schloß Mittersill. In: Marktgemeinde Mittersill (Hrsg.), Mittersill in Geschichte und Gegenwart. Mittersill 1985, S. 370–378.

HERBERT LEMMERMEYER, Nationalsozialismus und Zweiter Weltkrieg. In: Heinz Dopsch / Hans Roth (Hrsg.), Laufen und Oberndorf. 1250 Jahre Geschichte, Wirtschaft und Kultur an beiden Ufern der Salzach. Oberndorf 1998, S. 284/285.

GUENTER LEWI, »Rückkehr nicht erwünscht«. Die Verfolgung der Zigeuner im Dritten Reich. München / Berlin 2001.

KARIN LINDENTHALER, Heimatbuch St. Veit. Unsere Marktgemeinde einst und jetzt. St. Veit 1991.

CZESŁAW ŁUCZAK, Polnische Arbeiter im nationalsozialistischen Deutschland während des Zweiten Weltkrieges. Entwicklung und Aufgaben der polnischen Forschung. In: Ulrich Herbert (Hrsg.), Europa und der »Reichseinsatz«. Ausländische Zivilarbeiter, Kriegsgefangene und KZ-Häftlinge in Deutschland 1938–1945. Essen 1991, S. 90–105.

Julius Mader (Hrsg.), Sepp Plieseis, Partisan der Berge. Lebenskampf eines österreichischen Arbeiters. Wien 1971.

Raiffeisenkasse Mariapfarr (Hrsg.), Raiffeisenkasse Mariapfarr 1898–1998. Mariapfarr 1998.

Hans Marsálek, Die Geschichte des Konzentrationslagers Mauthausen. Wien ^{3}1995.

Erich Marx (Hrsg.), Bomben auf Salzburg. Die »Gauhauptstadt« im »Totalen Krieg« (Schriftenreihe des Archivs der Stadt Salzburg 6). Salzburg 1995.

Alfred Mierzejewski, The Most Valuable Asset of the Reich. A History of the German National Railway. Chapel Hill, 2000.

Hannes Miller, »ad georgii ecclesiam« Heimatchronik von St. Georgen bei Salzburg. St. Georgen 1989.

Christa Mitterrutzner, NS-Terror. In: DÖW (Hrsg.), Widerstand und Verfolgung in Salzburg 1934–1945. Eine Dokumentation, Bd. 2. Wien 1992, S. 522–572.

Marktgemeinde Mittersill (Hrsg.), Mittersill in Geschichte und Gegenwart – redigiert von Michael Forcher. Mittersill 1985.

Frederic de Mulien, Handbook on the law of war for armed forces. International Commitee of the Red Cross, Geneva 1987.

Oberkommando der Wehrmacht (Hrsg.), Kriegsgefangene. Auf Grund der Kriegsakten bearbeitet vom Oberkommando der Wehrmacht. Berlin 1939.

Karin Orth, Die Konzentrationslager-SS. Göttingen 2000.

Pschyrembel, Medizinisches Wörterbuch. Hamburg ^{257}1994.

Andreas Radauer (Hrsg.), Eugendorfer Heimatbuch. Eugendorf 1987.

Michael Rademacher, Abkürzungen des Dritten Reiches. Ein Handbuch für deutsche und englische Historiker (Abbreviations in use in the Third Reich. A Handbook for German and English Historians). Vechta 2000.

Hermann Rafetseder, »Ausländereinsatz« zur Zeit des NS-Regimes. In: Fritz Mayrhofer / Walter Schuster (Hrsg.), Nationalsozialismus in Linz, Bd. 2. Linz 2001, S. 1107–1269.

Otto Rainer, Salzburger Militärgeschichte. Salzburger Kasernern und Baracken 1938–1945. Salzburg o. J.

Oliver Rathkolb / Florian Freund (Hrsg.), NS-Zwangsarbeit in der Elektrizitätswirtschaft der »Ostmark«, 1938–1945. Ennskraftwerke – Kaprun – Draukraftwerke – Ybbs-Persenbeug – Ernsthofen. Wien/Köln/Weimar 2002.

Manfried Rauchensteiner, Der Krieg in Österreich 1945. Wien ^{2}1984.

Margit Reiter, Das Tauernkraftwerk Kaprun. In: Oliver Rathkolb / Florian Freund (Hrsg.), NS-Zwangsarbeit in der Elektrizitätswirtschaft der »Ostmark«, 1938–1945. Ennskraftwerke – Kaprun – Draukraftwerke – Ybbs-Persenbeug – Ernsthofen. Wien/Köln/Weimar 2002, S. 128–198.

Dirk Riedel, Der »Wildpark« im KZ Dachau und das Nebenlager St. Gilgen. In: Dachauer Hefte 16/2000, S. 54–70.

BARBARA RIEGER, »Zigeunerleben« in Salzburg 1939–1943. Die regionale Zigeunerverfolgung als Vorstufe zur planmäßigen Vernichtung in Auschwitz. Phil. Diss., Wien 1990.

ALFRED RINNERTHALER, Koppl – Geschichte einer Gemeinde 1850–1945. In: Heimat Koppl. Chronik der Gemeinde. Koppl 2000.

MARKTGEMEINDE SAALFELDEN (HRSG.), Chronik Saalfelden, 2 Bde. Saalfelden 1992.

ROMAN SANDGRUBER, Die Konzentrationslager als Wirtschaftsbetriebe der SS. In: Oberösterreichische Gedenkstätten für KZ-Opfer. Linz 2001, S. 31–41.

HANS HENNING SCHARSACH, Die Ärzte der Nazis. Wien / München / Zürich 2000.

FRANZISKA SCHNEEBERGER, Golling 1918–1945. In: Robert Hoffmann / Erich Urbanek (Hrsg.), Golling. Geschichte einer Salzburger Marktgemeinde. Golling 1991, S. 187–221.

GERHARD SCHREIBER, Die Militärinternierten im deutschen Machtbereich 1943 bis 1945. Verraten – Verachtet – Vergessen. In: Beiträge zur Militärgeschichte, 28. München 1990, S. 428–436.

GUDRUN SCHWARZ, Die nationalsozialistischen Lager. Frankfurt 1990.

EUGENE SENSENIG, Ein vielfach unentbehrliches Betriebsmittel. Kriegsgefangene und die Halleiner Salinenarbeiter im Krieg. In: Ulrike Kammerhofer-Aggermann (Hrsg.), Bergbau. Alltag und Identität der Dürrnberger Bergleute und Halleiner Salinenarbeiter in Geschichte und Gegenwart (Salzburger Beiträge zur Volkskunde 10). Salzburg 1998, S. 173–231.

ANNA MARIA SIGMUND, Die Frauen der Nazis. Wien 1998.

HUBERT SPECKNER, Arbeitseinsatz von Kriegsgefangenen in der »Ostmark« 1939–1945. In: Tagungsbericht über den 23. Österreichischen Historikertag in Salzburg 24.–27. September 2002. Salzburg 2003, S. 328–350.

HUBERT SPECKNER, Kriegsgefangenenlager in der »Ostmark« 1939–1945. Zur Geschichte der Mannschaftsstammlager und Offizierslager in den Wehrkreisen XVII und XVIII. Phil. Diss., Innsbruck 2000.

GEORG STADLER, Zeit des Zweiten Weltkrieges. In: Matthias Laireiter (Hrsg.), Heimat Großarl. Großarl 1998, S. 168–174.

GEORG STADLER, 1200 Jahre Heimat Berndorf. Berndorf 1989.

ROBERT STADLER / MICHAEL MOOSLECHNER, St. Johann 1939–1945. St. Johann i. Pg. 1986.

GOTTFRIED STEINBACHER, Chronik der Gemeinde St. Martin am Tennengebirge. St. Martin a. Tgb. 1988.

SYBILLE STEINBACHER, Dachau. Die Stadt und das Konzentrationslager in der NS-Zeit. Frankfurt [2]1994.

FRIEDRICH STEINKELLNER, Die Zeit des Nationalsozialismus (1938–1945). In: Gerhard Ammerer (Hrsg.), Puch bei Hallein. Geschichte und Gegenwart einer Salzburger Gemeinde. Puch 1998, S. 177–186.

Johann Stranger, Die NS-Zeit und einige ihrer Auswirkungen auf unsere Bevölkerung. In: Ortschronik Altenmarkt im Pongau, Bd. III. Altenmarkt 1996, S. 228–249.

Christian Streit, Keine Kameraden. Die Wehrmacht und die sowjetischen Kriegsgefangenen 1941–1945. Bonn 1997.

Erika Thurner, Die Verfolgung der Zigeuner. In: DÖW (Hrsg.), Widerstand und Verfolgung in Salzburg 1934–1945. Eine Dokumentation, Bd. 2. Wien 1992, S. 474–521.

Othmar Tuider, Die Wehrkreise XVII und XVIII 1938–1945. In: Militärhistorische Schriftenreihe, Heft 30, Wien 1992.

Sepp Voithofer, Straßwalchen. Geschichte unserer Heimat. Straßwalchen 1988.

Christian Wasmeier, Der Weg durch dunkle Zeiten. In: Johann Stehrer (Hrsg.), Strobl am Wolfgangsee. Naturraum, Geschichte und Kultur einer Gemeinde im Salzkammergut. Strobl 1998, S. 185–214.

Wolfgang Weber, »Die sich vom Westen nach Osten erstreckende Wurst …«: Aspekte der NS-Herrschaft in Vorarlberg, Tirol und Salzburg 1938 bis 1945. In: Emmerich Tálos / Ernst Hanisch / Wolfgang Neugebauer / Reinhard Sieder (Hrsg.), NS-Herrschaft in Österreich. Wien 2000, S. 260–291.

Thomas Weidenholzer / Guido Müller, Salzburgs alte und neue Brücken über die Salzach (Schriftenreihe des Archivs der Stadt Salzburg 15). Salzburg 2001.

Martin Weinmann (Hrsg.) mit Beiträgen von Anne Kaiser und Ursula Krause-Schmitt, Das nationalsozialistische Lagersystem (CCP). Frankfurt a. M. ²1990.

Robert Wintersteiger / Gertraud Lürzer (Hrsg.), Chronik der Gemeinde Elixhausen. Elixhausen 1991.

Wolfgang Wintersteller, KZ Dachau – Außenlager Hallein. Hallein 2003.

Martin Wolff, 12 Jahre Nacht – Stationen eines Lebensweges. o. O., o. J.

Gerhard Zeidler / G. E. Schafft, Die KZ-Mahn- und Gedenkstätten in Deutschland. Berlin 1996.

VI.

Abkürzungen

1. Verzeichnis der zeitgenössischen Abkürzungen[1006]

AEW	Alpenelektrowerke AG
DAF	Deutsche Arbeitsfront
F-KLM	Frauen-Konzentrationslager Mauthausen
Gestapo	Geheime Staatspolizei
Kgf.	Kriegsgefangene
KGW	Kriegsgefangenenwesen
KTB	Kriegstagebuch
KZ	Konzentrationslager
N.D.	Niederdonau
NS	nationalsozialistisch
NSDAP	Nationalsozialistische Deutsche Arbeiterpartei
NSV	Nationalsozialistische Volkswohlfahrt
OKH	Oberkommando des Heeres
OKW	Oberkommando der Wehrmacht
RAB	Reichsautobahn
RAD	Reichsarbeitsdienst
RB (R.B.)	Reichsbahn
RM	Reichsmark
Rü Jn XVIII	Rüstungsinspektion für den Wehrkreis XVIII
SA	Sturmabteilung
SD	Sicherheitsdienst
SS	Schutzstaffel
Stalag	Stammlager
SU	Sowjetunion
T.K.W.	Tauernkraftwerke
UK	unabkömmlich

1006 Für die angeführten Abkürzungen und deren Auflösung vgl.: Michael Rademacher, Abkürzungen des Dritten Reiches. Ein Handbuch für deutsche und englische Historiker (Abbreviations in use in the Third Reich. A Handbook for German and English Historians). Vechta 2000.

UK-Stellung	Unabkömmlichkeitsstellung
WVHA	SS-Wirtschafts-Verwaltungshauptamt

2. Verzeichnis der Archivabkürzungen

AStS	Archiv der Stadt Salzburg
BA-MA	Bundesarchiv-Militärarchiv (Freiburg im Breisgau, Deutschland)
BGBl.	Bundesgesetzblatt
BH	Bezirkshauptmannschaft
DÖW	Dokumentationsarchiv des österreichischen Widerstandes
HB-Akten	Berichte über einzelne politische Vorkommnisse im Bereich eines Landkreises
KAS	Erzbischöfliches Konsistorialarchiv Salzburg
Präs.-Akt.	Präsidialakten (Bestand im SLA)
RGBl.	Reichsgesetzblatt
RSTH	Reichsstatthalter (Bestand im SLA)
RW 20–18	Rüstungsinspektion für den Wehrkreis XVIII (Bestand im BA-MA)
SGKK	Salzburger Gebietskrankenkasse
SLA	Salzburger Landesarchiv
SN	Salzburger Nachrichten

VII.

Autoren und Mitarbeiter

Mag. Gerda Dohle

Jg. 1971, geb. in Linz, Studium der Geschichte und Romanistik (Italienisch) an der Universität Wien; seit 1997 freie Mitarbeiterin im Salzburger Landesarchiv mit Schwerpunkt der Erschließung, Ordnung und EDV-Inventarisierung zeitgeschichtlicher Bestände; Schriftleitung und Koordination wissenschaftlicher Buchprojekte und Ortschroniken, Mitautorin beim Brauchtums-CD-ROM Projekt des »Salzburger Landesinstituts für Volkskunde«, Verfasserin verschiedener Beiträge zu regionalgeschichtlichen Themen mit Schwerpunkt Salzburg; seit 1999 verheiratet mit Dr. Oskar Dohle; Gerda Dohle lebt und arbeitet in Salzburg.

Mag. Dr. Oskar Dohle MAS

Jg. 1968, geb. in Linz, Studium der Geschichte und Geographie an der Universität Salzburg und an der Universität Wien; Master of Advanced Studies (Geschichtsforschung und Archivwissenschaft), Mitglied des Instituts für Österreichische Geschichtsforschung. Mitarbeit an drei Ausstellungsprojekten (Schwerpunkt Zeit- und Technikgeschichte) bei der OÖ Landesausstellung 1998 »Land der Hämmer – Heimat Eisenwurzen«; seit Herbst 1997 Archivar im Salzburger Landesarchiv (Schwerpunkt Zeitgeschichte, Landkartensammlung, Pläne, Fotos), Verfasser verschiedener Aufsätze zu regional- und kommunalgeschichtlichen Themen Oberösterreichs und Salzburgs mit Schwerpunkt 20. Jhd.; Oskar Dohle lebt und arbeitet in Salzburg.

Bereits bei Böhlau erschienen: Constantin Schneider, Die Kriegserinnerungen 1914–1919. Eingeleitet, kommentiert und herausgegeben von Oskar Dohle (in der Reihe Veröffentlichungen der Kommission für Neuere Geschichte Österreichs, Band 95).

Mag. Dr. Nicole Slupetzky

Jg. 1972, geb. in Salzburg, Studium der Geschichte und Politikwissenschaften an der Universität Salzburg. Mitarbeiterin der Kommission für Neuere Geschichte Österreichs an der Universität Salzburg und der University of Minnesota 2000/01; Vortragende an der Universität Salzburg im Rahmen des Austauschprogramms der Bowling Green State University, Ohio; Verfasserin verschiedener Aufsätze zur österreichischen und europäischen Geschichte, sowie der Regionalgeschichte mit Schwerpunkt 19. und 20. Jahrhundert. Nicole Slupetzky lebt und arbeitet in Salzburg. Seit Herbst 2003 ist sie Fachbereichsleiterin an der Volkshochschule Salzburg für Fremdsprachen und berufliche Bildung.

Schriftenreihe des Forschungsinstitutes für politisch-historische Studien der Dr.-Wilfried-Haslauer-Bibliothek

Hrsg.: Robert Kriechbaumer, Franz Schausberger, Hubert Weinberger. Ab Band 11: hrsg. v. Wilfried Haslauer, Robert Kriechbaumer u. Hubert Weinberger.

Eine Auswahl:

Bd. 16: Robert Kriechbaumer, Franz Schausberger (Hrsg.)
Fast eine Insel der Seligen
Handlungsspielräume regionaler Finanz- und Wirtschaftspolitik am Ende des 20. Jahrhunderts am Beispiel Salzburgs
2002. 17 x 24 cm. 168 Seiten. 19 schw.-w. Abb. Br.
ISBN 3-205-99476-0

Bd. 17: Robert Kriechbaumer
Ein Vaterländisches Bilderbuch
2002. 21 x 27 cm. Ca. 272 Seiten. Ca. 220 schw.-w. Abb. Br.
ISBN 3-205-77011-0

Bd. 18: Franz Schausberger (Hrsg.)
Engagement und Bürgersinn
Helmut Schreiner zum Gedenken
2002. 17 x 24 cm. 496 Seiten. 36 schw.-w. Abb., Gb.
3-205-77072-2

Bd. 19: Laurenz Krisch
Zersprengt die Dollfußketten
Die Entwicklung des Nationalsozialismus in Bad Gastein bis 1938
2003. 17 x 24 cm. 272 Seiten., 16 schw.-w. Abb., 156 Tab. u. Graf., Gb.
ISBN 3-205-77129-X

Bd. 20: Oswald Panagl, Robert Kriechbaumer (Hrsg.)
Stachel wider den Zeitgeist
Politisches Kabarett, Flüsterwitz und subversive Textsorten
2004. 17 x 24 cm. 216 Seiten, Br.
ISBN 3-205-77199-0

Bd. 22: Robert Kriechbaumer
Die Ära Kreisky
Österreich 1970–1983
2004. 17 x 24 cm. 568 Seiten, 31 Karikaturen. Gb.
ISBN 3-205-77262-8